꼬리 먹는 뱀
우로보로스 사유와
서양 문명 비판

Ⅱ

메두사와 팜므 파탈:
지혜와 생명의 여성

꼬리 먹는 뱀
우로보로스 사유와
서양 문명 비판

Ⅱ

메두사와 팜므 파탈:
지혜와 생명의 여성

권석우

판도라: 단테 가브리엘 로세티
(Dante Gabriel Rossetti, 1828~1882), 1878년.
레이디 레버 아트 갤러리

종교에서 절대적 헌신은 노예적 헌신 또는 여성적 헌신의 반사작용이다.
(영원히 여성적인 것은 이상화된 노예 정신이다.) —**니체전집 19:23**

Die absolute Hengebung (in der Religion)
als Reflex der sklavischen Hengebung oder der weiblichen
(—das Ewig-Weibliche ist der idealisirte Sklavensinn)[.] —**KGW VIII-1:18**

일러두기

1. 서양의 기독교 신에 대한 종교적 표기로는 통상적으로 "하느님" 혹은 "하늘님"을 사용하되, 유대의 전통을 말할 때는 표기의 정확성에 관한 논란이 있으나 공동번역 성서 등 가톨릭과 일부 개신교에서 굳어진 "야훼"(←야웨), 개신교의 하느님을 말할 때는 "여호와" 혹은 "하나님"을 사용한다. 하나님에 대한 개념은 유일신이라는 세속적 개념이 아니라 "완전한 분" 혹은 크신 "한 분"으로 이해해야 한다는 한신대학교 김경재 교수의 말을 따랐다. 히브리어 성경 인용은 달리 적시하지 않는 한 "biblchub.com"의 웨스트민스터-레닌그라드 코덱스, 라틴어는 『클레멘스 불가타』 성경, 그리스어 『70인역』 성경 인용은 "bibledatabase.net"과 대한성서공회 USB 성경을 따랐음을 밝혀둔다. "ibibles.net" 또한 참고하였다. 성경 본문 인용은 한국의 개신교에서 사용하는 개역 국한문 병용판 『톰슨 성경』을 따랐다.
2. 그리스어 등 제 언어권에서 발음 부호는 소리의 구별이 필요할 때만 이를 밝히며, 히브리어·그리스어·라틴어 등 고대 문자의 표기법은 학계의 관행대로 로마자로 표기했다. 차후 개정판에서는 책 말미에 각 언어권 전공자들의 의견을 종합한 후 색인의 형태로 이를 밝히고자 한다.
3. 고유명사는 필자가 아는 한 원래의 이름을 찾아주려고 노력하였다. 이를 테면, 『70인역』 성경은(그리스어 번역본. "칠십인역 성경"이라 불린다) 영어식 표기 "Septuagint"(셉투아진트)를 따르지 않고 라틴어 "Septuaginta"(셉투아긴타)로 표기하였다. 그리스어 인명 표기에는 라틴어식 발음 [u]가 아니라 원어대로 [o] 발음을 견지하였다. 예컨대 [Heracleitos]는 "헤라클레이토스", [Herodotos]는 "헤로도토스"로 표기하였으며, 영어가 아닌 인명, 지명 또한 각 나라의 실제 발음을 존중하여 표기하는데 "팜 파탈"은 "팜므 파탈"로, "실러"는 "쉴러", "실레"는 "쉴레"로 하였다.

4. 여전히 논쟁이 되는 것은 그리스어 윕실론("υ"), 라틴어 "y"의 표기법인데, 이것만큼은 국립국어원의 외래어 표기법인 ("입실론") "이"를 따르지 않고 "위"로 통일하였다. (윕실론의 발음은 초기에는 [u], 고대 그리스와 헬레니즘 시기에는 [y]로 바뀌었다가 현대 그리스어에서는 [i]로 소리난다. 고대 그리스어는 장단음의 구분이 있었으나 현대 그리스어에서 없어졌다.) 따라서 [i]와 [y]를 명확히 구별하여 "Dionysus"는 "디오뉘소스"로 표기한다. 같은 자음이 중복될 경우는 그 앞의 모음이 장음이 되는 현상을 고려하여 "Odysseus"는 "오뒷세우스"로 표기한다.
5. 인용 방식은 〈한국영어영문학회〉 인용 방식을 준용하되, 때에 따라서 책의 제목이 필요한 경우 혹은 독자들의 편의를 위하여 잘 알려진 도서에 관한 인용인 경우 도서명을 본문 속에 직접 표기하기도 하였다. 외국어 작품의 인용은 우리말로 옮기고 출처를 밝히되, 분석에 필요한 경우에는 원문을 병기한다.
6. 인용한 문장의 일부분을 강조하거나 주의가 필요할 때, 그리고 아직은 익숙한 관념이나 번역어가 되지 않은 경우는 큰따옴표 [" "]를 사용하였다. 그리고 필요한 경우, 인용 문장의 중요한 부분은 드러냄표 및 밑줄로 구분하여 [강조 필자]를 표기하였다. 특정 용어나 번역어가 관용구로 굳어진 경우는 작은따옴표 [' ']를 사용하여 구분하였다. 문장 안에서 보충설명이 필요할 때는 소괄호 [( )] 및 줄표 [—]를 사용하여 그 의미를 분명히 전달하고자 하였다. 도서명 및 신문, 잡지의 이름은 겹낫표 [『 』], 책의 소제목과 시 제목, 논문은 홑낫표 [「 」], 영화와 연극, 오페라, 그림, 노래 등의 예술 작품의 제목은 홑화살괄호 [〈 〉]로 표기하여 구분하였다.

우로보로스

"ouroboros"(우로보로스)는 꼬리를 뜻하는 그리스어 "οὐρά"와 "먹다", "삼키다"는 뜻의 인도유럽어 "*gwere-"(→그리스어 "βοσάω")에서 유래하는데, 우로보로스라는 단어는 우로보로스와 뱀을 뜻하는 "ophis"의 합성어인 "ouroboros ophis", 혹은 그리스어 그대로 표기하자면 "dracon ouroboros"(δράχων οὐροβόρος)의 축약형으로서 형용사가 명사의 역할을 대신하여 사용된 것이다.

이 책에서는 이후의 라틴어 표기인 "uroboros"를 사용한다. 찰스워스(James Chralesworth) 교수는 우로보로스의 그리스어 어원에 대해 설명하면서, 우로보로스라는 개념이 그리스인들이 이집트인들로부터 차용한 것이라는 호라폴론(Horapollon)과 올림피오도루스(Olympiodorus)의 아주 오래된 설명을 인용하면서, '꼬리를 먹는 뱀'이라는 원형(圓形)적 상징으로부터 그리스인들은 원(圓)의 안에 쓰여 있는 "하나가 전체", 혹은 "하나인 전체"(en to pan)를 시각적으로 이해할 수 있었으며 이로부터 시간의 순환영원성과 우주의 완전함을 추찰할 수 있었다고 말하고 있다. 그리스 신화에서 영원(Aion)은 간혹 뱀을 칭칭 감고 알몸으로 현신하기도 하는 시간(Chronos)의 자식이다(Charlesworth 155-156, 154).

이러한 뱀의 우로보로스적 이미지는 하나와 전체를 표현하는 "하나, 즉 전체"(en to pan)를 나타내는 연금술적 의미를 함유하게 된다(Jung 『인간의 상』, 「미사에서 변환의 상징」, 203). 영지주의자들이 자주 상용하던 우로보로스라는 용어를 융의 체계 안에서 역사의 발전적 개념들의 하나로 확장하여 유행을 타게 한 이는 노이만(Erich Neumann)이다. 창조와 창조 이전의 완벽한 상태인 유토피아적인 혼돈을 지칭하는 우로보로스는 모든 시대와 문화권에 나타나며 그가 제시하는 의식의 8단계에 고루 흔적을 보이고 있다(노이만 『의식의 기원사』, 10-11, 37).

우로보르스는 뱀 이외에도 "용, 바다, 동굴, 골짜기, 알 등으로 표상되기도 하며, 자기충족성, 자기완결성, 자기동일성, 모든 미분리와 비현현의 상태, 현실태 이전의 잠재적 가능태, 전체성, 원초적 통일성, 파괴(해체 혹은 죽음)와 재통합(재결합 혹은 재생)의 순환성, 자기소멸과 자기갱신을 영구히 계속하는 힘, 영겁회귀, 영원한 시간성, 영지(靈智), 남녀추니(양성구유), 창조의 원질, 창조 이전의 암흑, 태초의 부모, 삶의 신비, 물질과 영혼의 일체성, 창조와 부활, 반대의 일치, 생명원리"(박규태 59) 등을 나타내는 상징이다. 필자는 이에 웜홀(worm hole)을 추가한다. 블랙홀이 사실은 원형의 구멍이 아니라 단지 하나의 평행 공간일 수 있음에도 불구하고 인류의 원형적(原形的) 상상력은 그것을 원형(圓形)으로 투사해 내고 있다.

메두사의 머리를 들고 있는 페르세우스: 벤베누토 첼리니 (Benvenuto Cellini, 1575~1642)의 청동 조각상, 1545-1554년 제작, 피렌체 시뇨리아 광장

꼬리 먹는 뱀
우로보로스 사유와
서양 문명 비판

II

메두사와 팜므 파탈: 지혜와 생명의 여성

제7장 | "아름다운" 메두사의 신화적, 통속적 이미지:
문학과 회화 작품에 나타난 은총과 해방의 메두사를 위하여

제8장 | "나는 존재했던, 존재하는, 존재할 모든 것이다.
누구도 나의 베일을 들추지 못하리라": 신화정신분석과
신화계보학에 나타난 지혜와 존재의 여신 메두사와 아테나

제3부 | 안티 우로보로스의 창궐:
세기말과 팜므 파탈의 탄생

제9장 | 태양과 달과 물과 뱀:
세기말의 문학과 회화에 나타난 죽음과 젠더

제10장 | 세기말 창궐하는 팜므 파탈: 죽음의 여성에서 삶의 여성으로

차례

꼬리 먹는 뱀
우로보로스 사유와
서양 문명 비판

I

선악과와 처녀 잉태:
유대-기독교 문명

III

전쟁과 평화, 사랑과 죽음: 우로보로스와 탈(脫)우로보로스

부록 3

뮈토스와 로고스의 대위법:
어원학적·문헌학적 고찰과 20세기 로고스적 이성의 쇠락

서문

1권 출간에 이어 4개월 만에 2권과 3권을 연이어 세상에 내놓기로 한다. 1권에서 주로 여성과 죽음, 생사와 연관된 종교적인 전통에 대해 논의를 진행했다면 2, 3권은 '삶의 여성'(vita femina[←"vitae femina" 혹은 "vita feminae"]. 죽음의 여성[mors femina]을 염두에 둔 필자의 신조어. 1권에서도 이에 관한 용어설명을 하였지만 직역하면 "여성의 삶"으로 표기할 수 있겠으나, "진리는 여성이다" 또는 "삶은 여성이다"를 표방하는 니체의 심중을 반영하여 '삶의 여성'으로 의역한다. 이는 '죽음의 여성'[mors femina]을 논하는 필자의 우로보로스 논의와 걸맞아진다)이 어떻게 죽음과 전쟁 등의 다양한 모습과 형태로 서양의 역사에 출몰했는지에 관한 점검이다. 파괴와 창조, 살육과 전쟁, 진보와 발전 말고는 남성이 삶을 표상했던 적은 없었으니 이를 논외로 한다면, 삶과 죽음을 동시에 표상했던 여성은 19세기 말에 이르러 죽음의 여성으로 변질되어 갔다. 세기말 하면 떠올라 이를 대표하는 시대의 아이콘이 된 팜므 파탈은 히브리 문명의 릴리스와 살로메, 수메르-메소포타미아의 이슈타르와 유디스, 그리고 그리스의 메두사는 물론이고 근현대 독일에 이르면 룰루라는 엽기적 인물로 역사에 등장하여, 남성의 삶을 앗아가는 소위 '치명적 여성'이라는 부정적 이미지와 파괴적 심상으로 굳어져 갔다.

그러나 필자가 2권에서 분석할 메두사와 팜므 파탈은 그 어원과 기원을 추적해 들어가 보면 우리에게 다른 이야기를 들려주고 있다. 지혜와 존재 자체를 상징했던 메두사는 제우스보다 먼저 역사에 출몰한 전쟁과 지혜 그리고 존재의 여신 아테나와 연결되고 있었으며, 메두사 등을 아우르는 세기말의 유행어 팜므 파탈은 신전여사제 혹은 탁선무녀, 그리고 넓은 의미에 있어서는 생명의 여성과 관련이 있었다. 〈지혜와 생명의 여성〉이라는 부제로 제시한 2권은 따라서 전적으로 죽음의 여성이 아니라 삶의 여성에 관한 논의가 된다. 메두사가 메티스라는 중간 항을 통하여 아테나와 연결되고, 지혜와 일정 부분 전쟁의 여신 아테나가 애급의 네이트를 통하여 존재와 연결된다는 사실은 지혜 혹은 존재가 결국은 생명과 연결되고 있음을 필자에게 알려주었다. 전쟁의 여신 아테나에 관해서는 3권에서 자세한 논의가 시작되겠지만, 서양의 지적 전통은 전쟁을 여성적인 것뿐 아니라 지혜로 보기를 주저하지 않았다. 이는 "전쟁이 만물의 아버지"라는 헤라클레이토스로부터 이를 숭엄하고, 윤리적이고, 이성적으로 보았던 칸트와 헤겔, 그리고 이를 자연·이성적이고 남성적으로 보았던 니체와 제임스(William James) 등의 여러 학자들의 의견들을 면밀하게 성찰해 보면 알 수 있다.

전작에서 밝혀졌다고 생각하지만 유대-기독교 문명의 사유는 여성을 죽음으로 보았고 성부, 성자, 성령으로 대별되는 3위에 관한 사유에서 여성 혹은 모성을 몰아낸 연후에 청동기와 철기시대의 연장인 기원후의 2천 년으로 들어서면, 러셀과 토인비의 말을 빌리자면 "죽음 친화적" 문명으로 변하여 갔다. 그러나 여성성은 서양에서는 성모 신앙, 그리고 중국의 항아(姮娥)와 서왕모(西王母) 그리고 한국의 설문대할망이나 마고할미도 일정 부분 관련은 있지만, 그리고 우리의 주제와 어울리는 처녀 산신령인 신모신(神母神) 혹은 성모신(聖母神)—한국의 성모신 전통을 대표하는 설화는 경주 부근의 선도산(仙桃山) 성모에 관한 것이다. 『한국의 여신들』(2021)을 출판한 김화경 교수에 의하면 성처녀로서의 성모 신앙은 원래 중국 황실의 딸이 진한 혹은 신라에 이르러 아비 없이 신성한 아이를 낳은 것이 시초가 되는데, 성모 신앙은 이후 한반도 남쪽과 일본의 북 규수 지방에서 그 흔적을 발견할 수 있다고 말한다(99-161). 넓게 보아 천주교의 수녀와 원불교의 여성 교무 또한 성모신 신앙의 변형이라 할 수 있다. 성모신은 시조신으로 후에는 무조여신(巫祖女神)으로 신격의 변화가 생겼는데, 전국의 산의 이름에 여성을 뜻하는 모산(母山)과 모악(母岳)이 많은 것은 처녀산신인 성모신의 확산과 영향이라는 손진태의 의견을 소개하고 있다 — 과 일본 신화의 태양여신 아마테라스 오미카미(天照大御神) 등의 잔존을 염두에 두면 알 수 있지만, 소멸될 수도 없고 또 그렇게 되어오지도 않았다.

간혹 마녀사냥 등의 사건으로 여성성 자체를 말살하려는 시도가 없었던 것은 아니지만 그리고 세기말의 팜므 파탈이 표상했던 죽음의 여성으로 여성을 폄하하고 멸시하지 않았던 것은 아니지만, 출산과 생명의 담지자인 여성은 남성성의 최극단의 발현이라는 살육과 전쟁의 와중에서도 때로는 강인하게 때로는 끈질기게 부정적 역사의 분출을 그대로 몸과 맘을 다해 받아내고 어르고 있었다. 메두사가 표상하는 지혜와 팜므 파탈이 표상하는 생명의 전통을 복원함은 필자에게는 잊혀진 여성성에 대한 재성찰에 이은 대지모신의 귀환, 즉 팜므 파탈의 원조로 치부되었던 생명 자체를 뜻하는 서양의 하와(→ 이브)와 이에 해당하는 한국의 웅녀의 귀환을 의미한다. 웅녀가 속한 집단에 대한 논의와 연구를 차치한다면, 단군을 낳은 웅녀는 어디로 사라졌는가? 우리는 그녀의 후예라 할 수 있는 백제의 소서노(召西奴, 기원전 66년~기원전 6년)와 신라의 선덕여왕(?~647년) 정도를 알고 있을 뿐 다른 여신과 그의 후예들을 잘 기억하지 못하고 있다.

1권의 주제에 대해서 일반 독자들과 신앙인들, 그리고 항차 지식인들 사이에서도 조금 오해가 있었던 것 같다. 필자의 의도는 종교에 늘상 따라다니는 초자연적이고 신비적인 전통을 부인하고 제거하는 것에 있었던 것이 아니라, 기적과 이사(異事) 그리고 이를 근간으로 하는 기복 신앙의 전통에서 벗어나, 물론 이것도 때로는 필요하기는 하지만, 창조력 자체인 조물주에 대한 의지와 경배로 우리의 믿음과 신앙이 변해야 된다는 당위에 대한 설파이었다. 신앙이 신께서 우리에게 말하고 때로는 명령하는 것에 대한 실천이고, 신비나 기적으로 번역되고 있는 "mysterium"(mystery)이 제의나 제식을 또한 의미한다는 사실에 대한 알아차림은, 이적이나 신비 그리고 길흉화복의 주재자로서의 다양한 신들을 섬기고 또 그들에게 복종하는 필연성에서 우리를 벗어나게 한다. 창조주 혹은 창조력은 믿음의 대상이 아니라 경배와 제사의 대상이어야 하지만 우리는 왕왕 그분을 믿음(belief) 혹은 신앙(faith)의 차원에서 접근한다. 다른 여타 종교들도 그러하겠지만 특히 "기독교가 삶의 시작에, 삶의 조건에 오물을 들이부었다"(『우상의 황혼』)는 니체의 섬뜩한 경구는 필자에게 그러한 의미를 띠고 있다.

1권의 3장에서 누누이 말한 바 있지만, 처녀잉태에 관한 온갖 이설과 잡설 그리고 그것에 관한 갑론을박에도 불구하고 예수께서 또한 자연분만으로 여성의 몸으로부터 이 세상에 태어났다는 사실에 대해서는 아무도 토를 달지 않았다. 성서는 그가 개복수술을 통하여 혹은 아테나처럼 머리로부터 출몰했다고 하지 않았으니, 성교잉태이건 처녀잉태이건, 자연분만이건 난생출산이건 무성생식이건 신의 역사(役事)와 은혜가 아닌 것은 존재하지 않는다. 괴테가 말한 "영원히 여성적인 것"은 아마도 여성의 출산능력을 말하는 것일지도 모르며, 홀로코스트라는 절망의 시절에 희망을 말할 수밖에 없었던 아렌트(Hannah Arendt)가 '탄생'(natality)이라는 인류의 소망을 고취하며 아기 예수의 출생을 언급한 것도 바로 이런 이유인 것 같다. 모든 뭇생명의 탄생도 그러하지만 숨 쉬는 공기, 마시는 물, 피어나는 꽃이 신의 은사인 것을 모르는 사람들은 아직 우주와 조물주의 의미에 대해 명상과 묵상을 계속해야 하리라. 4월의 어느 하루 한국의 산하를 물들이는 꽃 아그배의 섬세함과 분홍의 아름다움을 제대로 보는(正見) 것이 불가능한 사람들은 신의 손길에 무딘 분들이니 10계명 제3조에 나타나 있듯이 하나님의 이름을 망령되이 부르지 않아도 좋다.

말이 났으니 말이지, 부처 또한 마야 부인의 옆구리에서 태어난 것은 아니다. 이는 브라만은 머리에서, 크샤트리아 계급은 왼쪽 옆구리에서 출생한다는 언어적 표현일 뿐 생물학적인 출생 방법을 지칭하지 않는다. 태어나자마자 7걸음을 옮기시고 "천상천하유아독존"이라고 말한 소이는 굳이 법륜 스님의 설명(https://www.ohmynews.com/NWS_Web/View/at_pg.aspx?CNTN_CD=A0001866300 오마이뉴스 2013. 5. 17.)을 참고하지 않아도 6도 윤회를 여위어 아귀, 축생, 지옥의 천하와 아수라와 인간, 천상의 신의 관념이 축조한 세계를 넘고 나면 깨달은 자들이 세상에서 홀로 존귀하다는 뜻으로 필자에게는 여겨진다. 갈릴리호를 걷는 것에 대한 믿음도 중요하지만 보다 더 중요한 것은 성령이 베푸는 오병이어(五餠二魚)의 나눔의 정신이다. 비행기와 배로 수백 명을 싣고 나르는 마당에 티베트의 요기 밀라레파(1052~1135)처럼 하늘을 날면 뭐할 것이며, 영화 〈인디아나 존스〉에서처럼 총알 한 방으로 동양 무술의 고수가 무너지는데 쿵푸(工夫)를 통한 막연한 초월과 일상선(日常禪)을 무시한 믿거나말거나 식의 신비기사(神秘奇事)는 무슨 소용이 있을까?

지난한 가부좌(跏趺坐)의 수행 끝에 좌탈입망에 이르는 것도 중요하지만 매일매일의 삶에서 신의 눈매와 입김을 느끼고 스스로의 소임을 다하며 이웃과 화목하게 사는 것이 21세기가 우리에게 요구하는 삶은 아닐까? 도를 깨친 어르신들과 그들이 전하였던 말은 많지만 세상은 여전히 "훌쩍을 떨며"(Eliot, "The Hollow Men") 굴러 가고 있다. 다시 태어나 같거나 비슷하거나 또 다른 세상을 살다 가면 무어할 것인가? 하루하루의 삶에서 최선을 다하는 것, 이것이 '카르페 디엠'(carpe diem)이고, 니체가 말하는 초인의 삶이고, 진리를 물을 때 조주(趙州, 778~897) 화상이 전하는 "설거지나 하시게"(Suzuki 206) 정도의 의미일 것이다. 끽다거(喫茶去)에 이어 끽죽료(喫

粥了)이니, 괴테는 또한 이렇게 말하고 있다. "과중한 일과를 매일 준수하는 것, 그 외에는 어떠한 계시도 필요치 않다"(『서동시집』 중 「고대 페르시아 신앙의 유산」; Cassirer 1925, 191 재인용). 마시는 공기와 먹는 물, 그리고 세상의 온갖 꽃과 동식물들 가운데 신의 기적이 아닌 것은 없다. 처녀잉태도 3위 일체도 신의 역사하심의 지극히 작은 위대함의 일부분일 뿐이다.

이 책 2권의 소재로 삼은 메두사와 팜므 파탈에 관한 국내의 연구는 몇몇의 논문들을 제외하고는 의외로 많지 않다. 메두사에 관해서는 전문적인 단행본이 나온 적은 없으며 다만 이명옥의 『팜므 파탈』(2003, 2008)에서 한 장(chapter)을 차지하는 정도의 분량이다. 근자에 출간된 『메두사의 시선』(2010)과 『메두사의 저주』(2014)는 메두사에 관한 연구서라기보다는 전자는 상호주관적인 시각의 필요성을 신화와 과학과 철학에서 궁구한 교양서이며, 후자는 서양 문화의 시각에 관한 미학적, 문화사적 연구서이다.

이는 팜므 파탈에 관한 연구도 마찬가지이다. TV와 영화, 그리고 화장품과 의복업계의 팜므 파탈에 관한 생산물들과 이에 대한 대중들의 인지도와는 달리, 이에 관한 연구서는 이명옥이 유일하며 이주헌 등과 같은 미술 평론자들과 간혹 신화학자들에 의해서 주마간산격인 소개가 이루어져 팜므 파탈의 대중적 인기와는 동떨어진 출판계의 상황을 보여주고 있다. 국내에 출판된 번역서는 나겔(Joachim Nagel)의 "*Femme Fatale*"(2009)을 번역한 송소민의 『팜 파탈』(2012)이 유일하며, 그나마도 앞서 소개한 이명옥의 『팜므 파탈』에서처럼 파탈들로 운위되는 여성 인물들에 대한 화보를 곁들인 소개와 분석이 주를 이루고 있다.

지혜의 메두사와 생명의 팜므 파탈을 통하여 여성의 유실된 이미지를 복원하는 작업들은 자칫 잘못하면, 괴테나 니체가 그러했던 것처럼 여성성을 복원한다는 미명 아래 복원된 이미지가 아무리 긍정적이고 시원적이라 하더라도, 여성을 다시 부정적인 이미지로 환원하는 위태로움과 어려움을 수반하고 있다. "모든 규정은 부정"(스피노자)이라기보다는 부분적 정의, 즉 제한(制限)과 수사(修辭)에 그치고 만다. 비록 현대의 은유 이론이 특별히 리쾨르(Paul Ricoeur)에 가면 A=B이면서 B가 아님을 동시에 상정하게 되어 기존의 동일성의 비유에서 벗어나 차이를 동시에 품으려고 노력하고 있지만, "유사성에 근거한 동일화"(김애령 177)일 수밖에 없었던 지나간 시절의 은유는 소위 '동일성과 유사성의 폭력'으로 무장하여 3~4천 년 동안 서양의 상상력을 석권해 왔다. 정의와 규정이 때와 장소에 따라서는 그리고 때로는 때와 장소를 불문하고 그럴 수도 안 그럴 수도 있다는 일견 은유를 벗어나는 주장은, 부분적이고 불완전할 수밖에 없는 지식과 지혜의 은유적 속성을 알아차렸던 공자와 소크라테스가 "모른다는 것을 안다"고 자복한 이유가 된다.

1권의 서론에서 각 장들의 간단한 소개가 있었지만 독자들의 편의를 위하여 해당 권의 내용을 다시 요약하면 다음과 같다. 총 3권 시리즈물의 전체 II부를 시작하는 2권 5장은 1권에서 논의한 여성성과 이와 연관된 생명·죽음과의 상관성을 여성의 근원이자 에센스로 여겨지는 여성 성기에 대한 성찰을 통하여 논구하는 부분이다. 출산이 이루어지는 여성의 성기를 결국에는 죽음의 원초적 기관으로 보게 되는 습속을 추적해나가는 과정 속에서 필자는, 여성의 성기를 부활과 재생을 또다시 준비하는 기관으로 보는 사유의 한 가닥 또한 확인할 수 있었다. 달의 "이움과 참"(wane and wax)이 여성의 임신과 월경(月經, menses)으로 체현되는 과정을 추찰하면서 인류는 죽음을 넘어 삶을 다시 기약하고 있었으니, 예수를 잉태한 "신성한 원천으로서의 흠 없는 자궁" 또한 여성의 생물학적 자궁임이 분명하다.

보들레르의 '악의 꽃'(fleur du mal)은 동시에 생명의 꽃이 됨에 부족함이 없었으나, 인류는 수많은 인류학적 고찰이 확인해주고 있듯이 여성 성기에 대해서만큼은 부정적 사유를 견지해 왔고 이와 같은 경향은 문학도 그러하지만 특히 회화 분야에서 더욱더 두드러지게 나타나고 있었다. 죽음의 원인을 삶이 배태하고 있다 하더라도 삶은 삶이고 죽음은 죽음일 뿐이라고 우리들의 지난한 삶은 소박하게 증거하고 있다. "삶과 죽음의 등가성"(Bachelard 『대지, 휴식의 몽상』, 199) 내지는 가역성을 필자는 계속해서 말하고 싶었지만, 영원과 지속을 말하는 형이상학적 견지에서 삶은 죽음이며 죽음은 삶으로 해석될 뿐, 죽음이라는 절망과 삶이라는 고단함은 여전히 맹위를 떨치어 삶과 죽음을 분리하고 있다.

이어지는 다음 부분들에서는 여성 성기를 지시하는 우로보로스의 신물인 뱀과 그것의 상상적 변형인 메두사에 대한 분석으로 채워졌다. 필자는 우선 5장에서 프로이트가 분석한 메두사와 거세에 관한 이론을 비판적으로 성찰한 후, 그의 메두사에 관한 상념이 그 자신도 필요하다고 상정하는 "메두사의 기원에 대한 [신화적] 연구"에 의해 구체적으로 실체화될 수 있다고 주장한다. 이어지는 본문의 6장과 7장에서는 메두사에 대한 양가적인 판단, 즉 추함과 거세로서의 메두사에 대한 인상적 논의와 더불어 그녀의 아름다움과 생명력에 대한 표현과 예찬이 함께 있어 왔음을 이와 관련된 시문학과 회화 작품에 대한 분석을 통하여 드러낸다. 역사의 파국을 몰고 온 파멸의 사이렌들이 오히려 남성들이었다는 식수(Hélène Cixous)의 메두사에 대한 재평가는, 3기 페미니즘을 훌쩍 지나 포스트 페미니즘이 운위되고 있는 지금의 입장에서 보면 젠더 역차별이라는 문제의 소지가 없는 것은 아니다. 식수의 메두사는 대지의 여신 데메테르에게 웃음을 선사하여 메마른 대지에 다시 풍요와 평화를 선사하는 니체의 여성 성기에 대한 비유인 바우보(Baubo)와 닮아있다.

아름다운 메두사에 대한 본격적인 고찰은 8장에 이르러 신화 속에 나타난 메두사를 역사적으로 복원하는 작업 속에서 이루어졌다. 메두사는 아테나 여신의 전신으로서 나일강 유역에서는 "존재"를 의미하는 네이트(Neith) 여신으로도 불렸는데, 그녀가 최소한 희랍의 메티스(Metis) 여신과 같은 품위를 지니면서 아름다운 처녀이자 통치자, 여왕으로 군림했었다는 사실은 우리가 알고 있는 추악한 메두사에 대한 관념을 바꾸기에 충분한 것으로 판명된다. 메두사가 프로이트의 말대로 여성의 성기, 그것도 어머니의 성기를 의미할 수도 있었다면 그것은 이제 아름답고 생명을 창출하는 기관에 대한 상징으로 재해석될 뿐, 그동안 서양의 주류 정신분석학이 행해왔던 거세와 상실과 부재, 그리고 죽음에 대한 해석으로 머물 수는 없다고 필자는 역설하고 있다. 서양 정신을 대표하는 학문 중의 하나인 정신분석학이 파악하는 대로 무(無)는 부재와 없음이 아니며 생물학적 의미이건 비유적 의미이건 여성 또한 거세되거나 없는 것이 아니다. 이 책에서 필자는 有를 포함하는 무(無, mē on → das Nichts)와 우리가 통상적으로 알고 있는 무(无, ouk on), 혹은 허무를 구별한다.

2권의 후반부에 해당하는 III부는 여성을 죽음과 동일화하는 부정적 관념이 팜므 파탈(femme fatale)이라는 현상을 낳게 했던 유럽을 위시한 서양의 19세기 말에 관한 연구이다. III부의 도론이자 이론적으로는 전체 3권의 책의 출발점이 되기도 하는 9장에서 필자는 세기말의 회화와 문학에 관한 단편적인 성찰을 통하여 여성을 파멸과 죽음의 에이전트로 보는 현상이 세기말에 극점을 이루어진 현상을 고찰하는 가운데, 뱀이라는 심상을 넘어 이제는 강-바다인 물과 달과 죽음, 그리고 모성과 여성과의 어원학적 상관관계뿐만 아니라 말(馬)로도 표현되는 시간의 속성과 여성에 관한 젠더 관련성을 니체와 하이데거, 바슐라르 등 다양한 이론가들의 입장에 대한 성찰과 더불어 추적한다.

10장에서는 이러한 현상을 가능케 한 유럽의 시대상에 대한 분석을 행한다. 세기말, 데카당스, 신여성, 팜므 파탈의 어원과 기원에 대한 추적뿐만 아니라 팜므 파탈의 세기말적 징후의 하나이기도 한 창녀의 창궐에 대한 분석을 통하여 필자는, 니체적 의미의 "여성적 삶" 또는 "삶이라는 여성"(vita femina)에 일견 함축되어 있는 여성 비하의 의미를 넘어서, 팜므 파탈의 원래의 의미인 '생명의 여성', 즉 팜므 비탈(femme vitale)의 복원 가능성과 그 필요성을 논하고 있다. 여성을 죽음이 아니라 생명으로 다시 복원하는 작업은 물론 여성과 죽음을 동일화하는 서양의 지적 전통에 대한 비판적 되돌아보기이기도 하면서, 19세기 말~20세기 초 한 많은 삶을 살다간 조선의 팜므 파탈들에 대한 필자 나름의 진혼(鎭魂)의 상념이기도 하다. 팜므 파탈이라는 개념은 그것이 원래 혹은 이면에 함의하고 있었던 팜므 비탈이라는 관념과 더불어 삶과 죽음의 중첩과 동일함이라는 우로보로스 원형을 그려내고 있다.

선악의 문제와 처녀잉태에 관한 갑론을박뿐만 아니라 야훼 등이 뱀신으로 출현하는 일부 전통에 대해 1권에서 논의하였다면, 이번 2권에서 제기되는 야훼의 말처럼 "나는 나였고 나이고 나일 것이다"를 외치는 아테나(←네이트)와, 연이어 3권에서 논할 붓다와 헤라클레이토스와 우파니샤드의 구루(guru)와 요한계시록에서의 야훼 또는 예수처럼 "끝(알파)과 시작(오메가)"을 외치는 이집트의 이시스 여신에 대한 언급에 대해서도 독자들은 비교문명사의 관점에서 주목해 주기 바란다. 당연한 말이지만 기독교 문화는 그 이전의 여러 문명권들의 토대 위에 건설된 문화이며, 여기에는 동서양의 교류도 적지 않게 영향을 미치고 있다.

이 책은 필자가 3권으로 기획한 여성을 매개로 한 삶과 죽음의 우로보로스적 동일성과 비가역성에 관한 시리즈의 두 번째 권이다. 지혜를 상징하는 메두사와 생명을 상징하는 팜므 파탈에 대한 어원학적·문헌학적 고찰과 더불어 일부 문화사적 고찰을 행하여 교양서적으로도, 그리고 대학생들의 전공 도움서로도 쓰일 수 있다는 면에서 원래 3부작 중에서 낱권으로 가장 먼저 출판하려 하였으나, 도서출판 청송재 장종표 대표님과 배정환 편집장님, 양성숙 편집인님의 배려로 제자리를 찾아 출판하게 되었다. 1권의 감사의 글에서도 썼지만 연세대학교 문경환 교수님, 영남대학교 이강옥 교수님 등 감사를 표할 분들은 여전히 많다. 필자가 몸담고 있는 서울시립대 영문학과 사무실의 이한나, 신재은 전·현직 조교 선생님과 근로 학생들에게도 이번 책을 빌어 감사한 마음을 표한다.

필자는 원래 본인을 영원한 학생이어야만 하는 "인문학'도'(徒)"로 표현하고 싶었는데, 출판사가 이를 인문학'자'(者)로 하기로 했다. 예전에도 간혹 그런 경우가 있었지만 요즘 일부 동양학자들 가운데 스스로를 '학인'으로 부르는 풍조가 조금씩 감지되고 있는데 그러한 표현이 아니어서 그나마 다행이다. 필자에게 '인'(人)이 붙는 몇몇 직업군들 가운데 퍼뜩 떠오르는 것은 여전히 시인(詩人)일 뿐이다. 돌이켜보면 인문학자들이 위기인 적은 있었지만, 인문학이 위기인 적은 없었다. 인문학을 하는 "무리"(徒)이면 족하니 이를 또한 도반(道伴)이라 쉽게 말하지는 말자. 이제는 인문학이 무엇인지도 모르겠지만 "인문학을 들러리 세워" 딴 이야기를 하는 학계의 관행은 건설적인 의미에서 수용하고 또한 지탄받아야 마땅하다.

소위 "인문학자"들의 부화뇌동은 말할 것도 없지만, 정작 인문학을 공부하는 사람들은 인문학이 무엇이고 어떻게 되어야 한다 말하지 않는다. 원래 융합과 통섭(consilience ← con + sálio, 通涉)이 아닌 학문은 없었으니 무엇을 통섭(統攝, 通攝)하고 융합한다는 말인가. 지금은 기억이 가물거려 꼭 독일의 모 대학일 필요도 없지만 그 대학의 모토가 자유와 고독이라고 필자는 알고 있다. 아내와 딸과 아들, 그리고 한국전쟁 전후 험난한 시절을 살았던 가족들에게 이 책을 다시 헌정하며,

사도세자의 묘가 한동안 있었다고 알려진 배봉산 연구실에서
인문학(Ars Liberalis)의 의미를 되새기며 인문학도 권석우
2023년 3월 28일 쓰다.

메두사: 미켈란젤로 메리시 다 카라바조
(Michelangelo Merisi da Caravaggio, 1571~1610),
1597년경, 오일. 피렌체 우피치 갤러리

제2부

여성의 자궁과 우로보로스의 신물: 뱀과 메두사

무덤이여! 신방이여!

내 어디를 가던 구멍 난 집은 나를 영원히 지켜보고 있네

—소포클레스, 『안티고네』, 891–892

자연의 어미인 대지는 그녀의 무덤이고

사람들이 묻히는 묘지는 그녀의 자궁이라

The earth that's nature's mother is her tomb;

What is her burying grave that is her womb.

—윌리엄 셰익스피어, 『로미오와 줄리엣』 II, iii: 9–10

U, 순환주기들, 초록 바다의 신성한 물결침

U, cycles, vibrements divins des mers virides

—아르튀르 랭보, 「모음들」("Voyelles" 1871)

지상에 가까운 존재는 무겁고 그럴수록 슬프다.

plus l'animal est attaché de près á la terre et plus il est pesant,

plus il est triste

—앙드레 지드, 『전원교향곡』, 37

묘지를 뜻하는 "시메티에르(cimetière)도 (…) 혼례식 방을 뜻하는

'코이메테리온'(κοιμητήριον)과 같은 의미를 지니고 있다."

—칼 융, 『리비도의 변형과 상징』, 208

너는 내 말을 믿는 '마리아'—내 寢室이 復活의 洞窟임을 네야 알련만….

—이상화, 「나의 침실로」

제5장

오늘도 우리가
달의 행로(月經)를 밟는 까닭은?:
여성 성기와 죽음

여자들은 저마다의 몸속에 하나씩의 무덤을 갖고 있다.
죽음과 탄생이 땀 흘리는 곳,
어디로인지 떠나기 위하여 모든 인간들이 몸부림치는
영원히 눈먼 항구.
알타미라 동굴처럼 거대한 사원의 폐허처럼
굳어진 죽은 바다처럼 여자들은 누워 있다.
새들의 고향은 거기.
모래바람 부는 여자들의 내부엔
새들이 최초의 알을 까고 나온 탄생의 껍질과
죽음의 잔해가 탄피처럼 가득 쌓여 있다.
모든 것들이 태어나고 또 죽기 위해선
그 폐허의 사원과 굳어진 죽은 바다를 거쳐야만 한다.
—최승자, 「여성에 관하여」

1

뱀과 여성, 그리고 월경(月經)

고대 지중해 지역권의 서양 문화에서 여신의 신물로 자주 등장하는 똬리를 튼 원형의 여성적 뱀이 여성의 성기 근처에 근접하여 있는 것으로도 묘사되어 남근적인 연상 작용으로 인하여 자웅동체를 상징하기도 하나, 여성과 친밀하게 자주 등장하여 그 자웅동체적인 시원의 형상을 잃어버리고, 여성과 상호동연성(相互同延性, co-extensiveness)을 획득하여 급기야는 여성(성)과 동일하게 파악되어 왔다는 사실은 이 책의 앞 장들에서 설명하였다. 여성(신)을 뱀, 또는 죽음으로 파악하는 논리의 이면에는 여성을 육체, 더러움, 성, 그리고 사악함으로 보는 습속이 자리하고 있는데, 이러한 논리는 여성성의 상징이자 원천인 여성 성기에 대해 부정적인 사유를 또한 산출해 내었다. 메두사에 관한 다음 장들에서 더욱더 논의가 진행되겠지만 뱀으로 뒤덮여 있는 메두사의 머리가 여성의 성기를 나타낸다고 추론하는 사유 방식에 꼭 기대지 않아도, 메두사의 다른 모습이기도 한 뱀을 매개로 여성성과 죽음, 그리고 죽음을 매개로 뱀과 여성의 음부는 동일시되기도 하는 수순을 취하기도 한다.

한국의 민속에서도 뱀은 "남근의 귀두를 연상시켰고 (…) 굴을 드나드는 생태에서 여음으로 삽입되는 남근이나 자궁으로 들어가는 정자가 연상"(김영균·김태은 128)된다는 측면에서 원초적으로는 남성적인 것으로, 그리고 똬리를 틀었을 때 여성의 상징인 "우로보로스 원"(uroboric circle)을 그리고 있다는 점에서 자웅동체적 동물로 해석되기도 한다. 이는 마치 황소가 수컷이어서 남성성의 상징임이 확실함에도 불구하고(Ruether 26, 32) 황소의 머리를 마치 사과의 횡단면처럼 시각적으로 여성의 자궁과 나팔관(fallopian tube)으로 보는 해석(Gimbutas 1989, 265; 1991, 245), 그리고 그의 뿔을 뱀 모양을 닮은 초승과 하현의 달의 뿔로 보아 황소와 뱀과 달을 동일화하는 해석(Campbell 2013; 29, 42-44)을 하면서, 황소를 양성으로 자리매김하는 해석들과 유사하다. 그러나 동남아를 위시한 세계 각국에서 '뱀 춤'(snake dance) 혹은 '뱀 쇼'(snake show)를 하는 여성들보다 남성들이 많지 않다는 점에서도 유추할 수 있겠지만, 뱀이 촉발하는 원래의 심상은 남근적이라고 보아도 무방하다. 펜트하우스 영화 〈칼리굴라〉(*Caligula*)에서 뱀을 여성의 음부에 집어넣으려고 시도하는 장면이라든가, 스피어스(Britney Spears)나 레이디 가가(Lady Gaga)와 같은 서양의 수많은 여자 가수들뿐만 아니라 한국의 4인조 여성그룹 '포 미닛' 멤버 중의 한 여성이 뱀을 온 몸에 두르고 노래하는 장면들은 뱀을 남성 성기로 그리고 방금 언급한 상호동연성이라는 과정을 거치면 여성 성기로도 간주하는 사고방식을 엿볼 수 있게 한다. 그런데 우리의 논의의 주안점은 원래의 심상이 지닌 의미보다 그것으로부터 파생한 통속적 이미지가 더욱 강력한 효과를 지니고 있을 때의 경우이다. 뱀이 주로 남근적인 시원의 성질을 보유하면서도 여성의 성기와 자주 동일시되어 뱀 하면 여성 혹은 사탄을 떠올리는 경우가 바로 그러하다.

서양에서 특별히 뱀과 동일시되기도 했던 여성의 본질이라고도 할 수 있는 여성 성기는 결핍이나 거세 등에 대한 상징으로, 그리고 질병이나 사망을 의미하는 비유로 사용되었다. 남성 성기가 능력, 권력, 완전함의 상징으로 여겨진 반면 여성 성기는 풍요를 상징하기도 한다. 하지만 거의 언제나 약함, 탐욕, 거짓, 사악함 등으로 간주되었다는 사실은 남성 성기를 숭배하는 여러 종교적인 전통에 대한 연구가 상대적으로 많았던 반면, 풍요와 다산으로서의 여성 성기를 숭배하는 전통은 억압되어 역사상에서 사라졌다는 사실에서도 확연히 드러난다. 브론펜(Elisabeth Bronfen)에 의하면 '악마'(devil)는 태생적으로 "차이"(difference), "분열"(strife) 또는 "갈라짐"(split)과 "현혹을 유발하는" 심상을 지니기도 하는데, 여성 성기는 그 "현혹적인 갈라짐"이 악마의 모습과 닮았다 하여 동일시되곤 했다(1992, 69). 뱀의 갈라진 혀를 악마의 혀로 보았다는 해석이기도 한데, 이는 후대에 이르러 발굽이 쪽발이 아니라 둘 이상으로 갈라진 동물을 식용으로 사용하지 않는 지중해 문명권의 식습관을 외양상 갈라졌다고 생각하는 양순(兩脣)의 여성 성기에 억지로 갖다 붙여 터부시한 것으로 보인다. "devil"은 신을 뜻하는 산스크리트어 "deva"에서 연원하는데, 타 종교의 신을 폄하하는 습속이 뜻의 변이에 영향을 끼쳤음은 물론이다.

그런데 둘로 갈라진 모습을 조금 더 적극적으로 해석한다면, 굳이 현대의 젠더이론을 차용하여 갈라진 여성 성기를 "다발적 향유"(multiple jouissance)로 보지 않아도, 그것은 남성적인 일의성이 아니라 포용과 관용의 양의성, 또는 양의적 일의성이 될 수도 있었다. 아무튼 동물의 발굽의 갈라짐이 사람의 그것과 달라 악마의 발굽으로 그리고 그것이 여성 성기의 갈라짐과 동일하게 파악되는 이러한 논리적인 견강부회는 비단 아리스토텔레스의 삼단논법에 의거한 논리학에서뿐만 아니라 생활 도처에서 목도된다. "냄새나고" "더럽고" "지저분한" 것으로 간주되는 여성 성기에 대한 부정적인 사고는 특별히 그것을 지칭하는 영어의 "pudendum" 그리고 그 복수형 "pudenda"라는 어휘가 "부끄럽다" 또는 "수치스럽다"라는 뜻을 가진 라틴어 "pudere"에서 연원하고 있다는 점에서도 알 수 있다. 여성 성기가 더럽기 때문에 여성이 더럽다는 제유적 논리 또한 전제 자체가 성립하지 않는 구시대의 견강부회적 논리일 뿐이다. 남성을 성적인 동물로 보는 용어들이 기껏해야 "막대기" 정도였던 반면, 여성을 성적으로 표현하는 영어의 단어는 100여 종을 상회한다. 여성들은 심지어 "일회용 의자 덮개"(seat cover), 쓰레기 정액을 받는 "봉투"(bag)로도 표현되고 있어 문제의 심각성을 드러내고 있다.[1]

서양 신화에 자주 등장하는 죽음의 원소인 물(Bachelard 1980: 95, 125, 132)을 지칭하는 휘드라, 하반신은 뱀인 흡혈귀 라미아(Lamia), 늘 뱀으로 감겨 있는 머리를 휘두르고 뱀이나 물고기 꼬리를 갖는 고르곤(Gorgon)의 세 자매 중 막내인 메두사(Medusa), 남자를 돼지로 만들어 버리는 키르케(Circe) 또는 임신한 개의 형상을 띤 스킬라(Scylla), 오딧세우스를 유혹하는 칼립소(Calypso)와 같이 끈끈한 점액질의 물로 남성을 유인하는 사이렌(Siren), 성교 후 연인의 심장을 날카로운 발톱으로 찢어내는 반인반수 하아피(Harpy)와 스핑크스(Sphinx) 등으로 나타나는 치명적 여인(femme fatale)이나, 여성들이 질 속에 면도칼을 숨기고 있다고 하여 한국전쟁과 베트남전쟁 당시에도 떠돌던 말인 "칼을 품은 여인"(razor woman), 전장에서 중요한 인물들을 척살하는 "저격수 여성"(rifle woman), 남성을 거세하고 죽이는 "만족을 모르는" "재수 없는" "사악한 자궁"(wicked womb, Greer 40-41) 등을 아우르는 "바기나 덴타타"(vagina dentata)[2]와 같은 표현들은, 여성과 그 여성의 원천인 여성의 성기를 사악한 괴물로 또 이상하고 끔찍한 죽음으로 표현하는 여러 이름들의 변형이다. 네덜란드의 파엔차 지역에서 제조된 도기로 〈질의 이빨이 있는 사과〉(1977) 조각 작품과 웅거러(Tomi Ungerer)의 그림 〈낮잠〉("Siesta" 1980)은 바기나 덴타타라는 관념이 현대의 회화적 상상력에 여전히 맹위를 떨치고 있음을 보여준다. 이 작품들이 상재된 뒤르(Hans Duerr)의 『은밀한 몸』에 제시된 쉴레(Egon Shiele)의 〈꿈속에서 보다〉(1911)는 이들 작품을 선도한 그러나 여성 성기를 악마의 형상으로 보면서도 화사한 꽃으로도 본 시각적으로 충격적인 예술 작품 중의 하나이다(도판은 Duerr 2003, 260-262 참조).

남성 성기에는 없는 여성 성기의 고유한 기능인 월경은 자연적으로 관심의 대상이 되었다. 차이가 차별이 되는 길은 쉬웠다. “사람들은 소녀의 초경이 뱀에 물린 탓이라고 생각했으며, 여성들이 월경을 할 때는 특히 뱀이 꼬여든다고 생각했다”(Harding 99). 뱀의 사악한 여성적 속성이 체외로 분출되는 현상이 월경이라는 해석인데, 문제는 생명의 탄생과 사멸을 몸으로 체현하는 월경이라는 현상이 불결함과 죽음으로 해석되는 경향에 있다. 이러한 사유는 삶과 죽음을 동시에 몸으로 체현하고 있는 뱀과 여성에 대한 부정적 해석과 궤를 같이한다. 삶이 있기에 죽음이 있고, 죽음이 있기에 삶이 있다는 순환적 사유는 삶과 죽음을 일회적으로만 간주하는 직선적 사유 방식이 부상함에 따라 담론의 장에서 그 영향력을 잃기 시작하였고, 직선적 사고방식의 결과물이기도 한 이분법적 사유에 의거한 양자택일은 여성을 삶과 죽음이 아니라, 죽음의 담지자로만 파악하는 행태를 보여왔다.

이어지는 다음 부분에서는 월경에 대한 서양인들의 사고를 몇몇 신화 인류학자들의 도움을 받아 간략히 개괄한 후, 월경이 여성 성기, 그리고 더 나아가 여성성 자체에 대한 부정적 인식을 더욱 가중시켰고, 이로 인해 서양 문화의 여성과 죽음을 동일시하는 습속이 더욱 공고해졌다는 사실을 19세기 말 프랑스 문학, 특별히 보들레르(Charles Baudelaire)와 졸라(Emile Zola)의 작품에 대한 간단한 분석을 통하여 예증하고자 한다. 신화시대의 여성의 성기에 대한 사유와 20세기 후반의 몇몇 여성 화가들의 작품을 언급함으로써 여성의 성기를 단순한 죽음이 아닌 생명과 재생으로 보는 시각이 면면히 이어져왔음을 밝힌 연후, 필자는 여성을 생명으로 복원하고자 하는 이러한 시도가 여성과 죽음을 동일시하는 사유 형태에 대한 하나의 대안이 될 수 있음을 모색한다. 여성의 성기는 삶과 죽음을 체현한 우로보로스 몸의 대명사이었으며, 이로부터 형성된 처녀와 창녀의 개념은 삶과 죽음을 가르는 분별의 칼이 되어 여성을 죽음으로 보는 시각을 공고하게 하였음은 필자가 이미 이 책의 제1권 3장에서 밝힌 바와 같다.

2

달의 경로와 여성, 그리고 죽음

성스러움과 추함, 토템과 터부

신성함에 더러움이 공존한다는 생각은 신성한 여성을 더러운 여성으로, 성녀를 창녀로 보는 사유와 유사하다. 더러움과 신성함이 동일화되고, 더러움이 신성함이 되는 인류의 이 모순적인 사유 양태에 신뢰할 만한 설명을 제시해주고 있는 것은 우리가 앞 장에서 장황하게 논의한 신전창녀 또는 축별처녀의 개념이 될 수 있는데, 성스러움이 더러움에 근거하고 세상의 더러운 것들에 대한 금기와 이것들에 대한 폭력에 의지하고 있어 결국에는 더러움 자체가 된다는 생각은 성처녀의 이데올로기가 창녀의 수사학으로 전락하는 것과도 밀접한 연관을 이루고 있다. 따라서 신성함이 너무 오랫동안 인간 세계에 머물게 되면 사람들은 불편함을 느끼게 되며, 예수의 십자가 사건 그리고 마리아의 성처녀 이데올로기에 있어서도 그러하지만, 그 신성함을 땅으로부터 몰아내기를 시도한다. 대개의 경우 그러나 지상에서 신성함을 추방하기는 신성함 그 자체를 제거하기보다는 신성함을 표방하는 토템과 그것에 관한 터부로 나타난다. 터부는 자주 토템이 그리고 그 토템은 바로 다시 터부가 되는데, 이러한 순환적 동일화에는 성스러움과 속됨, 그리고 성스러움과 더러움이 하나라는 원형적인(archetypal and circular) 의식이 작용하고 있다. 더글라스(Mary Douglas)는 심리적인 측면에서뿐만 아니라 실질 가치적인 측면에서도 성스러움이 동시에 더러움이기도 하다는 엘리아데(Mircia Eliade)의 주장을 인용하면서, 성스러움을 뜻하는 라틴어 "sacer"의 일차적 의미는 더러움에 대한 금지임을 분명히 밝히고 있다.

> 우주는 금기에 예속되고 예속되지 않은 사물들과 행동들로 나누어져 있다. 금기들 가운데 어떤 것들은 세속으로부터 신성을 보호하는 것이고, 다른 어떤 것들은 신성의 위험한 침범으로부터 세속을 보호하는 것들이다. 세속적인 규칙들이란 그러므로 단순히 신성을 쳐내는 것이고, 깨끗하지 못함이란 신성과의 접촉에 관한 쌍방 간의 위험이다.
>
> (Douglas 8)

여러 가지 해석이 가능하겠지만, 성스러움의 이면에 격리, 저주, 오염이 함께한다는 생각은 그리 낯선 사유는 아니다. 성은 성스러우면서, 동시에 더렵혀진 것인데, 성스러운 것은 반드시 더러워져야 한다는 강박관념이 이 개념 속에 자리 잡고 있다.

> 더러움의 모든 부정적 가치(죽은 사람, 범죄자 등과의 접촉)는 성현과 역현(力顯)의 이러한 양면성에 기인한다. 더렵혀진 것, 즉 신성화된 것은 세속적인 영역에 속하는 모든 것과 존재론적인 체계상 구별된다.
>
> (Eliade 36-37)

더러움을 신성함의 경지로 끌어올린 자들로 쉽게 연상되는 비교적 현대적인 사람들은 사드 후작이나 『도둑일기』의 주네(Jean Genet) 정도가 될 터인데, 진흙 벌에서 몸 담그기를 의례적으로 수행하는 우드스탁 축제(Woodstock)의 참가자들 또한 예외는 아니다. 그들의 시도는 속의 파괴와 보존이 신성의 향유로 이어진다는 면에서 여전히 성과 속의 연속성을 담아내고 있다. 아감벤(Giorgio Agamben)은 호모 사케르(homo sacer), 즉 신성함의 양가성을 설명하기 위해 이것의 사회적 연원을 밝히는 로마의 페스투스(Sextus Festus)의 『말의 의미에 대해』의 한 구절을 인용한다.

> 호모 사케르란 사람들이 범죄자로 판정한 자를 말한다. 그를 희생물로 바치는 것은 허용되지 않지만 그를 죽이더라도 살인죄로 처벌받지 않는다. 사실 최초의 호민관법은 "만약 누군가 평민 의결을 통해 신성한 자로 공표된 사람을 죽여도 이는 살인이 되지 않는다"는 점을 명기하고 있다. 이로부터 나쁘거나 불량한 자를 신성한 자라 부르는 풍습이 유래한다. (156 재인용)

스미스(William Smith)의 신성함과 불결함의 인접성, 뒤르켕의 길(佶)한 것과 불길한 것들의 종교적인 신성함, 그리고 프로이트의 신성하고도 저주받은 사케르라는 개념을 설명하기 위하여 도입되는 페스투스의 사케르에 관한 정의는 신성한 자와 더러운 자의 동일성에 대한 연원을 잘 설명하고 있다. 주지하듯이 신성함과 더러움의 동일성에 관한 연결고리를 잘 제공해주고 있는 것은 프로이트의 토템과 터부라는 개념이다. 그에게 있어서 신성하고 저주받은 "사케르"라는 개념은 폴리네시아 사람들의 터부라는 개념에서 차용한 것인데, 터부에 대한 폭력은 아이러니하게도 "이를 범한 자를 터부로 (…) 그리고 결국에는 터부된 자를 신성한 토템으로 변화시킨다" (1913, 29).

> 우리들에게 있어서 터부의 의미는 두 가지의 방향으로 갈라진다. 한편으로 그것은 성스럽고 성화된 것을 의미하기도 하지만, 다른 한편으로 그것은 이상하고(uncanny), 위험하고, 금지되고, 깨끗하지 못한 것을 의미한다. 터부에 대한 반대말로는 폴리네시아 말로 평범하고 일반적으로 접근 가능함을 의미하는 '노아'(noa)라는 말이 사용된다. 터부라는 개념에는 주저함이라는 개념이 상재하여, 터부는 금지들과 제한들 속에서 본질적으로 그 자신을 표현한다. (1913, 26-27)

토템은 그러나 자주 그 신적인 속성을 부여받은 여신들로 나타나는데, 이는 대개 종교적인 의식에서 희생물로 올려지는 자들이 여성으로 바꾸어진 데에서 그 증좌를 찾을 수 있다. 동서양의 전설에서 거룩한 제사물이나 화목제로 신이나 용으로 대표되는 괴물들에게 바치어지는 사람들은 대개 여성이다. 베어울프 전설이 그러하고, 성 조지의 설화, 덤불에 싸여있는 백설공주나 그리고 인당수에 바쳐지는 심청이까지, 여성을 성녀로 보고 성녀의 희생을 요구하는 문화, 그리고 여성 죽이기의 신화 또한 지속되고 있다.

여성 성기와 월경혈에 대한 터부

신성함과 더러움의 길항(拮抗) 내지는 동일함에 관한 사유는 피와 여성 성기에 대한 서양인들의 습속에서도 여실히 나타난다.

> 피는 아니마의 장소이다. 그래서 피를 흘리는 자는 아니마를 상실하며 피를 먹는 자는 생명의 원칙을 어기는 것이라고 해석할 수 있다. (…) 따라서 피는 카타르시스의 수단이었고 죄를 정화하고 벌을 피할 수 있는 수단이었다. 따라서 수많은 문화에서 피를 이용한 정화의식이 존재했던 것이다. (…) 하지만 모든 피를 카타르시스의 수단으로 생각했던 것은 아니다. 심장이나 목에서 흘러나온 피는 죄를 사했지만 자궁에서 흘러나온 피는 오히려 죄를 덧씌웠다. 남성의 입장에서 보면 생리혈은 피해야 할 위협이었고, 여성의 입장에서 보면 될 수 있는 대로 그 흔적을 지우고 숨겨야 할 분비물이었다.
>
> (Schury 21, 23-25; 강조 필자)

피에 대한 이중적인 잣대를 보여주는 위의 언급은 단순히 "남성이나 여성의 (…) 모든 분비물이나 유출물 같은 오물" 또는 "피와 관련된 수많은 부정함"(Kristeva 1980, 158)을 말하는 것으로 읽혀질 수도 있었다. 그러나 이상한 것은 피를 지니고 흘리는 주체들이 인간에게 국한하면 남성과 여성 공히 두 집단들인데 전장에 나아가 스스로 피를 흘리고 다른 이들의 피를 흘리게 하는 남성들의 피의 축제와 생명 경시는 오히려 영웅적이고 신성하게 취급되었던 반면, 생명을 배태하는 여성들의 생리혈과 출산혈은 더러움과 죽음으로 폄하되었다는 사실이다. 이러한 습속이 예수 그리스도의 보혈의 피가 인류를 구원하는 피로 상정되는 반면, 생명의 신비를 드러내는 임신과 자연 출산에 대한 부정적 생각을 견지한 드러낸 사유의 결과물인 넓은 의미의 '처녀잉태'(immaculate conception, nativity)라는 사유로 진화했음은 처녀와 창녀의 변증에 관한 앞 장에서 이미 밝힌 바 있다.

생명의 신비를 담고 있는 "신성한" 여성 성기를 부정적으로 파악하여 월경하는 여인을 불결하게 생각하는 사고방식은 유대인들의 역사를 기록한 구약성경에서도 그 절정의 표현을 만나게 된다. 제사장들의 문서인 레위기에서 우리는 여성을 심하게 백안시하는 경향을 발견하게 되는데, 그들의 사고방식을 따르자면 피는 신성하기도 하고 더럽기도 하지만 유독 여인의 피만큼은 불결하게만 파악되어 그 문제점을 드러내고 있다. 레위기는 생명과 관련된 피의 신성함과 그것에 대한 터부를 다음과 같이 간명하게 밝힌 바 있다.

> 모든 생물은 그 피가 생명과 일체라 그러므로 내가 이스라엘 자손에게 이르기를 너희는 어느 육체의 피든지 먹지 말라 하였나니 모든 육체의 생명은 그 피인 즉 무릇 피를 먹는 자는 끊쳐지리라
>
> (레위기 17:14)

인용된 문장은 남성과 여성을 막론하고 피 자체의 신성함과 그것에 대한 경외감인데, 피에 대한 터부는 현대로도 이어져 피가 보이는 고기를 먹지 않는 풍습으로 굳어져 갔으니 일부 종교 집단에서 "잘 익힌"(well done) 스테이크만을 고집하거나 동물의 선지를 거부하는 사례 등에서 그 면모를 확인할 수 있다. 다음에 이어지는 레위기의 문장들은 남녀의 피 가운데 유독 여성들의 피, 그 가운데서도 특히 피 흘림의 하나인 월경에 관한 부정적인 생각, 즉 여성들의 피만큼은 신성함의 정반대인 더러움으로 파악하고 있어 인용을 요하고 있다.

어떤 여인이 유출을 하되 그 유출이 피면 칠일 동안 불결하니 무릇 그를 만지는 자는 저녁까지 부정할 것이요

(레위기 15:19)

여인이 월경으로 부정할 때, 가까이하여 그 부끄러운 곳을 벗기면 안 된다.

(레위기 18:19)

월경 중에 있는 여인과 한 자리에 들어 그 부끄러운 곳을 벗겨 피 나는 곳을 열어 제친다든가, 그 여자도 옷을 벗어 피 나는 곳을 드러내든가 하면 그 두 사람은 겨레로부터 추방해야 한다.

(레위기 20:18)

월경 중인 여성과의 성교를 금지하는 레위기의 15-20장들에 나타나는 월경에 관한 부정적인 생각은 여성이 성직을 수행해서는 안 된다는 아우구스티누스의 편파적인 젠더관으로 이어졌는데(왕화영 2), 생리혈에 대한 반감이 생리를 하는 기관인 여성의 성기와 여성에 대한 혐오감으로 확장, 변질되기도 하였다는 사실을 추출해 내는 것은 별로 어렵지 않다.

그러나 먼저 인용한 레위기 17장이 말하고 있는 것은 여성의 월경혈을 포함하는 모든 피에 관한 히브리인들의 신성한 경외감이기도 하였지만, 일부 서양의 역사는 신성함과 더러움에 관한 양가적인 통찰을 잃어버리는 방향으로 나아갔다. 앞서 이 책의 제1권 3장에서 인용한 바 있는 3세기경 카르타고의 테르툴리아누스의 여성을 "악마의 통로"로 그리고 이브인 여성 때문에 죽음이 인류에게 닥쳐왔다는 언급은, "불합리하기 때문에 믿는다"(credo quai absurdum est)는 절대적 믿음에 관한 교리적 명언을 남긴 기독교 교부의 말로는 지금의 젠더 시각으로 보면 수긍이 잘 가지 않는다. 그가 살았던 당대의 남녀 차별에 관한 온갖 상념을 고려해 보아도 그러하다.

여성 성기를 상징하는 판도라의 상자에서 희망과 더불어 온갖 질병들과 죽음이 발생했다는 헬라스인들의 신화는 여성의 성기를 악마로 파악하는 기독교적 사유로도 변형되어 갔다. 우리는 "초기 기독교의 여성 비하가 아우구스티누스의 금욕주의와 여자 혐오증의 결과"(Thompson 61)이기도하지만, 그의 성과 여성에 대한 지나친 혐오가 통제될 수 없었던 자신의 육욕에 대한 반작용일 수 있었다는 사실 또한 앞 장에서 논의한 바 있다. 성을 향유하면서도 그것에 대해 반감을 느꼈고, 어머니와 성모마리아를 예찬하면서도 대부분의 여성을 정결치 못한 여인으로 취급했던 이율배반적 사고는 남성 자신의 죄를, 굳이 그가 죄가 있다면, 여성에게 투사하여 전이하는 메카니즘으로 작동하였다. "원하고 원망하는" 금지와 욕망에 관한 이러한 이중적 사고는 후대에 이르러 프로이트의 "처녀성에 대한 터부"로 개화하였는데, 이는 다음에 이어질 메두사에 관한 장들에서 논의가 된다.

월경혈은 불과 화덕의 신 "아그니(Agni)[3]의 여러 모습들 중의 하나이니, 아무도 그것을 업수이 여겨서는 안 되느니라"(Harding 112-113 재인용)와 같은 베다의 한 구절은, 레위기에서도 확인한바 피를 신의 현현으로 보는 사고방식이 면면히 이어지고 있음을 드러내고 있다. 월경이 바빌론의 사랑과 죽음의 여신, 그리고 달의 여신이기도 한 이슈타르(Ishtar)가 만월이 될 때를 의미하고, 우리가 알고 있는 안식일(Sabbath)이 아카드어로 월경을 의미하는 "sabbatu"에서 연원하고 있다는 신학자 노딩스(Nel Noddings)의 지적(39)은 여성을 더러움, 또는 죽음으로 보는 세간의 시각에 많은 시사점을 남겨준다. 수메르어와 아카드어에 관한 국내 연구자 조철수의 다음과 같은 언급은 안식일이 달이 차는 보름날이라는 것을 어원학적으로 잘 보여주고 있다.

아카드어 샤파투(šapattu, 혹은 šabbttu)는 보름날이다. 이 날은 바빌로니아에서 정결례를 행하는 종교일이었다. 샤파투(šapattu/šabbttu)에서 이스라엘의 안식일을 뜻하는 '샤바트(שבה)'라는 단어가 만들어졌다. 이스라엘의 사제들은 하느님이 천지를 창조한 뒤 이레째 날 "모든 일에서 멈추었다"는 문장에 착안해, '멈추다'라는 뜻을 가진 동사 '샤바트'를 재해석하여 여기에 '안식일'이란 뜻을 부여한 것이다. (…) 바빌로니아의 전승에 따르면 정결례를 행하는 보름날인 샤파투(šapattu/šabbttu)는 "(신의) 심장이 쉬는 날(ūm nūh libbi)"이라고 해석했다(Malku, *Tablet III*, 148). 즉 신이 쉬는 날이 안식일인 샤파투(šapattu/šabbttu)였고, 이스라엘인들은 이를 음역하여 샤바트라고 부른 것이다. (2000, 120)

신화학자 하딩(Esther Harding) 또한 '샤바투'는 "'마음의 휴식'이라는 뜻을 가지고 있는 '사-밧(Sa-bat)'이라는 단어에서 유래"하며, 안식일은 처음에는 한 달에 한 번 지켜지다가, 나중에는 월경주기의 각 4분의 1마다 지켜지게 되었다고 거들고 있다(113).[4] 그런데 유대교의 안식일이 바빌로니아의 안식일로부터 연원한다는 주장은 잘 알려졌으나 바빌로니아의 안식일이 달의 여신 이슈타르의 월경 현상에 근원을 둔다는 사실은 잘 알려지지 않은 것 같다. 보름이 이슈타르가 쉬는 날이며 어원학적으로는 "심장의 휴식"을 의미한다는 언급을 하며 드렌스(Jelto Drenth)는, 월경혈이 체내의 독이 한 달에 한 번 몸 밖으로 배출되는 것으로 여겨졌기 때문에 마녀사냥 당시 월경혈을 배출 못 하는 나이 든 여성들이 희생자가 되기도 했다고 주장한다(395, 389-392). 이러한 인식의 저변에는 물론 여성은 끊임없이 깨끗해지고 정화되어야 한다는 불결한 여성에 대한 신화가 자리 잡고 있다.[5]

그러나 월경은 한문으로 그 뜻을 푼다면 "月經", 즉 "달의 경로"인데, 태양의 황도십이궁(zodiac)과 마찬가지로 생성과 변화의 우주적인 의미를 인간의 몸과 연결시킨 명철한 용어가 아닐 수 없다. 우리말 "달거리" 또한 마찬가지이다. 월경을 의미하는 영어 "menstruation"이 달과 월경을 뜻하는 라틴어 "mensis"(←"측정하다"는 타동사 "mensuro"→현재부정형 mensurare)에서 연원한다는 사실은 이제 너무 진부한 지적이 되어가고 있다.[6] 이러한 달의 행로에 대한 우주적 인식은 "부정"을 뜻하는 금기(taboo)라는 말의 의미가 때로는 속세에서 "떨어져 있는" "거룩한"이라는 의미에서 연원한다는 주장과도 상통하는 점이 있다.

> 타부 또는 타푸(tapu)라는 폴리네시아어는 월경을 의미하는 타파(tapa)라는 단어와 밀접하게 연관되어 있다. 다코타의 와칸이라는 단어도 역시 생리 중인 여성을 나타낸다. 그것은 '영적인, 거룩한, 축성(祝聖)된, 불가사의한, 이해할 수 없는' 등의 뜻을 가지고 있다. 월경에 대한 금기는 신성하다는 뜻과, 불길하다는 두 가지 뜻을 가지고 있는 것이다.
>
> (Harding 112)

달을 의미하는 이집트의 상형문자 "mena"가 여성의 유방을 의미하기도 했다는 지적(Yalom 23)은 달이 풍요로움의 상징으로 인식되었다는 증좌이기도 하다. 광기를 의미하는 영어의 "lunacy"가 라틴어 "luna"에서 나오기도 했지만, 마음 또는 정신을 의미하는 영어의 "mentality"가 또한 라틴어 "mensis"(달, 월경)에서 파생한 "mens"(정신, 영혼, 마음)에서 연원한다는 사실은 달의 정신적이고 영적인 측면을 드러내는 또 다른 예이다. 우리가 알고 있는 안식년(sabbath)이 정신의 휴식 내지는 산책을 의미하는 소치이다. 제1권 1장과 2장에서도 논의가 진행되었지만 아담이 이브와 나눈 갈비뼈, 즉 생명(ti)과 달은 분리해서 생각할 수 없는 바 이는 비단 달이 조석간만의 차이로 지구상에 물을 공급하는 자연적인 측면에서뿐만 아니라, 생명에 해당하는 수메르어 "ti"와 달을 의미하는 "iti"와의 연관 관계에 대한 추찰에서도 확인할 수 있다. 아테나의 제우스 머리 유출설로도 후대에 익히 알려졌듯이, 신화는 지혜의 신 엔키의 갈비뼈로부터 달의 신 인안나가 출생한다는 사실을 밝혀주고 있다(조철수 2000, 135). 달에 관한 성찰과 사유는 인류에게 지식과 지혜를 가져다주었다.

그러나 생명의 탄생지와 그 역할을 신체적으로 표출하는 월경이라는 관념은 죽음의 전달자이자 산출자가 되기도 하는 여성이라는 관념에 의해 희석되고, 여성을 죽음으로 보는 사유는 특별히 월경과 출산에 대한 수많은 부정적인 사고방식을 계속해서 산출한다. 『황금가지』(*The Golden Bough*)는 다음과 같은 충격적인 보고를 하고 있다.

> 오스트레일리아의 흑인은 월경 중의 아내가 자기의 모포 위에 누운 것을 알고 그 여자를 죽였으나 그 자신도 2주일 정도 지나서 공포 때문에 죽고 말았다. 이 기간 중에 오스트레일리아의 여자는 남자가 사용하는 것에 접촉하는 것이나 혹은 남자가 왕래하는 도로를 걷는 것까지 엄금되며, 위반하면 살해되게 되어 있다. (279)

> 많은 민족 사이에서 비슷한 제한이 외견상 유사한 이유로서 산욕 중인 여인에게 부과되고 있다. (…) 브리브리 인디언은 산욕의 불결을 월경의 그것보다 훨씬 더 위험한 것으로 보고 있다. (…) 해산이 끝나면… 꼬박 한달 동안 그 가족과 별거하면서 월경 때와 같은 음식에 관한 규정을 지켜야 한다. 만일 그 여자가 유산하거나 사산하면 일은 한층 중대하고 오염은 훨씬 무서운 것이 된다. 이 경우에 산부는 산 사람 곁에 가서는 안 되고 음식물은 긴 작대기 끝에 붙여서 넘겨진다. (280)

생명을 창출해 내는 그러나 눈에는 직접적으로 잘 보이지 않는 현상인 월경에 관한 터부를 이해할 수 있다면, 직접적으로 생명의 탄생을 유도하는 출산에 관한 금기를 이해하기는 그렇게 어렵지 않다. 아내의 출산 장면을 보고 남편이 졸도하였다는 소식을 우리는 접하곤 하는데, 출산은 월경과 마찬가지로 신의 편린을 부여받는 신성한 일이었지만 이는 곧 터부가 되

어 두렵고 경우에 따라서는 더러운 것으로 전락하기도 한다.[7]

월경에 대해 부정적인 생각은 여성의 몸을 연구하는 후대의 과학자들에게 준거점을 마련해 주게 되는 의학의 비조 히포크라테스에게서 이미 나타난 바 있다.

> 여자는 남자보다 더 차갑고 덜 능동적인 성향을 갖고 있다. 그래서 남자는 피에서 불순물을 걸러내기 위해 땀을 흘리는 반면, 여자는 차가운 성향 때문에 같은 방식으로 불순물을 정화하지 못한다. 여성은 자신의 몸에서 불순물을 제거하기 위해 월경을 한다.
>
> (Martin 28 재인용)

그러나 왜 체내의 불순물을 정화하기 위하여 남자는 땀을 흘리는 것으로, 그리고 여성은 피를 흘리는 것으로 해석되는가? 월경에 대해 상당히 객관적인 시각을 견지하고 있어 그것을 본질적으로 병리적인 현상으로 간주하지 않고 생리불순을 질병의 징후로 생각하는 히포크라테스의 정화에 관한 생각은 언뜻 보면 월경이 아니라 생리불순을 질병으로 보는 것 같지만, 생리불순을 월경이라는 원인이 제공한다는 면에서 월경을 질병으로 보는 의학적인 소견을 낳게 하였다. 이와 같은 그의 생각은 2세기 소아시아 페르가몬 출신의 갈레노스(Claudius Galenos, 129~201)로부터 17세기 영국의 하비(William Harvey)에 이르기까지 후대로 이어져 여성의 성기에 관한 부정적인 태도를 계속 산출해 내었다. 출생 시 약 400여 개의 난자를 이미 몸에 가져 폐경 전까지 노화가 진행 중인 난자를 방출하는 여성의 배란, 즉 "월경을 실패한 생산"으로 보는 현대인의 부정적 과학적 인식(Martin 45, 49-50)은 여성 성기, 그리고 더 나아가 불결한 성과 음란하고도 파괴적 여성에 대한 철 지난 편견을 계속 확인할 뿐이었다.

르네상스 시대의 유명한 외과의사인 빠레(Ambroise Paré)는 삶과 죽음을 품어 가변적 우주의 의미를 명상하기에 좋은 여자의 몸을 불완전하고 결함투성이라고 생각하여 자궁을 남성의 음낭을 뒤집어 놓은 결손기관으로 생각하였다. 그의 『많은 자녀를 출산한 여자들』은 자신이 직접 보았다고 주장하며 자궁 안에 뱀을 비롯해 여러 가지 생물체를 그려 넣은 그림이 포함된 문헌으로 알려져 있는데(그림은 Thompson 103), 이러한 일화에서 우리가 여전히 확인할 수 있는 사실은 여성을 남성의 부재로 보아 육체와 성으로 간주하는 플라톤과 성 아우구스티누스로부터 전승되어 내려오는 영육의 이분법적 사유가 계속해서 진행되어 왔다는 것이다. 남성의 부재가 여성이라는 단견은 영혼의 부재가 육체이고 선의 부재가 악이라는 사유와 뒤섞여 여성 차별적 사유를 계속해서 산출해 내었다. 프로이트가 파악한 여성 "히스테리아"의 뜻 그대로 "꾸불꾸불"하여 방황하고 방탕하게 되는 여성 성기에 대한 연구서인 『자궁의 역사』(*The Wandering Womb*)의 저자 톰슨(Lana Thompson)이 언급하고 있는 빠레와 동시대의 라블레(François Rablais)의 다음과 같은 언급 또한 여성과 그 여성의 원천인 여성 성기를 터부시했던 서양인들의 사고가 얼마나 완악했는지를 보여준다.

> 여자의 몸속 은밀한 곳에, 남자에게는 없는 어떤 짐승 혹은 물건이 있다. 거기서는 찝찔하고, 게걸스럽고, 맵고, 쿡쿡 쑤시고, 지독하게 간지러운 질산성의 체액이 분비된다. 체액은 아플 정도로 따끔거리며 흘러나오는데, 여자라는 물건은 지극히 날카롭고 예민해서 이때 몸 전체가 벌벌 떨리고 황홀해지고 욕망이란 욕망은 남김없이 충족되어 혼미한 상태에 이르게 된다. 조물주가 저들의 이마에 부끄러움을 살짝 칠해놓지 않았다면, 저들은 미친 여자들처럼 거리를 쏘다닐 것이다. (…) 자궁이라 불리는 그 끔찍한 짐승은 다른 중요한 장기와 떼려야 뗄 수 없이 연결되어 있다.
>
> (Thompson 99 재인용; 강조 필자)

유방과 자궁이 혈관으로 연결되어 있다는 갈레노스(Claudios Galenos)의 실험생리학에 의거한 2세기 당시 해부학의 주장은 이로부터 1400여 년 후의 만능 과학자 레오나르도 다빈치(1452~1519)에게 여과 없이 그대로 이어져, 그는 수태 이후 월경혈은 유방으로 가서 젖의 분비를 돕는다고 가르쳤다고 전해진다. 갈레노스를 분석하면서 "생식의 가능성은 바로 영원성의 결여"에 있다고 제1부 1장에서의 탈에덴의 주제를 상기하는 듯한 주장을 하는 푸코(Michel Foucault 127)는, 계속해서 갈레노스의 『음부의 유용성에 관하여』에 나온 다음 구절을 인용하면서도 태아 형성에 있어서 보다 많은 체액(정액과 분비액)을 산출하는 남성의 역할이 여성의 역할보다 크다는 갈레노스의 의견을 받아들이고 있다.

> 여성의 음부를 밖으로 뒤집어 보라. 그리고 남자들의 음부를 안으로 돌려 접어보라. 그러면 그것들이 서로서로 닮았음을 알 수 있을 것이다.
>
> (Foucault 129 재인용)

서로 닮았으나 남자들의 음부를 안으로 접는 것은 보다 개연성이 있는 것으로 보여지는데, 이는 태아가 원래는 여성이나 여기에 남성호르몬이 가세하여 추후 남성의 성을 결정한다는 현대 의학의 의견과 상통한다. 원래 태아는 여성이라 근원적 젠더는 여성 혹은 여성의 발전된 형태가 남성이라고 주장할 수도 있는데, 대세는 후자에 있었다. 이는 남성의 음부를 절단하여 여성의 음부로 변화시키는 것이 여성의 음부에 보형물을 삽입하여 남성 성기를 갖게 하는 것보다 용이하다는 의학적 사실에서도 확인 가능하다. 태국 등의 많은 성전환자들이 대개는 남성에서 여성으로 전환한 트랜스젠더인이라는 사실은 이를 증명하고 있다. 중세시대 마녀사냥에서 마녀임을 조작하고 증명하기 위하여 여성의 은밀한 부위를 뒤집어 클리토리스라는 기관을 찾을 때까지 공개적인 석상에서 여성에게 수모를 주었던 장면을 불사할 정도로 여성의 성기에 대한 중세 서양인들의 부정적인 의식은 도를 지나쳤고, 이러한 부정적 인식의 결과는 마녀에 대한 화형이라는 반인륜적 행위로 나타났다. 잔 다르크를 마녀로 몰아 화형에 처했을 당시 그녀의 음부를 일부러 노출시켜 태워 죽였다는 설은 여성이 영웅과 성녀가 되지 못하는, 더 정확히 말하자면 남성보다 강하고 훌륭한 여성과 성녀를 원하지 않는 문화 속에서 모든 악의 근원으로 간주되는 음부, 즉 치부를 드러내야만 했던 여성의 운명을 말해주고 있다.

3

보들레르의 『악의 꽃』과 졸라의 『나나』

19세기 말 유럽, 특별히 프랑스의 문단과 화단은 여성의 성기를 여전히 사악하고 더러운 '꽃'으로 간주하기를 계속하였다. 문학사에서 소위 퇴폐주의의 시대로 알려진 세기말에 이러한 습속이 더욱더 두드러졌다는 사실은, 이 시대가 팜므 파탈의 시대이기도 하여 죽음이 여성으로 빈번하게 표현되고 여성의 "아름다운 시체에 관한 숭배 현상"(the cult of the beautiful corpse)이 유행하고 여성을 뱀으로 표현하는 회화적 재현이 다른 어느 시대보다 풍성했다는 사실과 궤를 같이한다. 흥미롭게도 이 시대는 또한 자살을 남성적인 영웅적인 것에서 여성적인 나약한 것으로 보는 사고방식이 출현한 시대이기도 하였는데(Higonnet 1993, 70; 1985, 105-106), 이는 "죽음과 소녀"라는 토포스가 횡행하여 적어도 표면적으로는 죽음을 남성적인 것으로 보았던 유럽 낭만주의의 행태를 세기말이 답습하고 있기 때문이다. 세기말 프랑스 시와 소설에 있어서 세기말의 두 기수로 떠오른 보들레르(Charles Baudelaire)와 졸라(Emile Zola)는 여성의 성기를 죽음과 관련하여 표현하는데, 그들의 작품들은 이 책의 9장에서 언급할 페리에(Gabriel Ferrier)의 〈살람보〉(1881 추정), 콕스(Kenyon Kox)의 〈릴리스〉(1892 추정)와 콜리어(John

Collier)의 〈릴리스〉(1897), 그리고 크노프(Fernand Khnopff)의 〈이슈타르〉(1888)를 포함하는 세기말 여성과 죽음에 대한 회화적 재현을 시기적으로 앞서서 문학적으로 묘사하는 것에 성공하고 있다는 점에서 주목을 요한다.

보들레르가 그의 애인인 혼혈 흑인 듀발(Jeanne Duval)과 처지가 비슷한 파리의 창기들, 또는 그 여성들이 모여 사는 사창가를 은유적으로 표현하는 '악의 꽃'이나, '눈에 익지만 낯설은'(*unheimlich*) 비엔나의 유곽을 표현하는 프로이트의 고향(Heimat)은 여성의 음부를 빗대어 표현하는 말이기도 하다. 특별히 보들레르에게 있어서 '악의 꽃'과 여성의 성기는 거의 동일시되었는데, 이는 그가 『악의 꽃』을 집필할 당시에 창기들과의 난교로 인하여 이미 매독이 상당히 진행되었다는 주장에서도 일부 확인할 수 있다(Menon 147).

> 기억하는가 나의 님이여 우리가 보았던 것을,
> 너무나 부드러웠던 어느 아름다운 여름날 아침
> 어느 작은 길모퉁이에 조약돌로 뒤덮여 있는
> 침대 같은 평평한 것 위에 끔찍한 썩은 고기
>
> 음란한 창부처럼 사지를 허공에 바둥거리고
> 독기를 뿜어내며 불타오르고
> 태연스럽게 개같이 추잡하게
> 분비물 가득한 배때기를 벌리고 있다.
> (…)
> 하늘은 활짝 핀 꽃이라도 되듯이
> 그 화려한 시체더미를 바라보고 있었다.
> 악취가 얼마나 심하던지 하마터면
> 당신은 풀밭 위에서 기절할 뻔하였다.

파리 떼는 문드러진 그것 위로 윙윙거리고
검은 군단의 구더기 떼들이 거기서 나와
진한 액체처럼 흘러내리고 있었다
그 살아있는 누더기를 타고.

(『악의 꽃』 30편 「썩은 고기」; 정기수 역)

Rappelez-vous l'objet que vous vîmes, mon âme,
Ce beau matin d'été si doux:
Au détour d'un sentier une charogne infâme
Sur un lit semé de cailloux,

Les jambes en l'air, comme une femme lubrique,
Brûlante et suant les poisons,
Ouvrait d'une façon nonchalante et cynique
Son ventre plein d'exhalaisons.
(…)
Et le ciel regardait la carcasse superbe
Comme une fleur s'epanouir.
La puanteur était si forte, que sur l'herbe
Vous crûtes vous évanouir.

Les mouches bourdonnaient sur ce ventre putride,
D'où sortaient de noirs bataillons
De larves, qui coulaient comme un épais liquide
Le long de ces vivants haillons. ("Une Charogne")[8]

주로 아름다움을 회상하는 낭만적 표제어인 "기억하는가"로 시작하는 시의 제목으로는 걸맞지 않는 "썩은 고기"이자 "창부"(charogne)는 "조약돌", 또는 "정액"(cailloux)으로 뒤덮이어 있는(semé) 오솔길(sentier) 또는 침대(lit) 위에 놓여 있다. "조약돌"을 의미하는 "cailloux"를 정액으로도 새길 수 있는 이유는 워낙 "cailloux"라는 어휘가 비유적으로 그러한 뜻을 지니고 있기도 하지만, 뒤에 연달아 나오는 "정액이 펴져 있는"(semé) "침대"라는 수식 문맥에서 보강되고 있기 때문이다. 인용된 다음 연의 "사지를 허공에 바둥거리고 있는" "음란한 창부"(une femme lubrique)는 "abab"의 전형적인 각운을 따르고 있는데, "독약"(poisons) 같은 "분비물"(exhalaisons)을 "음란한"(lubrique) "배때기"(ventre)로부터 방출하고 있다. 이러한 배때기는 인용된 다음 연에 가면 강력한 악취를 풍기는 만개한 악의 꽃(fleur)이 되며, 다음 연에서는 "파리들"(mouches)이 뒤끓는 문드러진 썩은 배때기(ventre putride), 즉 "검은 군단의 구더기"가 꾸역꾸역 나오는 여성의 복부와 이어지는 성기로 묘사된다. 정기수의 한국어 번역본은 "ventre"를 일관되게 "배때기"(46)로, 테이트(Allen Tate)의 영어 번역본은 이를 "belly" 또는 "vulva"(38)로 표현하고 있다. 초서 문학, 특히 「면죄사의 이야기」("Pardoner's Tale")에도 배와 여성의 성기는 동일시되어 쓰이고 있는데,[9] 우리는 배에서 꾸역꾸역 나온 악마 형상을 지닌 여성의 성기에 관한 예를 이미 이 책의 제1권 1부 1장 이슈타르에 관한 도판에서 확인한 바 있다. 썩은 고기는 창부, 그리고 여성의 성기와 동일시되는데, 보들레르가 접해보고도 남았을 저자 미상의 〈매독이 걸린 여성의 성기〉(1814; 도판은 Menon 147 참조)는 말 그대로 여성의 성기에 악의 꽃이 핀 모습을 보여주고 있다.

보들레르가 시에서 암시하고 있는 부분은 산문이어서 그런지는 몰라도 조금 더 구체적인 표현을 띠고 후대의 졸라에게로 이어진다. 프로이트와 동시대의 졸라는 파리의 무희, 아니 정확히 말하자면 창녀 나나(Nana)의 성기를 다음과 같이 묘사한다.

그는 옛날에 여자에게 대하여 가지고 있던 혐오를, 즉 성경에 나오는 음란한 야수냄새가 나는 괴물을 생각하였다. 나나는 털이 많은 편이며 발그레한 솜털이 전신을 빌로오드처럼 덮고 있었다. 암말 같은 엉덩판과 허벅지, 자극적인 그늘로 국부를 덮고 있는 불룩한 아랫배, 그곳에 팬 깊은 주름 등, 그것에서 동물적인 것을 느꼈다. 그것은 분명한 황금의 동물이었다. 이 동물은 저도 모르는 무서운 힘을 가지고 다만 그 냄새만으로도 세상을 썩혔다. 뮈파는 계속 쳐다보았다. 그 여자에게 완전히 홀리어 이제 보지 않으려고 눈을 감아도 어두운 눈망울 속에 그 동물은 더 크게 무서운 모습을 나타내며 더 확대되어 비치는 것이었다. 이렇게 되면 그의 눈앞에서, 그리고 그의 육체 속에서 영원히 꺼지지 않을 것이었다.

(『나나』 1880, 177; 강조 필자)[10]

여성에 대한 공포, 여성을 새와 말 같은 동물을 포함하여 야수 또는 괴물로 보는 습관, 베일로 덮인 여성 등에 관한 이야기를 단 10줄로 효과적으로 요약하고 있는 자연주의 소설의 백미 중의 하나인 이 작품에서, 여성에 대한 찬양과 부정의 이중적인 잣대를 여전히 발견하기는 어렵지 않다. 더럽다고 하면서 끌리는, 더욱더 정확히 말하면 더럽지 않으면 끌리지 않는 남성들의 이중적인 잣대는 남자 주인공 뮈파 백작의 다음과 같은 사고방식에서 잘 드러난다. 나나의 "모습에 그는 무서운 생각이 들었다. (…) 분명한 환영을 본 순간 그는 자신을 경멸했다. (…) 독소에 침해된 자신, 파괴된 가정, 그리고 소리를 내며 무너지는 사회의 일각. 그러나 그는 나나를 외면할 수가 없었다. 그 여자를 뚫어지게(fixment) 바라보며 그 여자의 나체에 대한 혐오감(dégoût)으로 자신의 마음을 가득 채우려고 했다"(176-177). "혐오감"의 충만함, 마치 여성의 성기를 환상에 젖어 바라보면서 결국에는 그것을 증오하면서도 동경하고 집착하게 되는 프로이트가 정형화한 "낯설은 것에 대한 친근감"(das Unheimliche)을 이렇게 평이하게 표현한 글은 드물다.

괴물처럼 음탕하고 또한 야수처럼 냄새가 났지만 나나 또는 나나의 성기는 황금빛 솜털과 베일로 덮이어 있는 황금빛 야수였다. 나나는 세상을 먹어 치우는 검은 구멍 블랙홀처럼 "다리를 벌리며"(176) "어둠 속에서… 더욱 크고, 더욱 무섭게" 그녀를 바라보는 뮈파 백작을 휘어잡는다. 작품은 거울에 비친 여성 성기를 사실주의적인 모습을 넘어서 세세하고 과장된 자연주의 표현 기법을 따라 매우 장황하게 묘사한다. 여성의 성기에 대한 『나나』의 문학적 재현은 삶과 죽음을 함께 표현하고 있는 쿠르베의 회화적 재현과는 다른 점이 있다. 여성 성기에 대한 쿠르베(Gustav Courbet)의 회화적 재현을 문학이 따라가고 있지 못하기도 하거니와, 그의 작품 〈세상의 기원〉("L'origine du monde" 1866)이 비록 여성을 찬양하는 듯한 분위기를 자아내지는 않지만 혼돈과 생명의 창조에 대한 사실적 묘사를 추구하고 있음에 반해, 소설 『나나』는 눈처럼 흰 허벅지 사이에서 파리(Paris)를 썩게 하지만 파괴와 창조의 효소가 되어 도시를 분해하는 여성의 이상한 성기를 부정적으로만 그려내고 있다. "그 여자는 자기도 모르는 사이에 자연의 힘인 파괴의 효소가 되어 그 백설 같은 넓적다리 사이에서 파리를 부패시키고 분해시켰다. 여자들이 치즈를 만들기 위하여 매달 우유를 썩히는 것과 마찬가지로 파리를 부패시키고 있다"(176). 그녀는 "썩은 고기(charognes)로부터 보석처럼 번쩍이며 죽음을 운반하는 (…) 오물에서 나는 황금빛 파리"(une mouche couleur de soleil, envolée de l'ordure, une mouche qui prenait la mort sur les charognes 176)로 여겨질 뿐, 아름다운 육체의 소유자하고는 거리가 멀다. 앞서 논의된 보들레르의 "파리로 뒤덮인" "썩은 고기"인 성기의 이미지를 그대로 차용하고 있는 듯한 졸라는 더러움과 죽음을 여성의 몸과 동일시하게 된다. 보들레르는 『악의 꽃』의 100편째 시편 「죽음의 춤」("Danse macabre")에서 이러한 모습을 다음과 같이 묘사한 바 있다. "귀여운 여인아 분칠과 입술연지에도 불구하고 / 죽음의 냄새가 나는구나, 사향내 풍기는 해골들이여!" 화장한 "귀여운" 여성은 물론 죽음 영역의 해골(squelette)과 동일시되는 창부(coquette)이다.

나나가 무희이자 창녀였다는 지적(Gilman 105; Bernheimer 233)은 졸라가 그의 소설 『나나』를 집필할 당시 염두에 두고 참고한 동시대의 화가인 마네의 〈올랭피아〉(1865)와 동명의 〈나나〉(1877)뿐만 아니라, 드가의 창부를 소재로 한 연작들(1878-1880)이나, 툴루즈-로트렉의 〈물랑루즈〉 연작들(1894), 그리고 피카소가 그린 마네의 〈올랭피아〉를 패러디한 연작들(1901)과 〈아비뇽의 처녀들〉(1907) 등과 같은 그림들의 소재가, 사실은 창녀였다는 점에서도 확인하게 된다. 졸라는 다음과 같이 명확하게 나나의 최후를 그려내고 있다.

> 밝은 촛불 아래 위를 바라다보며 나나만이 홀로 남았다. 그것은 피와 고름으로 범벅이 되어 자리 위에 내던져진 썩은 살덩이(charnier)였다. 이미 얼굴 전체에 고름집이 퍼져서 문드러져갔다. 터져서 푸석한 곳은 진흙같이 뿌옇고, 뭉그러져 옛 모습은 찾을 수 없었다. 왼쪽 눈은 곪아서 부풀어 오른 피부 속에 완전히 묻혀 버리고 오른 쪽 눈은 약간 뜬 채 패여 시꺼멓게 썩은 구멍(trou) 같았다. 코에서는 아직도 고름이 흐르고 있었다. 한쪽 볼에서 입에 걸쳐 불그스레한 딱지가 널려져서 입가가 일그러지고 그것이 흉측한 웃음처럼 보였다. 그리고 그 무섭고 그로테스크한 허무의 얼굴 위로 머리칼, 아름다운 머리칼만이 찬란한 광채를 띠고 황금의 시냇물처럼 흘러내리고 있었다. 비너스는 썩고 있었다. 마치 시궁창이나 길거리에 내버려진 썩은 고기(charognes)에 묻어온 세균들이, 그리고 숱한 사람들을 해친 독소가 마침내 스스로의 얼굴을 범하여 썩게 한 것만 같았다.
>
> (369; 강조 필자)

황금빛 비너스는 썩어가고 있는 창기 비너스가 된다. 나나는 천연두로 죽고 있는 것으로 기술되어 있지만 조금만이라도 주의가 깊은 독자는 그녀의 죽음의 원인이 당시 창궐하고 있었던 매독이라는 것을 알게 된다. 그녀의 두 눈은 그녀의 성기, 즉 "구멍"처럼 곪아가고 있으며, 입가의 상처와 딱지는 앞서 언급한 작자 미상의 「매독이 걸린 여성의 성기」의 외음부를 방불케 한다. 천연두는 아마도 젊은 무희 나나를 죽게 하는 기계적인 장치로 소설에 등장하는 것 같은데, 이는 나나의 최후의 모습을 매독 3기로 죽는 모습과 아주 흡사하게 그리고 있는 점에서도 확인할 수 있다. 여성의 성기를 "썩은 고기"로 묘사하고 있는 보들레르의 상상력은 졸라에게도 그리고 동시대의 위스망스(Joris-Karl Huysmans)에게서도 그대로 나타나고 있다.

> 마치 매독과 나병에 의해 갉아 먹힌 듯이 보이는 이 꽃들은 대부분 홍진으로 얼룩덜룩해지고 수포진으로 인해 돋을무늬가 새겨진 납빛의 살들을 펼쳐보였다. 다른 것들은 아물고 있는 상처의 짙은 주홍색이나 형성 중인 딱지의 갈색을 띠고 있었다. (…) 또 다른 것은 궤양으로 움푹 파이거나 종양이 돋아 오른 털 복숭이 피부를 보여주고 있었다.
>
> (『거꾸로』 136; 서민원 역)

조화같이 생긴 생화들에 대해 악마적 상상력을 동원하여 그 꽃을 매독에 걸린 꽃으로 묘사하는 위스망스의 기괴함과 끔찍함, 그리고 위악(僞惡)은 보들레르와 졸라의 성기, 즉 꽃에 대한 묘사를 뛰어넘고도 남음이 있다. 이러한 꽃을 본 직후 『거꾸로』(1884)의 주인공 데 제쌩트(Des Esseintes)는 매독의 여신이 그를 엄습하는 꿈을 꾸게 된다.

> 몰골은 초록색이었고 (…) 부스럼이 입 주위를 둘러싸고 있었다. 비정상적으로 마른 두 팔, 팔꿈치까지 맨살을 드러낸 해골 같은 두 팔이 넝마로 된 소매 밖으로 나왔고 열에 들떠 떨리고 있었다. 그리고 살이 없는 허벅지는 너무도 통이 넓은 무릎 덮개 달린 장화 안에서 벌벌 떨고 있었다. (143)

마치 아래에 나오는 롭스(Félicien Rops)의 〈죽음의 춤〉("Dancing Death" 1865 추정)과 〈죽음의 매독〉("Mors Syphilitica" 1880 추정)들을 방불케 하듯이, 19세기 말 데카당스를 풍미했던 '매독 걸린 성기' 또는 '악의 꽃'에 대한 비유는 여성의 성기를 부정적으로 보는 상상력의 극점에 놓이게 되며, 이로써 여성과 죽음을 동일화하는 인류의 습속 또한, 더 이상의 첨언이 필요 없을 정도로 완성된다. 여성의 성기는 비유가 아니라 보들레르의 말 그대로 '악의 꽃'이며, "여성이란 지하의 위험한 삶으로 들어가는 입구에 개화한 꽃이다. 그 틈을 통해 우리는 저승으로 가며 우리의 영혼은 그에 함몰된다"(Renier n.p.; Durand 『인류학』, 347 재인용). 지하 세계로 우리를 인도하는 출입구가 여성 성기의 틈임은 굳이 더 지적할 필요가 없을 것이다. 여성의 성기를 부정적으로 파악했던 보들레르와 졸라로 대변될 수 있는 세기말 유럽의 퇴폐적 상상력은 페미니즘의 후광을 입은 20세기 후반에 이르면 여성과 그의 원천인 성기에 대한 시원의 긍정적인 힘을 복원한다.

죽음의 춤: 펠리시앙 롭스(Félicien Rops, 1833~1898), 1865년경, 에칭. 나무르 펠리시앙 롭스 박물관

죽음의 매독: 펠리시앙 롭스
(Félicien Rops, 1833~1898), 1880년경, 에칭.
나무르 펠리시앙 롭스 박물관

오키프(Georgia O'Keeffe)의 유화 〈붉은 푸른, 그리고 노란 회색선〉("Gray Line with Black, Blue and Yellow" 1923년경; 도판은 Camphausen 87)과 시카고(Judy Chicago)의 접시에 수록될 도자기용 그림으로 입안된 총 39편의 〈저녁 식사 연작〉("The Dinner Table" 1974-1979) 중 여성의 성기를 지시하고 있는 역삼각형의 〈버지니아 울프〉 또는 〈조지아 오키프〉만큼, 여성의 성기를 꽃 또는 대지의 산물인 풍요한 과일로 묘사하는 작품은 드물 것이다. 구불구불한 외음부의 곡선으로 이어진 미로(labyrinth)의 실타래를 지나서 우리는 여성에게로 마침내 도착한다.[11]

옥수수가 몇몇 문화권에서는 풍요를 상징하는 곡물이었음을 환기한다면 상재된 두 번째 작품은 어떠한 설명을 추가로 요하지 않는다. 여성 성기는 풍요 그 자체였다. 앞서 언급한 작자 미상의 〈매독이 걸린 여성의 성기〉(1814)와 캄푸하우젠(Christina Camphausen)의 컬러 연필화 〈달맞이꽃〉("Moonflower" 1993)과 〈꽃이 핀 요니〉("Flowering Yoni" 1993; 도판은 Camphausen 66, 89 참조)를 비교해 본다면, 19세기와 20세기의 여성 성기에 대한 인식은 미추에 관한 한 질적인 차이를 보이고 있어 여성에 대한 각 시대의 세기말적 인식 또한 전혀 다른 것임을 알 수 있다. 폭력과 전쟁으로 점철된 20세기의 파국의 묵시는 아이러니하게도 '아름다운 시대'(belle époque)가 일부 약속하고 있는 진보와 발전의 19세기 말처럼 우울하고 절망적이지는 않다. 캄푸하우젠의 그림들은 월경이 아니라 꽃에 대한 묘사이지만, 그야말로 월경을 "꽃이 비친다"고 표현하는 한국어만큼이나 분홍색의 색감과 휘감아 돌아가는 자연스러운 곡선으로 이를 잘 보여주고 있다. 꽃은 해부학적으로 말한다면 나무와 풀과 꽃들의 생식기이기도 한데, 팜므파탈을 다루는 10장에서 논의가 더 진행되겠지만 세기말의 진원지인 비엔나의 화가 쉴레(Egon Schiele, 1890~1918)의 〈꿈속에서 보다〉(1911) 또한 이러한 상상력을 잘 드러내고 있다.[12]

4

여성성, 죽음, 그리고 재생: 기호 'O'의 현상학

여성 성기에 대한 이름과 그에 대한 해부학적 논의가 학문의 영역을 넘어 대중적으로 확산되었던 반면, 남성 성기에 대한 해부학적인 논의와 이에 대한 본격적인 연구는 이론의 영역 안에 머물렀던 경향이 있었다. 전자가 경멸적인 의미에서 언급이 이루어졌다면 후자는 그 권위와 일종의 '숭엄함'을 수호하기 위해 언급이 자제되었는데, 이는 전신을 드러낸 여성 포르노가 많았던 반면 남성의 전신을 드러낸 화보는 별반 없었다는 점에서 확인할 수 있다. 여성의 몸에 대한 탐구가 산부인과학으로 일찍이 발달했던 반면, 남성의 몸에 대한 서양인들의 해부학적인 설명, 특히 화보들은 20세기에 들어서야 대중에게 공개된 감이 없지 않은데, 필자가 확인한 최근의 책은 디직스트라(Bram Dijikstra)의 『남성 나체』(*Naked: The Nude in America,* 2012)이다.

프로이트가 여성 성기의 고질적 질병으로 확정한 히스테리아에 상응하는 남성 질병의 경우도, 제1차세계대전의 와중에 "남성 히스테리아"(male hysteria)라는 말로 떠돌다가 1990년대 말에 발아한 새로운 남성학(The New Men's Studies)에 이르러서야 비로소 고환성 히스테리아, 즉 "테스테리아"(testeria)와 같은 학문적인 명칭을 얻게 된다. 남성 성기가 권위의 신화적 원천이 되는 것은 그것이 발기되었을 때인데, 현대 과학의 용어를 차용하게 되는 새로운 남성학은 "괄약근적 남성성"(sphinctral masculinity)이라는 말로 강력한 힘의 원천인 남성 성기를 평가절하하고 탈신화화하게 된다. 괄약근은 한 번 풀어지면 복원하는 데 시간이 소요되며 발기와 방출, 그리고 "축 늘어짐" 혹은 무기력과 이완(flaccidity)을 오가며 삶과 죽음을 반복한다.

생명 탄생의 시원을 여성의 원천에서가 아니라 정자 또는 정액을 산출하는 소위 "악마의 막대"(Friedman 8)로도 표현되곤 하던 남성 성기에서 찾으려는 시도가 없었던 것은 아니지만, 이상하게도 음경에 대한 혐오는 그를 유혹하는 여성 성기에 대한 혐오로 치환되곤 했다. 여성을 '어두운 대륙'으로 파악하면서 히스테리아의 근원을 드러나 있지 않은 꾸불꾸불한 여성 요도에서 찾은 프로이트의 19세기적 추론과, 너무나 진부해져 주위에서 흔히 찾아볼 수 있는 남성용 포르노그라피 등은 여성의 몸에 대한 부정적 인식에 일조하였다.

쿠르베의 〈세상의 기원〉(1866)에는 오로지 여성의 성기만이 등장하지, 생명과 세계에 대한 공동 책임자로서의 남성은 등장하지 않는다. 결정적인 순간에는 등장하지 않는 남성들의 무책임을 반추하기보다는, 그리고 동서양의 신화에서 웅녀를 포함한 사라진 여신들과 여성들의 귀환으로 그림을 해석하기에는 시각적인 면에서 충격적으로 확연한 이 화폭에서 사람들은 생명의 기원이 여성으로부터 온다는 것을 알게 한다. 흥분된 유두와 선홍의 음순, 그리고 풍성한 음모는 오르가슴에 젖은 것처럼 보이는 이 여성을 풍요의 여신으로 알아차리기에 부족함이 없게 해주고 있다. 생명 탄생의 현시적 기관은 시각적으로만 본다면 여성 성기임이 분명했고, 생명의 출생지는 곧 죽음의 생산지로서의 여성 성기를 함의하게 되었다. 요컨대 삶은 죽음으로 통해야만 하는 길을 예비하는 과정으로 인식되었고, 뱀과 이브에 의해서도 매개되어 죽음을 표상하게 되는 여성성은 죽음을 시각적으로 드러내는 여성 성기에 의해 더욱 더 죽음과 친밀하게 사유되어 왔다.

물론 월경이라는 생체적인 공명을 이끌고 있는 여성의 성기가 언제나 불결함과 죽음으로만 단순하게 지칭되지는 않았다. 지나간 선사시대의 역사는 우리에게 다른 이야기를 전해 주고 있는데 "어머니"(mother)와 "물질"(matter)이 나일강의 진흙을 나타내는 공통적인 어원 "Maat"로부터 나왔다는 주장(Sjöö & Mor 61), 이집트의 사랑과 죽음의 여신 이시스(Isis)가 또한 오래된 지식과 지혜를 의미하기도 하는 마아트(Maat)로도 불리어졌는데 그녀의 언어적 상징이 "자궁과 그것에 부속된 난소"라는 지적(Harding 292-293) 등은, 여성과 땅 그리고 여성과 죽음의 동일화가 결국에는 생명과 재생을 약속하고 있다는 사실을 지시하고 있다. 대지의 신 "마아트"는 죽음의 여신이면서도 생명의 여신이기도 했다.[13]

이러한 인식은 현대어에서도 그대로 이어져 자궁과 화폐 그리고 부재와 현존의 영(零)을 상징하기도 하는 기호 'O'에 관한 문화사적 연구를 수행한 바 있는 재피(Michele Jaffe)는, 주지하듯이 모형을 뜻하는 "matrix"는 여성의 자궁이라는 뜻을 그대로 지니고 있을 뿐만 아니라 어머니를 뜻하는 16세기 이탈리아어 "madre"가 여기에서 파생함을 밝히고 있다(21). 셰익스피어는 여성성의 기호인 "O"(nothing)와 무, 혹은 비어 있음의 관계를 클레오파트라의 죽음을 통하여 다음과 같이 읊은 바 있다.

> 여보게 그녀의 정열은 빈 것으로 만들어진 것이 아니라
> 순결한 사랑의 최고 부분으로 만들어졌다네. 우리들은
> 부를 수 없다네 그녀를 바람과 물과 한숨과 눈물로는.
> 그녀는 관측이 시작된 이래 아주 거대한 비바람이요 폭풍우였네.
> 이것이 그녀의 여성적 술수일 수는 없네. 만약에 그렇다면
> 그녀는 번개와 더불어 한바탕 비를 내릴 것이네.

> Alas, sir, no, her passions are made of nothing but
> the finest part of pure love. We cannot call her
> winds and waters sighs and tears. They are greater
> storms and tempests than almanacs can report. This
> cannot be cunning in her. If it be, she makes a
> shower of rain as well as Jove.
>
> (*Anthony and Cleopatra* I. ii)

"nothing"과 여성의 성기를 뜻하는 "cunning"(←cunnus)의 연상 작용이 명확히 일어나고 있음을 눈여겨볼 일이다.[14]

땅과 그 일부인 동굴, 틈, 묘혈, 묘지 등은 여성의 몸, 또는 자궁을 상징하는데, 이는 "(동)남부 지역의 신석기시대의 묘지가 달걀이나 자궁을 상징하는 타원형"이라는 주장(Gimbutas 1989, 151)과 일맥상통한다. 특별히 아일랜드의 보인강 계곡(the Boyne River Valley)의 뉴그랜지(Newgrange) 무덤을 위시한 '구 유럽'(Old Europe)의 많은 동굴 무덤들은 새로운 해를 여는 동지에 태양이 관으로 비치는 구조를 지니고 있어, 무덤을 닮은 여성의 성기를 죽음과 재생의 상징으로 이해했던 고대인들의 사유를 엿볼 수 있게 한다. 추운 겨울의 한복판에서 시신들이 누워있는 내실 안까지 비쳐지는 햇살은 시신들이 곧 부활할 것이라는 믿음을 공고히 한다.

고대 유럽인들은 "동지에 태양이 남회귀선(Tropic of Capricorn)의 북쪽 끝에 정확히 도착하면 낮이 길어지고 조금씩 날들이 따뜻해질 것"이라는 관찰을 하게 되었는데(Gimbutas 1999, 67), 동지를 전후하여 햇살이 잘 들어오는 지역에 무덤을 배치한 거주민들은 수천 년 전에 이미 죽음에서 삶이 다시 연원한다는 깨달음을 얻게 되었던 것으로 추찰된다. 김부타스(Marija Gimbutas)는 무덤은 초승달의 모습과 원, 뱀과 여성의 성기 모양의 문양들로 치장되어 있어, 여신의 재생과 그녀의 원천인 성기에서 흘러나오는 축복을 기원하는 장소로, 또 마을 주민들의 축제의 장으로도 쓰이기도 하였다고 상술하고 있는데(Gimbutas 1999, 68-70), 동굴과 무덤, 그리고 자궁과 더 나아가 생명력을 찬양하는 신전과의 상동성을 지적하고 있는 노이만(Eric Neumann)의 다음과 같은 언급 또한 그녀의 의견과 같은 궤적을 그리고 있다.

> 신전의 동굴이 후기에 발전된 형태이듯이, 그리고 위대한 여신(Great Goddess)의 상징이 집과 피난처이듯이, 신전의 문은 여신에게로 향한 입구이다. 신전의 문은 그녀의 자궁이며 인류의 헤아릴 수 없는 수많은 입문과 한계에 관한 의식들은 이러한 신비한 여성의 질구를 빗댄 표현과 관련이 있다. (1991, 158)

수메르 신화에 따르면 그들의 신전은 묘지이자 자궁을 상징했고, 메소포타미아의 이슈타르에 상응하는 인안나(Inanna)의 전신이면서 죽음의 여신이기도 한 수메르의 닌후르쌍(Ninhursag)의 언어적 상징은 완전하다는 함의를 갖는 오메가(Ω)를 뒤집은 'U'이었다. 한국어에서도 '우' 소리는 우주, 우울함, 완전함 등과 연관되는데, 시인 랭보(Arthur Rimbaud)는 「모음들」(*Voyelles*, 1871)에서 소리 'O'를 "오 오메가여, 그 눈들의 보랏빛 광선이여!"(O l'Omega, rayon violet de Ses Yeux!)로, 그리고 소리 'U'를 초록의 어머니를 닮은 바다우주의 순환으로 표현한 바 있다. "U, 순환주기들, 초록바다의 신성한 물결침이여"(U, cycles, vibrements divins des mers virides). 보랏빛은 주지하듯이 완전함과 신성을 표상한다. 수메르어에서 수메르인들의 주식인 양의 우리를 지칭하는 말과 여성의 성기, 자궁, 사타구니와 무릎을 지칭하는 말의 어원이 같다는 것은 흥미진진한 일이다(Wolkstein & Kramer 146; Baring & Cashford 190). 삶과 죽음을 동일시했던 고대 수메르인의 혜안이 엿보이는데, 이렇게 여성의 성기와 이와 유사한 동굴과 묘를 죽음 그리고 생명의 장소로도 볼 수 있다면, 우리는 로미오와 줄리엣이 그들의 죽음과 재생의 장소로 왜 굳이 조상의 가족묘를 선택하는지 그 이유를 이해할 수 있게 된다. 로미오는 사실상 그들의 가족묘를 "죽음의 자궁"(womb of death IV. iii: 45)으로 표현한 바 있다. 묘실에 난 기다란 통로는 여성의 성기 모양을 닮아 그들의 사랑을 꽃피우는 산도(産道, birth canal)이며, 그들의 재생을 약속해 주고 있는 영원의 문이기도 하다. 우리가 이 글의 제사로 인용한 수사 로렌스(Friar Lawrence)의 언급을 다시 한번 읽어 보자. 자궁(womb)과 무덤(tomb)이 비단 수사학적 놀이에서뿐만 아니라 의미 면에서도 같은 층위를 이루고 있음을 알 수 있다.

> 자연의 어미인 대지는 그녀의 무덤이고
> 사람들이 묻히는 묘지는 그녀의 자궁이라
> 그녀의 자궁으로부터 수많은 자식들이
> 어미의 젖을 빠는 것을 볼 수 있다.

> The earth that's nature's mother is her tomb;
> What is her burying grave that is her womb,
> And from her womb children of divers kind
> We sucking on her natural bosom find[.] (II. iii: 9-12)

"무덤자궁" 혹은 "자궁무덤"과 생육하는 젖가슴과 젖"무덤"의 조응과 일치! 로미오와 줄리엣이 그 어린 나이에도 불구하고 죽음을 통하여 그들 사랑의 영원함과 또 그것을 통하여 하늘의 별자리 같은 일종의 영생을 달성한다고 보는 견해는, 비록 그것이 셰익스피어를 대변하고 있다고 할 수 있는 수사 로렌스의 언급이라는 점에서 한계가 있다고 말할 수 있지만, 바로 위와 같은 언급에서 확인이 가능하다.

하이데거는 일찍이 소포클레스의 비극 『안티고네』를 설명하는 가운데 죽음과 이를 통한 자유와 부활이라는 주제로 이를 살핀 바 있다. 안티고네는 죽음의 장소인 무덤을 그녀가 사랑해서는 안 될 오빠 폴뤼네이코스와의 결혼의 장소로 받아들여 사랑의 영원함 속에서 '존재자에서 존재'로의 도약을 감행하며 시간적 존재로부터 벗어나고 있다. "죽음이라는 고향으로의 회귀"라는 개념으로 우리는 하이데거의 이러한 사유를 표현할 수 있겠는데(최상욱 269), 자궁이며 묘지로 표현되고 있는 죽음의 신방 "thalamos"(襯床, lair 혹은 nuptial chamber)가 가장 낯설은 곳, 즉 프로이트의 "친근낯설은"(unheimlich) 장소가 되는 이유이기도 하다. 죽음의 순간에서 영원을 깨닫는 것은 비단 현자에게만 허락된 것은 아니다. 사실 로미오와 줄리엣은 유모와 수사 로렌스에게 요모조모를 물어 최소한 죽음을 연기할 수는 있었으나, 서로 간의 사랑에 대한 확신을 확인하는 가운데 서둘러 죽음을 택하기를 원했으니 그들에게 죽음은 사랑을 완성하는 하나의 상투적 행위였을 뿐이다. 단검과 칼집은 사랑과 죽음과 연관된 남성성(기)과 여성성(기)의 변주이다.

> 빨리 끝내야 되겠네. 오 행복한 단검이여!
> 내 가슴이 그대의 칼집이니 녹슬어 나를 죽게 해다오!

> Then I'll be brief. O happy dagger,
> This is thy sheath; there rust, and let me die! (V, iii: 169-70)

포스터(E. M. Forster)의 소설을 각색한 동명의 영화 〈인도로 가는 길〉(*A Passage to India,* 1924)이나 온다체(Michael Ondaatje)의 소설을 각색한 영화 〈잉글리쉬 페이션트〉(*The English Patient,* 1992)에 나오는 동굴 또한 여성의 음부라는 상징적 의미를 갖고 있음은 물론이다. 동굴은 성의 체험 또는 유혹이 일어나는 장소이기도 하다. 자궁(womb)과 묘지(tomb)는 음성학적 측면에서뿐만 아니라 의미론적으로도 친연 관계에 있는데 정확하게 "자궁"과 "묘지"의 펀(pun)을 사용하고 있지는 않지만, 토마스(Dylan Thomas)의 「초록 불꽃을 통하여 꽃을 피우는 힘」(*The Force That Through the Green Fuse Drives the Flower*)의 마지막 2연을 감상해보자.

나는 사랑하는 이들의 묏자리를 말할 수 없네
어떻게 나의 수의 속으로 그 같은 굽은 벌레가 기어 다니는지

And I am dumb to tell the lover's tomb
How at my sheet goes the same crooked worm.

"dumb", "tomb", "worm"의 단어에서 반복되는 태고의 우주의 신비를 담는 모음 [u] 발음은 "womb"를 연상하고도 남음이 있다. 네이버 영어 사전을 찾으면 벌레 또는 구더기(worm)의 또 다른 의미가 "womb"인 것으로 나오는데, 이를 이해하기는 많은 상상력을 필요로 하지 않는다.[15] 미국의 소설가 포(Edgar A. Poe)의 「리지아」(*Ligeia*, 1838) 또한 삶과 죽음의 순환성과 동일성을 자궁과 죽음의 펀(pun)을 사용하여 완벽하게 재현하고 있다. 그는 이를 이 단편에 추가된 시 「정복자 벌레」(*The Conqueror Worm*, 1838)에서 "같은 장소로 언제나 되돌아오는 원"(circle that ever returneth in / To the self-same spot), 즉 리지아라는 모성적 아내가 표상하고 있는 삶의 자궁과 묘지의 죽음이 맞물려 있는 우리의 주제인 '우로보로스 회귀의 원'으로 표현한 적이 있다. 죽음이나 무덤은 대지의 화신 어머니의 품처럼 편안한 장소로 재생을 약속하고 있는데, 이는 "어머니로의 귀환 콤플렉스는 죽음 자체와 무덤에 대한 가치를 뒤집고 다원 결정한다"(Durand 1969, 357)는 의미가 된다.

로미오와 줄리엣의 재생의 자궁이나 그것을 약속하고 있는 묘지의 개념과는 정반대의 이야기가 되겠지만 셰익스피어의 오델로와 데스데모나의 신방 또는 쉘리(Mary Shelley)의 소설 『프랑켄스타인』(*Frankenstein*, 1818)의 동명의 주인공의 신방은 죽음을 의미한다. 앞서 소개한 고대 그리스의 '탈라모스'(thalamos), 즉 죽음의 신방이라는 개념은 프랑스어에서도 그대로 유지되고 있는데, 발레리(Paul Valéry)가 「해변의 묘지」(*Le cimetière marin*, 1920)에서 표현한 바 있지만, 묘지를 뜻하는 프랑스어 "시메티에르(cimetière)도 (…) 혼례식 방을 뜻하는 '코이메테리온'(koimêtêrion)과 같은 의미를 지니고 있다"(Jung 『리비도의 변형과 상징』, 208; Durand 1969, 360 재인용). 죽음의 바다로부터 연원하는 삶의 바람을 노래하는 발레리(Paul Válery)의 「해변의 묘지」의 한 구절은 다음과 같다.

죽음으로부터 어머니의 젖가슴과
아름다운 거짓과 경건한 술수를 만드는
(…)
바람이 분다! 살려고 애써야 한다.

Qui de la mort fais un sein maternel,
Le beau mensonge et la pieuse ruse!
(…)
Le vent se lève! … il faut tenter de vivre!

아름다움과 거짓과 여성에 대한 논의를 차치하고 말한다면, 죽음과 어머니의 젖가슴 혹은 어머니의 자궁(un sein), 그리고 삶의 의지와 그 신적인 바람의 연관성! 젖"무덤"은 생육의 젖가슴을 만들어내고 있으니, 비록 그것이 거짓이라도 그것은 아름다운 꿈, 혹은 망상(mensonge)이며 몽상(songe)

이기도 하다.[16] 죽음으로부터 삶의 "바람"(le vent) 또한 "불기 마련이며"(se lève) 신의 속성을 지닌 바람을 매개로 죽음에서 삶은 태어나며, 이러한 연유에서 한동안 바람의 시원지라고 여겨졌던 레반트(Levant)의 문명은 이어져 내려오고 있다. 이는 동양에서 오행의 변화 원인이 바람(風)이며 히브리어 "루아흐"(ruah)와 라틴어 "스피리투스"(spiritus, spirit)가 혼, 영, 영혼, 또는 성령으로 번역되는 것을 보면 충분히 이해하고도 남음이 있다. 가미가제(kamikaze)는 전형적인 '중의법'(hendiadys)의 하나인데 가미가제가 풍신, 즉 바람이고 그 바람이 일부 동양 지역에서는 서양의 바람 혹은 숨결을 의미하는 "루아흐" 혹은 "스피릿"의 용례에서 확인하듯이 영혼 혹은 신을 의미하는 것으로 사용되어왔다는 것은 주지의 사실이다.

조금 다른 이야기가 되겠지만 기독교는 카타콤에서의 가난과 고난을 토대로 생성되었다. 여성의 성기와 동굴, 그리고 무덤은 굳이 바슐라르를 인용하지 않아도 "삶과 죽음의 등가성"(équivalence de la vie et la mort)을 지시하는 유사어들이며, 그는 이것을 매장과 부활에 관한 신화 즉 '요나 콤플렉스'라 칭한 바 있다(『휴식의 몽상』 199).[17] 요나가 들어간 고래의 배(ventre) 혹은 뱃속은 관, 즉 무덤의 이미지로 우리에게 다가오며 그가 머물던 3일은 예수의 부활의 3일, 그리고 근본적으로는 달이 삭망에서 초승으로 부활하는 3일을 지칭하고 있다. 그렇다면 달의 "이울기와 들어참"(waning and waxing)은 죽음에서 삶이 다시 태동하는 우주 법칙의 표상이다. 우리의 인식이 머무는 태양계에서 그리고 우리가 간혹 그 비밀을 엿보는 블랙홀에 대한 성찰은 죽음이 없다면 삶 또한 불가능하다는 사실을 잘 알려주고 있는데, 이는 현상학적으로도, 인구사회학적으로도, 천체물리학의 관점에서도, 그리고 우리가 목하 논하고 있는 시학적 관점에서도 그러하다.

포(Edgar Poe)는 단편 「베레니스」(*Berenicë*)에서 여자, 특별히 초야의 신부인 그의 사촌 버지니아(Virginia Eliza Clemm, 1822~1847)를 바기나 덴타타로 묘사하고 있지만, 오히려 "이빨"(tooth Poe 160)이라고 생각하는 것을 부수는 폭력적인 "옴므 파탈"(homme fatal) 또한 팜므 파탈과 더불어 빈번히 언급되고 연구되어야 함은, 죽음과 동의어가 된 여성성뿐만 아니라 폭력과 전쟁과 동의어가 된 남성성을 필연적으로 부정적으로만 파악하는 경향에 대한 보족적인 논의가 필요하기 때문이다. 여성을 생명으로 그리고 종국에는 죽음으로 보는 사고방식의 이면에는 성과 사랑을 죽음으로 보는 서양인들의 희유한 생각이 자리 잡고 있다. 그러나 "결핍" 또는 "악마의 기관"(Bronfen 1992, 69)으로 알려진 여성의 성기는 프로이트의 주장대로 거세당한 기관도 아니고, 또 그 기능이 전적으로 거세에만 있지도 않다. 그렇다면 치명적 여인이나 그것의 구체적 표현인 바기나 덴타타로 폄하당해 왔던 여성의 성기는 오히려 생명과 재생을 약속하는 "생명의 여인"(vita femina) 또는 풍요의 "바기나 레플리카"(vagina replica)로도 볼 수 있게 된다.

이 장의 제사 중의 하나로 이미 인용하였지만, 한국의 시인 최승자의 「여성에 관하여」(1984) 또한 자궁을 무덤으로 그리고 여성을 동시에 생명과 죽음으로 파악하는 전통에 속해 있다.

> 여자들은 저마다의 몸속에 하나씩의 무덤을 갖고 있다.
> 죽음과 탄생이 땀 흘리는 곳,
> 어디로인지 떠나기 위하여 모든 인간들이 몸부림치는
> 영원히 눈먼 항구.
> 알타미라 동굴처럼 거대한 사원의 폐허처럼
> 굳어진 죽은 바다처럼 여자들은 누워 있다.
> 새들의 고향은 거기.
> 모래바람 부는 여자들의 내부엔
> 새들이 최초의 알을 까고 나온 탄생의 껍질과
> 죽음의 잔해가 탄피처럼 가득 쌓여 있다.
> 모든 것들이 태어나고 또 죽기 위해선

그 폐허의 사원과 굳어진 죽은 바다를 거쳐야만 한다.

삶이라는 몸속에 무덤은 이미 깃들고 있으니 셀 수 없는 모래의 계절을 거쳐 탄생을 예고하는 바람이 부는 "죽은 바다"로의 항해를 우리는 계속하고 있다. 죽음과 탄생으로서의 자궁 바다와 '삶과 죽음의 여자'에 대한 최승자의 직관은 바슐라르가 말하는 "삶과 죽음의 등가성"을 말하고 있었다.

서양 문화는 그러하기에 여성에게서 죽음만을 추출해 나아가지 않았다. 생명의 담지자로서의 여성, 그리고 여성의 성을 아름답고 신비하게 보는 시각, 그리고 더욱더 나아가 구세주 예수를 잉태한 "신성한 원천으로서의 흠 없는 자궁"(immaculatus uterus divini fontis), 즉 "경작되지 않고서도 열매를 맺은 땅"(terra non arabilis quae fructum parturiit)을 지닌 여성에 대한 관념 또한 기독교 문화 안에서도 존재했었다(Raitt 424-425; Eliade 『성과 속』 146). 구세주 예수를 잉태한 "신성한 원천으로서의 흠 없는 자궁"은 영원한 생명을 상징하게 되었고 이를 제외한 자궁의 출산은 죽음으로 규정되기에 이르렀으니, 삶을 잉태한 여성이 죽음의 여성이 되는 이유와 같다. 여성을 죽음으로 보았다고 알려진 기독교 문화 내에서도 풍요의 기관으로서의 여성의 성은 기름진 대지에 비유되기도 하였고, 성스러운 태반으로 불리어지기도 하였다.

데메테르는 바우보의 웃는 성기를 보고 페르세포네를 잃어버린 슬픔을 잠시 거두고 대지에 축복을 내리지 않았던가? 임철규의 표현을 빌자면 바흐친의 '선한 눈빛'을 지닌 풍요로운 자궁은 바로 이를 말하고 있으니, 히브리어로 자궁을 의미하는 레헴(rawkham, rehem)과 자비를 의미하는 라하밈(rakhamim)이 공통된 어원을 갖는다는 지적 또한 같은 맥락이다(『눈의 역사』 84, 89-91; 『귀환』 67). 괴테의 파우스트가 말하는 "영원히 여성적인 것"(Das Ewig Weibliche)은 비단 여성의 아름다움뿐만 아니라 그 "꿈틀거리는" 창조 능력으로 비롯된 인류의 지속, 즉 생명현상이 지구라는 행성에서 사라지지 않을 것이라는 바람을 표현하고 있다. 그레트헨은 참회를 통하여 성모마리아의 은총 속에서 땅과 육체의 속박에서 벗어나 하늘로 오르고 있다. 20세기 후반 여성성과 관련된 "시작" 또는 "탄생"(natality)을 죽음의 상징으로 부각된 아우슈비츠의 대안으로 본 아렌트(Hannah Arendt)의 사유와 많이 다르지 않다.[18]

인간은 죽음으로 향한 존재이면서도 생명을 위임받아 창출해 내는 존재이기도 하다. 그러나 여성에 대한 이상화와 신비화가 기묘하게도 그것에 대한 멸시와 정복으로 점철되고 마는 것은, 원래부터 여성의 이상화라는 작업이 여성을 하나하나의 구체적인 존재로 인정하지 않고 정형화하고 몰개성적으로 파악하여 교환이 가능한 대체물로 보게 되기 때문이다. 여성은 돈과 더불어 물신(物神)의 대명사가 되었다. 흠결 없는 태반은 따라서 특수한 몇몇 경우를 제외하고는 흠 많은 악의 꽃이 되고 있는데, 이는 우리가 고찰한 여성 성기를 죽음의 기관으로 보는 세간의 부정적인 평가에서 여실히 나타나고 있다.

복되신 여성은 역사상 손을 꼽을 정도이고, 동서양의 용의 살해 신화에 표현되듯이 대부분의 여성은 남성의 영웅지로(英雄之路)를 방해하는 여성성의 발현인 수많은 가시덤불과 그것의 상징인 용, 즉 뱀으로 표현되어 정복되고 제거되어야 할 대상으로 전락할 뿐이었다. 서양의 민담이나 기사문학에서 유독 용을 죽이어 아름다운 아가씨나 공주를 얻게 되는 이유는, 그 용이 비유적으로 표현된 여성의 이빨, 즉 성기이기 때문이기도 하다(Raitt 426). 용의 살해는 여성의 길들이기와 관련되어 있음이 분명하다.[19] 이러한 사고방식은 심지어는 오늘날까지도 몇몇 지역에서 자행된다고 보고되고 있는 클리토리스 절제와 같은 기이한 풍습을 낳게 했다.

이상과 같이 여성을 죽음으로 파악하는 서양인의 사유 형태를 여성 성기에 대한 분석을 통해서 알아보았다. 여성과 그의 원천인 여성 성기에 대한 부정적인 생각은 여성을 죽음으로 인식할 뿐만 아니라 여성성을 통제하고 정복해야 할 것으로 파악하는 사유를 낳기도 하며, 여성을 천사와 창녀 또는 처녀와 '안'처녀로 구별하는 문화적인 병리 현상을 창출하기도 한다. 모든 여성이 처녀라면 인류가 존속할 수 없을 것임에도 불구하고, 성이 필요불가결하고 좋은 것임에도 불구하고, (여)성을 폄하하는 습속의 기저에는 피를 흘리는, 그리고 청결하지 못한 여성 성기라는 상투적이고 통속적인 상상력이 자리 잡고 있다.

여성의 성기는 죽음의 기관이 아니라 태양계의 삶과 죽음, 그리고 죽음에서 발아하고 있는 또 다른 새로운 삶을 체현하고 있는 생명 이어짐, 즉 영원의 상징이다. 삶이 죽음에 이르는 병이라면 죽음은 언제나 또 다른 삶을 약속하는 무언의 길, 즉 도(道)이다. 그리하여 우리는 다음과 같이 말할 수 있어야 한다. 사람은 황지우 시인의 말대로 "좆 끝에서 와서 칼끝으로" 가는 것이 아니라, 여자에게서 태어나 여자의 품으로 다시 돌아간다. 다음 장들에서는 여성 성기를 상징한다고 되어 있는 프로이트가 파악한 메두사와 신화와 문학에 나타난 메두사의 재현에 대하여 그리고 여성의 성기를 부끄러운 치부(恥部)로 악의 원천으로 생각하여 여성들 전체를 죽음을 가져오는 팜므 파탈로 파악하는 현상에 대해 계속 알아보기로 한다.

5장 주

1. 바신(Beth Bassein)이 거론하는 여성을 지칭하는 영어 단어들은 다음과 같다. "Pause over babe, box, breeder, buxom blonde, coquette, concubine, courtesan, cunt, demirep, earth mother, femme fatale, floozey, harlot, hooker, lay, lizzie, muff, nymph, pickup, piece of tail, prostitute, punk, seat cover, seductress, skirt, sorceress, spread, stale, street walker, strumpet, tart, trollop, twat, virago, virgin, wanton, wench, white slave, whore"(7-8). "제3의 눈" 또는 복숭아, 무화과 등으로 표현하는 종(Erica Jong)의 어법과 "데이지 꽃(daisy)" "로제타(rosetta)" 등으로 표현하는 레즈비언들의 여성의 성에 관한 신조어에 대한 논의는 Drenth 21-27, 그리고 보다 더 종합적인 명칭에 대한 목록으로는 Camphausen 104-108 참조. 정액을 방출해야 할 쓰레기 그리고 여성을 그것의 쓰레받기로 보는 시각은 성매매방지법을 둘러싼 한국의 일부 법학자들을 포함하는 소수의 남성들의 의견에서도 확인할 수 있다. 종군위안부들을 변기통을 의미하는 '삐'(pi)로 표현했던 태평양 전쟁 당시 일본 병사들의 사고와 유사하다는 점에서 그 폭력성을 가늠할 수 있다.
2. 임철규는 바기나 덴타타를 '이빨 음문'으로 번역하였으나 한글과 한자의 조합이 어색해 보인다. 이하림은 그의 번역본 『서양미술의 섹슈얼리티』(1999)에서 "깨

무는 질"(242), 신명아는 "이빨가진 질"(46), 김명남은 그의 번역본 『버자이너 문화사』(2006)에서 "이빨달린 질"(407), 그리고 김종갑은 "이빨을 가진 음부"로 번역한 바 있으나, 원어의 파괴적인 속성이 잘 드러나지 않고 또 어색한 감이 없지 않아 원어 그대로 "바기나 덴타타"로 표현한다. 남성을 거세하는 "저격수 여성"이 실제로 나오는 현대 전쟁문학으로는 하스포드(Gustav Hasford)의 베트남 전쟁을 다룬 소설 『단기 사병』(*The Short-Timers*)을 들 수 있다. 잔 다르크나 용감한 여성, 맑스를 신봉하는 여성, 심지어는 일하는 여성이나 창기들까지 저격수 여성으로 보는 논의에 대해서는 Theweleit 63-79 참조.

3. 산스크리트어로 불은 만물의 근원인 물에서 태어난 아그니, 즉 아그니스(agnis; 라틴어 ignis)인데, 이는 "처음"이라는 뜻의 "아그레"(agre)에서 유래한 말이다. 불은 시작을 말하기도 하지만 파괴와 재생의 상징이 되는데, 이는 물이라는 원소의 표상과도 동일하다. 아그니는 "모든 신의 빛"(『야주르베다』 VII.1.1; 이명권 『베다』 64 재인용)으로 칭송받아 힌두의 3신, 즉 브라(흐)만, 시바, 비쉬누의 삼위가 확립되기 전 물과 달과 음식의 신 소마와 더불어 가장 중요한 신으로 등극하였는데, 『우파니샤드』가 형성되는 후대에 이르러 불교의 33천의 하나인 타화자재천(他化自在天)의 품위를 갖고 있는 힌두교의 창조자인 프라자파티가 타파스(열기 혹은 고행, tapas)의 근원이 되는 아그니라는 이름을 차용하게 되는 이유이다(『사타파타 브라흐마나』 VI.2.13; 이명권 『베다』 130-131 재인용; 265, 369).
시작과 끝, 생명과 죽음, 창조와 파괴라는 우로보로스적인 요소를 품지 않은 우주의 원소가 아닌 것이 어디 있을까. 아수라 사제로 불리기도 하는 "아그니는 빛나는 신이지만, 지하 암흑의 상징이며 브리트라(Vritra)와 대등한 뱀인 'Ahi Budhnya'와 동일실체적이다. 『리그베다』(I, 79:1)에서는 아그니를 '사나운 뱀'이라 불렀다." 아그니와 뱀, 그리고 물과 달의 상관관계를 추정할 수 있는데, 엘리아데를 계속 따르자면 "뱀은 불의 한 잠재태"(Eliade 2006, 113)이다. 아수라는 발음에서 보아도 알 수 있지만 아베스타어에서는 빛의 신인 최고신 아후라와 비슷한 품위를 갖는데 "아수라는 마법사의 신"이기도 하다(Durand 203 재인용). 아수라는 알려진 것과는 달리 인간보다 품위가 낮은 것이 아니라 그 통속적 의미에 있어서 빛나는 루시퍼이기도 한 사탄과 그 품위와 품성이 비슷하다. 동서양 신들의 이름이 대부분 "빛" 또는 "빛나는 자"라는 뜻에서 파생됐다는 사실은 잘 알려져 있다.

4. 배철현의 다음 설명은 안식일의 어원을 추적하는 데 도움이 된다. "명사 *šabbat*(안식일)이 동사 *š-b-t*(멈추다)에서 왔는지 아니면 동사 *š-b-t*가 명사 *šabbat*에서 왔는지는 의견이 분분하다. 메소포타미아의 월력에서 아카드어 명사 šapputu가 '마음을 가라앉히는 날'(ūm nūh libbi)로 나오는 것을 보면 šabbat(안식일)은 명사에서 비롯된 단어인 것 같다"(배철현 『옹켈로스』 121, 주석 3).
5. 여성을 더러움으로 인식하는 현대적인 예로는 휘겟(Willliam T. Huggett)의 『시체 세기』(*Body Count*, 1973)를 위시한 베트남 소설들에서 빈번히 나오는 여성의 '뒤물하기'를 "천한 짓"으로 보는 묘사에서 찾아볼 수 있다(179).
6. "mens"는 때때로 그리스어의 "nous"와 상응하는 말로 받아들여져 정신 또는 영혼을 의미하는 아니무스(animus)에서 감정과 관련된 부분을 제외한 지적인 부분을 강조하는 말로 사용되기도 하였으나(Lucretius 『사물의 본성에 관하여』; 강대진 199-200, 주석 20), 지적인 활동을 뜻하는 "mens"와 월경의 관련성을 추찰해 보면 사유는 변화와 생성에 관한 지적 활동이라는 의견에 동조하게 된다. 때로 멘스는 마음으로 번역되기도 하는데 달과 여성, 그리고 시간에 대한 인식과 사유에 대한 문헌학적 고찰에 대해서는 이 책의 제1권 2장 2절, 제2권 9장 5절 참조.
7. 월경혈뿐만 아니라 출산혈 양자 모두는 신성하고도 부정한 것으로 나타나게 되는데, 작품을 충분히 이해하기 위해서는 문화인류학적 상상력이 필요한 헤밍웨이(Ernest Hemingway)의 단편 「인디언 캠프」(*Indian Camp*)는 부인의 출산에 즈음하여 피정(couvade; retreat)에 들어갈 격리된 신성한 공간을 마련해 줄 수 없는 인디언 남편의 무능력과 그로 인한 자살을 그리고 있다. 자살의 원인으로 백인들에게 삶의 터전을 빼앗겨, 심지어는 아내의 제왕절개에 의한 출산 장면까지도 타지로부터 온 백인에게 보여야 했던, 그리고 더 나아가 자기 아내를 침범한 자가 백인인 닉(Nick)의 삼촌일 수 있다는 것을 알아차린 본토 인디언의 무기력함과 치욕감 등이 거론되기도 한다. 하지만 인디언의 출산 문화에서 신성한 장소가 침범되었다는, 그리하여 가장으로서의 책임뿐만 아니라 종교적인 신성

한 의무를 수행하지 못했다는 수치심이 자살의 주된 원인이 되고 있다는 사실은 잘 언급되지 않고 있다. 출산이라는 신성한 시공간은 아내의 치부를 드러내는 부정한 공간으로 변하였다.

8. 『악의 꽃』의 인용은 정기수 번역을 사용하였고, 원어 인용은 원문 대조를 위해 뉴디렉션즈(New Directions) 출판사 영어·프랑스어 이중 언어판을 사용하였다.

9. 「면죄사의 이야기」 관련 구절을 소개하면 다음과 같다.

> 자궁이여, 배때기여, 오 냄새나는 생선이여!
> 똥과 타락으로 가득 차 있구나!
> O wombe! O bely! O stynkyng cod,
> Fulfilled of donge and of corrupcioun!

10. 『나나』의 인용은 송면 번역을, 원어가 필요한 경우에는 갈리마르판을 참조했다. 최정순 번역본(일신서적, 1992)을 일부 수정했다고 밝힌 이봉지의 다음 번역 또한 참고한다. "그는 옛날에 자신이 가졌던 여자에 대한 공포를 상기하였다. 그는 여자란 성경에 나오는 괴물처럼 음탕하고 또한 야수처럼 냄새가 나는 것이라고 생각하였다. 새의 깃털과도 같은 황금빛 솜털로 덮힌 나나의 피부는 벨벳과도 같은 느낌을 주었다. 암말과도 같은 엉덩이와 허벅지, 그리고 그녀의 성기에 아찔한 그림자의 베일을 드리우는 깊은 주름이 잡힌 두툼한 살덩어리들 속에 야수가 깃들어 있었다. 그것은 금빛 야수였다. 맹목적인 힘처럼 스스로에 대한 자각도 없이 다만 냄새를 통해 세상을 망치는. 그는 그녀에게서 눈을 떼지 못하고 홀린 듯 바라보았다. 그는 더 이상 그녀를 보지 않으려고 눈을 감았다. 그러나 야수는 어둠 속에서 다시 나타났다. 더욱 크고, 더욱 무섭게 과장되어 이제 그것은 그의 눈과 몸속에 박혀 영원히 떠나지 않을 것이었다"(352-353; 강조 필자).

11. 굴곡과 동굴은 당연히 어머니의 상징이 되기도 한다. 미로와 여성의 성에 관련하여 아탈리(Jacques Attali)는 다음과 같이 말한다. "미로를 통과한다는 것은 여성의 성기를 통과하는 것과 같다. (…) 호피족들에게서 원형 미로는 어머니를 상징하고 그 둥근 형태는 사각형을 끌어안고 있다. (…) 아리아드네의 사랑이 없었다면 테세우스는 미로에서 벗어날 수 없었을 것이다. 그녀는 미로에 걸린 경품

이었고 (…) 테세우스를 자신의 성기 안으로 끌어들인 실이었다. (…) 일리아드의 요지는 미로화 된 요새의 한복판에 갇힌 헬레네라는 여인을 다시 쟁취하는 것이다"(132-133).

12. 김혜순의 「환한 걸레」 또한 여성의 월경과 성을 다음과 같이 환한 "분홍색 꽃"에 비유하고 있다.

  허공중에 분홍색 꽃이 한꺼번에 핀다
  분홍색 꽃나무 한 그루 허공을 닦는다
  겨우내 텅 비었던 그곳이 몇 나절 찬찬히 닦인다
  물동이 인 여자들이 치켜든
  분홍색 대걸레가 환하다

13. 『이집트 사자의 서』는 "마아트"를 태양신 라(Ra)의 딸로서 진리와 정의를 상징하며 법을 관장하는 신으로 기술하고 있다. 따라서 마아트의 홀은 오시리스 법정이다(112, 366). 마아트와 지혜, 그리고 죽음의 연관성과 "medha" "metis" "met" "Maat"의 어원적 친연성에 관한 추가적 논의로는 이 책의 7장 3절 참조.

14. 클림트(Gustav Klimt)의 다나에 그림에 나타난 "O"를 매개로 한 여성과 동전, 즉 돈과의 교환 가능성에 대해 그리고 부재와 존재, 유와 무, 그리고 모든 것의 교환 가능성과 무에서 유를 '재현하는'(re-present) 가능성을 지칭하는 부호 "O"의 개념에 대해서는 Jaffe 214, 219-220 참조. 여성 성기를 상징하는 기호 "O"에 대한 간략한 논의는 영화 〈O양의 이야기〉(1975)를 헤겔의 주인과 노예의 지배·피지배 개념으로 분석한 Benjamin 280-299를 볼 것. 물론 여기서 우리는 오메가와 2021년 말 코로나 정국의 핵심어가 된 오미크론의 유사성을 말할 수 있다. 발음상의 차이는 잘 모르겠으나, 그들이 함의하는 바는 여성 성기인 "O"이다. 사실 여성의 성기는 "nothing"과 어울리는 숫자 "0"이 더 어울리나, 우리는 여기서 기호 "O"로 표기하고 "0"(零, zero)으로 읽는다.

15. 연세대학교의 김준환 교수는 "womb"을 "무덤"으로 새길 경우 "crooked worm"은 시체를 먹는 구더기이며 "sheet"는 수의로 해석되고, "자궁"일 경우는 "crooked worm"은 남성의 성기, "sheet"는 사랑의 침대보로 해석 가능하다

고 첨언해 주었다. 남진우 시인은 김종삼의 시 「아데라이데」에 대한 평에서 무덤과 자궁의 친연성을 고찰한 바 있는데, "죽음은 (…) 고통과 공포의 대상으로 다가오는 것이 아니라 모성적 편안함과 안락함의 공간으로 자리"하여, "그 공간에서 [김종삼이 그리고 있는] 아이는 삶과 죽음이 대립하지 않고 하나가 된 상태를 체험한다"(255).

16. 프랑스어 "un sein"은 문어 혹은 시어로는 어머니의 태, 또는 뱃속, 즉 자궁을 의미하기도 한다. 거짓 혹은 망상을 뜻하는 "le mensonge"와 몽상 혹은 꿈을 뜻하는 "le songe", 그리고 그것이 진리와 거짓과 맺는 연관성에 대해서는 이 책 9장의 주석 15 참조.

17. 부활, "그것은 바로 무덤 저 너머"라는 바슐라르가 차용하는 로자노프의 직관적 설명은 인용할 만하다.

> 애벌레, 번데기 그리고 나비는 형태적 설명이 아니라 우주 발생적 설명 대상이다. 형태적으로 그것들은 설명할 수 없으며, 거의 표현 불가능하다. 그러나 우주발생적인 관점에서는 그것들이 완전하게 이해될 수 있다. 살아 있는 것은 모두, 절대적으로, 이처럼 삶과 무덤 그리고 부활에 참여한다. (…) 번데기, 그것은 바로 무덤이자 죽음이며, 무덤이자 식물적 삶이며, 무덤이자 약속이다. 나비 그것은 천상의 정기 속으로 날아오른 영혼이[다]. (Bachelard 『휴식의 몽상』, 199-200 재인용; 강조 필자)

바슐라르처럼 이승에서 저승을 확실하게 본 이가 또 있을까? 이 아름다운 행복의 철학자에게 비상하는 나비는, 애벌레의 흙에서 태어나는 불멸의 "태양적 존재"이며 영원한 "행복" 그 자체이다(『휴식의 몽상』 201, 200).

18. 아렌트의 출생, 또는 탄생(natality) 개념이 나타나는 『인간 조건』(222-223)에 관한 논의로는 이 책의 제3권 14장 전반부를 참조.

19. 마오리족의 신화는 죽음의 여신인 'Hine nui te Po'가 "남성이 그녀를 취하러 들어가는 곳에 그녀가 흑요석과 녹옥의 날카로운 이빨을 가지고 있다고 기술한다"(Alpers 1964, 67; Braun & Wilkinson 24 재인용). 바기나 덴타타에 관한 설명으로는 이 장의 주석 2와 관련된 부분 참조.

오늘 밤은 신경이 이상해요. 그래요. 나와 있어 줘요.
말을 해 보세요. 왜 말을 안 하죠. 말을 해요 말을.
(…)
나는 우리가 죽은 자들이 그들의 뼈를 잃어버렸던
쥐들의 골목에 있다고 생각한다.

My nerves are bad to-night. Yes, bad. Stay with me.
Speak to me. Why do you never speak. Speak.
(…)
I think we are in rat's alley
Where the dead men lost their bones.

—엘리엇, 『황무지』(111-112; 115-116)

내가 덧붙이고 싶은 것은 이 신화 속에 암시된 것이 어머니의 생식기라는 사실이다.
자신의 갑옷에 메두사의 머리를 달고 온 아테나는 나중에 어느 누구도
접근할 수 없는 여자가 되었다. 어느 남자든 그녀를 보기만 해도
성적인 모든 생각이 다 사라졌던 것이다. (SE 19: 144)
—프로이트, 「유아의 생식기」

제6장

메두사는
여성 성기인가?

1

프로이트가 말하는 메두사

우리는 신화의 인물인 메두사가 비유적으로는 여성의 성기를 지칭하고 있다는 주장을 프로이트(Sigmund Freud)로부터 익히 들어 알고 있다. 그의 짧은 글 「메두사의 머리」(1922)를 따르자면 메두사의 머리를 휘감고 있는 뱀은 여성 음부의 체모로, 또 그녀를 바라보는 남성들이 마비되어 돌과 같이 변화되는 현상은 여성에 의한 남성의 거세로도 해석이 가능하다. 그러나 메두사로 표현되는 여성 성기를 바라보는 자들이 남성, 특히 "고대 그리스의 남성들"이며 그들이 "전체적으로(durchgängig; in the main) 강렬히 호모이기 때문에 그들 가운데는 여성이 거세되었기에 여성을 두렵고 혐오감을 주는 존재의 표상으로 파악하는 자들을 발견하는 것을 피할 수 없다"(SE 18: 274)는 프로이트의 상념이 일견 동성연애자들을 경원시하면서도 동시에 여성을 폄하하고 있는 주장일 수도 있다는 사실은 잘 지적되지 않았다.

단순화해서 말하자면 남성 동성애자들은 여성의 성을 혐오스럽게 생각하기 때문에 그러한 사람들이 된다는 주장일 수도 있는데, 프로이트의 위와 같은 해석의 여지가 분분한 짤막한 언급은 "전체적이 아니라면" 호모가 아닌 자들은 여성을 좋아했을 수 있고, 또 호모가 아닌 다른 남성들은 여성을 거세당한 존재로 간주하지 않았다는 주장으로도 이어질 수 있어, 적어도 표면적으로는 프로이트의 동성애, 특별히 남성 동성애에 관한 호불호를 가늠하지 못하게 한다.

호모를 의미하는 단어가 호메로스의 『일리아스』가 쓰여진 기원전 8세기경에 처음으로 출현하였거나 기록되었고 소위 호모에 대한 호감과 이에 대한 반감이 고대 그리스 문화에 동시에 존재하고 있다는 사실을 감안하면, 프로이트가 말하는 "고대 그리스인들"이 구체적으로 어느 시대의 "고대 그리스인들"을 "전체적으로" 말하고 있는지 쉽게 규정할 수 없게 한다. 소크라테스의 공공연한 소녀 동성애 행각으로도 잘 알 수 있듯이 주금 여유가 있는 계급에서 동성애가 만연되었던 것은 사실로 보이는데, 그리스 사회의 구성원 모두에게 호모가 받아들여졌다는 사실에 대한 점검은 차치하고서라도 적어도 법적으로는 호모 행위를 그리스 사회가 경원시했다는 보고는 비일비재하다(Dover vii, 2).[1]

고대 그리스인들이 전체적으로 호모가 아닐 수 있다는 사실은 이 문장의 독일어 원문과 영어 번역에 대한 필자 나름의 직역을 비교 대조하는 가운데에서 더욱더 확실해진다.

> Den durchgängig stark homosexuellen Griechen konnte die Darstellung des durch seine Kastration abschreckenden Weibes nicht fehlen. (GW 17: 47-48)

> 전체적으로 강렬한 호모인 고대 그리스인들을 통하여 보면, 거세되었기에 위협적인 여성들에 대한 표상을 발견하는 것은 부족함이 없다.

> Since the Greeks were in the main strongly homosexual, it was inevitable that we should find among them a representation of woman

as a being who frightens and repels because she is castrated.

(SE 18: 274; 강조 필자)

그리스인들이 전체적으로 강렬히 호모이기 때문에 그들 가운데는 여성이 거세되었기에 여성을 두렵고 혐오감을 주는 존재의 표상으로 파악하는 자들을 발견하는 것을 피할 수 없다.

독일어 부사구를 접속절로 변화시킨 스트래치 번역본을 저본으로 메두사에 관한 논의를 전개하는 것은 엄격한 수식을 고수하는 독일어로부터, 일반화된 경우를 쉽게 말하는 영어로의 전이에 관한 위험성을 수반한다. "부족함이 없다"(nicht fehlen)는 독일어에 의한 직역과 필자가 영어로부터 번역한 "피할 수 없다"는 한국어 표현은 유사성이 있다고 간주하여도, 이에 상응하는 서술 형용사 "inevitable"은 한국어로도 "필연적"이 어울리며 이에 조동사 "should"가 가세한 모양이라면 영어판을 저본으로 사용하는 영미권의 학자들의 과장된 해석을 불러일으킬 수 있는 여지를 담고 있다. 영어판을 저본으로 번역된 한국어판 또한 예외는 아니다.[2]

프로이트의 언급은, 여성 성기를 바라본 남성들이 여성화되어 요즈음의 용어를 사용한다면 호모들 가운데 여자 역할을 하는 '팜'(femme)이 될 수도 있다는 주장과도 결국에는 일맥상통하는데, 남성 동성애가 여전히 사회문화적인 관습으로 팜 역할을 하는 남성을 여성으로 간주한다는 사실은 비단 작금의 복종과 지배에 관한 SM(sado-masochism) 연구에서뿐만 아니라 고대 그리스·로마의 성 풍습에 관한 연구에서도 잘 밝혀져 있다. 그리스 문명권의 남성 동성애가, 세지윅(Eve K. Sedgwick)의 로마의 장군과 부관들에 관한 연구에서도 유추할 수 있듯이, 호모를 경원시하지 않을뿐더러 오히려 그러한 행위를 이상화하는 경향을 보였다는 사실을 프로이트가 인지하였다고 하더라도 문제는 그런데 여전히 남는다. 여성들이 거세당했기에 적어도 시각적으로는 거세당하지 않은 남성들을 남성 호모들이 선호한다는 주장은, 여성들이 거세당한 존재들인가에 관한 피할 수 없는 의구심은 접어두고서라도, 그리스 사회의 남성들의 대부분이 호모라는 검증되지 않은 가정에 의거하여 프로이트가 논의를 전개하고 있다는 의혹을 떨쳐버릴 수 없게 한다. 거세당한 여성을 피해 동성애에 경도된다 하더라도, 상대방 중 일인은 상대적으로 본다면 여성 역할을 하게 되며, 소년 동성애의 경우 이러한 지배와 피지배의 역할 분담은 말할 것도 없이 잘 이루어졌을 것이다.

프로이트가 그의 정신분석학 학회 동료들인 플리스(Wilhelm Fliess)와 아들러(Alfred Adler)에 대한 성적인 호감 때문에 적지 않은 방황을 하였다는 사실, 그러나 그의 동성애적 기질이 남성을 "여자"로 수용할 정도로까지는 진전되지 않았다는 주장(신명아 25)을 받아들인다면, 우리는 그가 적어도 표면적으로는 동성애를 다소 부정적으로 보지 않았는지 추측해 볼 수는 있다.[3] 여성의 성기를 바라보아 거세당하여 호모가 되는 것이 아니라 호모들과 여성을 전체적으로 거세당한 사람으로 보는 19세기 말에서 20세기 초 비엔나의 성과 여성에 대한 부정적 관념이 그로 하여금 여성을 호모로, 그리고 혐오감을 주는 존재로 파악하게 만들고 있음을 프로이트 자신도 물론 잘 알고 있었을 것이다.

여성 또는 호모 역할을 한다고 꼭 거세당했다고는 말할 수도 없을뿐더러, 엄밀하게 말한다면 고대 그리스 사회의 남성 동성애자들이 바라본 것은 여성의 성기가 아니라 그것과 이상하게 동일시되는 거세된 남성의 성기이다. 결과만 두고 논의를 진행하면 프로이트의 도식은 아마도 동성애자들을 거세된 여성과 동급으로 파악하는 것이었을 터인데, 이는 여성 성기를 바라보는 자들이 거세 공포를 느낄 수 있다는 사실과는 다른 이야기이다. 그리스 사회에서 만연되었다고 추정되는 동성애의 기원에 대한 이유가 거세 공포 또는 거세가 될 수는 없는데, 결과를 설명하고 도출해 내기 위하여 원인을 재구성해 내는 담론의 전형적 오류를 프로이트가 답습하고 있지 않는가 하는 의구심 또한 자아내고 있다.

어른이 아닌 한 소년이 성인 여성의 성기를 보고 느끼는 것이 거세 공포일 수도 있지만, 오늘날의 춘화나 포르노 영화를 보는 소년 또는 어른들이 거세 공포만을 느껴 석화(石花), 즉 돌처럼 굳어진다고 할 수만은 없다. (딱딱해지기도 하는 석화의 이중적 의미에 대해서는 언급을 하지 말고 넘어가기로 한다.) 프로이트가 수행하고 있는 작업은 그 자신도 인정하듯이 "몇몇 많은 경우에 대한 분석으로부터"(Aus zahlreichen Analysen GW 17: 47) 추출된 것이지 모든 남성과 여성들에게 해당되지 않는다. 영어판 번역은 "많은 경우들이(Numerous analyses) 우리를 이 거세의 공포에 친근하게 만드는 것"(SE 18: 273)으로 되어 있어, 독일어 원본의 부사구 표현에 비해 영어의 명사 주어절 표현이 단정적이고 보다 더 일반적으로 기술되어 있다는 것을 알 수 있다.

여성들이 그들의 성기를 바라보며 느끼는 감정을 예외가 있을 수는 있겠으나 남성인 프로이트가 더 잘 알 수도 없을뿐더러, 여성들이 일반적으로 거세로 인한 상실감과 공포를 느낀다는 주장은 이미 시대착오적인 발상으로 받아들여지고 있기도 하다. 그러나 여성을 거세당한 존재로 보아 남성 동성애자가 거세당하지 않은 남성을 그의 연인으로 택한다는 일견 표층적인 해석은 현재의 많은 동성애자들이 여성으로 취급되는 거세당한 남성을 그의 짝으로 취한다는 역설을 낳게 한다. 남성 동성애는 남성성의 최극단이기도 하면서 그것의 해체를 이미 역설적으로 준비하고 있었다. 남성 동성애는 결과적으로 남성을 여성화하는 메커니즘으로부터 자유롭지 않았다. 거세 공포를 느끼면 또는 거세당하면 호모 또는 여성으로 전락할 수 있다는 이 논리는, 아마도 프로이트 자신 또한 잘 알고 있었겠지만 지나친 일반화의 한 경우 또는 오류로 보아도 지나치지 않다. 거세당한 것이 아니라 비슷한 또는 다른 성기를 지니고 있고 서로 다른 속성과 취향을 지니고 있을 뿐이다.

물론 당시 유행했던 최소한의 화보를 통해서라도 프로이트가 살펴보았을 우피치(Uffizi) 화랑의 카라바조(Michelangelo da Caravaggio)의 〈메두사의 머리〉(1591), 다빈치(Leonardo da Vinci)의 저작으로 한동안 추정되었지만 플랑드르 화파의 그림으로 판명이 나는 우피치 화랑의 〈메두사〉(1620-1630 추정), 그리고 루벤스(Peter Rubens)의 뱀들이 매달려 있는 〈메두사의 머리〉(1618 추정) 등과 같은 작품들에 나타난 메두사의 머리는 사람을 얼어붙고 마비시키게 만들 정도의 오싹함과 기괴함, 그리고 거세 공포를 주고도 남음이 있다.

프로이트가 파악한 메두사는 호메로스가 『일리아스』에서 그린 "무서움과 공포"만을 환기하는 "험상궂은 고르곤"(V: 741-742)을 벗어나지 않는다. 메두사의 머리를 치켜들고 우연히도 그녀의 가랑이 사이에 서 있는 것처럼 보이는 페르세우스를 소재로 한 첼리니(Benvenuto Cellini)의 청동 조각상 〈페르세우스〉(1545-1554)는 여성의 원천을 정복한 영웅에 관한 이야기로 아직도 피렌체를 찾는 관광객들을 맞이하고 있지만, 그러나 메두사를 사악한 여성으로 생각했던 자들은 세월의 풍화에 의한 우연한 현상일지는 몰라도 청동상에서 흘러나오는 그녀의 눈물 또한 볼 수 있지 않았을까?

(98쪽의 청동상을 보라!) 처참하게 목이 잘려 울고 있는 청동상을 보고 여성을 정복했다고 느끼는, 그래서 상실된 발기 능력을 되찾았다고 안도하는 남성들의 '연약함'(vulnerability)과 그 상처는, 프로이트를 그대로 다시 차용하자면 근원적인 거세 공포일 수밖에 없는 것일까? 정복되어야 하는 메두사의 머리에 일견 보기에 좋지 않은 수많은 뱀들이 달려 있는 이유는 신화학적 설명을 빌린다면 뱀을 숭배했던 기독교 이전의 고대 문명을 폄하하기 위한 것일 텐데, 고대 문명에서 뱀은 지혜와 영생, 그리고 자웅동체적인 완전함의 상징이기도 했다. 다음 장에서 논의가 더 전개되겠지만, 메두사는 아름다운 여인이자 통치자이기도 했으며, 이에 합당하게 지혜와 권능의 상징인 뱀을 머리에 이는 것은 존귀한 자의 품위를 높이는 일이었다.

메두사의 머리: 피터 폴 루벤스(Peter Paul Rubens, 1577~1640),
1617-1618년경, 오일. 비엔나 미술사 박물관

메두사: 미켈란젤로 메리시 다 카라바조
(Michelangelo Merisi da Caravaggio, 1571~1610),
1597년경, 오일. 피렌체 우피치 갤러리

따라서 우리는 다음에 이어지는 논의에서 메두사를 여성 성기로 그리고 그것을 거세의 결과와 원인, 결핍과 부재로 보는 프로이트의 이론이 그의 남성과 여성의 성차와 거세에 관한 거대 이론을 추인하기 위한 지속적인 한 방편이었고, 유보와 역설을 항상 담보하는 유연성 있는 그의 이론마저 후대의 이론가들에 의해 지나치게 일의적으로만 파악되었고, 이러한 프로이트의 메두사와 여성성에 관한 이론이 메두사에 관한 신화적 연구에 의해 보족적인 교정을 받을 수 있음을 논하게 된다. 신화의 세계에서 메두사는 여성의 입 또는 성기로도 곧잘 비유되는 끔찍한 여성이 아니라, 아름다운 여성이었다. 아름다운 여성으로서의 메두사의 재등장에 대한 새로운 분석은 뱀과 여성의 성기를 죽음으로만 보는 시각에서 탈피하여 죽음과 생명을 동시에 체현하고 있는 여성성을 복원하기 위한 이 책의 주제를 계속 이어받고 있다.

2

메두사와 "친근낯설음": 모성성, 죽음, 그리고 생명

시인 엘리엇(T. S. Eliot)은 제1차세계대전이라는 황무지의 "붉은 돌"에서 또는 그것을 통하여 생명의 물을 찾는 주민들을 "뼈들" 또는 "마른 뼈들"로 가득한 "쥐들의 골목"의 거주자들이라 읊은 적이 있다(316, 390, 186). 서양 문명에서 "절대적 실재, 생명, 신성성을 표현하는 원형적 이미지"(Eliade 1999, 47)인 돌과 그것의 변형인 "뼈"가 암묵적으로 발기를 지시하며 특히 프로이트 정신분석학의 맥락에서 쥐가 남성의 성기를 의미한다는 사실을 염두에 두고 읽으면,[4] '임포'(impotence)와 히스테리아 그리고 동성애적 충동에 시달리는 엘리엇과 그의 부인 비비엔(Vivienne Eliot)으로 추정되는 여성 화자를 포함하는 황무지의 거주민은 육체적인 발기력뿐만 아니라 영적인 재생력 또한 상실한 사람들이다.

> 오늘 밤은 신경이 이상해요. 그래요. 나와 있어 줘요.
> 말을 해 보세요. 왜 말을 안 하죠. 말을 해요 말을.
> (…)
> 나는 우리가 죽은 자들이 그들의 뼈를 잃어버렸던

쥐들의 골목에 있다고 생각한다.

My nerves are bad to-night. Yes, bad. Stay with me.
Speak to me. Why do you never speak. Speak.
(…)
I think we are in rat's alley
Where the dead men lost their bones. (111-112; 115-116)

또한 프로이트도 '돌'에 대한 엘리엇 등의 해석이 서양 문화권에서 거세만을 의미하는 것만이 아니라 발기를 의미한다는 것을 익히 들어 잘 알고 있었다.

메두사의 머리를 보는 것은 그 관찰자들을 공포에 질리게 하여 돌로 변하게 한다. 그러나 여기서 우리는 다시 한번 거세 콤플렉스로서의 원인과 똑같은 결과의 변형을 갖게 됨을 관찰할 수 있다. 왜냐하면 뻣뻣해진다는 것은 발기를 의미하기 때문이다. 그렇기 때문에 원래의 상황에서 그것은 위안을 선사한다. 그는 여전히 남근을 갖게 되는데 느껴지는 뻣뻣함은 그러한 사실을 재확인해 주고 있다. (SE 18: 273)

뱀의 머리카락으로 뒤덮여진 성인 여성의 성기, "본질적으로 어머니의 성기"(SE 18: 273)를 바라보는 소년들이 느끼는 것은 비단 거세 공포뿐만 아니라 "뻣뻣함, 즉 발기"이기도 하다는 주장은, 뱀을 남성 성기의 부재와 그러나 "부차적이기는 하지만"(87) 발기 현상으로도 해석하는 페렌치(Sandor Ferenczi)에 의해서도 그대로 이어지고 있다. 뱀이 남성 성기를 상징하지만 메두사의 머리에 달려있는 수많은 뱀들이 "반작용적인 표상"(representation by the opposite)에 의하여 남성 성기의 부재, 즉 거세를 의미한다는 페렌치의 주장은(87), 이보다 1년 앞서 1922년에 기술되었지만 발표는 1940년에 이루어진, 지극히 다중적이고 의도적으로 모호하기도 한 바로 앞서 인용한 지극히 짧은 그래서 해석의 여지를 더 남기고 있는, 「메두사의 머리」에도 이미 비슷하게 표현되고 있었다. 메두사의 뱀들은 "남성 성기를 대체하는데, 성기의 부재는 거세의 원인인 된다. 이것은 수많은 남성 성기들의 상징이 거세를 의미한다는 기계적인 법칙에 대한 확증이다"(SE 18: 273).[5]

여성에 있어서 남성 성기의 부재가 여성의 거세의 원인이 된다는 주장에 대해서 그러나 프로이트는 확실한 설명을 하지는 않는다. 여성 성기가 끔찍한 이유는 여성 성기가 남성 성기의 부재로 인하여 이미 거세되었기 때문인데, 혹 여성 성기가 이상야릇하고 끔찍하다면 그것은 마치 쿠르베의 〈세상의 기원〉을 바라보는 자들이 느끼는 여성 성기 자체에 대한 신비와 경외감 또는 공포감 때문이지, 남성 성기의 부재와 이로 인한 공포 때문은 아닐 것이다. 프로이트의 이와 같은 언급은 그러나 그의 글에 대한 스트래치(James Strachey)의 주석에도 밝혀져 있듯이, 프로이트의 반복 또는 반복 강박을, 이어는 다음 쪽들에서 이에 대한 용어 해설과 그 의미에 대한 천착이 이루어지겠지만, "친근낯설음"(das Unheimliche; uncanny)으로 간주하는 언급과 일맥상통하고 있는데(SE 17: 236-238), 그의 이론에서 반복 강박은 거세, 그리고 결국에는 발기와 새로운 삶을 다시 지시하는 용어로 사용되고 있다.

매달려 있는 뱀은 단순히 여성의 머리털, 또는 여성 성기 주위의 체모이며, 많은 남성 성기를 종국에는 삼키는 메두사의 잎이 달린 머리는 상상력을 극도로 발휘한다면 여성의 성기일 수는 있겠지만,[6] 애매모호하고 복잡한 프로이트는 이러한 단순하고 명확한 논의에 만족하고 있지 못하는 것 같다. 그에게 있어 메두사의 머리는, 한 번 더 지적하자면, 다름 아닌 어머니의 성기이다(SE 18: 273). 메두사의 머리를 페니스가 없는 여성의 성기에 대한 인상과 결부시키고 있는 페렌치에게 강력한 동의를 표현하고 있는 프로이트는, 메두사의 머리가 궁극적으로는 어머니의 생식기임을 추후 「유아의 생식기」(1923)에도 강력하게 밝히게 된다.

> 내가 덧붙이고 싶은 것은 이 신화 속에 암시된 것이 어머니의 생식기라는 사실이다. 자신의 갑옷에 메두사의 머리를 달고 온 아테나는 나중에 어느 누구도 접근할 수 없는 여자가 되었다. 어느 남자든 그녀를 보기만 해도 성적인 모든 생각이 다 사라졌던 것이다. (SE 19: 144)

아테나의 방패를 장식하고 있는 메두사의 머리와 그러나 왜 어머니의 생식기가 동일한지에 대해 프로이트는 여전히 설득력 있는 논의를 전개하지는 않는다. 아마도 아테나에게 성적인 매력을 느끼지 못하는 이유 중의 하나는 지적인 여성을 등한시하고 멸시하는 남성들의 문화적인 상투성에서 연유하는 것일 터인데, 그러나 프로이트의 발 빼기 전략을 역으로 사용하여 그의 논의를 일부 무력화시킨다면, 지적인 여성에게 성적인 매력을 느끼는 남성들 또한 엄연히 존재한다는 사실을 프로이트가 고의로 염두에 두고 있지 않을 수도 있다는 점일 것이다.

문제는 프로이트 자신에게 있었는지도 모른다. 그의 애매모호한 표현과 결정적인 순간에 있어서 확고한 논술을 거부하고 양수겸장을 취하는 전략적인 우유부단함은, 후대에 이르러 자주 인용되는 여성 성기와 거세에 관한 견강부회적인 언급을 확고하게 만들어주고 있다. 메두사를 거세와 발기의 공통 원인으로 보았던 프로이트의 시각은 그것을 오로지 거세의 원인으로 보는 시각으로 굳어져 가는데, 이러한 과정에 애매모호함과 바로 그 애매함 속에서 하나만을 강조하여 취사선택하는 프로이트의 공평함을 가장한 편파적인 사유 방식 또한 일조하였음은 물론이다. 그러하기 때문에 프로이트라는 이 위대한 이론가의 견해에 대하여 여전히 물어보아야 할 유효한 근원적인 질문은 메두사의 머리가 왜 그의 주장대로 여성의, 더군다나 어머니의 생식기인가 하는 사실이다. 그의 주장대로 여성의 생식기, 특별히 어머니의 생식기가 "친근하고도"(heimisch) "낯선"(unheimlich), 그리고 "끔찍하고" "섬뜩한" 것일 수 있지만 말이다. 끔찍함과 숭엄함은, 칸트의 미학에서는 특히 그러하지만 미학의 동일한 범주에 속할 수 있다는 사실을 기억해야 할 것이다.[7]

> '이 장소가 나에게 낯이 익고, 여기에 온 적이 있다'고 누군가가 꿈꿀 이 장소를 우리는 그의 어머니의 음부라고 해석할 수 있다. 이 경우에 있어서도 이 낯선(unheimlich) 것은 이전에는 친근한(heimisch) 것이었다. 접두어 'un'은 억압의 표징이다. (1919; SE 17: 245)

프로이트의 지적대로 "unheimlich"에 붙은 접두어 "un"은 억압의 표시이지만 귀환의 지시소이기도 하다. 부정어 "un"이 긍정과 부정을 동시에 의미하고 있다는 것인데, 이와 유사한 대표적인 독일어는 비분리전철 "ver"가 붙은 "낯설게 하기 효과", 혹은 "소격효과"로 번역되는 극작가 브레히트(Bertrotl Brecht)의 "Verfremdungseffekt"이다.[8] 낯설게 하기는 친근함을 친근함은 낯설음을 이미 상정하고 있으며, 부정은 긍정으로부터 파생되며 긍정은 이미 그것에 대한 부정을 함의하고 있다. "낯설음은 그 이면인 친근함의 반복에 지나지 않으며, 이러한 반복은 나타나고 억압되는 두 가지 양면을 지니고 있다"(Cixous 1976, 545). 인구에 늘 회자되듯이, 억압된 것은 돌아오기 마련이다.

그러나 우리는 프로이트의 주장대로 어머니의 생식기와 메두사의 머리가 "친근낯설은"(uncanny) 것은 인정할 수 있지만, 단순히 "친근낯설다"는 공통분모만으로 그 둘을 같은 것으로 간주할 수는 없다. 어머니의 생식기가 친근하다면 우리는 그것을 바라보는 아이가 발기를, 낯설다면 거세를 경험한다고 조야하게 말할 수 있고, 또 그 역도 가능하여 오히려 친근하면 거세를, 낯설다면 발기를 경험한다고 말할 수 있다. 프로이트의 이론은 이미 '해체'(Destruktion; destructuring)적 속성을 지녀 '반'오이디푸스이론을 그의 오이디푸스론에 이미 함의하고 있는데, 거세하면서 발기하게 하는 능력을 가진 존재가 여성이라는 사실을 프로이트가 지적했었다는 사실은 더 강조해도 지나치지 않다. 여성은 거세하면서도 발기를 유도하기도 하고, 남성은 발기하면서도 거세당하는 복잡한 존재들이다.

"변태적 성적 만족을 유발시키는 이성의 신체 일부나 옷가지 따위"(1927, 프로이트 전집 9: 27)로 흔히 "페티시" 또는 "페티시즘(물신주의)" 등으로 번역되는 「절편음란증」에 관한 연구에서도 프로이트는 여성 성기에 대하여 다음과 같이 밝힌 바 있다.

> 여성의 생식기를 보면서 거세 불안을 느끼지 않는 남성은 아마 없을 것이다. 이런 불안감 때문에 어떤 사람들은 동성연애자가 되고, 어떤 사람들은 절편음란증 환자가 되어 이를 떨쳐버리지만 상당수의 사람들은 정상적으로 이를 무난히 극복해 낸다. 그러나 어떤 이유로 이렇게 차이가 나는지는 솔직히 설명할 수 없다. 여러 가지 요인들이 작용하겠지만, 아직까지는 희귀한 병리학적 결과를 만들어내는 결정적인 요인이 무엇인지 알 수 없기 때문이다. 현재로서는 단순히 눈에 보이는 형상만 설명하는 것으로도 만족할 만하다. 또한 아직 눈에 보이지 않는 현상까지 설명한다는 것은 무익한 일이 될 수도 있을 것이다. (31; 강조 필자)

그러나 그는 "설명할 수 없다"고 하면서 눈에 보이지 않는 현상까지 설명하고 있지 않은가? "여성의 생식기를 보면서 거세 불안을 느끼지 않는 남성은 아마 없을 것이다".[9]고 하면서 그는 "거세 콤플렉스가 보편적이라고 주장하지는 않으면서도 그러나 이러한 주장이 보편적인 것처럼 암시하고 있다"(Laplanche & Pontalis 56). 그가 생각하기에는 여성의 생식기를 보면

"아마 십중팔구는"(wahrscheinlich; probably) 거세 불안을 느끼고, 거세 불안의 결과는 상당수의 정상적인 사람들을 제외하고는 동성애와 절편음란증으로 나타난다. 그의 논의는 여기서도 자기 해체적인 속성을 이미 함의하고 있는데, 그의 해체적 논의를 그대로 따르자면 "상당수의 정상적인 사람들"이 아닌 사람들은 동성애와 절편음란증을 느끼지 않아도 된다.

논의는 쳇바퀴처럼 지속되어 여성은 거세당한 존재이며, 거세당했기에 거세하는 기능을 갖는 존재로 파악되고 있다. 거세가 동성애의 원인이 되기도 하고, 동성애가 거세의 원인이 되기도 한다. 물론 여기에서도 그의 특유한 특수에서 보편을 이끌어내는 침소봉대의 관행은 여전히 작용되고 있다.

> 이외에도 많은 예를 들 수 있지만, 결정적으로 절편음란물[절편음란증]을 결정하는 요인이 무엇인지 언제든지 알아낼 수 있다고는 말할 수 없다. 절편음란증에 관한 연구는 거세 콤플렉스의 존재를 의심하거나, 여성 생식기의 모습을 보고 느끼는 불안감의 원인이 다른 데, 예를 들어 출생 시의 외상에 대한 기억에 기인한다고 생각하는 사람들에게 특히 더 필요할 것이다.
>
> (「절편음란증」, 1927: 32)

거세 콤플렉스에 대한 다소 유보적인 것처럼 보이는 앞의 인용문과는 달리, 이 인용문에서는 여성의 성기를 보면 불안감을 느껴야 하고 거세 콤플렉스는 당연히 존재하는 것으로 표현되고 있다. 첫 문장에서는 알 수 없다고 단정적으로 주장하더니, 다음 문장은 바로 절편음란증의 원인이 거세 공포라고 말하고 있다.[10]

앞서서 논의되었던 메두사와 여성 성기, 그리고 발기에 관한 1922년의 논의는 5년이 지난 후 여성 성기와 거세, 절편음란증과 거세 콤플렉스에 관한 논의로 확대되어 나타났다. 혹자는 발기 자체가 거세를 원천적으로 함의하고 있다고 주장할는지는 모르나, 그러나 발기가 곧 거세인 것은 아니다.

남성들의 사정을 담당하는 괄약근(sphincter)은 다시 놀라울만한 복원 능력, 생물학적으로 표현하자면 "죽었다 다시 살아나는" 능력을 보이고 있어, 프로이트의 반복강박에 의한 거세와 죽음에 관한 논의를 정면으로 반박하고 있다. 이렇게 본다면 프로이트의 메두사와 여성의 거세에 관한 통찰은 정신분석학의 존립이 달려있다고 해고 과언이 아닌 오이디푸스 콤플렉스 이론을 떠받치고 있는 그의 지속적인 관심사의 한 표출이 된다(Creed 159; Jacobus 114; Finney 33). 그러나 그의 관심사는 메두사의 머리, 즉 여성성이 이미 거세당한 속성을 갖고 있다는 사실이지, 비록 그가 자신도 모르게 또 모르지는 않게 설명하고 있지만, 그것이 거세하는 기능을 또한 지니고 있다는 점이 아니다.

절편음란증에 관하여 앞서 인용된 두 구절을 종합하여 말하면, 비정상적인 사람들은 동성연애자가 되거나 절편음란증 환자가 되고 정상적인 사람들 또한 거세 공포를 피할 수는 없다는 것인데, 이를 무난히 극복하는 과정에 대해서는 구체적이고 직접적인 언급은 아직은 행해지지 않는다. 사람의 "내재적인 성향 속에 존재하는 양성성은 남성보다도 여성에게서 더 분명하게 부각된다"(「여성의 성욕」, 1931: 201)는 언급, 즉 특히 "생득적으로 양성애적"인 여성에 관한 그의 언급을 염두에 두고 논의를 계속 전개한다면, 여성의 생식기를 보고 거세 공포를 느끼는 자들도 있지만, 남성의 생식기를 보고 거세 공포를 느끼는 남성 또한 존재한다는 사실이다. 여성의 성기를 목도하는 것과 남성동성애와의 연관성은 어느 정도 그의 작품에서 설명되어 있지만, 남성의 성기를 응시하는 남성들의 반응에 대해서 프로이트는 별다른 언급을 하지 않는다.

남성동성애자의 대상이 남자이겠지만 프로이트가 그것을 "'성 구분이 명확하지 않은' 사람, 즉 팔루스를 가진 어머니"라고 생각했다는 지적(홍준기·박찬부 2007, 55)은 남자 아이의 오이디푸스 콤플렉스를 설명하는 인류학적인 고찰로 넘어갈 수 있게 한다. 그러나 홍준기의 "프로이트에 따르면 남자아이든 여자아이든 최초의 사랑 대상은 팔루스를 가진 어머니이다"(홍준기 2005, 185 주석 35; 강조 필자)와 같은 언급은, 역시 프로이트가 「물신주의(절편음란증)」를 의도한 말이라고 생각되는 다른 문맥에서는 "어머니의 거세를 부인하는 사람, 즉 팔루스를 가진 어머니에 고착된 주체는 동성애자가 된다"(2005, 69)는 언급으로 변형되어 기술된다. "최초의" 사랑 대상으로 팔루스를 가진 어머니에 고착된 주체는 이제 보편적으로 동성애자가 되는 것이다. 물론 팔루스를 가진 어머니가 생물학적으로 여성이 아니라는 주장을 프로이트가 암시하고 또 하고 있다고 주장할 수 있지만, 그래도 팔루스를 가진 어머니는 아이에게는 여전히 여성이다.[11]

「절편음란증」에서 프로이트는 그러나 홍준기가 주장하듯이 "어머니의 거세를 부인하는 사람, 즉 팔루스를 가진 어머니에 고착된 주체는 동성애자가 된다"는 언급을 하고 있지 않는데, 독일어 원문과 영어 번역을 같이 밝히면 다음과 같다.

> 좀 더 분명하게 설명하면 절편음란물이란 남자아이가 한때 그 존재를 믿었던 여성의 페니스, 혹은 어머니의 페니스의 대체물이다. 우리가 잘 아는 여러 이유 때문에 남자아이는 여성에게 페니스가 존재하지 않는다는 사실을 쉽게 포기하지 않으려는 심리가 있다. (28-29)

> Um es klarer zu sagen, der Fetisch ist der Ersatz für den Phallus des Weibes (der Mutter), an den das Knäblein gegalubt hat und auf den es — wir wissen warum — nicht verzichten will. (GW 14: 312)

> To put it more plainly: the fetish is a substitute for the woman's (the mother's) penis that the little boy once believed in and — for reasons familiar to us — does not want to give up. (SE 21: 152-53)

독일어 원문은 영어와 한국어 번역과는 달리 "절편음란물이 (…) 어머니의 페니스의 대체물"이라는 것을 분명히 하고 있으며, 영어판처럼 "한때(once)" 그렇다고 하고 있지도 않다. 원문에는 없는 말이다. 근친상간을 상상할 수 없는 또는 대체적으로 보아 터부시하고 있는 한국적 문화가 작용된 한국어판이 영어판의 번역을 따르고 있다고 할 수 있겠다. 프로이트는 또한 앞의 본문에서 인용된 바와 같이 절편음란증과 동성애의 차이, 즉 동성애를 극복한 사람이 절편음란증이 있다고 하면서 그 둘을 분명히 구분하고 있다(31).

어머니의 성기를 바라보며 혹 거세 공포를 느끼는 자는 그녀의 아이이지, 그녀의 남편이나 다른 아이와 어른은 아닐 수 있으며 이러한 경우 남성들은 거세 공포를 느끼지 않을 수도 있다. 여성들의 성기, 특히 어머니와 추후에는 여동생의 성기를 보고 거세 공포를 느끼고 있다고 간주되고 있는 꼬마 한스(Little Hans)에게 프로이트는 여성들이 성기가 없는 것이 아니라 다만 다른 성기를 갖고 있다고 그의 아버지에게 말하라고 조언하지 않았다. 여성들은, 조리가 없는 소리이지만 그리고 프로이트는 그렇게 믿고 싶었겠지만, 남성 성기를 갖고 있었고 그것을 잃어버렸다. 그 결과 소녀들이 그와 동일시할 수 있는 아버지를 갖고 있는 소년들과는 달리 영원히 거세당한 어머니와의 동일화로 인하여 부정적 오이디푸스 콤플렉스를 갖게 되어 초자아가 발달되지 않는다고 주장하는 프로이트의 세상은, 어머니에 종속되어 있는 남자 어린이의 감수성을 벗어나지 못하는 세계이기도 하다.[12]

물론 프로이트는 부정적, 긍정적 오이디푸스 콤플렉스를 둘러싼 그의 거세에 관한 이론과 특히 여자아이에게 일어나는 심리 전개 과정에 대한 그의 통찰이 불만족스럽고, 명확치 않고, 불완전하다고 밝힌 바 있다.

> 우리는 남자아이의 오이디푸스 콤플렉스 이전의 내력에 관해서는 명확하게 밝히고 있지 못하다. (…) 자위행위가 오이디푸스 콤플렉스와 밀접한 관

련이 있으며, 거기에 속하는 성적 흥분을 발산시키는 역할을 하는 것이라고 추정해 볼 수도 있다. 하지만 이 자위행위가 처음부터 그러한 성격을 띠는 것인지, 그 반대로 그것이 처음에는 신체 기관의 행위로서 자연스럽게 나타나다가 후에 오이디푸스 콤플렉스와 관련을 맺게 되는 것인지는 분명치 않다. 그러나 이 두 번째 가능성이 더 그럴듯해 보인다. (…) 그러나 나는 몇몇 사례들에 근거하여 내가 찾아낸 것들이, 일반적인 정당성을 확보하고 전형적인 것으로 입증될 때에 한해서 나의 견해가 유지될 수 있다는 것을 잘 알고 있다. 그렇게 되지 못한다면 나의 견해는 성생활이 발전되어 나가는 여러 가지 길들에 관한 우리의 지식을 쌓아 나가는 과정 중 한 가지 기여에 지나지 않을 것이다(「성의 해부학적 차이에 따른 심리적 결과」 1925, 프로이트 9: 14, 23; 강조 필자).

강조된 어구들은 천재 문필가로서의 프로이트의 특유한 모호하게 말하기 또는 발 빼기 수법이 여전히 작동하고 있음을 여실히 보여주고 있다. 이와 유사한 예를 하나 더 들여다보자. "인간의 행동은 어느 정도 성적 충동에 의해 결정된다"(『성욕에 관한 세 편의 에세이』 1920 4판 서문 232; 강조 필자). 이와 같은 언급을 프로이트는 쇼펜하우어로부터 인용하고 있다는 것을 밝히면서 그의 언급을 새삼 권위 있게 만들고 있어, 우리가 알고 있는 오늘날의 성 결정론을 광고하고 있는 것처럼 보이게 하기도 한다. 기념비적인 「여성의 성욕」(1931)에 관한 그의 글의 일부는 다음과 같다. "이런 말이 굉장히 터무니없이 들릴지도 모르겠지만, 그렇다면 그것은 여태까지 이런 말을 듣지 못해서일 뿐이다"(217).

문제는 그러나 일견 프로이트의 이러한 우유부단함, 또는 진리의 상대성에 대한 인식이 후대의 몇몇 이론가들에 의해 일의적으로 해석되는 것에 있다. "내가 고독하게 생각해 왔던 여러 발전의 결과들 가운데 틀린 것이 있다면 올바르게 수정할 수 있도록 해야 한다고, 나 스스로 기꺼이 인정하는 바이다"(「불륜을 꿈꾸는 심리」, 1912: 177)라고 프로이트는 말한 바 있다. 가정이 자칫 단정으로 변하는 것에 대해서 프로이트를 포함하는 우리 또한 자유롭지 못하지만, 그 스스로도 인정하고 있는 이론의 제한성 내지 폭력성에 관한 그의 성찰은 자주 잊히고 만다. 『성욕에 관한 세 편의 에세이』(1905-1920)에서 그가 적극적으로 다루고 있는 것은 그 책의 1부의 소제목으로도 사용되고 있는 「성적 이상」(*The Sexual Aberrations,* 1905)에 관한 이론이지만, 성적 이상에 관한, 그것도 프로이트 본인 스스로도 가정과 모호함으로 가득하다고 인정하는, 그의 이론이 성 전반에 걸친 이론으로 자주 언급되는 까닭은, 소위 단론과 이론의 선별 적용, 즉 폭력성에서 유래한다. 통찰력이 풍부한 그러나 다소 철 지난 프로이트의 이론은 오늘날 일각의 이론가들과 문화철학자들에 의해 그 명맥을 유지하고 있다.

프로이트는 그러나 적어도 그의 이론마저도 "짜 맞추기"(theoretische Konstruktionen GW 14: 30; theoretical constructions 「성의 해부학적 차이에 따른 심리적 결과」 1925, 23)적 성격을 지니고 있다는 사실을 인지하고 있는 것 같다. 그는 이어서 그의 이론이 "몇몇 사례들에 근거하여 (…) 찾아낸 (…) 한 가지 기여에 지나지 않을 것이다(1925, 23)"고 재차 말하고 있다. 우리가 읽고 있는 그의 「메두사의 머리」도, 프로이트는 어떻게 생각하고 있는지는 모르겠지만, 예외는 아니다.

3

프로이트의 정신분석과 신화적 상상력의 복원

남성들의 축 늘어짐, 또는 무능력을 여성의 눈과 입, 여성의 성기, 즉 여성성 탓으로 돌리는 것은 거듭 말하자면 남성들의 자기기만이다. 메두사의 머리는 남성들의 사정 후의 허탈함을 비유적으로 표현하는 말이 될 수는 있지만, 그것 자체로는 아무런 거세 기능이 있어 보이지는 않는다. 여성 또는 남성을 포함하는 성 또는 성행위가 좋으면 좋은 것이지, 굳이 성행위를 하면서 거세를 당한다는 착각과 환상, 그리고 강박증에 빠질 필요는 없다. 거세라고 해 보았자 순간적인 방출(detumescence)일뿐, 남성들의 괄약근은 놀라운 재생력을 보인다. 프로이트의 여성 성기에 관한 부정적이고도 이중적인 생각은 축 늘어지고 마는 남성 성기의 원인을 여성 성기의 탓으로 돌려버리고 싶은 남성의 책임 전가식의 투사(projection) 성향에 기인하고 있는 것 같다. 남성에게 거세 공포를 일으키는 곳 또는 것은 그러나 친근낯설은 여성의 생식기가 아니라, 발기와 방출이라는 강박적인 반복을 수행해야만 하면서 때때로 기능을 제대로 하면서 또한 동시에 하지 못하는 남성의 괄약근일 뿐이다.

프로이트의 이론이 19세기말의 성편향적·성차별적 사회문화 풍토를 반영하고 반향하고 있다는 점을 부정하고 있는 것은 아니지만, 그러나 우리는 프로이트가 왜 여성의 성기, 그것도 특별히 어머니의 성기에 대해 강박적으로 불편함을 느끼고 있는지 설명을 시도할 필요성을 느낀다. 1897년 프로이트가 그의 오이디푸스에 관한 이론을 자기 분석을 통하여 정초해 내었다는 사실은 자명한데, 그의 많은 이론들은 어느 정도로는 사실상 프로이트 본인의 체험을 역투사하여 역전이(counter-transference)된 것이라고 우리는 주장할 수 있게 된다. 모 비평가도 적절히 지적하고 있듯이 "분석적인 해석이 역전이가 없이는 불가능"하고 이론이 "'남성적인' 위험한 추상"(Jacobus 86, 85)이라면, 이미 동서양의 보편적인 신화소가 아니라고 판명된 오이디푸스 콤플렉스를 위시하여 원초적 장면(primal scene)에 관한 해석과 그로 인한 성적 트라우마(trauma) 이론, 그리고 거세와 남녀의 성욕의 차이에 관한 많은 이론들은 어떤 경우에는 지극히 개인적이라서 보편성을 지니지 못하는 이론으로 전락할 가능성이 있다. 그러나 그럼에도 불구하고 프로이트는 여전히 맹위를 떨치고 있는 중이어서, 그의 이론을 비판하는 이론들마저 오이디푸스와 거세 이론의 외연을 확장하는 역할을 하고 있다.[13]

프로이트의 리비도 이론은 융도 지적하듯이 "리비도의 본질을 (…) 배고픔, 갈증, 수면, 성욕, 그리고 감정적 상대, 정감(Affekte)" 등으로 규정하는 것이어서 "'모든 것'을 '성적인 것'으로 설명하는 것은 아니고, 그 성질로 보아 더는 알 수 없는 특수한 충동력(Triebkräfte)이 있음을 인정"하는 이론이지만(Jung 『상징과 리비도』 204-205, 199), 시간이 지남에 따라 그의 이론은 그의 의향과 의도와 상관없이 성적결정론으로 굳어져 갔다. 좋아함, 사랑, 욕구, 탐욕 등 다양한 어원적 의미를 지니는 리비도를 "권력, 배고픔, 증오, 성욕, 종교 등으로 옮겨갈 수 있는 에너지의 가치로 이해하는" 융의 "신중한 이해 방식"(『상징과 리비도』 198, 205)을 되새길 법이다.

이론은 태생적으로 시대를 격하면 그 추상적 성질로 인하여 사물과 사건의 보편성을 거세하며 또 이러한 과정 속에서 스스로도 거세당한다. 거세하고 거세당하는 사람들만 있는 것이 아니라 다양한 사람들이 있을 뿐이다. 메두사는 거세하지도 거세되지도 않은 아름다운 한 여성의 표상이었다. 때문에 메두사를 적극적으로 해석하여 프로이트가 자신도 모르게 인정하게 된 메두사의 거세 기능을 강조하는 이론가들의 입장들(Shuttle & Redgrove 290; Creed 5, 116, 158) 또한 소위 관점과 이론의 폭력에서 자유롭지 않게 되어 결국 프로이트를 거꾸로 뒤집은 판박이로 전락할 가능성을 지니게 된다. 호니(Karen Horney)의 "자궁 선망"(uterus envy)은 프로이트의 남근 선망(penis envy)의 다른 이름에 값한다. 남성과 여성이 자리만 바꾸었을 뿐 거세하고 거세당하는 기능은 여전히 이어지고 있다.

프로이트가 부모의 정사라는 원초적인 장면을 목격하였고, 강렬한 성적 충동과 그것에 대한 죄의식을 느끼고 정신분석학의 몇몇 중요한 용어들을 발의했는지는 모르겠지만, 우리는 부모의 정사 장면과 어머니의 성기를 본다는 것이 꼭 남자 아이의 거세로 이어진다는 주장에 전적으로 동의하지 않는다. 어머니와 아버지가 사랑을 나누는 장면 또한 부모의 이혼을 바라지 않는 미국의 청소년들이 말하듯이 축복의 한 순간이고, 특별히 부모의 성기 노출을 어느 정도로는 접할 수 있는 한국의 목욕탕 문화와 비슷한 문화 속에서 자라나는 많은 아이들이 꼭 거세의 공포와 오이디푸스 욕망에 시달리며 성인이 된다고도 확언할 수도 없다. 특히나 아이를 하나만 낳거나 또는 낳지 않는 지금의 핵가족 시대에서 여전히 딸과 아들 그리고 부모를 전제로 한 오이디푸스 콤플렉스가 비유적으로 또는 정치경제학적으로뿐만이 아니라 실질적으로 그리고 몸 리비도적으로도 작동할 수 있을는지 의문이다. 딸과 어머니, 그리고 아들과 아버지와의 관계를 프로이트가 동성애적 연관으로 풀었다 해도 상황은 달라지지 않는다.

퍼스(Diana Fuss)와 샌더스(Joel Sanders)가 암시하고 있듯이 프로이트의 자기 성찰이 그를 화석화하고 있다면(270), 메두사의 머리를 바라보는 그의 나르시스적인 응시는 그 자신을 "공포로 뻣뻣하게 하고 돌로 만든다"(SE 18:

273)고 우리는 말할 수 있게 된다. 여성이 거세를 당한 결과로 거세 공포 자체를 느끼지 않아 초자아의 발달이 미약하게 되어 소위 상징계적 활동(예컨대, 언어와 문화)에 취약하다는 정신분석학의 해묵은 언급은 식수(Hélène Cixous)에 의해서도 철 지난 것으로 이미 판명되었지만(1975b, 89-90), 일부 학계는 여전히 그러한 이론들을 추인하고 있다. 여성이 이미 거세당했기에 거세 공포가 없어 초자아가 발전하지 않았다는 주장은 여성이 거세당했다는 사실을 가정하는 한에 있어서만 타당한 논의가 될 뿐이다. 남성의 거세 '공포'는 ('여성') 거세의 심각성을 압도하고 있지 못하며, 이러한 경우 초자아를 발전시키는 젠더는 남성이라기보다는 여성이 되기도 한다. 거세를 당했다고 간주되는 여성이야말로 영원한 상실감을 타개하기 위하여 노력을 경주하는데 프로이트의 이론을 그대로 따르자면 "거세가 일어날 것을 두려워하는" 남성(1924: 52)보다 더 적극적이고 목숨을 거는 노예의 '원한'(resentiment)과 분투를 행하는 초자아적 행동을 한다고 할 수 있다. 바로 이러할 때 '오이디푸스 콤플렉스의 해소'는 프로이트의 주장과는 다르게 오히려 여성에게서 더 일어날 수 있다.

메두사에 관한 "해석을 심각하게 실체화하려면 다른 신화들에서 있어서 그리스 신화와의 유사점들뿐만 아니라, 그리스 신화에 있어서 공포의 상징이 되는 독특한 메두사의 기원에 대해 연구할 필요성이 있다"(SE 18: 274)는 프로이트의 결의에 찬 맺음말은, 추후 그 자신에 의해서도 그리고 다음 장에서 논의가 되겠지만 프로이트에 기대면서도 그를 일정 부분 비판하고 있는 식수를 포함한 많은 페미니스트들에 의해서도 충분히 논구되지 않았다. 프로이트의 애매모호함과 억지 주장은 수많은 정신분석학 자료들을 문학으로 취급하는 그의 작가적 기질과 처방전과 이론을 내놓아야 하는 의사로서의 냉철한 이성적 기질이 상충하는 산물이었는지 모른다. 해석과 이론은 대개 경우 취사선택을 감행해야 하는 로고스의 본질적 폭력에 노출되어 있다. 앞서 언급한 야코부스를 비틀어 다시 인용하자면 "'남성적인' 위험한 추상"으로 간주되는 이론과 동의어가 되기도 하는 "분석적인 해석은 역전이가 없이는 불가능하다".

환자를 치료하고 분석하는 의사 혹은 글을 읽는 독자의 느낌 또는 관점이라 할 수 있는 감상적 오류(affective fallacy) 또한, 세상을 바라보고 부대껴야 하는 환자 또는 그 또한 분석적 해석을 감행하고 있는 저자의 의도적 오류(intentional fallacy)만큼이나 해석의 오독과 다양성에 본질적으로 노출되어 있다. 신화와 역사는 프로이트의 말을 차용하자면 "불확실한 내용을 수반하는 이론적 구성물들"(theoretische Konstruktionen mit ungesichertem Inhalt GW 14: 30; theoretical constructions of uncertain content SE 19: 258), 또는 한국말 번역으로는 "불확실한 내용의 이론적 짜 맞추기"(「성의 해부학적 차이에 따른 심리적 결과」23)와 취사선택(eisegesis; pigeonholing)처럼 일의적이지만은 않은데, 이는 아마도 신화가 그 속성상 이론으로 기울기 쉬운 정신분석학과는 달리 역사와 문학 쪽에 더 가깝기 때문일 것이다.

앞으로 분석될 셸리(Percy Shelley)를 비롯한 많은 작가들이 파악한 메두사가 이를 증명하고 있으며, 신화와 신화학은 20세기 말 식수의 "아름다운 메두사"에 관한 주장을 어렵지 않게, 복잡한 이론의 분석을 빌리지 않고도 이를 잘 확인해 주고 있다. 모든 생명의 근원으로서 그리고 죽음의 창출자로서 어머니의 성기만큼 더 강력한 신화적 상징은 지구상에 존재하지 않았다. 산다는 것은 그리고 사랑한다는 것은 꼭 어머니의 성기를 염두에 두고 말할 필요는 없지만, 고향에 대한 향수(das Heimweh)이자 고향으로의 회귀(die Heimkehr)이다. 그러나 집으로 가는 길(der Heimweg)은 왜 이리 멀기만 한가? 문학과 신화에 나타난 메두사에 관한 논의는 다음 장들의 주제가 된다.

6장 주

1. 플라톤은 소크라테스의 입을 빌려 소년성애(paiderastia, pederasty), 혹은 남성 동성애와 여성 동성애에 관한 의견을 피력한 바 있다. 남성 동성애는 훌륭한 것으로, 반면 여성 동성애는 그렇지 않은 것으로 묘사되고 있다(『향연』, 64-65). 그러나 현대 영어 "pederasty"는 남색, 비역질(鷄姦), 수간 또는 항문 성교(sodomy, buggery) 등의 의미를 띠고 있다. 소크라테스와 알키비아데스에 관한 소년(동성)애에 관해서는 『향연』 119, 135 등 참조. 적어도 소년 동성애가 귀족들 사이에서는 "그들만의 리그", 즉 훌륭한 일로 간주되어 유행되었다는 사실은 알 수 있다. 소크라테스를 통하여 플라톤은 두 개의 에로스를 상정하고 있는데, 여자들을 사랑하기도 하는 범속한 에로스와는 달리 천상의 에로스는 남성적인 것을 지향하며 "지성을 갖추기 시작한 소년들만을 사랑"(41-42)한다.
2. 「메두사의 머리」에 대한 번역을 민음사 프로이트 전집판에서 찾을 수 없었기에 정성호(1997)의 번역을 싣기로 한다. "그리스인은 기본적으로 현저하게 동성애적인 경향을 나타내기 때문에, 여성이 거세된 존재로, 위협스럽고 혐오스러운 존재로 표현되는 경우가 많은 것은 이상한 일이 아니다"(227). 정성호는 "일러두기"에서 독일어판을 저본으로 하였다고 밝히고 있으나, 그의 번역투는 독일어식 표현이 아닌 것으로 보인다.

3. 프로이트가 양성성(bisexuality)을 인간의 본래적인 속성으로 간주하여 본래적인 인간의 성을 "다형변태적"(polymorphperverse)으로 파악하고 있다는 점은 잘 알려져 있다. 프로이트는 플리스나 아들러가 그와 같이 유대인이었다는 사실에 민감하여 정신분석학이 자칫 잘못하면 동성애적 유대인의 학문으로 간주될 소지에 주의를 기울였는데, 그가 남성 동성애를 질병으로 보지는 않았지만 질병의 한 요소로, 그리고 그의 쉬레버(Daniel Schreber) 박사의 사례에 관한 분석에서도 나타나듯이 남성 동성애적 경향을 성 발달단계의 초기 형태로 보아 유아의 스스로의 몸에 대한 나르시스적인 퇴행(narcissistic regression)의 한 형태로 보고 있다는 사실은 지적되어야 한다(Gilman 136, 144).

   프로이트는 남성 동성애를 도착증의 하나로 보고 있는 반면, 여성 동성애는 정상적인 따라서 저급한 여성의 성의 향유 방식으로 간주하고 있다(Freud 1905, 250-51; 1920, 168-69; 홍준기 2005, 81, 150, 182). 이러한 주장의 이면에는 남성의 이성애와 여성의 동성애를 "규범적"(normative)이고 "정상"(normal)으로 보는 시각이 작용하고 있는지도 모른다. 남성은 동성애적 경향을 극복하지만 여성은 그것을 극복하지 못하고 유아기적 단계에 머물러 있다.

4. 엘리아데(Mircea Eliade)는 프로메테우스의 아들 신인 데우칼리온이 대홍수 이후 어머니의 뼈, 즉 대지의 돌을 던져 새로운 인류를 만든 신화를 예로 들어 최초의 인간이 돌에게서 나왔다고 주장하는 해석에 동조한다. 그는 이뿐만 아니라, 대여신의 뼈와 동일시된 풍요석과 돌의 관계, 그리고 고양된 의미로 돌의 이미지를 수용하여 구세주에 적용시킨 기독교를 언급하며 "강건함과 불굴의 성질을 가진 돌은 존재의 이미지와 상징이 되었다"고 말한다(1999, 46-47; 47, 주석 2; 2005, 302-305).

   이보다 앞서 융이 그의 연금술적 상상력 속에서 돌을 예수 그리스도와 동일시하였다는 사실 또한 주의를 요한다(2004, 198, 234). 엘리엇은 『황무지』에서 이를 "붉은 바위"(red rock I: 25-26), 즉 구세주의 보혈이 스민 돌로 표현한 바 있다. 붉은 색은 물론 제1차세계대전 당시 군인들이 흘린 피로 해석 가능하다. 뒤랑은 바위(tar)와 포세이돈 신의 형상인 황소의 모습, 그리고 가르강튀아의 어원적 해석에서 태양의 모습과 돌을 의미하는 '가르' 또는 '갈'의 연관성에 대해 고찰한 바 있다(1992, 111, 189).

프로이트는 「쥐 인간」(1909)이라는 글에서 "쥐를 매독에 대한 두려움의 상징으로 삼을 수 있었다. (…) 쥐가 남성의 성기를 뜻하게 되는 것의 근거는 항문 성애이다. 이외에도 쥐는 배설물을 먹고 시궁창에 사는 더러운 동물이다"라고 밝히고 있다(68). 이렇게 본다면 쥐는 매독을 전파하는 창녀에 대한 공포, 그리고 또한 시인 엘리엇의 그의 시편에서 표현한 남성 동성애 또한 암시한다고 해석할 수 있다.

5. 하나 또는 소수의 뱀은 남성 성기의 표상이지만, 반복적으로 계속 나타나는 다수의 뱀은 작용적 표상이 아니라 "반작용적인 표상"을 통한 남성 성기의 부재인 거세, 또는 여성 성기라는 페렌치(Sandor Ferenczi)의 주장, 즉 다수의 남성 성기가 "그 반대로" 여성 성기가 된다는 주장은, 프로이트의 지적대로 다수의 남성 성기, 즉 과다하고 과도한 남성 성기가 여성적인 것으로 변질되어 오히려 남성성을 억압하는 작용을 한다는 것으로 궁색하게 해석할 수밖에 없다. 다수는 일자의 전일성을 상실한다.

   페렌치가 프로이트의 미발표된 이 논문을 미리 읽어 알고 있었다는 증거는 없지만, 당시 심리학계 내에서 충분한 교류가 있었던 것으로 우리는 알고 있다. 빈번한 발기와 괄약근의 축 늘어짐이 거세를 의미한다는 주장인데, 야코부스(Mary Jacobus)는 이와는 반대로 남성 성기를 표상하는 다수의 뱀이 오히려 거세에 대한 공포를 상쇄시켜준다고 프로이트의 언급을 다르게 해석하고 있다(125).

6. 자주 인용되고 있는 마그리트(René Magritte)의 〈강탈〉("Le viol" 1934) 또한 여성의 입과 성기를 동일시하는 사유 방식이 현대 회화로 이어지고 있다는 사실을 예증하고 있다.

7. 프로이트는 '하임리히'(heimlich)에 대한 어원적 설명 용례 5)에서 "인간의 몸 가운데 친근한(heimlich) 부분, 여성의 음부"(1919; SE 17: 225)라고 규정하고 있으며, 이에 대한 영어 번역인 "uncanny"에 대한 설명에서도 "자주 일어나는 일이지만 신경병에 걸린 사람들은 무엇인가 여성의 성기가 이상야릇한(uncanny) 것을 느낀다고 실토한다"(1919; SE 17: 245)고 분명히 밝히고 있다. "고향"(die Heimat) 같이 "친근하고도"(heimisch) "낯 설은"(unheimlich) 뜻을

동시에 포함하고 있는 프로이트의 독일어 원어 '하임리히'(heimlich)에 대한 스트래치(James Strachey)의 영어 번역은 원어의 의미를 어느 정도는 잘 전달하고 있는 "uncanny"인데, 이는 여성 성기를 뜻하는 "cunnus"와 어느 정도 관련이 있어 보인다.
"cunning," "(un)canny" 등은 "잘 아는", "교활한" 등의 뜻으로, 생식력을 강조한 부분은 "cunny," "cunt" 등으로 분화되었다. 지식 중의 최고의 지식, 혹은 최초의 지식은, 동어반복일지는 모르겠으나, 성에 관한 지식이다. 독일어의 "König"(왕), 지식(Kenntnis), 인식(Erkenntnis) 등과 비속어로 "엉덩이"라는 뜻을 갖는 조동사 "can" 또는 논의의 대상이 되고 있는 형용사 "canny"는 전자의 의미를, "generate," "progeny," "theogony" 등은 후자의 의미를 지니고 있다. 영어의 "can," 독일어 "König"(왕)의 용례에서 확인할 수 있듯이 근원, 즉 성과 젠더 그리고 음양에 관한 지식은 때로는 권력의 기반이자 그것 자체와 동일시되기도 하였는데, "아는 것이 힘이다" 등의 속담이 적절한 예가 될 수 있겠으며, 푸코의 『권력과 지식』에 관한 담론 또한 이를 염두에 두고 있다. 시각(visus)과 힘(vis)의 연관 관계에 대해서는 추후에 기술하기로 한다.
"기이한", "괴상한", "끔찍한", "무시무시한", "기이하게 낯설은" 등으로 번역되는 언캐니는 프로이트가 의도한 원어의 어감을 그대로 살려 "친근낯설은"(unheimlich)으로, 그 명사형은 "친근낯설음"(das Unheimliche)으로 번역하고 이하 원어를 병기하지 않는다. 한국어 어감은 "이상야릇한"이 좋은데 이는 "야릇하다"는 뜻이 "야릇한 흥분" 또는 "야릇한 향수"와 같은 용례에서와 같이 성적인 의미를 포함하는 경우에서는 그렇다. 때에 따라서 '이상야릇한' 등으로도 번역한다.
"경이롭다"는 의미와 "두렵다"는 의미를 동시에 갖는 그리스어 "데이논"(deinon)은 하이데거에 의해서는 "섬뜩한", 혹은 "낯설은" 등의 뉘앙스를 띠는 "unheimlich"로 그 명사형은 "Unheimlichkeit"로 번역되었는데, 임철규 교수는 이를 "이상한", "으스스한", 그리고 그 명사형은 간혹 "실향성(失鄕性)"으로 번역한다(2007, 325-26; 2016 655; 2007, 377).
그러나 이를 실향성이라고 번역하면, 임철규 교수 또한 잘 알고 있듯이, 하이데거가 의미한 고향과 실향의 동시적 의미를 유실할 수 있다. 고향은 실향을 이미 예고하고 있는데, 임철규 교수는 최근작 『고전』(2016)에서 하이데거의 '노스탤지어'에 관한 상념을 빌어 "귀향의 존재론적 불가능성"(644)을 설파하는 그는 이를 다음과 같이 표현하기도 한다. "고향은 그 '부재'를 통해 존재한다"(745). 서양적인 결핍과 부재의 존재인식론을 하이데거는 따르고 있으나, 이를 하이데거처럼 시적 직관에 의해 이루어지는 고향으로의 도착이라는 요소를 유보하지 않고 추종하게 되면 존재가 부재에 의존하는 한 서양 세계는 기쁨과 소소한 즐거움, 혹은 만족이 결여된 비극적 세계관에서 벗어나지 못한다.

하이데거 전공자인 김동규는 최근에 이 용어를 "기묘한 낯섬"(447)으로 번역한 바 있으나, 존재하거나 동시에 존재하지 않음, 즉 현존과 비현존, 그리고 고향과 비-고향이라는 하이데거의 사상을 갈무리한 최상욱의 "섬뜩한", "섬뜩함"이 간결, 명료하기는 하다. "비고향적인 세계야말로 존재론적으로는 고향적인 세계인 것이다"(Heidegger 『이스터』 최상욱 번역 2005, 100-103; 2006, 253, 268). 횔덜린은 프로이트와 하이데거에 앞서서 "deinon"을 "압도적인 것"(Gewaltige) 혹은 "기이한 것"(Ungeheuer)으로 번역한 바 있다(최상욱 2010, 147-148).

8. 한국의 네이버 독일어사전은 접두어 "un"이 부정으로 쓰이면서도, 몇몇 경우, 예컨대 많은 양을 의미하는 "Unzahl" "Unmenge" 같은 경우에 있어서는 "강조"나 "막대함"을 의미한다고 적시하고 있다. 비유적인 의미나 강조를 나타내면서, "원칙적으로 [un]에 악센트가 붙지만 말의 의미와 리듬에 따라 악센트의 위치가 종종 이동함"이라 적시하고 있다(보기: unzählig, unbeschreiblich). 네이버 독일어사전은 또한 비분리전철 "ver"의 여러 가지 의미 중 부정적 동사화 접두어의 기능을 다음과 같이 설명하고 있다. "소멸·파멸·훼손(보기: [i.] verschwinden, verfallen; [t.] verarbeiten, verbrauchen), 금전·시간의 낭비(보기: vertrinken, verplaudern), 반대 방향·착오(보기: verdrehen, verwöhnen), 제거(보기: vertreiben, verjagen), 장소의 이동(보기: versetzen, verpflanzen), 어근의 의미와의 반대(보기: verachten, verbieten)를 뜻함." 필자가 관심을 두는 것은 반대의 뜻을 지니는 마지막 예, 즉 "제공하다"(bieten)에서 "금지하다"(verbieten), "평가하다"(achten)에서 "멸시하다"(verachten) 등과 같은 접두

어들이다. "교통하다"는 뜻의 "verkehren"은 "잘못 운행되다"→"나쁜 길로 이끌다"→"성교하다"는 뜻을 지니게 된다.

드만(Paul de Man)은 이러한 점에 착안하여 존재와 부재에 관한 그의 낭만주의 시학 이론을 전개한 바 있다. "ent"의 경우도 이와 유사하다. "entfernen"의 경우처럼 동사화 접두사로 쓰이는 경우가 대부분이나, "entsprechen"(응대하다, 대꾸하다)의 경우는 잘 모르겠지만. "entnehmen"(집어내다, 빼다), "entmachten"(힘을 빼앗다)의 경우는 반대의 뜻을 지닌다. 조금 다른 말이지만 진리도 그러하다. 진리라 쓰고 비진리라 읽는다. 이런 예는 많다. 반증(反證), 편재(偏在, 遍在)도 같은 단어 안에 정반대의 의미를 품고 있고 "private"(개인의, 은밀한; 박탈하는 ⇒ 사유 재산; 박탈, 궁핍[privation])와 "existence"(실존; 탈존) 또한 그러하니, 이러한 조어법은 세계가 모순과 역설로 가득하다는 것을 보여준다.

9. 독일어판과 영어판을 병기한다. "Der Kastrationsschreck beim Anblick des weiblichen Genitales bleibt wahrscheinlich keinem männlichen Wesen erspart"(GW 14: 314; 직역하자면 "여성의 생식기를 봄으로써 발생하는 거세 공포는 아마도 어떤 남성도 제외하지 않는다"). 여기서도 마찬가지로 영어판이 더 단정적이다. "Probably no male human being is spared the fright of castration at the sight of a female genital"(SE 21: 154).

10. 독일어 원문은 한국어 번역보다 이러한 애매모호한 자기 해체적, 자기모순적 성향이 더 하다. 영어판과 그 영어판을 따른 한국어 번역과는 달리 위에서 인용한 두 문장은 독일어 원문에서는 나누어져 있지 않다. "Ich will aber nicht behaupten, daβ man die Determinierung des Festisch jedesmal mit Sicherheit durchschaut"(GW 14: 315). 열린책들 출판사의 프로이트 전집판 한국어 번역에 나와 있는 "이외에도 많은 예를 들 수 있지만"이라는 표현은 원문과 스트래치 영어 번역판에는 나와 있지 않다. 영어판보다 한국어판이 더 단정적일 수 있음을 예증하고 있다.

11. 팔루스를 가진 어머니, 즉 위대한 모신(Great Mother)에 관한 추가적인 논의는 노이만(Erich Neumann)과 윌버(Ken Wilber)의 모신에 관한 논의를 포함하는 심리인류학적 고찰을 필요로 하고 있는데, 이는 이 책의 11장을 참조할 것.

12. 뒤랑의 다음과 같은 언급을 참조할 수 있다. "프로이트는 이미지를, 성 기관을 비추어 보여주는 부끄러운 거울일 뿐으로 환원시켜 놓았을 뿐만 아니라, 그것도 유년기의 성적인 미성숙의 단계에 의해 제공된 모델을 닮은, 훼손된 성 본능밖에는 비추지 못하는 거울로 환원시켜 버렸다. (…) 프로이트의 정신분석학이 범하고 있는 근본적인 잘못은, 상징을 단순한 결과—기호로 만들어 버리는 엄격한 결정주의를, 유일한 인과성, 즉 리비도라는 제국과 짝 지웠다는 데 있다"(『상징적 상상력』, 54, 56).

13. 프로이트의 오이디푸스 이론을 정면으로 반박하고 있는 들뢰즈(Gilles Deleuze)와 과타리(Felix Guattari)의 『앙띠 오이디푸스』(1972) 또한 예외는 아닌 것 같다. 『앙띠 오이디푸스』가 오이디푸스적 거세와 결핍보다는 다양한 욕망을, 상실과 억압보다는 사물의 현존과 자유를 주장하며 탈 오이디푸스를 시도하며 또 그 탈주를 성공하고 있는 바로 그 순간에 오이디푸스는 재침입하는 데에 성공하고 있다. "억압에서 억압된 것의 본성을" "금지되었기 때문에 욕망한다"는 들뢰즈와 과타리가 파악하고 있는 정신분석의 강령들(136, 300)에 대항하여 들뢰즈와 과타리가 시도하고 있는 분열분석(schizoanalysis)이 오이디푸스의 부정과 대항이 아니라 오이디푸스를 모르는 욕망의 생산과 탈주를 시도하는 것으로 보일지는 모르나(박정수 164), 오이디푸스를 이미 말하고 있으면서 어떻게 그를 모른다고 말할 수 있을까. 물론 "오이디푸스 콤플렉스를 사라져야 하는 것으로 보는 것이 (…) '안티-오이디푸스'의 가장 간명한 정의"이며 분열분석이 "정신분석의 공리에 의해 작동되는 국가의 소멸과 가족의 해체와 자본 축적의 중단을 지향한다"(박정수 161)고 주장할 수는 있다.

    오이디푸스 콤플렉스가 "자본주의적 생산의 장에서 형성되지 가족의 요람에서 형성되지 않는다"(박정수 145)라고 말할 수는 있겠지만, 자본주의적 생산이 최소 사회 단위에서 발현되는 장이 프로이트의 가족이고 그러한 생산양식을 지지하고 있는 틀이 프로이트의 가족의 로망스임은 재론을 요하지 않는다. 오이디푸스를 아예 언급하지 않는 것도 한 방법이지만, 오이디푸스 담론은 이미 역사와 현재 속으로 들어와 있다.

    20세기는 적어도 서양철학에 국한시켜 본다면 들뢰즈의 시대인 것 같았지만 여전히 프로이트라는 유령이 출몰하는 시대이기도 하였다. 시대는 20세기를 넘어 21세기로 가고 있지만 정신분석학과 일정 부분 철학은 여전히 19세기의 과학의 성과를 반영하고 답습하고 있는 것처럼 보인다. 그런 면에서 서양의 20세기는 여전히 푸코(Michel Foucault)가 「저자란 무엇인가?」(1969)의 서두에서 주장한 것처럼 "담론의 창설자"(fondateurs du discursivité)라고 속칭되는 프로이트와 맑스, 그리고 니체의 영향 아래에 있었다.

그녀는 신적인 용모를 지녔다네
영원한 아름다움이 거기 숨 쉬고 있어
폭풍우 치는 산 정상에 몸을 뉘어
야밤의 전율스러운 공기를 응시하고 있다네.
몸통이 없는 머리지만 그 자태에는
죽음이 삶을 만나고, 죽음 속에 삶은 있다네.
피는 차디차게 식었지만 정복당하지 않은 자연은
끝까지 차오르네, 숨 한번 고르지 않고
창조되지 않은 창조물의 편린을.
—셸리, 「플로렌스의 화랑에서 본 레오나르도 다빈치의 메두사」

메두사여, 여기 와서 앉으세요.
이브인 나와 메두사 당신이 지니고 있는
뱀들은 내려놓으세요.
당신은 정말로 한 번 쳐다보면
남자들을 돌로 만드나요?
내가 만약 파마를 한다면 —
아마도 아니겠죠.
(…)
당신이 달의 여신이었을 때
아테나가 질투에 사로잡혀
당신의 모습을 바꾸지 전까지
당신은 아름다웠습니다.
신전에서, 설령 아테나 여신의 신전에서
사랑을 나누는 것이 무슨 죄가 되는지
나는 알 수 없답니다.
—웬더(Michelene Wandor), 「이브 메두사를 만나다」

제7장

“아름다운” 메두사의 신화적, 통속적 이미지:
문학과 회화 작품에 나타난
은총과 해방의 메두사를 위하여

1

서양의 시와 회화에 나타난 메두사의 심상

앞 장에서 우리가 논한 프로이트가 파악한 메두사는 기원전 8세기경 호머가 파악한 "무서움과 공포"의 대명사격인 "험상궂은 고르곤"(『일리아스』 V: 741-742)이었지, 기원전 7세기경의 『신통기』(*Theogony*)의 저자 헤시오도스가 그리는 "금빛 찬란한 머리 타래"의 소유자, 기원전 2세기경 아폴로도루스(Apollodorus)가 파악한 "아테나 여신과 아름다움을 겨룰 정도"의 소유자로서, 그리고 기원전 43년경의 오비디우스가 파악한 "머릿결이 그중 제일 아름다운" 미녀 메두사는 아니었다(『변신』 IV: 883-893; Garber & Vickers 11, 25 수록). 문학과 자못 유사한 것처럼 보이는 정신분석학은 학문으로 정형화됨에 따라 문학의 속성이라고도 할 수 있는 구체적이고 애매모호한 성질을 망각하고 '분석'에서 '이론'으로의 변신을 거침에 따라, 프로이트의 분석을 일의적으로 추종하게 되는 이론가들이나 문학 비평가들에 의해서 탈색되어 메두사처럼 뻣뻣하게 굳어져 갔다.

프로이트의 영향을 받아 메두사의 머리를 여성의 성기, 그것도 어머니의 성기로 파악하는 성향은 19세기 말~20세기 초에 그 절정을 이루었고, 메두사의 머리가 상징했던 거세라는 어휘의 파급력과 파괴력은 소위 세기

말을 장식했던 사악한 메두사의 후예라고 말할 수 있는 거세를 전문으로 하는 여성 인물들, 즉 이브의 전신인 히브리 문명의 릴리스와 블레셋의 적장 홀로페르네스(Holofernes)의 목을 베는 유대 여인 유디스(Judith)와 세례 요한의 목을 요구하는 와일드(Oscar Wilde)의 살로메(Salome), 그리고 베데킨트(Frank Wedekind)의 '연쇄살인마 잭'(Jack the Ripper)을 살해하는 룰루(Lulu) 등의 소위 세기말 5인방이 전 유럽에서 누린 폭발적인 인기에서 실감할 수 있게 된다.

그러나 세기말 여성성을 대표했던 메두사는 호머가 파악하고 있는 것처럼 언제나 부정적으로만 묘사되는 것은 아니었다. 단테의 「시옥편」(1310-1314년경)의 남자를 유혹하면서도 때로는 복수의 여신들을 잠재우는 아름다운 메두사처럼(IX: 34-63), 괴테의 『파우스트』(1808)의 동명의 주인공은 메두사를 그가 한때 사랑했던 영원한 여성의 표상인 그레트헨(Gretchen, "Margaret"의 뒷 글자를 딴 애칭)과 비교하기도 했다. 메두사로 표현되는 그레트헨의 매혹적인 젖가슴과 팔다리는 괴테에게 절망과 고통만을 준 것이 아니라 기쁨과 희망을 선사한 것으로도 표현되어 있다. 유령이 출몰하는 발푸르기스의 어두운 밤은 이름처럼 진주를 품은 그레트헨이 있음으로 인하여 고통(ein Leiden)과 기쁨(eine Wonne)으로 가득 차게 된다.

> 그녀의 눈은 갓 죽은 시체의 눈들을 닮아 있어
> 불행하게도 사랑하는 연인의 손이 감겨주지 못했구나!
> 이것은 마가렛이 나에게 허락해 준 젖가슴이려니
> 이것들은 내가 쓰다듬었던 사랑스러운 팔다리들이구나!
> (…)
> 오 이 무슨 고통이며 기쁨이란 말인가! 그녀의
> 사랑스럽고 가련한 모습을 차마 외면할 수 없구나!

Fürwahr, es sind die Augen einer Toten,
Die eine liebende Hand nicht schloß.
Das ist die Brust, die Gretchen mir geboten,
Das ist der süße Leib, den ich genoß.
(…)
Welch eine Wonne! Welch ein Leiden!
Ich kann von diesem Blick nicht scheiden.

(*Faust*, I: 4107-4199)

고통과 기쁨을 동시에 선사하는 괴테의 "가련한" 그러나 "사랑스러운" 메두사는 정치적 혼돈과 변혁의 시대인 프랑스혁명과 영국의 낭만주의 시기에 끔찍함뿐만 아니라 아름다움과 우아함을 상징하는 인물로 변용되어 나타나기도 하였는데, 시인 셸리(Percy Shelley)는 「플로렌스의 화랑에서 본 레오나르도 다빈치의 메두사」(*On the Medusa of Leonardo da Vinci in the Florentine Gallery,* 1819집필; 1824 출판)에서 이를 "놋쇠 같은 투살광을 쏘아대는 뱀들로부터 연유하는 공포의 폭풍우 같은 아름다움"('Tis the tempestuous loveliness of terror; / For from the serpents gleams a brazen glare)으로 양가적으로 표현한 바 있다. 신적인 사랑과 죽음을 동시에 표상하고 있으면서도 주로 사악함의 상징인 뱀으로도 표상되기도 하는 메두사는 신의 "은총"을 받아 "공포"(horror)가 아니라 "우아함"(grace)으로 사람들을 매혹하고 있다.

그녀의 공포와 아름다움은 신적이라네.
그녀의 입술과 눈썹에는 깃들어있네
사랑이 그림자처럼. 그리고 그것들로부터
불같고 번지르한 격정과 죽음의

고뇌가 움트고 있다네.

그러나 응시하는 자를 돌로 만드는 것은

공포라기보다는 우아함이네.

Its horror and its beauty are divine.

Upon its lips and eyelids seems to lie

Loveliness like a shadow, from which shine,

Fiery and lurid, struggling underneath,

The agonies of anguish and of death.

Yet it is less the horror than the grace

Which turns the gazer's spirit into stone (I: 3-5; II: 1-2)

시문학이 메두사에 대해 양가적인 판단을 견지하고 있는 동안, 그녀에 관한 회화적인 재현은 부정 일변도를 달리고 있었다. 카라바조(Michelangelo Caravaggio)와 루벤스(Peter Rubens)의 메두사(각각 1590-1600, 1618년경)는 화폭에 재현되고 있는 오싹함과 끔찍함에 있어서 타의 추종을 불허하고 있는데, 프로이트의 메두사에 관한 부정적 상념은 그녀에 관한 다양한 회화와 조소 작품들 가운데 이 두 화가의 그림에 근거를 두고 있는 것처럼 보인다. 프로이트와 더불어 메두사에 관한 부정 일변도의 상념을 완성하는 사람은 20세기 초반 이탈리아의 문예비평가 프라츠(Mario Praz)이었고 그의 기념비적인 저서 『낭만적 고뇌』(*Romantic Agony*, 1933)는 특히 "퇴폐적인" 낭만적 상상력을 분석한 고전으로 알려져 있다. 그가 세기말의 팜므 파탈(femme fatale)의 전형으로 논하고 있는 "매혹적이고 끔직한 메두사"(26)의 후예들은 그 대명사격인 클레오파트라뿐만 아니라, 앞서 언급한 괴테의

"영원히 여성적인 것"(das Ewig Weibliche)의 대명사인 마가렛, 피렌체 가문의 여식인 지오콘다(Francesco del Gioconda)를 소재로 한 다빈치의 모나리자(Mona Lisa), 그리고 키츠의 '매정한 여성'(La Belle Dame san merci) 등 다양하며, 낭만주의 시기 전후에 등장하는 수많은 고혹적인 여성들, 예컨대 루이스(Matthew Lewis)의 『수도승』(*The Monk*, 1796)의 마틸다(Matilda), 페이터(Walter Pater)의 지오콘다(Gioconda)와 스윈번(George Swinburne)의 페드라(Fedra), 고티에르(Théophile Gautier)의 클레오파트라와 플로베르(Gustav Flaubert)의 살람보(Salammbô) 등을 포괄한다.

그런데 그가 이탈리아와 영국의 낭만주의자들의 작품에 나타난 메두사에 대한 분석에서 강조한 것은 그들 작품에 동시에 드러나는 사랑과 구원이 아니라, 프로이트가 파악한 "고통과 타락과 죽음"(45)뿐이었다. 프라츠가 파악하고 있는 메두사는 그가 주로 분석하고 있는 작가의 작품들이 비단 바이런이나 키츠 등의 영국의 낭만주의 작품에 국한되지 않고 보들레르와 고티에르 그리고 위스망스(Joris-Karl Huysmans)를 위시한 다소 퇴폐적이라 할 수 있는 상징주의와 유미주의적인 작품들을 포함한다는 면에서, 그리고 그가 살았던 시대가 파시스트가 집권한 암울한 세대였고 그러한 시대 속에서 죽음의 아름다움을 예찬할 수밖에 없었던 그와 동향인 아부리치(Aburicci) 출신의 작가 다눈치오(D'Annunzio)처럼 시대의 음울하고 암울한 분위기만을 주로 노정하고 있다는 면에서 그 한계점을 보여주기도 한다. 비평가 맥간(Jerome McGann)에 의하면 프라츠는 메두사를 "신적인 용모"(countenance divine)와 "영원한 아름다움"(everlasting beauty)으로 표현하고 있는 셸리의 미발표 시작 「플로렌스의 화랑에서 본 레오나르도 다빈치의 메두사」에 추가된 시행(1961년 출판)의 존재를 확인하지 않고 있어서, 메두사를 변화와 혁명의 서풍으로 비교하고 있는 1819년 가을 셸리의 새로운 통찰을 놓치고 있다(4).

그녀는 신적인 용모를 지녔다네
영원한 아름다움이 거기 숨 쉬고 있어
폭풍우 치는 산 정상에 몸을 뉘어
야밤의 전율스러운 공기를 응시하고 있다네.
몸통이 없는 머리지만 그 자태에는
죽음이 삶을 만나고, 죽음 속에 삶은 있다네.
피는 차디차게 식었지만 정복당하지 않은 자연은
끝까지 차오르네, 숨 한번 고르지 않고
창주되지 않은 창조물의 편린을.

It is a woman's countenance divine
With everlasting beauty breathing there
Which form a stormy mountain's peak, supine
Gazes into the night's trembling air.
It is a trunkless head, and on its feature
Death has met life, but there is life in death,
The blood is frozen — but unconquered Nature
Seems struggling to the last — without a breath
The fragment of an uncreated creature.

제우스에 의해서 "창조되지 않은 창조물"(uncreated creature)로 표현되고 있는 메두사는 바로 이와 같은 연유로 창조의 규칙에 얽매이지 않게 되고, 신화가 우리에게 전해주는 이야기와는 달리 메두사가 함의하는 여성성을 정면으로 목도하여도 거세당하지 않는 남성으로 나타나는 페르세우스에게 "정복당하지 않은 자연"으로 표상된다. 메두사는 삶과 죽음을 대립적인 것으로 보는 고전적 세계관에서 벗어나 낭만주의의 해묵은 토포스인

판도라: 단테 가브리엘 로세티
(Dante Gabriel Rossetti, 1828~1882), 1871년, 캔버스에 오일.

"죽음 속의 삶", "삶 속의 죽음"을 체현해 내고 있다.

셸리를 위시한 영국 낭만주의의 메두사에 대한 양가적 판단은 빅토리아조의 문학으로 이어졌는데, 한쪽은 메두사에 대한 부정적 평가를 답습하여 그녀를 기이하게도 지오콘다, 즉 모나리자로 대표되는 타락과 죽음으로 파악하는 페이터(Walter Pater)와 야만과 파괴의 전형으로 보는 스윈번(George Swinburne) 등으로 이어졌고, 다른 한쪽은 메두사를 페르세우스와 결혼하는 안드로메다와 동일 인물로 파악하고 있는 모리스(William Morris) 또는 메두사의 피를 죽음을 담보한 삶으로 파악하고 있는 로세티(Dante G. Rosetti) 등으로 이어져 공포스럽고 아름다운 메두사를 시로 계속 표현해 내었다(McGann 16-17). 모리스의 아내인 제인 모리스(Jane Morris)와 공공연한 애인 관계를 표방하고 있었던 로세티는 그녀를 〈판도라〉(1869)라는 화폭에 담았는데, 인류를 파멸로 이끈 대명사인 판도라를 메두사처럼 아름다울 뿐만 아니라 신비롭게 묘사하고 있어, 여성의 비조로 그리스 문명권에서 운위되는 판도라에 관한 이중적인 시각을 회화에서도 견지하고 있어 여성을 파멸과 죽음뿐만 아니라 희망과 삶으로 파악하는 전통을 여전히 드러내고 있다.

그러나 이론은 그 속성이기도 하지만 수용 과정에서도 양가성과 다양성보다는 일의성을 강조하게 되었는데, 프로이트로 대변되는 19세기 말의 상상력은 셸리를 위시한 시문학의 메두사에 대한 긍정적인 판단, 즉 메두사의 "우아함"과 혁명적 힘을 상실하고 카라바조와 루벤스의 회화와 첼리니(Benvenuto Cellini)의 조각품 등에 나타난 메두사에 관한 시각예술의 부정적 상상력을 받아들이는 것에 만족했다. 세기말의 퇴폐적 상상력은 성결정론을 주장하는 것처럼 보이는 프로이트의 여성 폄하론에 힘입어 여성을 사악한 죽음의 에이전트로 파악하는 작업에 매달리게 되었다. 프라츠의 파리하고 병적인 메두사는 20세기 후반에도 그대로 이어졌다. 길만(Sander Gilman)은 메두사의 머리를 매독의 원천으로 표현하는 벨기에의 루이스 래

대학살, 매독: 루이스 래맥커스
(Louis Raemaekers, 1869~1956), 1922년. 필라델피아 미술관

맥커스(Louis Raemakers)의 포스터 〈대학살, 매독〉("L'hecatombe, la syphilis" 1916)을 해석하면서, 여성을 온갖 악의 근원으로 해석했던 보들레르의 『악의 꽃』과 위스망스의 『거꾸로』와 졸라의 『나나』에 형상화되었던 세기말의 '매독 여인'(syphilitic woman)이라는 개념을 재확인하고 있다(Gilman 1985, 38; 1991: Garber & Vickers 261). 산발한 그녀의 넝쿨 머리는, 유대인으로 대표되는 금융자본주의의 탐욕스러운 속성을 상징하고 있기도 하지만, 마치 베트남 전쟁의 괴물적 속성을 표현해 내고 있는 현대 영화 〈우주 기병들〉(*Starship Troopers*, 1997, 2004, 2007) 연작에 나오는 것처럼, 남성들의 몸을 찍어 해체하는 날카로운 게니 전갈의 빌처림 늘어진 포식성의 동물 모습으로 나타나 메두사의 머리를 방불하게 한다. 그녀가 복부에 움켜잡고 있는 죽음을 상징하는 해골바가지는, 우리가 이미 언급했던 크노프의 〈이슈타르〉에 나타난 창자처럼 여성 성기의 외연에 다름이 아니다. 배후에 즐비한 묘지들은 그녀가 쏘아대는 투살광과 그것의 변형 형태인 머리카락과 음모(陰毛)에 의해 희생당한 남성들의 잔해로 가득하다.

세기말의 유럽을 휩쓸었던 매독에 대한 공포는 매독의 원천으로서 여성 성기를 평가절하 하는 것을 당연시하였는데, 메두사만큼 이에 적절한 상징을 강력하게 제공해 주는 다른 여성적인 인물은 릴리스나 살로메를 염두에 두고라도 찾아볼 수 없었다. 여성은 죽음과 완전히 동일화되었다. 메두사는 서양의 상상력에서 굳이 프로이트가 아니더라도 거세와 죽음을 선사하는 최고의 상징이 되기에 부족함이 없는 여성이었다.

2

메두사의 구태의연한 모습과 한국의 수용 과정

한국의 상상력에서 메두사에 관한 연구를 수행한 학자들은 입문식의 소개에 관한 글들을 제외한다면 손을 꼽을 정도인데, 이마저도 메두사에 관한 양가적인 판단을 보류한 채 그녀를 끔찍하고 기괴한 존재로 파악하고 있다. 『팜므 파탈』(2003)의 저자 이명옥은 프로이트에 의해 고착되는 메두사에 관한 서양의 종래의 학설을 그대로 답습하고 있는데, 그녀에게 있어 메두사의 비극을 초래한 것은 그녀의 치명적인 아름다움과 이에 대한 아테나의 질투심일 뿐이다. 메두사는 포세이돈이 사랑에 빠질 만큼 미모가 뛰어나다.

> 두 연인은 치솟는 역정을 참지 못한 나머지 (…) 격렬한 정사를 치렀다. (…) 아테나가 성스러운 자신의 집에서 짝짓기를 하는 둘의 모습을 보았으니 얼마나 치를 떨었겠는가. (…) 증오심에 사로잡힌 아테나 여신은 아름다운 메두사가 다시는 남자를 유혹할 수 없도록 흉측한 괴물로 만들어버렸다. 그래도 여신의 분은 풀리지 않았던가. 그녀는 영웅 페르세우스의 힘을 빌려 메두사의 목숨마저 빼앗았다. (91-92)

이명옥의 논의를 계속 따르자면, 여성의 아름다움에 관해 남성들이 갖는 두려움은 "여자에게 눈길을 주는 것이 곧 죽음을 가져다준다는 신화에 내재 된 상징성"(97), 즉 여자를 사랑하는 남자들이 경험하는 상징적 거세, 또는 죽음에 관한 의식에서 연원한다. 여자의 아름다움, 즉 그녀의 여성성이 남성의 거세와 비유적 죽음을 유발한다는 논리이며, 여성의 성기는 여성성을 몸으로 드러내는 궁극적 표현일 뿐이다.

이명옥의 논의는 그러나 메두사가 남자를 먼저 유혹하지 않았다는 점, 그리고 페르세우스의 메두사의 처단이 다분히 후대, 적어도 호머 이후에 이르러 가미되었고, 그 이야기가 대중적으로 확산된 시점은 오비디우스(기원전 43년~기원후 17년/18년)의 『변신이야기』(기원후 8년) 이후라는 점을 간과하고 있기도 하다. 일종의 시대착오인 셈인데, 메두사와 포세이돈의 통정은 바다의 도시 아테네에 대한 주도권 경쟁에서 포세이돈을 물리친 아테나가 그녀보다 연배가 높은 메두사를 또한 정복하여 그녀의 신성과 권위를 승계하기 위한 신화소로도 해석된다. 주지하듯이 아테나는 헤르메스와 더불어 메두사를 처치하기 위하여 여러 가지 도구들을 선사하였다.

이명옥이 논의의 전거로 삼고 있는 라파엘전기파 중의 일원인 번존스(Edward Burne-Jones)의 메두사의 잘린 목을 지켜보는 페르세우스와 안드로메다를 소재로 한 〈불길한 머리〉(1886-1887)는 그 제목처럼 배경의 사과나무에 대한 묘사에서 은연중에 드러나 있듯이 인류 타락의 원인을 여성에게 전가하는 해묵은 토포스를 여전히 암시하고 있지만, 메두사의 파괴적 속성을 묘사하고 있기보다는 그녀의 아름다움을 강조하고 있는 그림으로 보는 것이 미추와 생사를 동시에 체현하고 있는 메두사에 대한 적절한 평가가 될 것이다. 배경의 사과나무 또한 원죄의 식물로 나타나는 것이 아니라 풍성함을 드러내고 있어 이러한 풍성함이 메두사의 머리로부터 연원하고 있음을 또한 상기하고 있는 것처럼 보인다.

불길한 머리: 페르세우스와 안드로메다
(왼손으로 메두사의 머리를 붙든 채 오른손은 안드로메다의 손을 잡고 있는 페르세우스),
에드워드 번존스(Edward Coley Burne-Jones, 1833~1898), 1887년경, 사우샘프턴 시립미술관

물론 번존스의 잦은 연애 행각과 이로 인한 자살 기도에 비추어 보면 그에게 있어서, 그의 작품들 특히 로세티(Dante Gabriel Rosetti)와도 교제했던 잠바코(Maria Zambaco)를 모델로 한 〈베스페르티나 퀴에스〉(1893)에서 나타난 것처럼, 아름다운 여성의 얼굴을 보는 것은 결국 죽음과 같은 것이었다. 그러나 그가 이러한 두려움에도 불구하고 메두사의 얼굴을 흉측하게 그리지 않고 그의 절친 벤슨(Benson)의 아름다운 딸의 얼굴을 화폭에 담았다는 사실은 여성 자체가 언제나 죽음만으로 표상되지 않는다는 한 증좌가 된다. 불길하지만 그러하기에 아름답고 끌리게 된다. 죽음의 에로스는 모리스의 부인 버든(Jane Burden)을 모델로 한 로세디의 〈프로세르피나〉(1877)에서 나타난 것처럼 언제나 죽음만을 표상하고 있지 않으니, 그녀가 들고 있는 석류는 지하 세계로의 여행뿐만 아니라 여행 후 풍요의 지상 세계를 또한 약속하고 있다. 여자를 사랑하는 것이 삼손과 델릴라의 경우처럼 거세로 해석될 수는 있지만, 모든 남성이 성과 사랑의 행위에서 상징적인 거세를 당한다고 볼 수만은 없다. 여성의 성을 긍정적으로 보자면 여자로 태어나는 것, 또는 그 여자의 아름다움이 죄가 되지도 않을뿐더러, 욕망과 유혹 또한 사망에 이르는 길로만 간주되지 않아야 한다.

김종갑(2006) 또한 메두사로 표상되고 있는 여성 성기와 거세, 그리고 발기에 대한 주된 프로이트의 분석을 일의적으로 답습하고 있는 것 같다.

> 남성 주체는 (…) 시선의 장에서 차분하게 여성을 바라보지 못한다. 그의 존재론적 결핍이 미적 관조의 시선을 허용하지 않는 것이다. 그래서 여성을 바라보는 그의 능동적 시선은 어느새 응시를 당하는 수동적 시선으로 뒤바뀌어버린다. 남자의 성이 능동성으로 정의된다면, 여성의 성기를 바라보는 순간 남성은 남성성을 상실하는 거세 공포에 사로잡히게 된다. 여성의 성이 신화적으로 '이빨을 가진 음부'(vagina dentata)나 메두사의 머리로서 묘사되는 것도 마찬가지 이유에서이다. (141)

대개 경우 그러나 여성의 성기가 드러나 있는 춘화에 대한 즉각적인 남성들의 반응은 영화 〈푸른 벨벳〉(*Blue Velvet,* 1986)에서 표현되는 무능 또는 거세가 아니라, 발기이다. 임철규 교수가 인용하고 김종갑 교수가 재인용하는, 여성을 끈적끈적한 저속한 구멍으로 파악하는 사르트르의 다음과 같은 말, 즉 "의심할 여지없이 여성 성기는 하나의 입, 그것도 남성 성기를 먹어치우는 탐욕스러운 입"(Sartre 318; 임철규 83; 김종갑 141)이라는 의견은 거세와 발기를 동시에 촉발하고 있는 메두사의 머리에 관한 프로이트의 의도적으로 애매모호한 해석을 따르고 있지 않다. "메두사의 머리를 보는 것은 그 관찰자들을 공포에 질리게 하여 돌로 변하게 한다. 그러나 여기서 우리는 다시 한번 거세 콤플렉스로서의 원인과 똑같은 결과의 변형을 갖게 됨을 관찰할 수 있다. 왜냐하면 뻣뻣해진다는 것은 발기를 의미하기 때문이다"(SE 18, 273). 부풀어 오름과 축 늘어짐은 그러나 남성 성기의 본래 기능이지, 뱀 같은 머리카락을 치렁치렁 두른 메두사로 표현되기도 하는 여성 성기에 의해서만 촉발되는 기능일 수 없다.

임철규 교수는 메두사를 (사)악한 눈으로도 보는데, 이와 같은 의견은 눈과 남성 성기를 대체적으로 같은 것으로 보며, 메두사(의 머리)를 쳐다보는 이들이 돌로 변한다는 프로이트의 해석(SE 17: 231)과는 다소 상치된다. 눈은 오장육부의 총화가 모여 마음을 비추는 창이다. 그런데 메두사의 머리를 쳐다보는 눈들이 사악한 것이지 메두사의 뱀 머리와 이의 기운을 받는 그녀의 눈이 원래 사악한 것은 아니다. 눈빛을 투사하는 강력한 존재는 태양으로 대표되는 남성들이었지 고혹적인 입을 소유한 여성들은 아니었다. 메두사의 머리를 방패에 다시 비추어 그녀를 오히려 마비시킨다는 일화가 없는 것은 아니지만, 이는 임철규의 논의를 그대로 따르자면 "눈에서 창조와 재생의 상징성을 박탈하고 파괴적인 속성만을 '여성' 메두사에게 결부"하여 "여성을 폄하, 억압하는 남성 중심 이데올로기를 정당화하기 위해 남성들이 조작한 것으로 보일 수 있다"(임철규 2004, 65). 생명과 풍요를 상징하는 메두사에 관한 임철규의 논의는 클레(Paul Klee)의 〈새로운 천사〉(1920)를 벤야민의 '역사의 천사'에 관한 틀로 해석하는 지점에 이르면, 메두사를 파괴와 창조의 성질을 공히 지닌 인물로 평가하는 탁월함을 보이기도 한다. 메두사의 머리는 "죽음의 머리"이지만 그녀의 시선은 "파국으로 점철된 역사의 연속성을 동결시키는 (…) 구원의 시선"(65, 337)으로도 평가되고 있다. 그러나 메두사의 구원의 시선과 더불어 차용되는 벤야민의 '역사의 천사' 개념이 메두사의 파괴와 생명의 머리처럼 재생을 약속하는 파국인가에 대한 논의는 다를 수 있겠다. 메두사가 약속하는 풍요와 생명이 그녀의 파괴적인 속성에 가려 빛을 보고 있지 못하고 있기 때문이기도 하지만, 역사의 천사가 퇴행적으로 상정하고 있는 새로운 세계, 혹은 낙원의 회복이 묵시의 파국을 전제하고 있어 묵시 이후의 세계에 대한 어떠한 약속을 주고 있지 않고 있기 때문이다. 모든 것의 파멸을 상정하는 묵시 이후 우리는 무엇이 올지 알지 못한다.

메두사 부조상(relief):
기원전 6세기 헬라스 신전 출토

메두사가 표상하는 여성 성기를 여성의 눈으로 보는 시각은 "보고 보이는"(regardant-regardé) 상호 반영적 구조에서만 가능할뿐더러, 눈(빛)은 생물학적으로 보면 남성 성기와 더 가깝다. 굳이 젠더 이분법을 사용하자면 남성은 보는 쪽이고 여성은 보여지고 받아들이는 편에 가깝다. 기원전 6세기 전 헬라스의 신전에서 출토된 왼쪽 이미지를 참조하자면 메두사에서 강조되고 있는 것은 그녀의 눈이 아니라 인도의 죽음과 모성의 여신 칼리(Kali)처럼 탐욕스러운 긴 혀를 가진 입인 것 같다. 뱀들로 둘러싸여 있는 머리카락이 눈으로 연결되어 투살광을 쏘아대지만, 송곳니가 나와 있고 탐욕스러운 혀가 삐죽 튀어나온 입은 마치 눈빛의 희생물들을 받아들이고 있는 것처럼 거대하다. 뱀의 정기를 최종적으로 받는 곳은 눈이 아니라 입이다.[1] 자주 인용되고 있는 마그리트(René Magritte)의 〈강탈〉("Le viol" 1934) 또한 여성의 입과 성기를 동일시하는 때에 따라서는 다소 경멸적인 사유 방식이, 이 책의 9장에서 논의가 더 진행되겠지만, 니체의 희화화된 바우보를 거쳐 현대 회화로 그대로 이어지고 있다는 사실을 예증하고 있다. 여성의 성기를 말하고 있는 탐욕스러운 입이 역으로 강탈당하고 있다는 사실을 마그리트는 수용하면서도 비판하고 있는 것일까?

3

식수의 “아름다운” 메두사

메두사에 대한 프로이트식의 부정 일변도의 상념에 대한 반격은 프랑스의 ‘여성적 글쓰기’(écriture feminine)의 기수로 활약했던 식수(Hélène Cixous)에 의해서 본격적으로 이루어진다. 단순히 페미니스트 이론가라고 규정하기에는 정체성이 애매모호한 식수는 여성성을 남성성, 즉 남근의 결핍으로 보는 프로이트의 가설을 종내에는 극복해야 할 “정신분석학적 울타리”(1975a, 1102)로 파악하고 있다. 프로이트의 남근을 ‘아버지의 이름’으로 치환하여 아버지로부터 해방되는 기제를 제공해 줄 수 있을 것이라고 생각했지만 기대와는 다르게 여전히 남근적 이미지에 기대고 있어 그 해방적 가능성을 상실하고 마는 라캉의 이론 또한 식수에게 예외는 아닐 것이다. 그녀에게 있어 정신분석학은 “여성성을 억압하기 위해 (…) 만들어진”(1975a, 1096) 성 정치적 필요성의 일익을 담당하고 있는 학문일 뿐이다. 정신분석학은 “죽음과 여성의 성기”를 표상하는 것이 불가능하다고 주장하고 있는데, ‘표상 불가능성’이라는 그 이유 하나로 여성 성기의 담지자인 “여성을 죽음과 연상하는”(1975a, 1097) 서양 문화의 고질적인 질병 중의 하나가 식수에게는 다름 아닌 정신분석학이다.

그들은 우리 여성을 두 개의 끔직한 신화, 메두사와 심연 사이에 고착시켰다. 그것이 지속되지 않았더라면 세상의 절반을 웃게 할 수 있었을 것이다. 그러나 거세의 도그마 속에 닻을 내린 오래된 도식들을 재생산해 내는 전투적인 남근이성중심주의의 지양(止揚)이 버티고 있었다. 남성들은 변하지 않았다. 그들은 자기들의 욕망을 현실로 이론화했다! 그 사제들은 벌벌 떨라지, 그들에게 우리들의 성스러운 성(sextes)을 보여줄 테니까!

(1975a, 1097)

남성은 여성을 정복함으로써 영웅이 되는데 이를 대표하는 페르세우스는 여성의 성기를 직접 응시하고 그 여성이 상징하는 거세라는 공포에서 벗어난 인물이 된다. 페르세우스의 메두사 정복은 인간에게 근원적으로 내재하는 상실과 죽음을 여성에게 투사하여 상실과 죽음이라는 현상을 넘어설 수 없는 인류가, 그것과 동일화되어 타자성을 획득하게 되는 여성을 정복함으로써 대리만족을 경험하는 일화이자 눈속임에 지나지 않는다. 그러나 죽음과 동일시되는 여성의 정복은 죽음 자체에 대한 정복이 되지 못하고 철 지난 삼단논법의 논리에 함몰되어 결국은 패배를 자인하게 된다. "그들은 우리들을 무서워할 필요가 있다. 페르세우스가 염소 가죽 방패 옷을 입고 우리들을 향해 진격하지만 결국은 뒷걸음질 치는 것을 보아라!"(1975a, 1097) 이러한 명민한 의도적 동일화가 서양 문명에서 성과 여성, 그리고 죽음을 동일화하는 방향으로 나아갔다는 사실을 새삼스럽게 다시 환기하는 이유는, 아직도 그러한 동일화가 상식으로 받아들여져 여전히 통용되고 있기 때문이다.

어머니의 생식기와 메두사의 머리가 프로이트식으로 말하자면 "친근낯설다"(unheimlich)는 공통 이유 하나만으로 동일화될 수 없다면, 죽음과 여성의 성기가 친근하지만 낯설기 때문에 표상할 수 없어 둘이 자동으로 동일화되는 메카니즘은 이제 근거가 없는 이야기가 되었다. 우리는 A=B이고

B=C이라면 A=C가 되지 못하는 세계로 들어선 지 오래되었다. 죽음과 여성을 표상할 수 없다는 주장도 그 진위(truth-value)가 의구심이 가지 않는 것은 아니지만, 공통분모를 매개로 한 이러한 동일화는 형식논리학을 벗어난 관점에서 본다면 '부당한'(invalid) 추론임이 분명하다. 죽음과 여성을 표상할 수 없다고 하면서도 끊임없이 그것을 재현해 왔다는 사실은 구석기와 신석기 시대에 이르러 현재까지 죽음과 여성에 관한 수많은 회화가 증명하고도 남음이 있으며, '죽음은 표상 불가능하다 / 여성은 표상 불가능하다 / 따라서 죽음은 여성이다'와 같은 추론은 아리스토텔레스 이후의 입장에서는 각 명제가 참인지 거짓인지도 모르겠지만, 최소한 논리적으로는 더 이상 타당하지(valid) 않다. 우리는 삼단논법이 작동하지 않는 세대에 살고 있다.

식수에게 있어 그러나 곧잘 죽음과 동일시되곤 했던 여성의 수동성은, 투과성과 관용성이 있는 것으로 파악되어 형식논리학의 논리처럼 배제적이고 폐쇄적이지 않은 것으로 나타난다. "수동성은 그 극단에서 죽음과 연결"되지만 수동성은 그러나 그것의 속성인 위험하기도 한 바로 그 개방성을 통하여 자기 자신에게 벗어나 타자에게로 간다"(Cixous 1975b, 99-100). 프로이트가 부정적으로 파악했던 여성의 양성애적 경향이 식수에게는 개방성과 창조성으로 연결되는 이유는, 여성이 아마도 그녀의 양성애적 경향으로 인하여 그녀 안에 타자를 이미 인정하고 포용하고 있기 때문일 것이다(박혜영 1999, 197-198). 여성의 자아는 브론테(Emily Brontë)의 『폭풍의 언덕』이나 헤밍웨이(Ernest Hemingway)의 『무기여 잘 있거라』를 위시한 많은 문학의 여주인공들이 "나는 너"라고 말하고 있듯이, 이미 타자이다. 여성의 타자성의 인정이 여성주체성(feminine subjectivity)의 상실로 이어진다는 페미니즘 일각의 우려를 모르는 바는 아니지만, 주체가 타자이고 타자는 다시 주체라는 순환론적인 진리의 인정은 포스트모던이즘 사조의 일관된 주장이기도 하였다.

> 내가 여기서 말하는 여성성은 자신에게 몸을 내맡기는 타자를, 타자로서 살아 있는 채로 보존하는 여성성이다. (…) 다르기 때문에, 또 하나의 타자이기 때문에 그를 사랑하는 것이다. 그렇다고 해서 같은 것의 비하, 다시 말해서 자기 자신의 비하로 가지 않는 사랑을 말하는 것이다.
>
> (Cixous 1975b, 99)

그녀에게 있어 여성성을 표현하는 프로이트의 메타포인 "어두운 대륙"은 어둡지도 탐험이 불가능하지도 않다. 어두운 대륙이 상징하는 바처럼 "존재를 도둑맞은" 여성들은 어둡지만 "또한… 아름답다"(1975a, 1092). 그녀는 따라서 어두운 대륙에 머물러있지 않고 넘치며 퍼지고 있어 전통적인 여성의 경계를 넘어서고 있다. "여성은 결코 '제자리'에 머물지 않았다. 폭발, 확산, 비등, 풍요, 여성은 자신을 무제한하면서 자아 밖에서, 같은 것 밖에서, '핵심'에서 멀리, 여자의 '검은 대륙'의 수도에서 멀리 (…) '가정의 화덕'에서 멀리서 향유한다"(Cixous 1975b, 109-110). 식수의 수필을 표방하는 글쓰기는 "어둡기 때문에 아름답다"는 명제를 따라서 손쉽게 말할 수 있게 한다. '어두움'(玄)은 죽음이기도 하지만 삶이기도 하다. 메두사는 죽음을 선사하기는 하지만 바로 그 이유 때문에, 즉 죽음을 선물하기 때문에 삶을 가능케 하는 팜므 비탈(femme vitale)이 되기도 한다.

> 여자들이 남자가 아니며, 어머니에게는 남성의 생식기가 없다는 사실을 발견하고 그들이 해체된다면 그야말로 애석한 일이다. 그러나 이러한 두려움은 남성들에게 편리하게 작동되지 않았는가? 최악의 두려움은 사실상 여성들이 거세되지 않았다는 사실, 역사가 방향을 바꾸기 위해서는 사이렌들의 노래에 귀를 기울이지 않으면 된다는 사실이 아닌가? (사이렌들은 남자들이었기 때문이다.) 그렇지 않은가? 메두사를 쳐다보기 위해서는 그녀를 정면으로 바라보는 것으로 족하다. 그녀는 죽음을 선사하는 팜므 파탈이 아니

다. 그녀는 아름답고 웃고 있다. (1975a, 1097)

사이렌의 파괴와 파멸에 관한 이야기는 비단 계몽적 이성에 내재한 비이성의 침투와 변증, 그리고 계급의 폭력에 관한 신화소일뿐 아니라, 유혹하는 파탈의 마녀 키르케와 재생을 약속하는 칼립소, 그리고 처녀의 표상인 나우시카(Naussicaa) 등 여성의 신비를 파악하고 정복하고자 하는 율리시즈로 대표되는 남성 폭력에 관한 신화소로 읽힐 수도 있다. 사이렌의 신화는 "프로이트가 지적하지는 않았지만 메두사 신화의 청각적 버전"이기도 하다(박혜영 2008, 291). 그러나 사이렌이 불렀고 율리시즈가 들었던 신비의 노래는 메두사의 시선과 마찬가지로 남성들을 파멸로 이끌었던 여성성의 발현이 아니라, 삶에 필요한 문학과 예술, 그리고 융의 아니마 이론을 빌어 말하자면 남성들에게 필요한 여성적인 것을 말하고 있다. 식수는 사이렌의 아름다운 목소리와 메두사가 아름답게 웃는 모습을 역사에 복원하고 있다.

남성 성기를 숭배하고 여성을 결핍으로 파악하는 프로이트의 논의를 비판하면서도 그의 논의에 기초하여 논의를 전개하는 아쉬움은 남지만, 남성과 여성이 같이 이루어야 할 조화로운 사회에 대한 시도로 "팔루스의 유물이자 잔존물이며 그것에 속아서 봉사하고 있는 증오"에 기초하지 않는 사랑에 대한 추구, 즉 남성들처럼 "축 늘어지지 않고, 여성성처럼 흥미를 유발하고, 쉽게 사그라지지 않는 추구가 서로를 절대로 결핍이 없는"(1975a, 1102) 세계로 우리를 이끌 수 있다고 식수는 말하고 있다. 논의의 타당성과는 상관없이 여성의 "양순적"(兩脣的, bilabial), "다발성적인 향유"(multiple jouissance)에 강조점을 둔 식수의 논박은, 그녀의 글이 페미니즘의 물결이 아직 도도히 흐르지 못한 1975년의 상황을 염두에 두고 전투적으로 집필되었다고 이해한다면 역사의 사이렌들이 사실은 파괴를 일삼는 남성이었다는 주장을 하는 선언문처럼 들리기도 한다. 그러나 비록 그녀의 주장이 남성성과 여성성을 대립으로 파악하고 있는 것도 사실이기는 하지만, 그녀의 주장은 파괴되어야 할 남성 사회에 대한 조소와 비아냥거리는 메두사의 웃음을 넘어 "오로지 죽은 아버지들만이 좋은 아버지"(1975a, 1101)라는 페미니즘의 일각의 부정적 목소리를 이미 넘어서고 있다. "인간을 해방하는" 메두사의 웃음은(McGann 5) 남녀를 향해 공히 열려 있다.

여성들이 거세당하지 않았다는 주장, 그리고 역사의 파국을 몰고 온 사이렌들이 오히려 남성들이었다는 식수의 제2기 페미니즘과 유사한 주장은, 전투적 페미니즘처럼 남성들이 사실은 거세당한 당사자라는 주장으로 쉽게 전이되지 않는다. 오히려 여성 성기를 보고 거세 공포를 느끼는 당사자가 남성이라는 점이 프로이트가 의도하지 않았던 주장의 결과인데, 거세당한 여성에게 남성이 다시 거세당한다는 논리는 더 이상 타당한 주장으로 여겨지지 않는다. 여성은 거세당한 것이 아니라 다른 성을 갖고 있을 뿐이다. 그녀에게 있어 "사랑한다는 것은 그리고 타자를 타자로 지켜보고 사유하고 추구한다는 것은" "투시하지 않고 소유하지 않는 것이다"(1975a, 1102). 여성의 생물학적인 '탈-소유화 능력', 즉 "타자를 자기 몸 안에 받아들여 생명을 잉태하고, 그 생명을 자기 몸 안에 거주하게 하며, 또 출산에 의해 그 생명을 분리시키고 떠나보내는"(박혜영 2008, 295) 자연적이고도 신적인 능력은, 적어도 관념적으로는 소유와 식민 지배로 점철된 서양의 '남근이성중심주의'(phallogocentrism) 역사의 한 대안이 될 수 있음은 분명하다. 그러나 식수를 뒤집어서 또는 그녀의 양성 평등적인 입장을 십분 고려하여 논리를 전개하자면, 여성들이 팜므 파탈이 아니듯이 남성들 또한 무조건 옴므 파탈(homme fatal)만은 아니다. 팜므 파탈이 '죽음의 여성'이 아니라 '생명의 여성'이라는 주장을 우리는 이 책의 9장에서 접하게 된다.

4

20세기 문학에 나타난 메두사의 아름다움과 추함

식수의 프로이트에 대한 반격, 성과 여성 그리고 죽음에 대한 재평가는 그러나 학문적 논의로 충분히 전개되지 못하고 수필식의 문학적 논의로 그치는 것에 만족해야 했다. 이론과 일정 부분 철학이 기존 세계의 잔존물을 분석하고 성찰하고 있었다면 문학은 그 속성상 전위적이고 비판적 경향을 띠기 쉬웠다. 전쟁에 관한 성찰을 예로 들자면, 철학이 금세기의 초입까지 전쟁을 계속 미화하고 정당화하는 반면 문학은 적어도 개인의 자유가 주요하고 중요한 어젠다로 부상한 20세기 초엽에서부터 끊임없이 '정당한 전쟁'(just war)의 허구와 그 불가능성 그리고 반전을 말해 왔다. 철학이 과거 지향적이고 집단적이고 추상적이고 종합적인 작업이었다면, 문학은 일견 지극히 개인적이고 구체적인 미래로 열린 작업이었기 때문인지도 모른다. "시는 현실을 산문은 이상을 다룬다"는 엘리엇(T. S. Eliot)식의 지나친 단순화일지는 모르겠지만, 철학은 이성적 분석과 이상적 지향성에 문학과 예술은 직관적 종합과 현실의 구체성에 더욱 관련된 작업인지도 모른다. 이러한 면에서 식수의 오이디푸스 비판은 프로이트의 분석학과 식수의 수필적 문학의 대결 구도라는 점에서 그 의의를 지닌다고 말할 수 있다.

19세기의 생물학과 고고학적인 발견에 의존하고 있는 프로이트의 메두사에 관한 이론이, 오늘날 이탈리아의 의류업계 베르사체(Gianni Versace)의 "위험한 유혹"(Garber & Vickers 276)을 상징하는 쇼핑백의 메두사 로고 문안이나, 미국 뉴저지주 소재 식스플래그 테마공원(Six Flags Great Adventure)의 메두사 롤러코스터 광고 조각상, 그리고 다음과 같은 20세기 영국의 여류 시인 웬더(Michelene Wandor)의 '아름다운' 메두사에 관한 「이브 메두사를 만나다」의 시 구절과 현격한 시각 차이를 드러낸다는 사실은, 시대적으로 격세지감이었을 뿐 아니라 문학·예술과 이론의 차이에서도 기인한다. 이브가 인류를 타락시킨 죄인이 아니듯이 메두사 또한 추악한 여성이 아니었다.

메두사여, 여기 와서 앉으세요.
이브인 나와 메두사 당신이 지니고 있는
뱀들은 내려놓으세요.

당신은 정말로 한 번 쳐다보면
남자들을 돌로 만드나요?
내가 만약 파마를 한다면 —
아마도 아니겠죠.
(…)
당신이 달의 여신이었을 때
아테나가 질투에 사로잡혀
당신의 모습을 바꾸기 전까지
당신은 아름다웠습니다.

신전에서, 설령 아테나 여신의 신전에서

사랑을 나누는 것이 무슨 죄가 되는지
나는 알 수 없답니다.

(「이브 메두사를 만나다」; 강조 필자)

Medusa. Sit down. Take
the weight off your snakes. We have
a lot in common. Snakes, I mean.

Tell me can you really turn men
to stone with a look? Do you
think if I had a perm —
maybe not.
(…)
you were beautiful when you
were a moon goddess, before
Athene changed your looks
through jealousy

I can't see what's wrong
with making love
in a temple, even
if it was her temple. ("Eve Meets Medusa")

팜므 파탈의 원조로 치부되는 이브가 메두사와 공통으로 그 속성으로 지니고 있는 것은 인류를 타락으로 이끌었다고 여겨지는 지혜와 성을 동시에 상징하는 뱀이다. 선악과의 증득이 인류에게 타락이 아니라 축복이었다는 논의를 접어두고라도 "사랑을 나누는 행위"(making love)가 죄로 치부될 필요는 중세를 훌쩍 지난 오늘날의 세기에는 더더군다나 없을 것이다. 메두사가 잘못이 있다면 그것은 시인이 말하듯이 그녀가 아테나 여신의 신전에서 교합을 하였다는 것인데, 메두사와 포세이돈의 결합은 다음 장에서 다시 상술 되겠지만, 아테네 도시의 주신 자리에 대한 포세이돈과 아테나 여신 사이의 경합이라는 역사적인 문맥을 지시하고 있을 뿐만 아니라, 지혜와 아름다움 그리고 성적인 매력을 동시에 상징하고 있는 메두사가 분화하여 다음 세대 신의 반열에서는 지혜를 대표하는 여신 아테나와 성과 사랑을 대표하는 아프로디테로 분화되었음을 의미하고 있기도 하다.

이성과 지혜와 더불어 싸늘한 불임을 상징하기도 하는 아테나가 따라서 아름다운 메두사를 성애와 죽음을 상징하는 뱀으로 뒤덮인 흉측한 얼굴을 지닌 인물로 만들었다는 사실은, 자유분방한 성을 만끽했지만 그것에 대한 절제와 혐오감도 동시에 지녔던 그리스인들의 성에 대한 이중적 태도 또한 엿볼 수 있게 한다. 성과 사랑을 그리고 몸에 대한 찬양을 구가하는 20세기 페미니즘의 관점에서, 친부를 살해한 모친 클뤼타임네스트라를 다시 살해한 오레스테스의 편을 들어 서양의 여성에게 2천 년 동안 패배를 안겨준 가부장제의 화신인 아테나의 전신인 메두사를 재평가하고 재수용하는 것은 남성부계적인 발전사적 관점에 대한 반등이라는 측면에서 볼 때 당연한 순리이기도 하였다.[2]

메두사로 대표되는 여성을 다시 받아들이는 것은 따라서 거세와 사망이 아니라 '삶의 활력'(élan vital)을 충전하는 것이 된다. 그녀의 짝이 되는 남성들은 그녀를 바라볼 때 삶의 희열을 얻게 될 것이지만 아직 메두사는 캐나다의 여류 시인 하인(Daryl Hine)의 「풍경화」(*Tableau Vivant*)의 한 구절처럼 그녀를 완벽하게 보아줄 짝을 만나지 못했다.

혹 그녀는 그녀가 만나지 못할 반려자를 꿈꾸고 있느니

그녀의 눈을 바라다보고 삶을 얻을 사람이라네.

(「풍경화」)

Or of the mate that she will never meet

Who will look into her eyes and live. ("Tableau Vivant")

21세기의 인류는 아직 메두사의 시선을 담대하게 받아들여 "새로운 삶"(vita nuova)을 얻을 남성의 탄생을 목도하지 못하고 있는 것 같다.

20세기의 페미니즘을 표방하는 많은 시들이 메두사를 아름다운 여인으로 복원하는 여성신화학의 작업에 동조하였다면, 그리고 메두사를 원래 아름다운 여성으로 파악했던 괴테와 셸리의 통찰을 이어받았다면, 이 시대의 산문은 19세기의 수많은 중·단편소설과 장편소설에 나타난 것처럼 메두사에 관한 남성적 시각예술을 대표하는 회화와 조소가 그려내고 있는 부정적인 모습을 그대로 따르고 있는 것처럼 보인다. 팜므 파탈에 관한 분석심리학적 연구서인 『어둠의 여성들』(1993)에서 저자인 안드리아노(Joseph Andriano)가 다루고 있는 메두사를 직간접적으로 등장시키고 있는 고딕 소설들은 대개 여성에 관한 부정적이고 악마적인 통찰을 담고 있는데, 특히 20세기 소설로 그가 아이크만(Robert Aickman)의 단편 「고혹적인 여성」(*Ravissante*, 1968)과 리버(Fritz Lieber)의 『암흑의 여성』(*Our Lady of Darkness*, 1977)과 더불어 분석하고 있는 쉬트라웁(Peter Straub)의 『유령 이야기』(*Ghost Story*, 1979)와 동명의 영화는, 여성을 거세하는 괴물 메두사로 보는 시각을 그대로 사용하고 있어 여성의 원형에 대한 남성들의 생각, 즉 아니마(anima)가 대중적인 상상력에서는 여전히 활개를 치고 있다는 사실을 보여주고 있다.

작품 『유령 이야기』의 주인공 제임스(James Sears)가 사랑하는 에바(Eva

Galli)는 그녀의 이름처럼 여성의 원조인 이브(Eva)가 "독"(gall)을 지녀 인류, 즉 남성을 시들게 하는(sear) 여성의 전형에 관한 습속을 그대로 이어받고 있다. 에바는 사악한 여성의 독기를 지닌 "악마"(Jezebel 354)로 때로는 여신으로 때로는 창녀처럼(355) 그리고 "뱀처럼 남성들을 휘감으며"(356) 동네 청년들을 농락하는 메두사로 표현되고 있으며, 그녀의 약혼자 데드햄(Dedham)은 에바의 메두사적 광기에 의해, 아마도 복상사이겠지만 원인 모를 죽음을 맞게 된다. 그녀는 변신에 능하며(361) 동네 청년들과 통정을 하고 난 후 난도질을 당해 죽은 후에도 살쾡이(lynx)의 몸을 입어 "유령"처럼 여전히 동네 청년들을 찾아온다고 기술되어 있다. 그녀는 세상의 영혼, 즉 "아니마 문디"(anima mundi)를 뜻하는 "A. M."이라는 이니셜을 몸에 새기고 남성들을 방문하는데(360-361), 이는 오히려 역설적으로 "영혼이 없는 혼돈의 존재"(139)로 치부되어 왔던 여성의 다른 이름이 되기도 한다.

엘리엇의 논의를 거꾸로 뒤집어 시가 감성적이고 이상적인 재현 양식을 선호하고 산문이 이성적이고 현실적인 재현 양식을 선호한다는 논리로 메두사에 관한 20세기 산문의 현실과 유착된 속성을 논할 수도 있겠지만, 죽음을 선사하는 여성이라는 해묵은 관념이 여전히 소설과 같은 대중적 상상력과 밀접한 관련을 맺고 있는 분야에서 맹위를 떨치고 있다는 분석 또한 가능하다. 달라진 것이 있다면 메두사의 시선에 의한 남성들의 거세와 제거가 지탄받아야 할 행위로 나타나지 않고 있다는 것뿐이지, 살인자와 거세자로서의 여성의 등장과 그 동일화 전략은 여전히 유효하다. 자하비(Helen Zahavi)의 동명의 영화로도 출시된 『난잡한 주말』(*Dirty Weekend*, 1991)에 나오는 이름 그대로 아름다움의 화신인 여주인공 벨라(Bella) 또한 예외는 아니다. 남성들의 "환상 속에서 릴리스"(95)로 각인되는 벨라는 "모든 말이 없었던 여성들"(60)을 대신하여 망치와 가위로 살인을 자행했는데, '연쇄살인마 잭'(Jack the Ripper)을 연상시키는 잭(Jack)이라는 이름의 주인공을 소설의 마지막 장면에서 칼로 살해하여 "여성에게 커다란 탈주"(49)의 의미를 되새기는 여주인공으로 등장한다. '벨라'(Bella)는 창녀를 일반적으로 부르는 애칭이기도 한데, 여성 전부를 창녀로 취급하는 잭으로 표현된 남성 모두를 살해해 가는 과정에서 그녀가 명시적으로는 더 이상의 창녀 역할 하기를 거부한다는 점을 제외하고는, 그녀는 행위의 엽기적인 면에서 독일의 표현주의 극작가 베데킨트(Frank Wedekind)의 세기말의 여주인공 룰루와 유사하다. 팜므 파탈로 유명한 키르케와 칼립소가 등장하는 조이스의 『율리시즈』(1922)에 나오는 사창굴의 포주 이름 또한 벨라(Bella Cohen)였다.

미추를 공히 겸비한, 그리고 지혜와 죽음을 동시에 상징하고 있는 메두사에 관한 문학적 재현은 이상과 같이 모호하여 서로 상충하고 있다. 식수가 비록 아름다운 메두사를 역사에 복원하려 하였지만, 그 시도는 아름다운 메두사의 역사적 기원이나 세세한 분석에 있지 아니하고 수필적 주장에 머물러 있는 듯하여 프로이트가 메두사에 관한 그의 논의를 입증하기 위하여 제안한 "메두사의 기원에 대한 연구"(SE 18: 274)를 여전히 수행하지 못하고 있는 것으로 보인다. 따라서 정작 메두사와 그녀가 살았던 시대, 그리고 그녀의 역사적 변용 과정에 관한 구체적인 분석을 결핍하고 있는 식수의 분석은 자칫 선언문의 구호로 전락할 가능성을 충분히 소지하고 있었다. 여성적 글쓰기(écriture feminine)가 그 시대적 당위성과 필요성에도 불구하고 어떤 면에서는 일정 부분 남성적 기도를 답습하여 글쓰기의 폭력성을 닮아가고 있는 소치와 많이 다르지 않지만, 식수의 수필적 또는 시적 글쓰기는 추상적 이론이라는 거대한 철옹성에 맞선 글쓰기의 일환이라는 점에서는 그 의의를 찾을 수는 있겠다. 문학은 간혹 선전(propaganda)이 되기도 하는데, 선전으로 작동할 때 문학은 그 고유한 무가치의 가치와 이에 수반되었던 비판 능력과 효용을 상실하게 된다. 다음 글에서 분석할 신화에 나타난 메두사와 메두사의 역사시대로의 복원과 복귀는 우리가 논의한 프로이트와 식수의 미완성의 논의를 보완하게 될 것이다.

7장 주

1. 이 글의 다음 장인 "메두사와 신화"에서 논의가 지속되겠지만, 뱀을 지혜와 생명의 상징으로 본다면, 뱀으로 표상되는 여성의 지혜가 모이는 곳은 여성의 입과 성기이며, 메두사의 얼굴로 체현되는 여성의 성기는 삶과 죽음의 신비를 끌어안아 금색 빛살 무늬의 광배를 투사하고 있다고 해석이 가능하다. 페르세포네를 잃은 데메테르에게 웃음을 선사하여 대지에 다시 풍요를 가져다주는 인물은 여성 성기로 비유되는 바우보(Baubô)이다. 융(Carl Jung)은 여성의 입을 "모태로의 회귀"를 가능케 하는, 모든 것을 집어삼키는 시원의 기관으로 보고 있다(『영웅과 어머니』, 412).
2. 학자에 따라서는 메소포타미아 신화의 남신 마르둑(Marduk)이 적어도 그의 할머니뻘 이상이 되는 혼돈을 의미하는 뱀과 용의 신인 티아맛(Tiamat)을 물리친 시기를 여성의 세계사적 패배로 보고 있기도 하며, 이 시기는 대략 지역에 따라 편차는 있지만 청동기시대의 도래와 일치한다.

아트만은… 주위를 둘러보았지만 그 외에 아무도 없었다.
그가 처음으로 말했다. "아함 아스미"(aham asmi, 나는 나다)라고.
그러자 "나"(아함)라는 명칭이 생겼다.
그리하여 오늘날까지 자신을 지칭할 때 먼저
"이것은 나다"(aham ayam)라고 하고 나서
다른 명칭들에 관해 말하게 된다.
—『브리하드아라냐카 우파니샤드』, I.4.1; 이명권 270 재인용

"나는 과거에 존재했고 미래에 존재할 것이며 지금 존재하고 있다."
—『布睹婆樓經』(*Potthapada Sutra*)에서 붓다가 하는 말; Bowker 305 재인용

"나는 알파요 오메가라" —나그 함마디 출토, 『천둥』 13:17에서
이시스 여신이 전하는 말; Rigoglioso 199 재인용

모든 것에 대해 동일한 우주적 질서는 신들이나, 인간 가운데
어느 누군가가 만든 것이 아니다. 그러나 그것은 "이미 존재했었고,
지금도 존재하며, 앞으로도 존재할 영원히 살아 있는 불이다."
—퓌시스(physis)에 관한 헤라클레이토스 단편 30; 김내균 133 재인용

"나는 존재했던, 존재하는, 존재할 모든 것이다.
누구도 나의 베일(peplos)을 들추지 못하리라"
—플루타르코스의 사이스 출토 네이트(즉, 아테나) 신전에 새겨진 글귀 탁본

"나는 나[일 것이]다"(ehyeh asher ehyeh)
—출애굽 3:14에서 야훼가 모세에게 하는 말

"주 하나님이 가라사대 나는 알파와 오메가라 이제도 있고 전에도 있었고
장차 올 자요 전능한 자라 하시더라" —요한계시록 1:8

제8장

"나는 존재했던, 존재하는,
존재할 모든 것이다.
누구도 나의 베일을 들추지 못하리라":
신화정신분석과 신화계보학에 나타난
지혜의 여신 메두사와 아테나

1

프로이트의 메두사와
융의 신화정신분석

20세기 초 신화정신분석학에 막대한 영향을 미친 융(Carl Jung)은 우리가 앞선 글들에서 계속해서 언급하고 있는 "거세와 부재"로서의 프로이트 식의 메두사에 관해서는 구체적인 언급을 남기지는 않았는데, 메두사는 단지 물의 원리를 상징하는 아니마로서 언급될 뿐 특별히 그녀가 표상하고 있는 여성성을, 여성에 대해서는 프로이트와는 다소 상이한 입장을 취했던 융으로서는 당연하였겠지만, 부정적으로 평가한 언급은 나타나고 있지 않다. 융의 여성과 어머니에 관한 신화 체계에서 메두사는 다만 신화의 주인공들이 진정한 자아를 찾기 위하여 지옥보다 "더 깊은 심연"을 통과하는 의례의 광폭함을 상징하는 인물로, 아니마와 아니무스의 통합에 필요한 연금술적 상상력을 체현하는 인물로 파악되고 있는 것처럼 보이며, 이러한 통과의례를 거치게 될 때 메두사는 신화의 영웅들에게는 "창조적이고 파괴적인 영향을 줄 수 있는 불의 중심을 상징하는 '바다의 별'(stella maris)이 된다"(Jung 1950 *Aion,* 135-137). 불을 머금은 물의 요정 살라만더(salamander)처럼 메두사 또한 물과 불의 총화가 되는 순간이다.

메두사는 삶이라는 미로에서 방황할 때 우리가 꼭 길을 물어보아야 하는 휘드라(Hydra)라는 검은 뱀처럼 우주의 신비 바다를 여는 상징이 되기도 하는데, 가톨릭의 성모송이 "복되도다, 바다의 별이여"(Ave maris stella)로 시작된다는 사실을 상기해도 좋을 것이다. 마리아라는 이름에 바다라는 무의식의 상징적 이미지가 이미 내재하고 있는 것은 신화심층심리학의 관점에서 보면, 본 장에서 논의가 더 진행되기는 하겠지만 굳이 프랑스어에서 바다(la mer)와 어머니(la mère)의 친연관계를 지적하지 않아도, 모성과 바다를 동일화하는 집단무의식의 개입일 수밖에 없다. 성모마리아는 개념이, 그것의 역작용인 중세의 마녀사냥이라는 기이한 현상을 제외하고는, 모든 여성적인 것의 총화이자 영원한 여성성으로 표상되어 왔다는 사실을 첨언할 필요는 없으리라고 생각한다. 메두사가 성모마리아와 같은 품위를 갖고 있었다면, 또는 성모마리아가 역사시대에 진입하기 전의 시대에서 바다와 하늘이 대표하는 음양의 총화, 즉 남성성을 포함하는 원시적 여성성으로 융의 분석심리학에서 등장하고 있다면, 융이 굳이 여성성을 그리고 특별히 삶과 죽음의 순환을 지시하는 모성을 상징하는 뱀과 용의 변형인 메두사에 대한 장황한 분석을 따로 하지 않고 성모마리아에 대한 분석으로 만족하는 이유를 짐작할 수 있게 된다.

메두사에 관한 융의 짤막한 견해는 그것이 우주적인 뱀과 용, 어머니에 관한 분석의 일환이었다는 점에서, 메두사를 직접적으로 분석하고 있는 프로이트의 메두사에 관한 성적인 이론과 극명하게 대립하고 있다. 문제가 되고 있는 것은 그러나 융에서 파생했다고 할 수 있는 신화정신분석에도 프로이트의 메두사에 관한 부정적 평가가 영향을 미치고 있다는 사실이다. 신화정신분석학은 융의 아니마 이론을 받아들이면서도 주로 부정적 아니마를 연구하는 것에 주로 열정을 쏟은 감이 없지 않다. 파괴와 전쟁 그리고 죽음을 상징하는 태초의 어머니이자 대지의 모신, 즉 대모신(Great Mother)은 아직 남성, 여성이 분화되지 않은 자웅동체적 개념으로 융의 신화분석에 등장하지만, 신화분석학자들은 태초의 어머니를 여전히 부정적으로 보는 관행에서 탈피하기를 주저했고 이는 메두사에 관한 분석에서도 여전히 맹위를 떨치고 있었다. 따라서 본 장에서는 20세기 초 신화분석학자들 가운데 특히 융의 영향을 가장 많이 받아 그의 직전제자 중의 한 명이라 말할 수 있는 노이만(Eric Neumann)이 파악한 메두사가 프로이트의 메두사에 대한 부정적 평가를 답습하고 있음을 고찰한 후, 실제 신화와 역사 속의 메두사는 융이 파악한 대로 우주의 여성적 원리를 상징하는 아니마적 인물이었음을 그녀에 관한 어원학적, 계보학적 추적을 통하여 밝힌 후에, 지난 장에서 암시했던 21세기 새로운 메두사의 출현 가능성을 새로운 팜므 파탈의 출현 가능성과 더불어 책 2권의 총 결론으로 추후 상정하고자 한다.

2

메두사와 노이만의 신화정신분석

여성을 부정적으로 보았던 프로이트의 시각은 20세기 중반 융의 영향 아래 여성신화학을 주도했던 유대인 분석심리학자 노이만(Eric Neumann)에 의해서도 일정 부분 그대로 답습되어, 메두사를 "끔찍한 모신"(terrible mother), "태고의 모신"(ouroboric mother), 또는 "지옥 여성"(Infernal Feminine)의 일종으로 보아 아테나가 초극해야 할 혼돈의 존재로도 보는 시각으로 여전히 등장하게 된다(1954: 169, 217; 1963: 166-168).[1] 메두사는 우로보로스적인 모신으로서 여성이기는 하나 남성의 파괴적 속성을 그대로 간직한 수염이 달린 팔루스적 여성으로 파악하고 있다.

> 멧돼지의 송곳니가 달려 있는 이를 가는듯한 그녀의 입은 팔루스적 여성 성기의 상징을 그대로 드러내 보이고 있으며, 쑥 튀어져 나온 그녀의 혀는 명백하게도 팔루스와 연관되고 있다.
>
> 모든 것을 빨아들이는 즉 거세하는 자궁이기도 한 그녀의 입은 지옥의 아가리로 나타나기도 하며, 머리를 꿈틀거리며 감싸고 있는 뱀들은 여성적인 음부의 체모가 아니라 우로보로스적인 자궁의 끔찍한 모습을 그려내고 있

는 공격적인 팔루스의 모습을 지니고 있다.

(Neumann 1954, 87)

아테나를 여전히 모계적인 흔적을 지니고 있는 크레타 문명의 켄타우로스적인 원시성을 지니고 있으면서도 새로운 여성적 영성의 총화로 파악하고 있는 노이만의 신화 체계에서, 아테나와는 유사한 인물이었지만 상반되는 것으로 해석되어 왔던 메두사의 모습은 파괴와 죽음을 말해주고 있는 상징으로만 파악되었다. 여성의 자궁을 "모든 것을 빨아들이는" "끔찍한" "지옥의 아가리"로 표현하고 있을 때 노이만은 여성 성기와 여성성을 부정적으로 표현해 왔던 서양의 상투적 상상력을 그대로 따르고 일조하는 혐의조차 보이고 있다.

요컨대, 노이만의 신화 체계는 융이 아니마의 최종의 3-4단계로 파악한 성모마리아(동양에서는 관음보살)와 영원한 여성의 전형으로서의 소피아가 아니라, 1-2단계의 인물로서 하와와 헬레나 정도의 인물들, 예컨대 고대 그리스의 프쉬케나 모차르트의 〈요술 피리〉에 나오는 밤의 여왕 등에 대한 분석을 선호하고 있다. 노이만이 강조하고 있는 전형적 여성은 따라서 여전히 성적인 분화가 이루어지기 전의 우주의 혼돈을 표상하고 있는 대모신의 부정적인 모습을 드러내는 인물들이며, 이러한 대모신의 모습에서 수메르와 메소포타미아의 인안나와 이슈타르, 그리고 중국의 서왕모와 한국의 성모사상에서 표현되는 풍요와 다산, 그리고 삶과 재생의 화신으로서의 원시적 여성에 관한 중첩된 이미지를 찾아보기는 힘들다. 메두사와 그녀의 다양한 변형들이 포함되는 대지의 대모신은 노이만의 신화학에서는 기이하게도 기아와 질병, 그리고 학살과 전쟁을 요구할 뿐 삶과 죽음, 파괴와 창조를 공히 관장하는 여신의 모습을 상실한 것으로 해석되고, 인류는 대모신에 관한 원초적인 사유를 박탈당하게 된다.

땅은 피를 요구하며 피를 원하는 자로서 대모신은 죽음의 여신일 뿐 아니라 살육의 능력을 지녔다는 점에서 추격과 전쟁의 여신이 되기도 한다. 공격성과 관능성에 관한 본능들과 사랑과 죽음에 대한 동경은 그녀의 원시적인 모습 속에서 친연관계를 형성하며 밀접하게 묶여져 있다. 삶의 풍요로움은 모든 존재를 섹스로 이끌어가는 어두운 본능에 기초하고 있기도 하지만, 모든 동생물체가 먹잇감을 제압하고 먹어치우는 과정 속에서 영양분을 보충하는 사실에 또한 기대고 있다. 삶이라는 풍요는 또 다시 피 흘림과 이로 인한 죽음으로 함께 묶여져 있는 것이다.

(Neumann 1953: 1994, 189)

그의 신화정신분석학은 비록 메두사를 성 분화가 이루어지지 않은 양성체적이고 자웅동체적인 위대한 모신으로 파악하고 있기는 하지만, 메두사 즉 어머니 살해를 정당화하는 개념으로 변모한 아테나를 새로운 여성성의 전범으로 파악하고 있어 발전사관에 입각한 가부장적 세계관을 그대로 계승하고 있는 것처럼 보인다. 여성으로 표상되는 삶의 풍요로움이 존재의 먹이사슬을 매개로 한 존재 자체의 비루함과 연결되고 다시 이 비루함이 삶과 재생의 동인이 된다는 통찰을 노이만이 무시하고 있는 것은 아니지만, 그가 강조하고 있는 것은 "사악한 자연"의 힘으로 "험상궂고 악의적인 운명"을 갖게 되는 "무서운 여성"(Terrible Feminine; Neumann 1953, 247)으로 표현되는 대모신에 집중되어 있다.

노이만의 이러한 입장은 20세기 후반기의 통합발달심리학을 주창하는 윌버(Ken Wilber)의 남성 편향적인 입장과 동일시될 수도 있는 오해의 여지를 남겨두고 있다. 물론 원래의 아담(Adam Senior)이 자웅동체적인 "팔루스적인 어머니"(phallic Mother)이자 "위대한 혼돈의 지모신"(Great Chthonic Earth Mother 233), 즉 대지모신(大地母神 Great Earth Mother Goddess, 줄여서 대모신)으로 파악되고 있기는 하지만, 아담이 아담 2세(Adam Junior)와 이브로 분화하는 윌버의 8단계 통합심리학 체계[2] 내에서도 대모신은 이브와 동일시되는 6단계에 불과한 것으로 나타나고 있어, 이 또한 혼란을 야기하고 있다.

> 요컨대 아담이 추락했을 때 그는 둘로 나누어졌는데 하나는 우리가 현재 아담이라고 알고 있는 아담 2세와 이브, 즉 남성과 여성, 하늘과 땅, 영혼과 육체이다. 우리가 알고 있는 아담은 성차별주의자였으며 (…) 이브는 오로지 위대한 모신과만 동일화되어 육체와 감정과 섹스와 동일시된 반면, 아담은 대모신으로부터 자유로워졌다. "모성적 무의식으로부터 탈출하기"는 "여성적인 것으로부터 멀어지기"와 혼동되어 나타났다.
>
> (Wilber 232-33)

원래의 아담이 대모신이 아니고 이브가 대모신인 것은 분명한데, 그러나 혼란이 가중되는 것은 이브로 표상되는 대모신과 원래의 아담이 공히 "자웅동체적인" "팔루스적인 어머니"라고 기술되는 점에 있다. 우리가 현재 알고 있는 아담, 즉 아담 2세가 대모신으로부터 "자유로워졌다" 하지만, 이브로 대표되는 여성은 "오로지" 대모신과 동일화되어 그녀가 표상하는 무의식의 상태에 머물러 더 이상의 발전을 하지 못하게 된다.

2가지 종류의 다른 대모신을 상정하고 있는 듯한 윌버의 주장은 그러나 아담과 이브로 분화하기 이전의 대모신을 "원래의 이브"(Eve Senior)라고 명명하지 않고 "원래의 아담", 혹은 "아버지 아담"(Adam Senior)으로 상정하고 있다는 점에서 여전히 논란을 야기하고 있다. 비유적이라고 해도 20세기의 라캉의 팔루스(phallus) 개념이 성별에 기초하지 않는다고 하여도 여전히 생물학적 "페니스"(penis)에 기반하고 있는 것과 유사하다. 이는 그가 통합발달 단계의 최극점을 예수와 부처, 나가르주나와 파드마삼바바, 그리고 노자 등과 같은 태양의 원칙을 표상하는 인물들로 삼고 있는 점과 무관하지 않다. 융이 소피아와 노현자(老賢者)를 언급하면서 아니마와 아니무스의 4가지 유형을 공평하게 취급한 것과는 대조된다. 인안나와 이슈타르, 그리고 부분적으로는 아테나와 그녀의 전신인 메티스(Metis)와 메두사, 그리고 조금 더 긍정적으로는 하와 등의 대모신이 표상하고 있는 풍요와 삶, 그리고 재생에 관한 상징은 약간의 흔적과 단서만을 남긴 채 역사의 뒤안길로 사라져갔다. 하와가 한때 생명, 즉 삶을 표상했을 뿐 아니라 '생명 자체'를 의미하였다는 사실은 역사의 뒤안길로 사라져 그 전승을 유실했다. 히브리어 성경이 '흙의 아담'과 '생명의 하와'를 창조했다고 비유적으로 말하고 있지 아담과 하와를 구체적으로 남성과 여성이라고 표기하고 있지도 않으며 각각에 대해 문법적인 성을 부여하고 있지도 않다는 사실 또한 주목을 받고 있지 못하다.

메두사를 바다의 별로 파악한 융의 직관, 즉 부계제 체제 아래서 새로운 여성의 영성을 대표한다고 파악되는 아테나 여신을 다시 포용하여 미지의 우주의 원초적인 힘을 발현하게 될 메두사의 복원에 관한 상념은, 여전히 20세기 남성 학자 일변도의 신화정신분석에서는 빛을 발하지 못하고 있었다. 노이만의 메두사에 관한 신화정신분석을 구체적으로 적용하여, 제우스보다 강력한 권위를 상징했던 모신 헤라(Hera)를 새로운 여성 아테나와는 다른 시각으로 보고 있는 『헤라의 영광』(*The Glory of Hera,* 1968)의 저자 슬레이터(Philip Slater)는 신화를 프로이트적으로 해석하고 있는데, 페르세우스에 의한 메두사의 정복을 여성의 성에 대한 두려움으로 인한 일종의 방어기제인 클리토리스 절제(clitoridectomy), 즉 여성성 제거 또는 극복하기로 확대 해석되고 있다. 페르세우스는 그의 어머니인 다나에(Danaë)의 품으로부터 벗어나지 못하여 어머니의 재혼을 바라지 않는 아이의 상태에 머물러 있다.

[페르세우스는] 기껏해야 아홉 살 먹은 어린 영웅에 지나지 않으며, 그의

메두사 정복은 만약에 그것이 다른 것이 아니라면 가장 잔인하고 역겨운 형태의 남성의 성적인 소심함을 표현하고 있는 클리토리스 제거하기의 신화적 재현이다. (331)

프로이트의 주장대로 메두사가 여성의, 그것도 어머니의 성기를 지칭하는 것이 도대체 타당하다면 메두사의 목을 친다는 것은 아직 어른이 되지 못한 페르세우스에게 있어서 "모성과 성(sexuality)을 분리하는 상징적 장치"(Slater 315)가 될 수 있다. 페르세우스는 그러나 메두사를 처단한 후 안드로메다와 결혼하기는 하지만 모성과의 완전한 결별을 이루지 못하는데, 이는 후일 그가 폴뤼덱테스(Polydectes)로부터 그들을 보호했던 딕튀스(Dictys)와 다나에와의 당연한 결합을 추인하지 않는 사실로 미루어 짐작할 수 있다. 그는 에티오피아와 세리포스 그리고 아르고스의 왕이 될 수 있는 기회를 물리치고 안드로메다와 그의 어머니를 모시고 궁벽한 도시 튀륀스로 낙향한 것으로 되어 있다. 프로이트의 오이디푸스가 개입하고 있는 순간인데, 페르세우스는 아버지의 부재로 야기되는 발달장애로 인한 "오이디푸스 콤플렉스의 용해"(dissolution of Oedipus complex) 과정에 부응하고 있지 못하여 어른의 과정에 진입하지 못하고 소년 상태에 머무르게 된다.

메두사에 관한 신화정신분석은 이상과 같이 간략하게 살펴보았지만 메두사에 관한 "해석을 심각하게 실체화하려면 다른 신화들에서 있어서 그리스 신화와의 유사점들뿐만 아니라, 그리스 신화에 있어서 공포의 상징이 되는 독특한 메두사의 기원에 대해 연구할 필요성이 있다"(SE 18: 274)는 프로이트의 바람에도 불구하고, 오히려 프로이트라는 거대한 우산에 가려 빛을 보지 못하고 있었다. 프로이트의 여성에 대한 관념은 대중적인 상상력에도 막급한 영향을 미쳤는데, 많은 경우 아직도 딸들은 인생의 어느 한 시점에서, 그것이 진지한 물음이건 가벼운 힐난조의 말이건 "아빠 나는 왜 없어?" 라는 질문을 간혹 하는 것을 우리는 듣게 된다. 거세와 부재로 표상되고 있는 프로이트의 메두사와 오이디푸스 콤플렉스로 촉발되고 있는 부정적 여성관이 한몫을 단단히 하고 있음은 물론이다. 그런데 리비아와 이집트를 포함하는 아프리카 문명권과 그리스와 로마를 포함하는 지중해를 둘러싼 '실제' 신화의 정치역사학적 계보를 추적하는 신화 읽기, 즉 "신화계보학"에서 추악하고 소름끼치는 여성의 대명사로 떠올랐던 상투적인 메두사는 어떻게 나타나고 있었을까? 신화정신분석학자 프로이트가 제안했던 메두사의 기원에 대한 연구는 어떻게 진행되고 있었을까? 이것이 우리가 지금 이 장에서 논할 연구 주제가 된다.

3

지혜의 여신 아테나와 존재의 여신 네이트

헤시오도스의 『신들의 탄생』[3]에 의하면 가이아의 소생들 중에서 다시 케토(Ceto, Ketos)와 포르퀴스(Phorcys, Phorkys)의 소생인 세 명의 "굳센" 고르곤 자매들(Gorgones) 중에 페르세우스에 의해 목이 잘려지는 이는 막내 메두사이고, "강력한" 스테노(Stheno)와 "멀리 뛰는" 에우뤼알(Euryale)은 메두사의 복수를 위해 페르세우스를 추적하는 역할을 맡고 있다. 세 명의 고르곤 중에 불사의 몸을 받지 못한 여인은 오로지 메두사이나, 이야기의 선포와 재미를 우선으로 하고 있는 신화는 특별히 이러한 불일치에 대해 따로 설명을 요구하지 않는다. 메두사가 페르세우스에 의해 목이 잘려져 죽임을 당했다는 사실이 아마도 소급 적용되어 메두사가 불사의 신들의 반열에서 탈락된 것 같다.

호메로스의 『일리아스』(*Ilias*)에서 페르세우스는 단지 제우스와 다나에의 자식이라고만 언급되고 있을 뿐인데, 그는 리비아에 침입하여 신전 여사제들을 살해하고 에티오피아에 이르러 안드로메다 공주를 부인으로 삼아 "고르곤을 물리치는" 의미의 고르고포네(Gorgophone)라는 딸을 얻었다. 또 다른 일설에 의하면 페르세우스가 아프리카에 침범하여 싸운 족속의 이름이 아마존 여전사로 알려진 고르곤족이기도 하다(George 161). 안드로메다를 고르곤의 변신이거나 동일인으로 본다면(McGann 20) 그의 딸이 고르고포네인 것은 당연하다. 펠드만(Thalia Feldman)의 주장에 의하면 메두사가 우리가 알고 있는 뱀 머리채와 기다랗게 매달려 있는 혀, 그리고 희번지르한 눈을 갖게 된 것은 기원전 580년경, 혹은 멀리 보아 기원전 7세기 초엽의 일이다(485-488). 페르세우스와 메두사를 엮어 설명하는 방식은 필자가 확인한 바로는 저작 연대가 기원전 700년경으로 추정되는 『신들의 탄생』이 최초인데, 페르세우스에 의한 아프리카 정벌은 기원전 1200년경으로 알려져 있다.

메두사의 아들로는 신빙성이 많아 보이지는 않지만 전해진 바에 의하면 헤파이스토스와의 소생으로 카쿠스(Cacus), 그 손녀는 아랫도리가 뱀이기도 하지만 헬라스어로 뱀을 의미하는 에키드나(Echidna)이며, 스킬라, 키메라, 스핑크스 등과 함께 또 다른 증손녀들 중의 하나는 휘드라(Hydra)이다. 특히 휘드라는 페르세우스의 증손이 되는 일명 "물을 다스리는 자"인 헤라클레스에게 난도질을 당하는 머리가 여럿이 달린 물뱀으로, 후대의 해석에서는 물과 여성성, 그리고 여성의 지혜를 의미하게 된다는 점에서 메두사의 성질을 가장 많이 물려받은 자가 된다.[4] 제우스보다는 아버지이거나 할아버지뻘로서 그가 매일 밤 물리쳐야 하는 물과 뱀의 신인 튀파온(Typhaon, 영어 Typhon)의 배우자가 역시 메두사의 손녀인 에키드나이고 보면, 제우스에게는 최소한 할머니뻘이 되기도 하는 메두사의 신적인 권위는 상당했던 것으로 보인다. 다른 전승을 참고해 보아도 가이아와 폰투스/웨이브(Pontus/Wave)의 자손이 역시 물의 신인 포르퀴스와 케토이며, 그들의 딸이 바로 메두사가 되니 가이아의 3대손인 그녀는 평면적으로만 보자면 가이아의 증손 또는 고손자의 반열에 있는 제우스에게는 최소한 어머니뻘이 된다.[5] 신화의 착종 현상이라 칭할 수 있는데, 새로운 신이 출현함에 따라 기존 신들의 서열이 바뀌어 재배치가 이루어진 결과이다.

메두사가 프로이트의 해석처럼 원래 남성들을 뻣뻣하고 굳게 만드는 괴물이 아니라 아름다운 처녀이자 "여주인, 통치자, 여왕"(Campbell 182; Garber & Vickers 3)이었으나, 아테나 여신과 미를 겨루다 괴물로 변하였다는 기원전 2세기경의 아폴로도루스(Apollodorus)의 전승(Garber & Vickers 25), 아테나 신전에서 포세이돈하고 정을 통했다 하여 아테나 여신의 분노를 사 여성성을 상징하는 아름다운 머리채가 뱀으로 변하였다는 일설 또한 존재한다(Ovid 『변신』 IV: 883-893). 아테나 여신은 페르세우스에게 마법의 거울을 빌려주어 그녀를 처단했다고 전해지기도 하며, 해신 포세이돈과의 합궁 이후 메두사의 잘려진 머리 자리에서, 프로이트가 전혀 해석하고 있지 않은, 시적 상상력의 원천으로 해석되기도 하는 천마 페가수스와 이베리안 반도의 시조가 되기도 하면서 메두사 가문의 맥을 잇는 휘드라의 외할아버지뻘인 황금빛 전사 크뤼사오르(Chrysaor)가 출현했다는 설 또한 헤시오도스와 아폴로도로스에 의해 공히 전해진다. 히피오스(Hippios)라고도 수식되어지는 말의 수호신이기도 한 해신 포세이돈이 메두사와 정분을 맺었던 시기는 기원전 2000년경으로 추산되는데(George 161), 이 시기는 물론 청동기 문명이 선호했던 전사와 말에 관한 신화소가 유행되었던 시기이기도 하다.

잘 알려져 있듯이 "말의 여신"(Athena Hippia) 아테나와 포세이돈은 아테네를 포함하는 아티카 지방의 주신 자리를 놓고 서로 경합하였는데, 아테네인들은 바다의 광폭함을 상징하는 포세이돈보다는 대지의 풍요로움을 상징하는 올리브나무 재배법을 전수해 준 아테나를 그들의 주신으로 택하게 된다. 정복과 약탈 위주의 경제 체제에서 농업을 통한 정착 과정의 자연스러운 추이를 아테나의 포세이돈 축출 과정은 보여주고 있다. 헤로도토스가 보고하고 있는 리비아의 트리토니스(Tritonis) 호수 근처에 살았던 아우세스족(Auses)의 전설에 의하면 바다의 신 포세이돈과 호수의 신 트리토니스 신의 소생이 네이트/아테나인데, 이러한 전설 또한 하위의 신 아테나와 상위의 신 포세이돈과의 경쟁에 관한 신화소를 해석하는 데 많은 시사점을 주고 있다. 제우스보다 시기적으로 앞서는 포세이돈이 리비아에서만 통용되었던 신이었고 이집트에서는 존재하지 않았다는 헤로도토스의 보고(183, 188) 또한 아테나 신보다는 상위를 차지하고 있는 포세이돈과 메두사의 위상을 또한 증거하고 있다.

어원을 추적하자면 메두사는 "보호하다"(medō)는 뜻을 가져 비단 보호자로도 간주되었는데, 최근의 주장을 따르자면 그녀가 실제로 리비아의 아마존족을 지칭하는 고르곤족의 여왕, 또는 고르곤족이 숭상하는 아테나/네이트 여신의 신전 사제였다고 보는 견해 또한 존재한다(Rigoglioso 2009, 71-74; 2010, 84-86). 아테나는 간혹 "Pallas Athene Parthenos Gorgo Epekos"(우리의 기도들 들어주시는 고르곤 같은 처녀신 팔라스 아테나)로 표기되기도 하여 고르곤과 동일시되기도 했다(Elias-Button 33).[6] "팔라스 아테나"의 개념에서 알 수 있듯이 아테나가 팔라스와 동일화된 이유는 그런데 자세한 설명이 필요하다. 박종현은 "팔라스"(Pallas)는 처녀성을 의미하는 아테나 여신의 별명으로, 그리고 '창을 휘두르는 자'라는 의미로도 해석하는데(16 주석 3 참조) "창을 휘두르다"는 그리스어 동사는 "pallein"이다. 그리스어 팔라스(παλλας)는 소녀를 그리고 이의 남성형(πάλλας)은 소년 또는 아이를 의미하기도 한다. 그러나 후자의 해석 또한 신빙성이 있어 보이는데, 이는 팔라스라는 용사를 정복하여 그의 용맹함을 속성으로 물려받아 그와 동일인물이 된 아테나라는 해석이 어울리기 때문이기도 하지만, 팔라스가 남성의 강력한 성기를 의미한다고 볼 때 전사 아테나라는 위상이 더욱더 공고해지기 때문이기도 하다. 팔라스와 빛 또는 남근을 의미하는 팔로스(Φάλλός, phallos)의 어근이 같다는 사실은 융에 의해서 이미 지적되었다(1985a, 189). 그에 의하면 팔로스는 "막대기, 무화과나무를 잘라 만든 제례용 링감(lingam)", 즉 남성 성기이며 이는 로마의 남근과 생식의 신인 "프리아포스 조상과도 비슷하다"(Jung 1985b, 91-93).

팔라스는 아테나의 친구인 여전사의 이름으로 인식되기도 하지만(Guthrie 108; Kerényi 1951, 122), 대부분의 사람들은 그를 남성의 상징을 표상하는 신으로 인식했다고 한다(Walker 764). 그의 신물은 남근 모양의 거대한 기둥인 팔라디움(Palladium)인데, 이는 팔라스 또는 아테나 여신의 석상으로 해석되기도 했다. 팔라스가 그의 친딸인 아테나를 강탈하려 하자 그녀가 그의 껍질을 벗겼다는 다소 과격한 주장, 그리고 팔라스가 아테나의 평범하고도 절친한 소꿉친구라는 주장도 있어 왔는데(Kerényi 1978, 36, 68; Hathaway 304-305), 팔라스가 사실인즉슨 아마존 여전사이었다는 주장(Rigoglioso 2010, 38-39)은 팔라스의 젠더에 관한 혼란된 주장을 일소할 수 있으리라고 본다. 팔라스는 소년 같은 소녀, 즉 여전사이기도 하였으며 "에게-뮈케네 시대의 고대 여신인 신성한 소녀"(Brosse 318)이기도 하였고, 아테나와는 결국 동일인물이 된다. 학자에 따라서는 아테네의 수호신 아테나 폴리아스, 아테나 파르테노스, 그리고 소아시아 터키 지역의 아테나 팔라스를 구분하기도 한다(최혜영 2018, 328).

아테나가 고르곤, 즉 메두사와 동일시된 이유는 아마도 고르곤이 보호자 또는 여왕의 역할을 해서이기도 하지만, 팔라스를 물리친 혹은 그와 동일화되는 아테나가 메두사의 지혜와 아름다움을 물려받았기 때문일 것이다. 고대 문명에서 무엇을 정복한다는 것은 그 물리친 사물이나 동식물, 또는 사람이나 신들의 속성을 흡수하는 것으로 보는 것이 타당하기도 하다. 그렇다면 오비디우스가 보고하고 있는 포세이돈의 메두사에 대한 강탈은 메두사의 물과 바다의 힘을 포세이돈이, 그리고 그러한 메두사를 아테나가 정복하여 각각의 속성을 이어받아 공유하고 있다는 해석이 되기도 하는데, 바로 이러한 이유 때문에 뮤즈의 신이기도 한 아테나는 메두사의 머리에서 솟아나와 시적 상상력의 원천이 되고 있는 천마 페가수스를 길들이고 있는 것으로 나타나기도 한다.

팔라스 아테나:
구스타프 클림트(Gustav Klimt, 1862~1918),
1898년, 캔버스에 오일. 비엔나 박물관

메두사의 힘으로 페르세우스는 괴물을 물리치고 그의 처 안드로메다를 얻고 그의 어미 다나에(Danaë)를 폴뤼덱테스(Polydectes)로부터 보호할 수 있었다. 필자가 제우스신을 위시한 헬라스 제신들의 강탈 또는 겁탈을, 말 그대로 신체적인 강간으로 받아들여 헬라스 신화를 남성중심주의와 제국주의에 관한 담론으로 확대 해석하고 있는 주장(국내에서는 박홍규)을 따르지 않고, 자리 배치(deployment) 또는 재배치 과정을 통하여 새로 등장하는 신들이 기존 신들의 속성을 공유하거나 분배받는 것으로 해석하고 있는 이유이기도 하다. 그러하기 때문에 아테나는 지혜의 상징인 뱀, 또는 고르곤의 힘을 흡수하여 그녀의 날개를 뱀으로 치장하기도 한다. 클림트(Gustav Klimt)의 〈팔라스 아테나〉(*Pallas Athena,* 1898)는 전신 갑주를 입은 아테나 여신이 혀를 쑥 내민 메두사의 머리를 가슴의 흉장으로 지니고 있는 것으로 표현되고 있어, 메두사의 속성을 아테나가 흡수하는 전승 구조를 확인해주고 있다. 왼쪽 팔 상단의 배경으로 보이는 그녀의 신물인 부엉이가 양의 머리를 이고 있는 것으로 보아 백양궁 시대의 신인 제우스와 동등하게 서 있는 모습은 아테나가 제우스와 같은 또는 그를 능가하는 강력한 여신이 되었다는 사실을 암시하고 있다. 아테나는 또한 클림트가 살았던 세기말에 이르러서는 관능적인 성질을 띠기도 하여 메두사의 아름다움을 형상화한 좌측 귀퉁이의 "진솔한 나체상"(vera nuditas)은 메두사의 시선을 대신하는 거울을 들고 심지어는 음모 또한 노출한 채 세기말의 군상들을 응시하고 있다.

메두사의 머리는 강력한 퇴마적(apotropaic) 기능 또한 지니고 있다. 페르세우스는 아틀라스와 대결할 때, 그리고 포세이돈의 딸들이기도 한 것으로 전해지기도 하는 바다의 정령들(Nereides)[7]과 아름다움을 견주다 벌을 받게 되는 카시오페아의 딸인 안드로메다를 차지할 때도 아테나와 천적이면서 바로 그녀가 되기도 하는 메두사 머리의 주술적인 힘에 의지하였다고 전해지기도 한다. 아테나 여신이 이 방패의 도움으로 "팔라스"(Pallas)라는 거인을 물리치고 그 거인의 거죽을 포처럼 떠 입었다는 신화(Burkert 142; Baring & Cashford 344 재인용)를 우리가 또한 상기한다면, 그녀는 마치 뱀처럼 허물을 다시 뒤집어 쓴 보호자 메두사의 모습으로 우리에게 다시 다가서게 된다. 전함 이지스(Aegis)는 메두사의 얼굴을 그린 "아에기스"(aegis, aigos), 즉 염소 가죽으로 만든 전신 갑주를 방패삼아 입고 나타나는 전쟁의 여신 아테나를 염두에 두고 명명되었다. 아테나와 메두사의 출생지를 따른 원래의 신전이 지금의 리비아 북부 지역으로 추정되는 트리토니스 호수 근처이며, 둘 다 처녀신으로서 병사의 수호신이었다는 주장, 그리고 그 누구도 감히 "마비시키는 아테나 여신"(Athena Narkaia)을 쳐다 볼 수 없었다는 주장(Luyster 159-60) 등은 일부 지역에서는 아테나 여신과 메두사가 동일 인물이기도 하였음을 강력히 시사한다.

흥미로운 것은 아테나가 헤파이토스와의 비정상적인 결합으로 낳은, 일설에는 뱀이라고도 하는, 아들 에릭토니오스(Erichthonios)가 말 그대로 땅속(chthon) 또는 혼돈(chthonos)을 그 이름 안에 지니고 있어, 해석에 따라서는 "바로 그 땅속에서 태어난 자", "바로 그 혼돈스러운 자"로도 설명되고 있다는 사실이다(Kerényi 1951, 123; 1978, 68).[8] 이는 비단 그녀가 그녀의 지혜의 속성으로 땅속의 어두움과 유부의 혼돈을 지니고 있다는 사실에 대한 방증일 뿐 아니라, 지혜 자체가 때로는 혼돈으로 그리고 보다 더 적극적인 의미에서 혼돈이 지혜 자체로 받아들여졌음을 말해 주기도 한다. 땅(속)의 혼란은 물론 하늘의 질서와 대비되는 개념이었고 여기서 땅 또는 지하세계(幽府 underworld)의 혼돈 또는 혼란이 감지되지만, 땅(Gaia)에서 땅과 하늘(Ouranos)이 다시 분화된 헬라스인들의 신화에 비추어 볼 때 땅의 혼돈 가운데서 하늘의 질서가 창조된다고 믿는 그들의 사유를 엿볼 수 있다. 천원지방(天圓地方)을 신봉하는 중국에서는 더욱더 그러하지만 하늘은 땅을 위해 존재한다. 카오스에서 코스모스가, 땅의 어두움에서 하늘의 빛은 태동한다.

우리가 앞서 언급한 웰버의 아담(Adam Senior)이 바로 이 혼돈인데, 혼돈에 관한 시원적 사유는 물론 도덕경의 칠규(七竅)에 관한 비유와 유사하다 할 수 있는데, 도덕경의 칠규에 관한 비유는, 이 책 I권 1장의 끝부분에서 논하였듯이, 혼돈의 여성이 없어질 때 우주의 질서와 조화도 궤멸한다는 메시지를 함의한다. 흐톤(Chthon)은 지하 세계의 신으로 대지의 여신 가이아(Gaea)의 별칭이기도 한데, 가이아와 대비되어 또는 동일화되어 세상의 악을 생성하는 악마적 존재로 해석되기도 하였다. 지혜의 여신의 이름을 딴 도시 아테네의 왕 테세우스(Theseus)의 6대 조상으로 알려진 자가 뱀의 모습을 지닌 혼돈의 제왕 에릭토니우스이고 보면, 헬라스인들에게 혼돈과 어두움 그리고 지혜는 분리할 수 없는 개념으로 받아들여진 것 같다. 병사들의 수호자이자 전쟁의 여신이 되기도 하는 아테나는 이 혼돈을 지혜와 더불어 메두사로부터 물려받았다. 이것이 바로 지혜의 최극점, 즉 현묘한 지혜가 다시 유부의 어두움과 혼돈, 그리고 때로는 파괴와 전쟁으로부터 발현되는 이유가 되기도 한다.

워커(Barbara Walker)의 『여성신화 백과사전』은 아테나가 네이트 또는 아나트 여신에서 어원학적으로 기원한다는 모계제(matriarchy)에 입각한 원시신화의 주장을 다음과 같이 정리하고 있다.

> 사실을 말하자면, 메두사는 여성의 지혜를 표상하는 리비아 아마존의 뱀 여신이었다. (지혜는 산스크리트어 "medha", 헬라스어 "metis", 이집트어로는 "met" 또는 "Maat"이다.) 그녀는 이집트에서는 네이트(Nt 또는 Nēit, 영어명 Neith), 북아프리카에서는 아트-에나(Ath-enna) 또는 아테나로 불리어졌는데, 세 명의 창조여신 중 파괴적인 측면을 담당하는 여신이다. 사이스 지역의 죽음의 신 네이트 신전에서 그녀는 "모든 신들을 낳은 (…) 어머니"로 소개되고 있다. 그녀는 과거와 현재와 미래를 상징하는데, 왜냐하면 그녀는 "존재했던, 존재하는, 존재할 모든 것"이기 때문이다. 그녀의 신전에 새겨진

이 글귀가 너무 유명하여 기독교인들은 그것을 야훼를 말하는 것으로 바꾸었다(『요한계시록』 1:8).

(Walker 629)

사랑과 죽음의 여신 이시스가 "마아트"로 그리고 사이스 지역에서는 네이트가 "마아트"로 칭해지기도 하였다는 사실을 확인하는 워커의 주장은, 4장에서 이미 인용한 바 있지만 고대 이집트어에서 어머니(mother)와 물질(matter)이 나일강의 진흙을 의미하는 공통 어원인 "Maat"로부터 연원한다는 주장(Sjöö & Mor 61)과 궤를 같이한다. 네이트와 마아트, 이집트의 이시스, 그리고 그리스의 메티스와 북아프리카의 메두사 또는 아테나가 공히, "medha", "metis", "met" 또는 "Maat"가 암시하는 어원적인 친연성에 기대어보지 않아도, 이와 동일한 몇몇 지역들에서 네이트 여신이 후대에 이시스로 불려졌다는 사실을 감안한다면 그녀가 지혜와 죽음의 표상으로 지중해 연안의 광범위한 지역을 석권했었다는 사실을 충분히 추론하게 한다. 그리스어 "meter"와 라틴어 "mater"와도 연관되는 것처럼 보이는 공통 어원인 "Maat"의 중요성은 아무리 강조해도 지나치지 않은데, 이는 이 책의 5장에서 이미 밝힌 바 있지만 만군의 주 오시리스의 법정을 '마아트의 홀'로 『이집트 사자의 서』가 표기하고 있는 것에서도 알 수 있다(366).

그리스의 농업과 결혼의 여신 "Demeter"는 본디 대지(의 여신)이며 마아트 여신 또한 이와 다르지 않다. 메두사를 지칭하기도 하는 전쟁과 죽음의 신 네이트가 야훼의 이름말을 풀어 쓴 것으로 추정되는 "ehye ahser ahye"의 의미인 "나는 나다"(존재한다) 또는 "나는 나일 것이다"(존재할 것이다)와 동일한 뜻을 갖는 신으로 나타난다는 사이스의 비문에 관한 헤로도토스와 플루타르코스를 위시한 여러 사가들의 보고는, 그 진위 여부를 떠나서 문명사적으로 매우 흥미로운 주장이 아닐 수 없다.[9] 성경은 물론 많은 부분을 비단 메소포타미아의 신화뿐만 아니라, 이집트 신화, 그리고 더욱

더 나아가 인도신화에게도 빚지고 있다. "시간은 존재했던 모든 것과 앞으로 존재할 모든 것을 낳았다"(「아타르바 베다」 XIX, 54, 3). 브라만은 "존재했고 존재할 것들의 지배자, 그는 오늘인 동시에 내일이니"(「케나 우파니샤드」 IV, 13; Eliade 『이미지와 상징』, 87 재인용). 다음 구절 또한 도움이 될는지 모른다. "아트만은 (…) 주위를 둘러보았지만 그 외에 아무도 없었다. 그가 처음으로 말했다. '아함 아스미'(aham asmi, 나는 나다)라고. 그러자 '나'(아함)라는 명칭이 생겼다. 그리하여 오늘날까지 자신을 지칭할 때 먼저 '이것은 나다'(aham ayam)라고 하고 나서 다른 명칭들에 관해 말하게 된다"(『브리하드아라냐카 우파니샤드』 I. 4. 1; 이명권 270 재인용). 이에 관한 키치일지는 모르지만 스토아학파 인들의 묘비에는 다음과 같이 쓰여 있다고 한다. "나는 존재하지 않았고, 존재했으며, 존재하지 않는다, 이제 아무런 상관없다"(Non fui, fui, non sum, non curo Cave 재인용 371).

"아테나" 여신의 원래 뜻이, 플루타르크를 따르자면, "나로부터 나온 자"(élthon 'ap' 'emautês)라는 주장, 네이트 여신의 뜻이 애굽어로 영혼의 탄생과 윤회를 의미하는 "엮다", "바느질하다"(to knit, to weave)는 동사 "netet", 즉 존재를 뜻하는 "ent(et)"와 연관된다는 신화학자 벗지(Wallis Budge)의 주장, 그리고 끔찍함을 의미하는 이집트어 "Nr.t"가 "Nit"로 변화했다는 19세기 말의 독일의 문헌학자 세테(Kurt Sethe)의 주장을 연관시켜 본다면(Rigoglioso 2009, 52-53; 2010, 28-29), 끔찍한 메두사는 아테나 여신이 되고 그들의 공통 기원은 "존재 자체"를 의미하는 네이트 여신이 된다.[10] 물론 신격들의 재배치 과정에 따라 헬라스 신화에서도 아테나를 메티스 여신의 후신으로 본다면 메두사는 여전히 아테나 여신의 품위를 또한 상회하고 있다.

워커가 축약하여 정리하고 있는 20세기 초 여러 학자들의 이러한 주장은 학계에서 여전히 그 주장의 진위가 문제가 되고 있고, 타당성 논란에 아직도 휩싸여 있는 버날(Martin Bernal)의 『블랙 아테나』(1987)에서 그 학문적 결실을 맺게 된다(특히 Jassnoff & Nussbaum 194). 버날의 주장은 길게 인용할 가치가 있다.

> 고대에 아테나는 이집트 여신 Nt(네트) 혹은 네이트Nēit와 시종일관 동일시되었다. 두 여신 모두 전쟁과 길쌈, 지혜를 상징하는 처녀 신이었다. 네이트 숭배의 중심지는 서부 삼각주에 있는 사이스Sais라는 도시였는데 (…) 그 도시의 종교적인 명칭은 Ht Nt, 즉 네이트의 신전 또는 집이었다. (…) Nt(네트)와 매우 유사한 서부 셈족 여신의 이름인 아나트'Anåt로 인해, Nt(네트) 앞에 모음이 위치했을 가능성은 더욱 커진다. 따라서 Atanait(아다나이드: At + 전치모음 a + nait)를 Ht Nt(헤트 네트)의 모음 삽입 형태로 간주하는 것은 타당할 듯하다. 아테네Athēnē(도리스어 방언은 Athānā, 선형문자 B로는 아-타-나A-ta-na)에 i가 없다는 것이 한 가지 문제점으로 보인다. 그러나 아티카어와 도리스어에는 Athēnaia와 아타나이아Athanaia라는 변형이 있으며, 호메로스식의 완전한 형태는 아테나이에Athēnaiē이다. 또한 단어 끝의 -t는 그리스어와 후기 이집트어에서 모두 생략되기 때문에, 아테나이Athēnai와 아테네Athēnē에서 t가 나타나지 않는 것은 충분히 예상할 수 있는 일이다. (93-94)

사이스(Sais)는 나일 삼각주 서쪽에 위치한 고대 이집트 24, 26왕조의 수도로 지금의 명칭은 "Sa el-Hagar"이며 고대에는 "Ha-Nit"로 불러지기도 호칭되기도 하였는데, 명칭에서 보아 알 수 있듯이 네이트 여신과 관련성이 있었던 도시로 추정된다. 파우사니아스(Pausanias)의 『아프리카 여행기』에 의하면 아테나 여신은 "Athena Saïtis", 즉 "사이스의 아테나"로도 불려 졌는데(Rigoglioso 2010, 26 재인용), 이 역시 아테나 여신의 이집트 기원설을 암시해주고 있을 뿐 아니라 아테나 여신이 사실은 제우스보다 더 오래된, 또는 람세스 시기의 문헌에 의해 확인된바 "가장 오래된 이름을 가진 여신이었다"(Rigoglioso 2009, 52 재인용)는 추론을 가능하게 해주고 있다. 아테나가 제우스의 머리로부터 출생한 것이 아니라 제우스가 아테나 여신이 상징하는 지혜를 자신의 머리로 삼았다는 새로운 해석이 가능한 시점이다.[11] 사랑과 전쟁을 관장하는 수메르의 달의 여신 인안나가 주신(主神) 안(An)의 권위, 즉 메(me)를 물려받았듯이 지혜의 아테나 또한 아비 제우스의 홀(笏)을 물려받는다고 해석할 수도 있지만, 인안나와 아테나가 토착 여신으로 후기에 정착된 안, 혹은 제우스의 품위보다 앞선다는 해석 또한 가능하다.

역사학의 아버지 헤로도토스 또한 이집트에서 해마다 거행된 가장 큰 축제 중의 하나로 사이스 축제를 거론하며 이것이 아테나 여신을 기리는 축제임을 밝히고 있다. 헤로도토스는 그런데 이시스 여신이 헬라스 말로 하면 데메테르라고 밝히고 있는 반면, 사이스에서 아테나와 네이트 여신이 숭앙되고 있다고 밝히고만 있지 아테나 여신이 네이트 여신이라는 언급은 하고 있지 않다(『역사』 II, 59-62; 박광순 192-193, 『향연』; 천병희 197-198). 버날과 리고글리오스 등의 주장대로 아테나 여신이 네이트 여신이라는 추측의 신빙성 논의를 위해서는 아무래도 1차적인 고전 문헌들이 뒷받침되어야 하는데, 크리티아스(Kritias)의 입을 빌어 말하고 있는 플라톤의 다음과 같은 언급을 참고할 만하다. 물론 『티마이오스』에서 아틀란티스 대륙의 존재를 보고하고 있는 플라톤을 믿지 못하여 아래와 같은 언급도 신빙성이 없다고 판단한다면 논의는 더 이상 나아가지 않는다.

> 이집트 나일강의 흐름이 그 꼭대기에서 갈라지는 삼각주에 사이티코스라 일컫는 한 지역이 있는데, 이 지역의 가장 큰 나라는 사이스이고 (…) 이 나라 사람들에게는 나라의 수호 여신이 있는데, 이 여신의 이름은 이집트 말로는 네이트(Nēith)이고 헬라스 말로는, 그들의 이야기대로, 아테나(Athēna)이오. (『티마이오스』, 21d)

리비아(당시 서부 아프리카)와 후대의 페니키아 지방에서 아나트('Anåt, 영어 Anatha)로도 알려진 네이트 여신은 기원전 4000년경에 크레타섬을 거쳐 미노스·뮈케네 문명기에 이르면 그리스 본토와 소아시아 트라키아 (지금의 발칸반도 남동쪽) 지역으로 상륙하게 되는데, 페르세우스가 아테나 여신의 사주를 받아 메두사를 정복하는 신화소는 청동기 문명에 의한 신석기 문명의 대체에 관한, 그리고 아테나와 페르세우스로 대표되는 가부장제의 도래에 관한 신화소로 해석해도 무방하다. 페르세우스가 처단한 것은 비단 메두사가 아니라 그녀로 대표되는 "모계제의 용"(matriarchal dragon)이기도 하였다(Robbins 59). 신화의 역사적인 진위를 떠나 메두사가 제우스의 아내인 지혜의 모신 메티스(Metis) 여신과 동급으로 취급되었다는 사실은 최소한 그녀가 아테나보다 상위의 신이라는 사실을 증명하고 있다.

메두사는 비단 아테나 여신이 그녀의 성질을 이어받은 짝패(syzygie; double)로서 그녀의 어두운 측면만을 나타낼 뿐 아니라, 아르테미스 신이 표상하는 달, 파괴, 죽음, 그리고 종국적으로는 재생을 지시하는 상징으로도 나타나게 된다. 이러한 현상의 배후에는 아마도 처녀신 아테나보다는 처녀신이면서도 풍요와 다산의 여신이 되는 아르테미스에 대한 헬라스인들과 소아시아인들의 숭배 대상의 변화가 자리 잡고 있는 것 같다.[12] 헬라스에서 출산의 여신이기도 했던 아르테미스는, 소아시아의 오늘날의 터키 북부 지역에 이르면 24개의 유방을 가진 에베소의 그 유명한 아르테미스 조각상에서 확인할 수 있는 것처럼, 다산과 풍요의 여신이 된다. 정숙한 아르테미스에 대한 대중들의 예배가 없었고 그녀가 소아시아의 사랑과 풍요의 여신들과 동일시되었다는 프레이저의 보고(Harding 169 재인용)는, 처녀신 아테나의 성질을 흡수, 포함하는 풍요의 여신 아르테미스의 지중해 문명권에서의 재등장을 예고한다.

대략 기원전 580년 전후에 건립되었다고 추정되는 헬라스의 코르푸(Corfu) 마을에 위치한 아르테미스 신전의 상단 박공벽(pediment)에서 출토된 조각(위의 사진)의 중앙에는 뱀 모양의 머리를 한 후덕하게 생긴 메두사가 교미하는 뱀, 또는 우로보로스(ouroboros)의 형태를 지닌 뱀 카두세우스(caduceus)를 그녀의 복부에 지닌 모습으로 나타난다. 신적인 가계 또는 왕가를 상징하는 사자가 그녀를 호위하고 있으며 그녀의 얼굴은 동그란 보름달 모양을 하고 있는데, 그녀의 사지 지체 또한 지혜와 완전, 그리고 다산을 상징하는 달의 기호인 스와스티카(swastika), 즉 만(卍)자형의 품세로 탄생과 죽음이라는 우주의 순환을 재현해 내고 있다. 기원전 490년경 에트루리아에서 출토된 〈뜀박질하고 있는 메두사〉 화병의 그림 또한 만자 형 품세를 유지하고 있는데, 다른 점이 있다면 그것은 아테나나 아르테미스처럼 그녀 또한 여신이었음을 말해주는 등 뒤에 솟아 난 우화등선의 날개일 것이다(화병 그림은 Garber & Vickers 234).[13]

메두사의 모습을 아르테미스가 취한다는 말인데 이는 헬라스의 로도스 섬에서 출토된 고르곤의 머리를 한 아르테미스를 그린 접시 도자기 그림(다음 사진)에서도 확인할 수 있게 된다(기원전 630년경 추정; 그림은 Baring & Cashford 327; Kerényi 1978, 86 참조). 두 손에 만(卍)자형이 선명하게 그려진 백조의 목을 잡고 탐욕스럽게 튀어나온 혀를 지닌 입으로 정면을 응시하는 메두사는, 비록 그녀가 남성의 수염으로 여겨지는 머리 타래를 지닌 얼굴과

고르곤의 머리를 한 아르테미스 접시 그림:
그리스 로도스섬 출토, 기원전 630년경 추정

가슴 주위의 날개 모양의 깃털로 인해 성 분화가 이루어지지 않은 원시시대의 오래된 고르곤을 대표하는 인물로 해석되기도 하지만, 굳이 그녀의 성 정체성을 밝히자면 "남성, 또는 중성이라기보다는" 당대 여신의 전형인 자웅동체형에 가깝게 보인다(Kerényi 1978, 87-88).

앞의 아르테미스 조각품처럼 카두케우스를 복부에 지니지는 않았지만 그녀의 신적인 권위는 적어도 이 그림에서는 상상을 불허한다. 우리가 만약 그녀가 잡고 있는 두 마리의 백조가 상징하는 인물이 제우스인 것을 이내 알아차린다면, 그녀가 단순히 제우스신보다 앞선다는 의미에서뿐 아니라 만신의 제왕 제우스를 손아귀에 지고 세상을 다스리는 통치자이자 강력한 여신이었다는 사실을 다시 한번 확인하게 된다. 제우스가 뱀으로 변신하여 페르세포네에게서 디오니소스를, 백조로 변신하여 레다에게서 또한 트로이의 헬렌을 얻었다는 사실은 익히 알려져 있다. "백조를 손에 쥔 여인"(dame aux cygnes)에 관한 모티프는 후대에 이르러서는 순결함과 하늘나라의 영광, 그리고 자본주의가 횡행하는 유형지의 천박함과는 상응하는 시적 고귀함의 상징으로 말라르메(Stephane Mallarmé)의 「백조」(*Le Cygne*, 1885)와 이보다 앞서는 보들레르(Charles Baudelaire)의 「백조」(*Le Cygne*, 1861)에 등장하기도 한다. 메두사는 이처럼 순결의 화신이기도 하며 제우스를 거느리는 여왕이 되기도 한다.

고르곤이 "풍요로운 금빛 소나기"(Kirk 150; 임철규 65 재인용)로도 불리었고, 그 어원이 또한 "교활한 자" 또는 긍정적으로 번역하여 "똑똑한 자"(cunning one)를 의미하는 여성의 성기에서 연원하고 있다는 그레이브즈(Robert Graves 129; Johnson 152 재인용)의 의견, 그리고 지혜(mêtis)의 뜻 중 하나가 "영민한 지성"(cunning intelligence)이라는 데티엔느(Marcel Detienne)와 베르낭(Jean Pierre Vernant)의 주장(107-9)을 우리가 참조한다면, 메두사를 "서쪽 문의 여신", 심연과 죽음의 여신뿐만 아니라 생명과 풍요의 여신으로도 부르는 이유를 알 수 있을 것이다.[14] 의학의 신 아스클레피오스(Asklepios)가 메두사의 왼쪽 옆구리에서 나오는 "피로는 생명을 죽이고, 오른쪽에서 나온 피로는 치료를 하고 생명을 회복"(Campbell 1964b, 37)시키는 의술을 행하는 이야기에서도 알 수 있듯이, 메두사는 마치 여성의 음부처럼 아름다움과 추함, 삶과 죽음을 동시에 체현하고 있다. 그렇기 때문에 에우리피데스가 『이오』에서 말하는 메두사, 즉 "고르곤의 두 핏방울"(Garber & Vickers 17 재인용)은 굳이 플라톤과 20세기의 데리다를 염두에 두지 않고 해석하여도 약과 독약, 죽음과 재생을 동시에 의미하는 '파르마콘'(pharmakon)이었다. 메두사의 피만큼 삶과 죽음의 등가성, 또는 동일성에 관한 상징을 더 잘 드러내는 비유는 없을 것이다. 그러나 보는 이들을 "황홀하게" 돌로 만든 것은 메두사의 신화적으로 회상된 추악한 얼굴이 아니라 그녀의 아름다움이었다.

프로이트는 아르테미스 신전에서 출토된 소위 "아름다운 고르곤"에 관한 자료들을 입수하지 못한 것 같다.[15] 그러나 그는 기존의 자료로도 확인할 수 있었던 메두사 신화의 근간이 되는 헤시오도스와 아폴로도로스와 오비드의 설화, 그리고 단테와 셸리와 괴테, 그리고 모리스와 로세티 등의 시 작품들이 그려내고 있는 메두사의 아름다움뿐만 아니라, 아테나 여신이 왜 그녀의 방패에 메두사의 머리를 부착하였는지, 그리고 신화가 왜 미추와 생사를 동시에 체현하고 있는 메두사의 머리에서 시적 영감의 원천이 되는 페가수스가 태어나고 있다고 기술하고 있는가에 대해서는 침묵을 견지하였다.

남성과 여성을 지배, 피지배의 구도로 보아 여성에 대한 남성의 강탈을 당연한 것으로 해석하는 프로이트의 체계 속에서는 포세이돈의 메두사 강탈이 자연적인 것으로 치부되기는 다반사였던 것처럼 보인다. 아테나 신전에서의 불경스러운 일은 포세이돈의 욕정이 촉발한 것이 아니라 메두사의 아름다움이었고, 아름다운 것은 그렇기 때문에 이상하게도 죄로 치부되었다. 신화와 역사가 수없이 많은 강간과 강탈, 그리고 전쟁의 원인을 여성의 아름다움 탓으로 돌려왔다는 사실은 트로이의 헬렌이 말하고도 남음이 있다.

19세기 말 서양의 역사는 말할 것도 없지만 20세기에 이르기까지 서양의 이론과 문학은 아름다운 메두사를, 물론 팜므 파탈의 색다른 의미에 관해서는 이 책의 10장에서 논의가 더욱 진행되겠지만, '치명적 여인'(femme fatale)으로만 여전히 파악하고 있었으니, 메두사는 추하면 악녀로, 아름다우면 미를 뽐내어 포세이돈을 위시한 뭇 남성들을 유혹하고, 포세이돈의 강탈을 피하려고 피난 간 아테나 신전에서 강간을 당한 죄로 신전 주인인 아테나 여신의 저주를 받은 가련한 여성으로 여전히 등장하고 있다. 강탈하는 자는 여전히 신적인 권위를 유지하고 강탈당하는 자는 낙인이 찍혀 사회에서 추방당하고 마는 것은, 작금의 강간범에 대한 법정의 판결에서도 여전히 일어나고 있다. 아름다워도 안 되고 추해도 안 되는 여성의 운명은 종국에는 여성을 창녀로 인식하게 하는데, 이와 같은 논의는 필자가 앞선 장에서 논한 바 있다.

4

아테나의 젠더 중립과 엥겔스의 "여성의 세계사적 패배"

아테나 신전에서의 메두사의 강탈은 아테네 도시의 지배권에 대한 아테나와 포세이돈의 경합 과정 중, 포세이돈이 표상하고 있는 물의 힘을 메두사, 즉 아테나가 흡수한다는 신화적인 암시이기도 하지만, 역사는 메두사와 아테나를 분리하는 방향으로 나아갔다.[16] 포세이돈과 메두사는 포세이돈보다 하급 신이거나 후대에 동생으로 슬쩍 등장하는 제우스와 그리고 그의 머리에서 자가생식(autogenesis)하는 아테나에게 만신전의 주도적 위치를 넘겨야만 했다. 메두사가 아테나 여신의 짝패, 또는 그녀가 아테나의 자매 혹은 어머니로서 아름다운 여왕이었다는 주장 등은 여성에게 추함과 아름다움, 죽음과 생명이 동시에 존재하고 있다는 사실을 후대에 이르기까지 계속해서 파악한 헬라스인들의 깨달음이기도 하였다. 아스클레피오스는 그녀의 피로 사람을 죽이기도 살리기도 하지 않았던가? 메두사에 관한 신화는 그러나 여성의 파괴적인 성향만을 일깨우는 신화소로 전락하고, 그 결과는 유대-기독교의 릴리스와 이브로 대표되는 여성성에 대한 부정과 중세시대에 횡행했던 "여성의 악마화"와 19세기 말 유럽의 팜므 파탈 4인방에서 드러난 것처럼 '죽음의 여성' 같은 관념으로 나타났다. 아테나 신전에서의 성적인 교합은 단지 강탈 이상의 신성을 교환하는 일종의 제례이기도 하였지만, 역사는 그것을 신전 창녀의 기이한 풍속으로 몰아쳐 부정적으로만 해석해 내기도 하였다.

앞의 글들에서도 파악한 것처럼 프로이트의 메두사에 관한 이론은 여성의 성기를 거세와 결핍으로 보는 그의 거대 이론의 일익을 담당하고 있다. 그러나 메두사가 여성의 성기를 지칭하는 것이 도대체 타당하다면 그것은 추함이 아니라 아름다움일 것이고, 성기를 포함한 여성의 아름다움을 응시하는 남성들은 아마 거세가 아니라 즐거움과 충일의 순간을 누리는 것이 아닐까? 섹스를 '작은 죽음'으로 생각하는 서양 중세시대의 금욕적인 전통은 성 아우구스티누스를 위시한 기독교 초기 교부 철학자들의 입장이기도 하였지만, 섹스를 지나치게 하면 거세당한다는 남성들의 책임 전가식 판타지이기도 하다. 이와 마찬가지로 메두사인 여성을 거세와 결핍으로 보는 시각 또한 인간 존재 자체의 불완전함에 대한 인식과 이로 인한 상실감과 불안함을 여성에게 투사하고 전가하는 방어기제 또는 픽션에 지나지 않는다(Jacobus 114). 거세와 결손, 그리고 부재로서의 여성의 부정성에 관한 관념은 남성 이론의 손쉬운 탈출구이자 필요불가결한 귀착점이었다. 메두사가 너무 아름다워서 페르세우스가 그녀를 항상 소유하려고 목을 잘라 갈무리했다면(Vernant 228), 비난받아야 할 자는 메두사가 아니라 오이디푸스와 유사하게 자기의 외할아버지 아크리시오스를 원반으로 우연히 죽인 영웅 페르세우스일 것이다.

그러나 여성은 남성의 목을 자르면 영웅이 되는 것이 아니라 요부와 독부가 된다. 말 그대로 지혜를 상징하는 메두사와 어원학적으로도 연관되고 있는 그리스의 메데아(Medea)와 남편을 죽인 클뤼타임네스트라(Klytaimmestra)가 대표적인 예가 될 것이다. 성과 사랑을 그리고 몸에 대한 찬양을 구가하는 20세기 페미니즘의 관점에서, 오레스테스의 편을 들어 서양의 여성에게 2천 년 동안 패배를 안겨준 가부장제의 화신이 되는 아테나의 전신(前神)인 메두사를 재평가하고 아테나 여신을 재수용하는 것은 남성 부계적인 발전사적 관점에 대한 반동이라는 측면에서 볼 때 당연한 논리적 흐름이기도 하다. 오레스테스의 모친 살해를 모권의 몰락과 부권과의 투쟁으로 분석(158-161)한 바흐오펜(Jacob Bachofen)에 기대어, 엥겔스가 "여성의 세계사적인 패배"(*weltgeschichtliche Niederlage des Weiblichen Geschlechts*, 63)라고 명명한 아레오파고스의 무죄 판결은, 사실은 메소포타미아 신화소에 나타난 마르둑(Marduk)에 의한 티아맛(Tiamat)의 처단에서 그리고 제우스에 의한 아테나의 자가생식에서 이미 예견되었던 일이었다. 이는 여성에게 남성들의 모든 죄를 전가하여 여성을 사악함과 죄의 원천으로 간주하려는 청동기 시대 이후 적극적으로 등장하는 헬라스 가부장제의 판결이기도 했고 아테나는 이 판결에서 단지 주어진 '도르래 기계 신'(deus ex machina)의 역할을 충실히 수행할 뿐이었다. 오레스테스는 제우스의 머리에서 자가생식했다고 후대에 알려져 여신의 특성을 잃게 되는 아테나의 판결처럼 아직까지도 무죄인가? 어머니에 의해 태어나지 않은 지혜를 우리는 믿어도 좋은가? 아테나의 '처녀자가생식'(parthenogenesis)은 기묘하게도 제우스에 의한 자가생식으로, 즉 신성혼(hieros gamos; hierogamy)의 형태로 탈바꿈해서 나타나는데, 이는 여신과 남성 배우자(male consort)의 결혼으로 대변되는 모계제의 사회제도가 남신으로 표방되는 왕과 여사제의 교합이라는 가부장제 사회제도로의 이행을 의미하기도 한다.[17]

뱀으로 둘러싸여 있는 메두사의 얼굴은 남성을 공포로 마비시키는 추악한 얼굴이 아니라, 뱀의 상징이 여전히 유효했던 시대를 살고 있던 사람들에게는, 죽음과 재생의 우로보로스를 체현하여 신적인 지혜를 지니게 되는 여성의 '뱀 얼굴' 즉, 용안(龍顔)이었다. 비록 그녀가 죽음을 상징하기도 하였지만 죽음은 인류가 마지막 영적 성장을 위하여 껴안아야 할 지혜의 다른 이름이 아닌가? 메두사의 다른 이름이기도하였던 죽음의 신 네이트는 후대의 야훼 신이 말하는 것처럼 "존재했던, 존재하는, 존재할 모든 것", 즉 과거와 현재와 미래이니 "필멸의 존재 그 누구도 그 베일을 열어본 자가 없었다." 추하면서도 아름다운 것, 파괴적이면서도 창조적인 것의 총화, 그것이 "베일"(peplos)의 비유로 표현되는 여성 성기이기도 하고, 여성이기도 하고 또한 우리의 삶이기도 하다는 것, 그리고 최상의 지혜가 유현하고 현묘한 죽음이라는 사실을 메두사는 우리에게 다시 말하고 있다. 죽음과 그리고 이와 고질적으로 연상되어 연관된 것처럼 보이는 성, 즉 에로스가 부정적인 것만이 아니라는 주장을 하는 것은 더 많은 후속 논의를 요구로 한다.

성서의 많은 여성, 예를 들자면 유디스(Judith)와 야엘(Jael)과 같이 조국 이스라엘을 위하여 상대방 적장의 목을 자르고 관자놀이에 대못을 박는 행위를 한 여성들에 대한 후대의 평가가 또한 곱지만은 않다는 사실은, 그들을 주제로 삼고 있는 보티첼리나 고야 그리고 브레이(Salomon de Bray)를 위시한 많은 회화 작품이 증명하고 있다(Stocker 12-15; 화보는 86 이후). 그녀의 부모가 속해 있는 블레셋 족속을 위하여 삼손을 배신한 이방 족속의 딸 델릴라는 이러한 운명에서 더욱더 자유롭지 못하다. 살로메에 대해 성서와는 약간 다른 해석을 하고 있는 와일드(Oscar Wilde)의 희곡 『살로메』(*Salome*, 1892, 1894)에 의하면, 사망한 남편의 의복 형인 분봉왕(分封王, tetrarch) 헤롯 안디바(Herod Andiva)와 결혼하는 헤로디아(Herodias)의 소생인, 의붓아버지마저 정욕을 느끼는 "추잡한" 살로메는 그녀가 느끼기에는 성적으로 끌리는 "아름다운" 세례요한의 목을 자르는데, 이러한 상징적 거세를 포함하는 19세기 말의 수많은 팜므 파탈들에 관한 논의와 더불어 죽음과 젠더에 관한 이론적 성찰은 다음 장들에서 이루어진다. 우리는 이러한 우리의 논의들을 비단 세기말에 특히 불거졌던 팜므 파탈이라는 현상에 대한 분석뿐만 아니라, 고대 서양의 전쟁의 여신과 20세기 전쟁문학에 나타난 여성전사에 대한 분석을 통하여 계속해서 보강하고 확인하기로 한다.

8장 주

1. 당연하지만 여신을 지칭할 때는 "아테나", 도시 이름을 말할 때는 일본식 표기법으로 인해 잘못 굳어진 상용의 "아테네"를 사용하였다. 그리스어에서 아테네가 단수로 사용된 경우는 거의 없었고, 작금의 영어(Athens)나 독일어(Aten)에서처럼 항상 복수 "Athenai"로 쓰였다. 라틴어 또한 복수 "Atnenae"이다.
2. "혼돈의 지모신"(Chthonic Earth Mother)이라는 번역어는 '흐토노스'(chthnos)의 원래 뜻이 땅이라는 의미를 지니고 있어 중첩되는 번역어이기는 하나, 땅과 원시적 혼돈의 연관 관계를 살리고자 중언하기로 한다. 지모신과 대모신의 구별에 대해서는 이 책의 10장, 주석 2를 참조. 윌버의 8단계 통합심리학 체계는 각각 자연(Nature), 몸(Body), 원시적 마음(Early mind), 고차원적 마음(Advanced mind), 심령적 영혼(Psychic Soul), 영특한 영혼(Subtle Soul), 인과적 정신(Causal Spirit), 그리고 궁극적 정신(Ultimate Spirit)이다(9). 이에 관해서는 이 책의 4장 또한 참조.
3. 국내에 신들의 족보, 즉 『신통기』로 알려진 "*Theogonia*"는 이를 "theōn genesis"로 새기고 있는 조대호의 의견을 따라 『신들의 탄생』으로 번역한다(51).
4. 바슐라르가 그의 『물과 꿈』(1943)에서 인용하는 말라르메의 시 「배회」(*Divagations*)의 한 구절을 조금 더 인용해 보면 다음과 같다. "휘드라가 안개

속을 빠져나갈 수 있도록 그에게 길을 물어보자"(5). 이렇게 본다면 휘드라는 안개로 뒤덮인 바다에서 바다 자체이자 우리를 이끌어줄 구원의 여성이 되기도 한다. 여성을 통해서 혼돈과 죽음은 오가고 있지만 그녀를 통해서 구원 또한 당도한다.

5. 가이아는 타르타로스와 결합하여 그녀의 손자뻘인 제우스를 물리치기 위하여 튀파온(Typhaon)을 낳았는데, 튀파온은 메두사의 손녀인 에키드나와 결합, 증손녀들인 휘드라(Hydra), 키마이라(Chimaira), 케르베로스(Cerberos), 그리고 헤스페리데스의 황금사과를 지키고 있는 뱀 라돈(Ladon)을 낳았고, 이외에도 스퀼라(Scylla)와 프로메테우스의 간을 파먹은 독수리를, 그리고 전승에 따라서는 다르지만 그녀의 아들인 오르토스와 관계를 맺어 스핑크스를 낳은 것으로도 되어 있다(『신들의 탄생』 44-51; Jung 1985, 27; 장영란 202). 다양한 전승 층에 따라 메두사의 배분이 달라지기는 하지만, 제우스의 아들인 페르세우스가 메두사를 처단하는 신화소를 비교적 믿을만하다고 받아들이면, 메두사의 배분이 최소한은 제우스와 동급이거나 그 이상이 되는 것은 확실하다. 바다의 신 포세이돈 또한 제우스보다 훨씬 앞서는 상고시대의 신이거나, 토해 낸 순서가 아니라 수태된 순서로 따져보아도 그보다는 형뻘이다.

6. "보호한다"는 의미를 지닌 메두사의 용례는 케레니(Karl Kerényi)의 아테나에 관한 저작에서 찾을 수 있었다. 아테나 여신은 "아테네 도시의 보호자 아테나"(athena e athenon medeousa)로 불려지기도 했다(1978, 37). 한편 고르곤의 어원은 짐승의 울부짖음을 의미하는 산스크리트 의성어 "고르고"(gorgo)에서 파생되었다고도 전해진다(Ellias-Button 119). 허연 눈과 송곳니로 유명한 고르곤 얼굴의 마스크는 "gorgoneion"으로 불리어졌는데(Kerényi 1978, 75), 인도의 시간과 죽음의 여신 칼리(Kali)의 얼굴과 흡사하다고 보고되고 있어(George 159) 고르곤의 산스크리트어 어원설을 지지하고 있다.

   "처녀들의 방, 또는 신전" 정도의 의미를 갖는 파르테논의 어원이 무엇인가에 대해서는 필자가 과문한 탓도 있겠지만 아테나의 이집트 기원설을 주장하는 버날을 제외하고는 아직 학계에 보고된 바는 없다. 파르테논의 어원을 추적하는 필자의 견해에 대해서는 이 글의 후반부, 그리고 3장 3절 참조.

7. 바다의 정령들 중 가장 출중한 인물은 헤라클레스의 어미가 되는 테튀스(Thetys)인데, 『신통기』에 의하면 바다의 정령들은 네레우스(Nereus)의 딸들이며, 이들은 곧 가이아와 폰투스의 손녀들이 된다(42).
8. 아테네의 6대 군주로 알려진 "Ericthonios"라는 이름은 헤파이토스가 아테나를 겁탈하려다 정액을 그녀의 허벅지에 흘리자 혐오스러워진 아테나가 양모(erion) 조각으로 정액을 닦아 땅속(chthon)에 묻자 거기에서 생긴 존재(자식)라는 뜻에서 유래한다. 땅속에서 태어났다는 것은 흐톤(Chthon)이라고도 불리었던 가이아의 소생이라는 뜻이기도 한데, 아테나와 헤파이스토스의 '불화'(eris) 속에서 에리-흐토니우스(Eri-chthonius)라는 별명이 나왔다고 주장되기도 한다(Kerényi 1951, 123; 1978, 68). 에릭토니오스는 기원전 1505~1504년에 아테네의 왕이었다고 전해지고 있으며(최혜영 262), 아테네를 포함하고 있는 아티카 최초의 왕은 뱀의 하체를 갖고 땅에서 나온 케크롭스로 알려져 있다.
이러한 사실, 즉 에릭토니오스가 아테네의 6대 군주라는 사실은 신들과 인간들이 때로는 인간들이 신보다 앞서 혼재하여 존재했다는 사실을 드러내고 있는데, "아테네인들은 처음에는 [원주민] 펠라스고이, 케크로피다이(케크롭스의 사람들) 등으로 불리다가, [에렉토니오스였다고 알려진] 에렉테오스가 왕이 되었을 때 아테네인이라고 불리게 되었으며, 나중에 크수토스의 아들 이온이 그들의 장군이 되었을 때 이오니아인이라고도 불렸다고 한다"(최혜영 216).
흥미롭게도 카드모스를 도와 테베를 세운 흐토니오스(Chthonios) 또한 땅속에 뿌려진 정복당한 용, 즉 뱀의 어금니에서 태어난 자들(spartoi) 중의 하나이며, 도시 트로이는 에릭토니우스의 아들인 트로스(Tros)의 이름을 딴 것이라 되어 있지만 신빙성이 많이 가지는 않는다. "지하의 제우스"(Zeus Katachthonios)라는 명칭에서 알 수 있지만, 크토니우스 또는 '흐'토니우스(Chthonius)는 제우스 신의 별칭으로도 사용되었는데, 첫 글자 '흐'(ch)는 혼란스러운 허공 또는 유부(Hell)의 소리이며, 하늘의 신 제우스의 권위가 땅속까지 미치고 있다는 사실을 드러내고 있다.
9. 헤로도토스가 『역사』(259-262)에서 언급하고 있는 사이스의 비문은 플라톤의 『티마에우스』와 플루타르크의 『이시스와 오시리스』에서, 그리고 파우사니아스

의 『희랍 여행기』 등에서도 등장하는데(Neumann 1953, 220; Rigoglioso 2009, 52 각각 재인용), 아쉽게도 이 비문은 지금 존재하지 않는다.

이와 더불어 이집트의 이시스 여신이 "천둥의 부인"(Arthur 1984, 161; Rigoglioso 198 재인용) 또는 수메르의 인안나 여신을 지시하는 "쿵쾅거리는 천둥이 몰아치는 폭풍우"(Loud Thundering Storm; Wolkstein & Kramer 95)처럼 신의 표식인 천둥 그 자체로 나타나고 있다는 사실은, 이스라엘의 신 야훼가 미단(Midian) 족속의 천둥의 신(Jahve)에서 연원한다는 프로이트의 주장(SE 23: 39-40)과 더불어 문명사적으로 궁구해야 할 흥미진진함 그 자체이다. 나그 함마디(Nag Hammadi)에서 출토된 『천둥』은 이시스 여신이 구술자인데, 그녀는 스스로를 다음과 같이 표현하고 있다. "나는 알파요 오메가라"(13: 17; Rigoglioso 199 재인용). 이에 관한 추가 논의로는 이 책의 11장 2절 참조.

10. 제우스의 머리로부터 태어나는 아테나와 "나는 나일 것이다"임을 선포하는 야훼, 그리고 머리로부터 출생한다는 인도의 브라만 계급의 생명 탄생에 관한 비유는 "자가생식"과 수사학적으로는 토톨로기(tautology)라는 공통점을 갖고 있다. 부처는 다만 크샤트리아 계급의 출생에 관한 상용의 비유적 어법에 걸맞게 오른쪽 옆구리에서 태어나 육도 윤회(천상, 인간, 아수라, 축생, 아귀, 지옥)를 상징하는 여섯 걸음을 여위고 일곱 행보를 한 것으로 알려져 있는데, 천상 또한 벗어나야 할 세상으로 비쳐지는 것이 서양적 전통, 특히 기독교의 사유와 다르다 하겠다. 불교에서 서양의 조물주격인 타화자재천(他化自在天)은 '나는 나다'를 선포하는 야훼 격의 자화자재천(自化自在天)보다 하위에 분류된다. 플라톤의 조물주(demiurge) 또한 창조신에 못 미치는 하위의 신으로 원어가 "demiurgos"인데 이는 민중을 뜻하는 "demos"와 작업자를 뜻하는 "ergos"의 합성어이다.

수메르 만신전에서도 인류의 창조자는 엔키로 그는 엔 또는 그의 장자 엔릴보다 하위의 신이며, 노동의 신 아눈나키의 노역을 감해주고자 그의 어미인 바다의 신 남무(Nammu)와 출산의 신 닌마(Ninmah)로 하여금 그의 피와 침 그리고 수메르의 진흙으로 인류를 창조한 것으로 되어 있다. 그들의 신화를 계속 따르자면 인류의 멸망을 시도한 대홍수의 원인은 신이 낮잠을 편히 잘 수 없을 정도로 인류가 만들어내는 사바세계의 소리가 너무 시끄러워서이다. 말하자면 인류의 창조와 멸망은 신들에게는 별로 중요한 것이 아니었는데, 사실의 진위에 관한 소모적인 논쟁을 떠나 인류의 기원에 관한 동서 사유의 유사성을 볼 수 있어 흥미롭다. 불교에서 최상의 존재는 비상비비상천(非想非非想天)으로 표현되며, 이는 서양의 과정신학이나 과정철학을 따르자면 창조성 그 자체이다. 창조성은 기독교의 성령 또는 팽창하는 우주, 즉 허블(Hubble)의 법칙과 도정에 서 있는 우주와 유사한 개념으로 보아도 무방하다.

3장에서도 소개되었지만 『자연, 예술, 과학의 수학적 원형』의 저자 쉬나이더(Michael Scheneider)는 이를 다음과 같이 설명하려고 한다. "그녀의 이름의 기원은 불분명하지만, 아테나(A-thene)는 '나는 나 자신으로부터 나왔다'는 뜻으로 생각되며, 또는 '죽지 않는', '영원'이라는 뜻을 지닌 'a-thenos'에서 유래한 것으로 생각된다. (…) 아테나의 별명인 팔라스(Pallas: 소녀)의 수 값을 모두 더하면, 한 변의 길이가 7단위인 정육면체의 부피 343(=7×7×7)이 된다"(225). 아테나를 산스크리트어에서처럼 탈격의 알파를 염두에 두고 'a-thenos'로 파자할 수는 있는 것 같은데, "thenos"의 어원이 전혀 밝혀져 있지 않다. 그러나 그의 설명 중 고르곤이 7각형 안에 들어가 있는 이유와 7을 처녀와 연관시키는 설명은 개연성이 있어 보인다. 이에 관해서는 3장과 10장의 아테나 여신에 관한 논의를 참조하자.

11. 아테나가 제우스로부터 나온다는 신화는 따라서 아테나의 지혜를 제우스가 물려받는다고 재해석할 수 있는데, 이러한 배분에 관한 착오 또는 재조정은 물론 후대에 이르러 새로운 신들의 출현과 그들이 숭배 받는 지역에 따라 주신의 지위가 바뀐 결과에 의해 이루어진 것이기도 하다.

12. 아테나는 알려진 것처럼 그렇게 정숙한 여신은 아니었는데, 이는 앞의 주석 4에서 밝히고 있지만 비단 그녀가 헤파이스토스로부터 아테네의 시조가 되는 에릭토니우스를 포함하는 여러 자녀를 두었다는 사실에서만이 아니라 그녀의 다른 모습이 풍요의 여신 아르테미스라는 주장에서 일찍이 확인된 바 있다. 주지하듯이 아르테미스가 정숙한 여신으로 탈바꿈하는 것은 로마시대의 디아나(Diana)라는 이름을 갖고 난 연후이며, 로마의 풍요의 여신은 베누스(Venus)로 정착한 듯하다. 이 글의 주석 10, 그리고 3장의 주석 10 또한 참조.

13. 학자에 따라서는 이를 아테나 신전으로 보기도 한다(Baring & Cashford 340-341). 아테나와 아르테미스는 지역과 시기에 따라 혼동되어 사용되기도 하지만, 그러나 아테나가 풍요의 여신의 모습으로 아르테미스 신전에서 나타나는 것은 그녀의 냉랭하고 냉철한 이성의 속성들 중의 하나인 불모성과는 잘 어울리지 않는다. 물론 아테나를 성적인 매력이 있는 묘령의 아가씨로 보는 해석 또한 가능한데, 이는 그녀가 아프로디테를 제치고 헤파이스토스의 구애를 받아 에릭토니오스를 출산한다는 신화소를 적극적으로 해석하는 경우이다. 어떠한 경우이든 사냥과 풍요를 약속해 주는 물과 달의 여신 아르테미스의 모습을, 그리고 성애의 상징인 아프로디테의 모습을 아테나가 잠시 취한다고 볼 수 있다.
아크로폴리스의 아테나 신전의 비탈길에는 아프로디테의 신전과 아르테미스 신전이 공히 위치하는데, 파우사니아스가 보고하고 있는 아테네 처녀들(arrephoroi)의 축제인 "아레포리아"(Arrephoria)는 아프로디테 여신과 분명히 관련이 있다(Deacy 88-89). 아테나를 그리고 그녀의 전신인 메두사를 제우스의 이전의 대모신들로 파악하면 문제가 해결되기도 하는데, 이는 아테나와 아르테미스가 분화되기 전의 아테나를 염두에 둔 해석이다.
14. 주지하듯이 영어의 "cunning" 또는 "cunt"는 여성의 성기를 지칭하는 라틴어 "cunnus"에서 기원한다. 비록 OED가 둘의 확실한 연관성에 대해 유보적이지만, 대중적인 상상력은 양자의 연관성을 인식하고 있는 듯한데, 미국의 브루클린 뉴욕에 위치한 휴양지 코니 아일랜드(Coney Island) 또한 생긴 모습대로 이것에서 그 명칭이 유래한다고 한다.
엔슬러(Eve Ensler)는 영어의 '컨트'는 인도의 죽음과 사랑의 "칼리 여신의 호칭인 쿤다(Kunda) 또는 컨티(Kunti)에서 유래했으며, 친척을 의미한 '킨'(kin)이나 나라를 의미하는 '컨트리'(country)도 같은 뿌리에서 나온 말이다"(15)고 주장하는데, 이 또한 컨트를 삶과 죽음의 시원적 기관으로 보는 의견들 중의 하나일 것이다. 아름다운 모습의 컨트에 대해 긍정적인 기술을 한 20세기의 최고의 소설가는 아마도 헤밍웨이일 것이다. 스페인 내란을 무대로 한 『누구를 위하여 종은 울리나』(*For Whom the Bell Tolls,* 1940)의 주인공 조단(Robert Jordan)은 아름다운 스페인의 아가씨 마리아(María)를 "작고 귀여운 토끼"(conejita)로 계속해서 부르는데, 헤밍웨이의 말장난(pun)에 익숙한 독자들은 스페인 말에서 "conejita"가 남성성의 원천, 즉 '코호네스'(cojones)와 쉽게 연상 작용을 일으키는 여성의 성기를 의미하는 "conejo"의 축소형 명사임을 곧 알게 된다.

15. 로셔(Wilhelm von Roscher)의 『고르곤과 그 친척들』(1896)은 예술 작품에 나타난 고르곤의 발달을 3단계로 구분하고 있는데, 이는 각각 찡그린 얼굴에 커다란 눈, 튀어나온 송곳니, 그리고 간혹 턱수염이 그려진 기원전 8~5세기의 고답적 단계, 기원전 5~2세기의 중간 단계, 그리고 기원전 4세기 이후의 후기 또는 아름다운 고르곤으로 대표되는 제3단계이다. 3단계에 이르면 고르곤은 부드러운 낯빛을 지녀 더 이상 공포스러운 괴물이 아니고 연민의 대상이 되는데, 우리가 알고 있는 사악한 고르곤은 르네상스 시기에 부활한다고 한다(Wilk 31-35). 르네상스 시기의 인문학이 여전히 성차별적이어서 그럴까? 윌크(Stephen Wilk)는 또한 메두사의 머리가 썩어가는 시체의 머리를 형상화한 것이라고도 주장하는데, 이는 그가 밝히고 있듯이 청동기시대 유럽에서 "잘려진 머리에 대한 유행"(the cult of the severed head)이 있었다는 인식에 근거한 것이다(189). 그러나 윌크가 정리하고 있는 로셔의 분류법은 기원전 7~6세기에 메두사가 아르테미스 신전에서 풍요를 상징하는 여신으로 부활한다는 19~20세기의 고고학적 발굴의 결과물을 당연히 시기적으로 고려할 수 없었다.

16. 일설에 의하면 아마존족이 다스리는 리비아에서는 아테나/네이트가 포세이돈의 딸이라고 믿었다고 한다(Rigoglioso 2010, 38; 74-75). 포세이돈은 아르고스에서 헤라에게, 그리고 아테네에서는 아테나에게 그 주신의 자리를 양보하게 된다.

17. "여성의 세계사적 패배"의 시기는 지역에 따라 편차는 있지만 대략 기원전 18세기 전후의 청동기시대의 도래와 일치한다. 신화학자 케레니(Karl Kerenyi)와 해리슨(Jane Harrison)에 의하면 기원전 1900년 초반 경 아테네의 전설적인 왕 케크롭스(Cecrops)는 아테네 도시의 주신 자리를 포세이돈이 아니라 아테나로 옹립하였는데, 학자에 따라서는 바로 이 시기를 "공격적인 남성성"으로 무장한 "가부장제의 사회적인 조건들이 유입된" 시대로 보고 있다(Kerenyi 44, Harrison 262; Rigoglioso 2009, 66 재인용).

아우구스티누스의 『신의 도성』에 등장하는 바로(Varro)에 의하면 아테네의 주신으로 아테나 여신을 옹호했던 아테네 여인들의 시민권을 철회하였던 왕이 또한 케크롭스였다고 하는데, 이 시기는 오레스테스 판결을 약간 상회할 뿐이다. 반면 엥겔스가 주장하는 "여성의 세계사적 패배"라는 관념은 가부장제의 영향을 받은 학자들의 발전사관에 따라 추론된 이론일 뿐, 역사적으로 검증되지 않았다고 보는 괴트너-아벤트로쓰(Heide Göttner-Abendroth) 등의 견해 또한 존재한다.

포르노크라테스: 펠리시앙 롭스(Felicien Rops, 1833~1898),
1878년, 수채화. 나무르 펠리시앙 롭스 박물관

제3부

안티 우로보로스의 창궐:
세기말과 팜므 파탈의 탄생

빼기는 귀여운 여인아 분칠과 입술연지에도 불구하고
너에게서는 죽음의 냄새가 난다. 사향내 풍기는 해골들이여!
—보들레르, 『악의 꽃』 100편의 「죽음의 춤」

이 베일의 뒤에는 무엇이 있는가? "진리"라는 사제의 답이 돌아왔다.
무어라고? 내가 진리를 찾으려 노력하고 있을 때
그대는 바로 그러한 진리를 나에게서 감추려 하는가?
—쉴러, 「베일에 가려진 사이스의 조상」 II: 22-26

한 여자를 사랑했다. 끔찍할 만큼 늙은 여자를.
'진리', 그것이 그 노파의 이름이었다.
—니체, 『포겔프라이 왕자의 노래』, 「남국에서」

진리의 여신이 그[파르메니데스]를 두 갈래의 길, 즉 발견의 길과
은폐의 길 앞에 세웠다는 것이 의미하는 것은, 현존재는 각기 그때마다
이미 진리와 비진리 안에 있다는 것에 다름 아닌 것이다.
발견의 길은 (…) 그 두 길을 이해하며 구별하여
그중 하나를 결정하는 데에서만 획득된다.
—하이데거, 『존재와 시간』, 1927: 300

제9장

태양과 달과 물과 뱀:
세기말의 문학과 회화에 나타난
죽음과 젠더

1

사랑과 죽음의 '이륜무'

다음 장에서 논의될 팜므 파탈에 관한 구체적인 논의에 앞서, 여성과 동일시되었던 죽음과 젠더의 상관관계를 공간적으로 확장하여 태양과 달이라는 비유로, 그리고 다시 여성과 뱀의 관계를 재논의해 보자. 아마도 사랑과 죽음, 또는 여성과 죽음이라는 우리의 주제를 가장 잘 요약하여 보여주는 서양 신화는 헬라스 문명에서는 데메테르-페르세포네 신화일 것이다. 지상에 찾아오는 겨울과 죽음을 설명하기 위해 도입되는 페르세포네의 유괴와 어머니 데메테르의 슬픔과 분노에 관한 이야기는, 죽음을 인류에게 선사하는 판도라의 이야기와 더불어 여성과 죽음을 동일시하는 습속과 사유에 자양분을 계속 제공해 주고 있다.

페르세포네가 봄과 풍요의 여신이기도 하지만 겨울과 죽음의 여신이기도 하다는 사실은 잘 알리어져 있지만, 그러나 힌두 신화에서 파멸과 전쟁의 여신인 칼리가 모든 이를 사랑하는 어머니를 지칭하기도 한다(McDermott and Kripal 206-7, 216)는 사실은 여전히 생소하다. 칼리와 상응하는 중국 설화의 서왕모(西王母)는 산해경에서 표범의 꼬리와 호랑이 이빨을 지녀 하늘의 재앙과 다섯 가지 형벌을 주관하는 인물로 나타나, 위안커의 의견을 따르자면 원시사회의 괴인이나 괴신 혹은 나라 이름이나 종족명 일 가능성이 농후하고 원시사회의 남성 야만인일 가능성도 있다(154-165). 서왕모는 그러나 한당 시대에 이르러서는 중국 서쪽 변방 곤륜(崑崙)의 요지연(瑤池淵)에 기거하며 서쪽 죽음의 나라를 통치하면서도 아름다움과 불사를 상징하는 도화(桃花)를 신물을 사용하기도 하여 사랑과 불사의 모성을 지닌 인물로 나타나게 된다(유강하 251; 박혜경 5). 여성을 죽음으로 파악하는 사유는 이와 같이 몇몇 문명권에서는 보편적으로 나타나는 현상이기도 한데, 여성을 주로 모성성의 담지자로 보아 생명의 창출자로 보는 동양과는 달리, 여성을 죽음으로 보는 서양식 사고방식의 이면에는 사랑마저도 폭력과 죽음으로 보는 서양인들의 사유가 자리 잡고 있기도 하다.

우연의 일치일 수 있겠지만 서양어 가운데 특히 프랑스어만큼 사랑(l'armour)과 죽음(la mort)의 친연적인 관계를 드러내 주는 언어는 드물다. 산스크리트어에서 죽음을 뜻하는 어근 "mar"(mr*)과 프랑스어로 바다와 어머니를 뜻하는 "la mer"와 "la mère"와의 유사성을 융(Carl Jung)과 뒤랑 등이 이미 지적하고 암시한 바 있지만(Jung 『상징과 리비도』, 143-145; Durand 『인류학』, 100-103), 어원학적으로는 아닐지 몰라도 의미론적으로는 어근 "mar"(mr*)에서 사랑 또한 출몰한다고 보아도 무리는 없다. 억지춘향식의 전형적인 '음향연상'(clang association)의 한 예일 수 있으나 "그러나 심리학에서 어원적으로 '틀린' 것은 존재하지 않는다"는 뒤랑의 말(『인류학』, 287; 주석 10)을 상기한다면, 의미적으로는 이미 일치를 본 사랑과 죽음의 어원학적 상동성을 심도 있게 받아들일 만하다.

물론 프랑스어 "amour"의 근원이라 할 수 있는 라틴어 동사 "*amare*('to love')"와 남성 명사 "amor"에서 "죽다" 또는 "죽음"을 뜻하는 프랑스어 "mourir" 또는 "mort"가 파생되었다고 말할 수는 없다. "a"가 부정사, 즉 이른바 "privative alpha"로 사용되는 경우로 볼 수는 없다는 것이 중론인데, 이는 "부정의 알파"(privative alpha)가 그리스어에서 적용되는 접두어이지 프랑스어의 상위어인 라틴어에 적용되는 접두어는 아니기 때문이다. 그러나 우리는 견강부회를 무릅쓰고 죽음을 뜻하는 산스크리트 어근 "mar"(mr*)에서 프랑스어의 죽음(la mort)과 사랑(l'armour)이 연원 하는 것이 아닐까 하는 추측은 할 수 있다. 그리스어보다 앞서거나 같은 시대에 파생한 산스크리트어에서 죽음을 뜻하는 어근 "mar"(*mr-)말고 혹 '원 인도유럽어족'(Proto Indo-European)이나 '인도-이란어족'이 아닌 다른 언어군에서 공통 어원을 찾을 수는 없을까? 수메르어에서 바다를 의미하는 "mar"는 여성의 자궁과 동일화되기도 하였다.[1]

뒤랑이 인용하고 있는 브레알과 베일리의 『라틴어 어원사전』의 한 용례에 의하면, "로마의 [사랑의 여신] 비너스의 이름인 '베누스 리비티나(Venus libitina)'는 욕망을 뜻하는 '리비툼(libitum)'에서 온 것인데, 무슨 이유에선지 그 사원에서 장례식과 관계되는 물품들을 팔게 되었고 그 결과 역할이 바뀌어 장례의 여신이 되었다"(『인류학』 287). 사랑에서 출몰하는 죽음, 죽음에서 연원하고 완성되는 사랑을 설명하기에는 아직은 모자란 듯한데, "순수한 사랑의 원칙인 아마밤 아마레(amabam amare)는 운명적 사랑(amor fati), 심지어 '죽음의 사랑'에 기반을 두고 있다"(168)고 뒤랑은 앞서 주장한 바 있다. 리비도, 혹은 사랑의 양가성을 지적한 문장인데, 이와 유사하게 플라톤 또한 『향연』에서 "에로스는 샘의 아들인 동시에 메마름의 아들"이라고 주장한다(Durand 『인류학』, 287 재인용).

불같이 타오르는 사랑은 죽음을 예고하며, 아우구스티누스가 불과 정욕의 도시 카르타고에서 느꼈던바 정화되어야 할 '사랑 불'의 이중적 속성을 지니고 있다.[2] 사랑은 죽음에 이르는 길이며, 마종기 시인의 말마따나 "목숨 건 사랑의 연한 피부"(「성년의 비밀」)를 드리울 수 있을 때 죽음을 매개로 무화되어 그 절정에 이른다고 할 수 있다. 사랑은 죽음을 소환하지만, 그것을 또한 넘어간다. 사랑 속에서 죽음이, 죽음 속에서 사랑이 다시 태어난다는 말인데, 에로스는 언제나 타나토스를 대동하고 그의 임무를 수행하며,

그 역도 언제나 가능하다.

이와 유사하게 헬라스의 미의 여신 아프로디테는 사랑의 여신뿐만 아니라, 유혹과 파괴, 그리고 종국적으로는 죽음의 여신이 되기도 하는데, 이는 고래로부터 사랑에 대한 고대인들의 사유가 폭력과 죽음과 밀접하게 연관되어 있다는 것을 말해주기도 한다. 그녀가 들고 다니는 상록을 유지하는 불사의 도금양(myrtle) 나뭇가지는 삶과 죽음을 동시에 상징하는 옥시모론(oxymoron)적 엠블럼이었다. 무기의 신 헤파이스토스의 배우자인 그녀는 대부분의 경우 파멸과 전쟁의 신 아레스와 더불어 나타나는데, 전쟁과 파멸의 신 아레스와 아프로디테의 애정 행각은 사랑이라는 개념 자체가 폭력과 죽음이 된다는 사실을 말하고 있기도 하다. 그런데 더욱더 흥미로운 사실은 사랑의 여신 아프로디테가 언제든지 광포한 살육도 마다하지 않는 처녀신 아르테미스로 변신할 수 있다고 헬라스인들이 파악했다는 것이다.

아프로디테의 전신이 수메르와 고대 메소포타미아와 히브리의 관능적인 여신들인 사랑과 죽음의 인안나(Inanna)와 릴리스이고 보면, 성스러운 여신의 이면에는 음란함이 그리고 영원성의 여신에게는 죽음이 따라다녔던 것이 확실하다. 수메르 문화의 사랑과 죽음의 여신인 인안나는 바빌로니아의 전쟁과 사랑의 신인 이슈타르, 그리고 이집트의 사랑의 여신인 이시스(Isis)와 같이 전쟁의 여신이기도 하였는데, 지구 바로 옆에 사랑과 전쟁의 금성과 화성이 위치하고 있는 것은 우연만이 아니다. 아프로디테와 메두사, 그리고 아르테미스는 상호 비슷한 성질을 띠고 있어 서로 혼용되어 사용되고 있기도 하는데, 사냥과 달의 여신 아르테미스는 아프로디테, 더 거슬러 올라가서는 이슈타르의 파괴적인 측면을 강조한다고 할 수 있겠다(Pratt 289).[3]

2

리베스토드와 토데스리베: "사랑을 위한 죽음"에 관한 비평적 논의

죽음을 여성성과의 상관관계로 연결한 서양의 연구 상황을 소개하기 전에, 허락된다면 한국의 죽음 연구에 관한 상황을 잠깐 논하고 넘어가자. 서양에서는 문학에 나타난 죽음이라는 주제가 대학에서 교양과목으로 가르쳐지고 있을 뿐만 아니라 생사학자이자 호스피스운동의 선구자인 퀴블러-로스(Elisabeth Kübler-Ross)의 선전에 힘입어 죽음에 관한 의견 개진과 '잘 살고 잘 죽기' 활동이 보편화, 대중화되고 있지만, 한국의 경우는 종교학회를 위시하여 그 관련 연구소들이 학문적인 영역에서만큼은 다소간의 논의들을 진행해 왔던 반면 대학 강의 개설은 물론 그것을 대중적인 영역의 호스피스운동으로 확산시키기 시작한 것은 비교적 근자의 일이라고 해도 과언이 아니다. 기독교, 불교계 호스피스운동을 하는 분들에 의해 집필된 몇몇 서적들, 김열규, 정진홍 등에 의한 수필적 산문들, 진중권 등에 의한 서양 회화에 관한 산발적인 연구, 정동호, 오진탁 등에 의한 철학적 저작들, 그리고 티베트 불교 계통의 몇몇 번역서와 접신 경험과 근사 체험에 관한 보고 등을 제외하고는, 그 연구와 활동이 서양만큼은 활성화되지 못하고 있는 형편이다. 오롯이 죽음이라는 타이틀을 건 2005년 '죽음'학회의 창설은 폐회로

귀결되었고, 자살과 치유에 관한 사회적 논의 등을 주도했던 한림대 생사학 연구소의 설립(2004)은 이제 20년을 바라보고 있다.

죽음에 관한 연구 중 특별히 죽음을 페미니즘과 젠더적인 측면에서 연구하는 경향은 서양의 학계에서도 비교적 최근의 일인데, 이는 아마도 죽음에 관한 연구가 철학적, 종교적인 분야에서 주로 수행되었다는 점에서 그 이유를 찾을 수 있을 것 같다. 죽음에 관한 여러 편의 저작을 통하여 죽음에 관한 미시문화사라는 새로운 학문의 분야를 한동안 선도했었던 아리에스(Phillipe Ariès)는 그의 대표작인 『죽음의 시간』(1977), 그리고 『인간과 죽음에 관한 이미지』(1983) 등에서 서양의 회화나 조각에 나타난 도상학적 연구를 수행한 바 있다. 그러나 죽음에 관한 그의 일련의 4부작 연작에서 특별히 본 장의 주제인 죽음에 관한 젠더 의식을 찾아보기는 힘들다.

죽음과 여성에 관한 연구로는 먼저 배씬(Beth Ann Bassein)의 『여성과 죽음』(1984)이 거론되어야 마땅하겠지만 그녀의 연구서는 그런데 "여성과 죽음에 관한 특별한 친화적인 관계가 문학에 존재한다는 가정을 발견하려는"(xii) 시도에 머물러 있어, 그 친화적인 관계 자체의 연원을 묻는 이론적 고찰이라기보다는 19~20세기 서양 문학작품에 나타난 여성과 죽음에 대한 기술적 분석에 그치고 있는 것 같다. 여성과 죽음에 관한 브론펜(Elisabeth Bronfen)의 문학 텍스트에 나타난 '죽은 여성의 몸', 특별히 죽은 아름다운 여성의 몸에 대한 라캉적 글 읽기가 『여인의 죽은 몸을 넘어서』(1992)로 그 연구의 결실을 보았지만, 여성을 악마, 악의 근원, 또는 "악마의 통로"로 파악하는 문화에 대한 비평적인 논의들은 이미 디너스틴(Dorothy Dinnerstein)의 『인어와 황소인간』(1976), 그리고 아우에르바하(Nina Auerbach)의 『여성과 악마』(1982) 등에 의해 선도되었다. 디직스트라(Bram Dijkstra) 교수의 19세기 말 문학과 회화에 관한 연구서인 『괴상한 우상들』(1986)과 20세기 문화의 여성 혐오주의와 반유대주의, 그리고 이 양자의 조합으로서 파시즘을 분석한 『사악한 누이들』(1996) 또한 여성과 죽음이라는 우리의 주제를 천착한 연구서라 할 수 있다.

물론 남성을 죽음의 전달자로, 그리고 죽음을 남성 또는 중성으로 보는 시각 또한 존재해 왔다. 기존의 연구들과는 달리 구스케(Karl S. Guthke) 교수의 죽음과 젠더에 관한 자칭 "통찰력을 제공해 주는"(4) 저작에 의하면, 죽음을 가져온 것이 아담인가 이브인가에 관한 논의는 중세 유럽의 논란거리였고, 르네상스 시기와 바로크 시기에 죽음은 악마로 표현되어 젠더적인 측면에서는 중성적인 성향을 보였다. "죽음과 소녀"(death and the maiden) 또는 "죽음과 신부"(death and the bride)라는 낭만주의 시대의 해묵은 토포스를 상기한다면, 죽음은 적어도 그를 친구로 간주했던 낭만주의 시대에서는 남성적인 것으로 파악되었다고 보아도 무방하다. 때문에 낭만주의 시대에 나오는 죽음의 전달자는 대개 남성들이었다.

그런데 이 시대의 회화 작품들에서도 확인하듯이 낭만주의적 죽음관은 죽음을 부정적인 것으로 보는 중세의 종교적인 생사관에서 벗어나 죽음을 미화하고 신비화하는 경향이 있는 듯하다. 죽음의 전달자는 이제 해골의 모습을 한 악마가 아니라 대개 날개가 달린 젊은 천사들이다. 죽음은 "영원한 사랑"(헤르더)이고 "우리들을 치유하는 것"(노발리스)으로 파악되기도 하지만, 또한 "사랑은 인간들에게 죽음"(레싱)으로 알려져 있기도 하다는 것이 구스케 논의의 핵심이기도 하다. 이러한 낭만주의적 사생관에서 '사랑을 위한 죽음'이라는 다소 역설적인 '리베스토드'(Liebestod)의 전통이 융성했을 것이라는 사실을 추론하기는 그리 어렵지 않다. 인류의 친구가 된 죽음 옆에서 낭만주의의 여성들은 편히 잠들 수 있었다.

그런데 흥미 있는 사실은 그것을 부정적으로 볼 때 여성적인 것으로 재현되던 죽음이 그것을 긍정적으로 보는 문화권이나 시대, 대표적으로 예를 들자면 낭만주의 시대에서는 남성적인 것으로 표현되었다는 사실이다. '사랑을 위한 죽음'을 완성하는 남성은 기독교 문화권에서는 당연히 예수이다. 밀턴의 「리시다스」("Lycidas")에서 테니슨의 『추모시』(*In Memoriam*)에 이르기까지, 죽음은 때로는 예술을 통하여 우리를 "새로운 숲"(fresh woods 193)으로, 혹은 죽음 자체를 통하여 사랑을 완성한 예수의 가피에 힘입어 죽음을 포함한 "모든 것이 평화스럽다"(127: 20)고 표현하게 만드는 마력을 갖게 한다. 예수님과 "신랑인 죽음"(Death the bridegroom)은 동일시되어 죽음에 대한 사랑 또는 "죽음으로 완성되는 상징"(Eliot, "Little Gidding")인 '죽음을 위한 사랑'(*Todesliebe*)이라는 개념으로 발전하게 된다. 사랑을 위한 죽음 리베스토데(Liebestod)와 죽음을 위한 사랑 토데스리베(Todesliebe)의 키아스무스(chiasmus)적인 교차 현상![4]

죽음과 남성의 테마는 그러나 어느 순간부터, 메논(Elisabeth Menon) 교수가 함의하기로는 19세기 중엽부터이고 디직스트라 교수가 보기에는 19세기 중엽부터 제1차세계대전의 와중에 점진적으로 발생한 현상이지만, 구스케 교수를 따르자면 19세기 말경부터 "신부인 죽음"(Death the bride)에게 주도적인 자리를 양보하기 시작한다(96). 고대인의 죽음에 관한 양성적인 사유가 19세기 말에는 대체적으로 여성화되어 여성이 남성의 죽음의 원천으로 다시 인식되기 시작된다는 사실은 세기말의 퇴폐적인 죽음 친화적 성향과 여성을 죽음으로 보는 여성 차별적 혹은 여성을 죽음으로 보는 시원적 사유와 무관하지 않다.

3

여성과 죽음:
19세기 말과 20세기 초의 회화적 상상력

구스케 교수가 잘 정리하고 있고 앞으로의 논의가 그의 주장에 힘입은 바가 심대하여, 적어도 전 단락과 이 단락의 도입부 부분에서는 그의 논의에 필자의 견해를 가감하는 식으로 논의가 진행된다는 것을 적시하면서 글을 계속해 보자. 19세기에 이르면 죽음은 말을 탄 자, 군주, 바이올린을 켜는 자, 홍청망청 노는 자, 카드놀이 하는 자 또는 사냥꾼과 같은 서술어에서 하녀 또는 여왕으로 또 유모, 요부, 심지어는 창녀로도 그 서술어가 변하기 시작한다. 죽은 여성에 대한 환상은 아주 쉽게 죽음을 가져다주는 여성으로 변모를 거친 후 죽음 자체를 상징하는 여성으로 변화한다. 세기말을 선도했던 보들레르 또한, 죽음을 "늙은 대장"(vieux capitaine 132편 viii 「출항」)으로 표현하는 경우와 같이, 그것을 반드시 여성으로 보지는 않았다고 말할 수 있겠지만, '늙은 대장'이 기력과 활력을 상실하여 여성화되었다고 본다면 그의 시에서 죽음을 여성으로 보는 시선과 시각은 압도적이었다고 말할 수 있겠다.

죽음(la mort)은 "창부"(coquette)이며 "사향내 풍기는 해골들"(squelettes musqué)로 형상화되는데, 그의 시에서 창부(coquette))와 해골(squelette)에

상당하는 프랑스어가 운(韻, rhyme)을 이루고 있다는 것을 발견하기는 어렵지 않다.

> 뻐기는 귀여운 여인아 분칠과 입술연지에도 불구하고
>
> 너에게서는 죽음의 냄새가 난다. 사향내 풍기는 해골들이여!
>
> (『악의 꽃』, 100편 「죽음의 춤」)

> "Fiers mignons, malgré l'art des poudres et du rouge
>
> Vous sentez tous la mort! O squelettes musqué[."] ("Danse Macabre")

죽음은 "화사한 치마"를 보이는 "만족을 모르는 뱀"(l'insatiable aspic)이며 "깔때기 같은 주둥이를 가진" "말라비틀어진 창부"(coquette maigre)로 나타나기도 하여, 창부와 해골 그리고 뱀을 매개로 한 수사학적 동일화의 과정을 거쳐 여성으로 확정된다. 롭스(Félicien Rops)의 유명한 〈죽음의 춤〉("La mort qui danse" 1865)은 보들레르의 「죽음의 춤」에서 직접적인 영감을 얻었다고 한다. 앞서 5장에 실려 있는 그림을 보면 춤추는 무희는 커다란 유방을 지닌 여성임이 분명하나, 드러난 그녀의 말라깽이 하체는 해골만 남은 얼굴과 더불어 그녀가 죽음의 전달자임을 분명히 한다. 죽음을 상징하는 '시간의 낫'(scythe)을 휘두르는 존재는 여성으로 변하기 시작한다.

그러므로 중세의 '죽음의 춤'(Totentanz)의 시연자는 이제 여성이다. 날개를 지닌 해골이 여성의 유방을 달고 거리를 활보하는 그림들은 죽음을 여성으로 보는 관념뿐만 아니라, 그것을 깡마르고 더러운 늙은 여성으로 보는 부정적 시대상을 반영한다. 깡마르고 더러운 여성은 세기말에 이르면 아름답고 사악한 여성으로 변신한다. 죽음이 여성으로 두드러지게 파악되는 세기말의 현상은 팜므 파탈 현상에 관한 문학적, 회화적 재현을 동반하는데, 이명옥에 의하면 19세기 이전의 회화에 나타나는 요사스러운 여인들은 아름답고 요염하기는 하지만, 치명적인 매력을 지니지 않았다. 그러나 특별히 19세기에 들어서 팜므 파탈이 확고한 유형으로 자리 잡은 이유에 대해서 이명옥은 19세기에 "여성의 권리를 주장하는 목소리가 높아지면서 전통적 가치관이 급속히 무너져" 여성을 갈망하면서도 두려움과 불안감을 느낀 남성들의 심리가 반영되어 "아름답고 사악한" 팜므 파탈의 이미지가 형성된 것이라고 본다(183-184).[5]

여성과 죽음의 빈번한 병치는 양자 간의 동일화를 쉽게 유도했다. 죽음을 유도한 것은 사탄으로 갈음되는 악마였지만, 여성을 유혹자 또는 사탄으로 보는 습속이 사탄을 매개로 죽음을 여성으로 보는 이데올로기를 창출하는 데 일조하였다. 슬라브 문화권에서도 죽음은 여성으로 나타난다. 구스케 교수에 의하면 러시아의 민속에서 죽음은 "Baba Yaga"로 체코에서는 "Smrt"로, 또 다른 슬라브 계통의 나라에서는 "Giltine"으로 모두 여성이다. 죽음을 남성(Der Tod)으로 표기하는 독일어에서조차 죽음을 표현하는 단어의 문법적인 성이 여성적인 죽음("Frau Tod" 또는 "Tödin")으로 변형되어 나타나기도 했으며, 죽음의 신 "Hel(Halja)"은 풍요의 여신이기도 하였지만(Guthke 17-18) 빈곤과 기근의 여신이기도 하였다. 이러한 현상은 근·현대에 이르면 빈번히 더 나타나는데, 피카소의 〈곡예사 가족〉(1905)을 보고 쓴 것으로 알려진 『두이노의 비가』(1922) 5편에서 릴케는 죽음을 "탄력 있는 젖가슴의 소녀"와 대비되어 "운명의 겨울 모자"(Winterbüte des Schiksals) 등 "거짓"으로 가득한 물건들을 수집하는 잡화상인 "죽음 여사"(Madame Lamort)로 표현하기를 주저하지 않는다.

> 광장들, 오 파리의 광장이여, 끝없는 구경거리를 주는 곳이여,
> 그곳에선 잡화상인 마담 라 모르가 이 세상의 쉬지 못하는 길들,
> 끝없는 리본들을 말기도 하고 감기도 하면서
> 새로운 나비매듭, 주름 장식. 꽃, 모자 장식, 모조 과일들을 고안해낸다 —.

하지만 모두가 거짓되게 물감을 들였으니,

—운명의 값싼 겨울 모자에나 어울리는 것들일 뿐이다.

(『두이노의 비가』 1922, 5편; 김재혁 465)

Plätze, o Platz in Paris, unendlicher Schauplatz,

wo die Modistin, *Madame Lamort*,

die ruhlosen Wege der Erde, endlose Bänder,

schlingt und windet und neue aus ihnen

Schleifen erfindet, Rüschen, Blumen, Kokarden, künstliche Früchte—, alle

unwahr gefärbt, —für die billigen

Winterhüte des Schicksals.

(https://www.projekt-gutenberg.org/rilke/elegien)

그러나 지적하고 싶은 것은 통칭되는 서양 문화권 내에서도, 예컨대 독일 문화권과 프랑스 문화권만 비교해 보면, 문법적인 성과 문화적인 성이 일치하지 않는다는 것이다. 죽음을 남성(der Tod)으로 보는 독일과 여성(la mort)으로 보는 프랑스의 관점 차이는 해와 달을 여성과 남성(die Sonne; der Mond)으로 파악하는 독일 문화권과, 남성과 여성(le soleil; la lune)으로 파악하는 프랑스 문화권의 사유와도 일치를 보인다. 고대 영어에서 태양은 여성이었고 달이 남성이었지만, 프랑스를 위시한 라틴 문화권은 달을 대개 여성으로 보았다. 일본의 태양신은 여신 아마테라스이다.[6]

회화적인 상상력은 여성을 악(마) 또는 죽음으로 파악하는 서양의 지적인 전통이 면면히 이어지고 있다는 사실을 또한 보여준다. 라케르(Thomas Laqueur)의 『만들어지는 성』(*Making Sex,* 1990)에 여성과 죽음을 주제로 하는 델보(Paul Delvaux)의 〈잠자는 비너스〉("La Vénus endormie" 1944)가 표지 그림으로 등장하는 것은, 그의 책이 '성' 일반에 대한 관념사적 연구임에도 불구하고 성, 여성, 죽음을 동일하게 생각하는 서양의 사유에 무의식적으로 영향을 받았다는 사실을 드러낸다. 여성을 상징하는 달이 있고 싸구려 옷과 분으로 치장한 창기 같은 여인이 죽음을 의인화하고 있는 해골에게 다가가도 음부의 체모를 드러낸 또 다른 여성은 누워서 죽음인 해골만을 응시하고 있다.

앞서 언급한 디직스트라의 연구서에서도 또한 여성이 해골을 끼고 있거나, 해골의 형상을 한 여성, 그리고 똬리를 튼 뱀과 더불어 나오고 있는 여성들을 발견하기는 어렵지 않다. 마치 홀로페르네스(Holofernes)의 목을 잘랐던 유대 여인 유디트(Judith)처럼 세례 요한의 목을 원하는 성서의 살로메로부터, 삼손과 델릴라, 릴리스, 그리고 플로베르(Gustav Flaubert)의 소설 『살람보』(1862)의 동명의 여주인공에 이르기까지, 디직스트라의 분석은 (여)

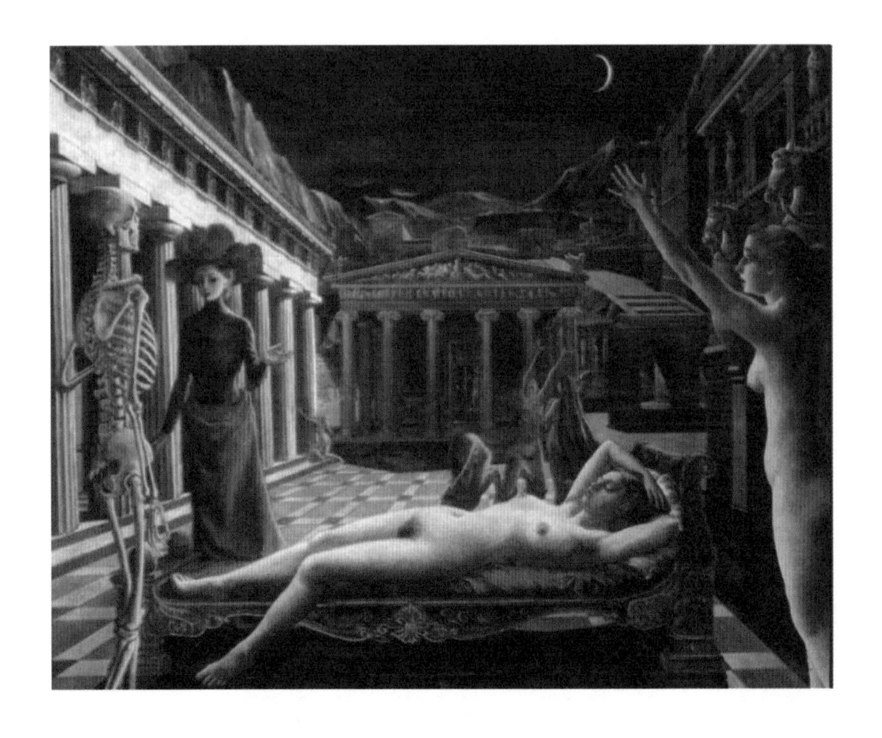

잠자는 비너스: 폴 델보(Paul Delvaux , 1897~1994), 1944년, 캔버스에 오일. 런던 테이트 미술관

성과 죽음에 대한 음울한 성찰로 가득하다. 특히 그의 논의 중에 나타나는 19세기 말의 페리에르(Gabriel Ferrier)의 끈적끈적하고 음탕한 〈살람보〉(1880 혹은 1881년 추정)와 크노프(Fernand Khnopff)의 사랑과 죽음의 바빌로니아 여신인 〈이슈타르〉(1888)는, 정치한 분석이 없이도 시각적인 것만으로도 여성과 죽음을 동일시하는 세기말의 병리 현상을 충격적으로 전해준다(Dijikstra 1986, 308-09 도판 참조).

19세기 말 여성을 죽음과 동일시하는 사유는 여성을 자주 뱀으로 형상화하기도 하였다. 릴리스(Lilith)에 대한 콜리어(John Collier)의 유화 〈릴리스〉(1887)와 동시대의 화가 콕스(Kenyon Cox)의 〈릴리스〉(대략 1892년 추정)에서도 확인하였듯이, 유대 신화 인류 최초의 여인 릴리스는 유혹과 죽음의 원조로 비추이기 시작했다. 콜리어의 릴리스가 뱀을 온몸에 휘두르며 성적인 황홀경에 빠져 있는 것으로 표현되고 있다면, 콕스의 릴리스의 하체는 아예 뱀으로 표시된다. 이제 이브는 뱀과의 동연적(同延的, co-extensive)인 동반자가 아니라 뱀과 동일화되며, 뱀은 이제 더 이상 재생의 상징이 아니라 이브를 매개로 죽음의 전달자로 변한다.

크노프(Fernand Khnopff)의 〈이슈타르〉(1888) 만큼 여성과 죽음의 동일화를 극명하게 보여주는 세기말의 작품은 드물다. 앞서 언급한 릴리스의 치렁치렁한 머리카락이 꾸불꾸불한 뱀처럼 여성 그리고 죽음을 상징하듯이, 고대 바빌로니아의 아름다움과 사랑의 여신 이슈타르의 배에서 흘러나오는 창자 또한 인류에게 죽음을 부추기는 전달자인 사탄의 모습으로 형상화되고 있으니, 그녀의 배는 성기의 연장임에 틀림이 없다. (이 점은 이 책의 1장과 6장에서 분석된바 여성의 성기를 상징하는 메두사와 연결되었다.) 여성의 육체적 아름다움을 추악함으로 그리고 악마적인 것으로 파악하는 영국 빅토리아조 말기의 여성에 대한 부정적인 인식이, 생사를 주관했던 고대의 미와 전쟁의 여신을 파멸과 죽음으로만 보게 한다. 여성성의 상징인 여성 성기는 죽음의 담지자가 된다.

너희는 신처럼 될 것이다: 펠리시앙 롭스(Felicien Rops, 1833~1898),
1906년, 에칭. 로스앤젤레스 카운티 박물관

원죄: 펠리시앙 롭스
(Felicien Rops, 1833~1898), 1905년, 에칭.

롭스(Félicien Rops)의 사탄 연작 〈쾌락〉과 〈고통〉에서 사탄은 뱀이 감겨 있고, 여성의 음부에는 죽음을 의미하는 해골이 고통스럽게 끼어져 있다. 그의 또 다른 작품인 〈너희는 신처럼 될 것이다〉("Eritis similes deo" 1896)에는 똬리를 튼 뱀이 사과를 든 남자와 여자를 감싸고 있는 듯하며, 〈원죄〉("Le péché mortel" 1905)에는 적어도 음향연상으로만 본다면 사과나무가 아니라 복숭아나무(pêcher, 사실은 그 화사함에 있어서 에덴동산의 과실로 더 적격인)에 묶여 있는 여성의 음부로 뱀의 머리가 정확히 위치하고 있는 모습이다. 복숭아(pêche), 즉 도화나무의 과실이 여성의 가슴 그리고 조금 더 정확하게는 여성의 성기를 나타내고 있음은 이상화의 「나의 침실로」 또는 엘리엇(T. S. Eliot)의 「푸르프록의 연가」를 생각하지 않아도 자명하다.[7] 뭉크(Edvard Munch)의 〈마돈나〉("Madonna" 1894-1895)는 정충의 모습과 흉물스러운 태아의 모습이 죽음처럼 어두운 배경을 만들면서 성모 마돈나의 주위를 휘감고 있다.[8]

릴리스와 살로메, 그리고 델릴라(Delilah)와 더불어 서양의 회화에 자주 등장하는 여성 인물은 살람보이다. 살람보에 관한 19세기 말의 회화적 재현들은 플로베르의 『살람보』(*Salambô*, 1862)에 의해 많은 영향을 받았다.[9] 살람보와 거대한 뱀이 만나는 장면은 죽음의 관능적인 성격을 환기하기도 하면서 "대지의 아들"(178)인 뱀과 여성의 결합을 통한 "상호동연성"(co-extensiveness)을 재차 확인해 주고 있다.

> 그 싸늘한 촉감의 두려움이 아니 그보다도 아마도 수줍은 마음이 처음에는 그를 주저케 하였다. 그러나 소녀는 샤아바랭의 명령이 머리에 떠올랐다. 앞으로 갔다. 뱀은 다시 고개를 수그리고 와서 그 몸뚱이의 한복판을 소녀의 목 언저리에 걸고 머리와 꼬리를 늘어뜨렸는데 (…) 살람보는 그것을 제 옆구리에다가, 제 겨드랑이에다가, 두 무릎 사이에다가 돌려 감았다. 그리고는 그 모가지를 붙들어서 조그만 삼각형의 주둥이를 제 이의 가장자리에

마돈나: 에드마르트 뭉크(Edvard Munch, 1863~1944),
1895-1902년, 석판화. 일본 오하라 미술관

까지 가져갔다. 그리하여 두 눈을 절반쯤 감으면서 달빛 속으로 고개를 뒤로 젖혔다. (…) 뱀은 금빛 점이 있는 검은 둘레로 소녀를 꽉 졸랐다. 살람보는 견딜 수 없는 이 무게에 눌려 숨이 가쁘고, 허리가 흔들흔들하며 죽을 것 같은 기분이었다. 한편 뱀은 꼬리 끝으로 가만가만히 소녀의 넓적다리를 두들기고 있었다. 이윽고 음악 소리가 멎자 뱀은 감았던 몸을 풀고 떨어졌다. (187-88)

남근을 상징하는 "거대한 뱀"(python)을 목과 어깨에 휘감다가 "두 무릎 사이에다가 돌려 감고" 살람보는 여신의 "달빛"을 받으며 몸을 뒤로 젖히며 "죽을 것 같은" 황홀경을 체험한다. 갈리마르(Gallimard) 출판사의 동명의 소설 표지에 나오는 뷔시에르(Gaston Bussière 1862-1929)의 그림 또한 곧추선 뱀과 더불어 바알 신의 무녀로서 의식을 행하고 있는 누드의 살람보를 그려내고 있으며, 앞서 언급한 페리에르(Gabriel Ferrier)의 동명의 〈살람보〉(대략 1881년)에 재현되고 있는 뱀 또한 그 황홀한 점액질의 몸으로 이브의 후신인 살람보를 성적으로 만족시키는 모습으로 나타난다.

키이츠(John Keats)의 「라미아」에서 사람을 잡아먹는 릴리스의 후신인 괴물 라미아(lamia)는 "주홍색 반점이 있고, 금빛, 초록빛, 푸른 빛"(48)으로 치장한 "악마의 정부(情婦), 또는 악마 그 자체"(56)의 형상인 뱀으로 비유되어 나타난다. 뱀은 여성의 음부를 정확히 휘감는 남성의 원초적 상징이기도 하다가 여성을 상징하는 동물로 슬며시 탈바꿈한다. 클레오파트라의 맹독을 지닌 조그마한 뱀이 그러했고, 현대의 팝 가수 브리트니 스피어즈(Britney Spears)가 〈나는 너의 노예〉(*I'm a slave 4 U*)를 부를 때 휘감고 있는 거대한 뱀 또한 그러하다.

2005년 초가을까지 한국의 버스에 붙어 있었던 모 화장품 광고에서 뱀을 삼킬 듯이 미소 짓고 있는 여성은 1987년 겨울호 『헤비메탈』 잡지의 표지에 나오는 힐데브란트(Greg Hildebrandt)의 〈뱀의 골짜기〉("Serpent's Glen"

1982)와 같은 키치에 지나지 않는다. 여성의 가랑이 사이로 혀를 날름거리며 파고드는 뱀의 모습은 전경에 피어 있는 고추꽃 비슷한 것을 쳐다보지 않아도 누가 보아도 남성의 상징이긴 하나, 뱀의 굵은 똬리는 여성의 허벅지를 나타내기도 하며 여성의 음부를 표현하고 있다는 측면에서는 여성과 동일화되기도 한다.

뱀은 여성의 음부로부터 꾸물거리며 튀어나오고 있으며, 여성의 끈적끈적한 점성을 보유하고 있다는 면에서 음부의 연장으로 해석되는 운명을 맞게 된다. 팔리아(Camille Paglia)가 콜리지(Sameul Coleridge)의 『노수부의 노래』를 해석하면서 노수부가 예수와는 달리 점액질의 바다를 경험하였기에 현명해질 수 있었다는 극단적인 해석을 내리는 것도 이와 같은 사고방식에 연원한다. 세기말의 독일의 화가 스튜크(Franz von Stuck)의 〈관능〉("Sensualität" 1891)과 〈죄악〉("Die Sünde" 1893) 만큼 앞서서 논의되는 서양의 여성 인물들의 회화적 재현을 통한 여성과 뱀의 동일화를 명확하게 보여주는 작품은 드물다. 거대한 뱀의 똬리는 꼬아져 있는 남녀의 굴곡진 섹스 체위를 그려내듯 정확히 여성의 음부를 파고들고 있는 것을 지나 여성의 그것과 동일한 물체로 표현되고 있다. 번들번들 빛나는 점액질은 분비물을 연상시키며, 나른하면서도 투시를 하고 있는 것 같은 욕망의 눈은 뱀의 눈과 정확히 평행을 이루어 관람객을 압도한다. 논의되었던 바 뱀은 팔루스의 상징이자 이슈타르의 복부처럼 꾸불꾸불한 요니 자체가 되어 양성성을 그 시원에서 이미 획득한다. 동시대의 유명한 통속 소설인 해거드(H. Rider Haggard)의 『뱀 여자』(*She*, 1886)의 현대 펭귄판이 스툭의 그림을 표지로 삼고 있는 것은 그러하기 때문에 우연이 아니다.

디직스트라나 브론펜이 다루고 있는 그림들을 꼭 염두에 두지 않아도, 우리가 알고 있는 나체 그림은 대개 여성이고 관찰자는 남성이다. 여성의 나체 그림은 자주 죽음을 상징하는 해골과 더불어 나오곤 한다. 성과 여성을 다루는 거의 모든 비평서들에 등장하고 있는 쿠르베(Gustav Courbet)의 〈세

죄악: 프란츠 폰 스튜크
(Franz Ritter von Stuck, 1863~1928),
1893년, 캔버스에 오일.
뮌헨, 노이에 피나코텍 미술관

관능: 프란츠 폰 스튜크
(Franz Ritter von Stuck, 1863~1928),
1891년, 에칭. 쿤켈 미술관

상의 기원〉("L'origine du monde" 1866)에는 오로지 여성의 성기만이 등장하지, 생명과 세계에 대한 공동 책임자로서의 남성은 등장하지 않는다. 보들레르의 『악의 꽃』(1857, 1861)의 주 무대가 파리의 사창가이고, 프로이드가 '눈에 익지만 낯설은'(*unheimlich*) 고향(Heimat)으로 파악하는 곳이 비엔나의 유곽이라는 사실 또한 성, 또는 여성과 죽음을 동일시하는 서양인들의 습속을 잘 표현해 준다 할 수 있겠다. 물론 '낯설은' '악의 꽃'은 여성의 음부를 에둘러 표현하는 말이기도 하다. 축 늘어져 매달려 있는 남성의 외설스러움(obscenity)에 대해서는 함구한 채, 끈적끈적한 구멍으로 표현되는 여성 성기에 대한 불쾌감을 토로했던 사르트르(Jean P. Sartre)의 편파적 사유를 생각하게 한다. 동굴이나 구덩이를 뜻하는 영어의 "hole"(독일어로는 "die Höhle")과 지옥을 뜻하는 "hell"(die Hölle)의 어원학적 친연성 또한 여성과 지옥, 죽음과의 관련성을 지칭하고 있다(Russell 2001b, 82).

4

19~20세기 몇몇 근현대문학과 영화에 나타난 여성과 죽음

여성이 남성보다 더 사악할 것 같아 여성 괴물을 창조하는 것을 포기하는 프랑켄스타인과 동명의 작품(1818, 1831)의 저자인 마리 쉘리(Mary Shelley) 또한 그녀 자신도 모르게, 물론 그녀가 많은 평자들의 주장처럼 그녀가 비판하고 있는 바로 그러한 젠더 이데올로기를 오히려 비판하고 있는 것이라면 경우가 조금 달라지겠지만, 여성이 악과 죽음의 근원이라는 서양 세계의 '이브의 창조설'에서 보이는 성차별 이데올로기를 벗어나고 있지 못하다. 남성 괴물보다 여성 괴물은 잔인하고 사악하다. "여성은 그녀의 반려자인 괴물보다 일만 배나 더 사악하게 될는지 모르며 재미 삼아 살인과 사악함 자체를 매우 즐길 것이다"(144). 프랑켄스타인과 엘리자베스의 초야의 침실은 그리스의 '죽음의 신방'(*thalamos*)이라는 진부한 토포스를 반복하고 있고, 이는 프랑켄스타인의 무의식 속에 도사리고 있는 여성은 죽음이라는 관념을 확인하고 있을 뿐이다. "내가 그녀의 입술에 첫 키스를 하자 입술은 죽음의 색조로 창백해 졌다"(61).

휘멘(hymen), 즉 처녀막의 파열이 죽음이라는 진부한 토포스를 반복하고 있을 뿐인 이 작품에서 그러나 우리가 되새겨야 할 표현은, 죽음의 전달자가 여성이 아니라 남성으로 서술되고 있다는 점일 것이다. 애초에 괴물을 창조하여 수많은 등장인물의 죽음을 끌어들인 이는 프랑켄스타인이었다. 남성 괴물이 사실은 창조자라고 여겨지는 주인공 프랑켄스타인의 파괴적인 면을 나타내는 분신임에도 불구하고 오히려 괴물이 여성적인 성질을 갖는 것으로 많은 비평가들은 해석해 왔다. 지나치게 남성적인 헤밍웨이나 로렌스의 경우에서 잘 알려져 있듯이 그들이 과연 남성성을 비판하고 있는지 아니면 비판을 하면서 그것에 경도되고 있는지를 가늠하기가 그렇게 쉽지 않듯이, 이 경우에 있어서도 저자 마리 쉘리의 의도와 서술자 프랑켄스타인의 목소리와의 접합 관계가 일치하고 있는지 아닌지를 결정하는 것은 그렇게 단순하지 않다. 그러나 그럼에도 불구하고 프랑켄스타인이 창조한 괴물이 물에 비친 자기 자신의 추한 모습을 보고 놀라 도망가는 장면은 괴물이 결국은 프랑켄스타인과 동일화된다는 점에서 남성적 과학이 지배하는 서양 세계의 찬란했던 과거에 연연하는 서양 남성 주체의 나르시스의 암울한 묵시의 운명을 일단은 생각하게 한다.

세기말 여성을 죽음으로 보는 부정적인 생각은 20세기 초까지도 강력한 영향을 미치었다. 1910년대 미국을 풍미했던 브라운(Porter E. Browne)의 소설 『바보천치 여자』(*A Fool There Was*, 1909)를 동명의 영화(1915)로 제작한 파우월(Frank Powell)은, 해골을 껴안고 사악하고 그윽한 유혹의 눈초리를 자아내는 영화의 여주인공 테다 바라(Theda Bara)를 전면 광고로 내세워 죽음의 화신인 여성 뱀파이어의 모습을 미국인들에게 각인시켰다. 광고 그림에 대한 정치한 도상학적 분석이 없이도 쉽게 알 수 있는 것은 여성에 대한 편견이 이방인에 대한 편견과 뒤섞여 "테다 바라"라는 수수께끼(anagram)를 만들어내었다는 사실이다. 오래 생각해 보지 않아도 "Theda"는 "death", "Bara"는 "해가 지는 곳" "서쪽", 또는 "저녁"을 의미하는 "Arab"의 아나그람(anagram)이니, "테다 바라"는 아랍과 이를 넘어선 동양의 타락과 죽음을 의미한다.

그러나 유럽을 의미하는 "Europa" 또한 '아랍'처럼 저녁을 의미하는 셈어 어근 "-r-b/p"로부터 왔다(Bernal 115; 배철현 2000, 209)는 사실은 잘 알려지지 않았다. 동쪽 페니키아에서 온 카드모스는 서쪽 크레타로 간 누이동생 에우로파에게 문자를 전해주었다. 역사는, 특별히 20세기의 현대사는, "야만과 광기"를 몰고 온 유럽이 죽음의 전달자임을 전 세계에 보여준 적이 있다. 죽음을 동양, 또는 아랍이 아니라 유럽이 표상하는 것임을 주장하는 것을 "역 오리엔탈리즘"으로 가볍게 치부할 수 없는 까닭은 그런데 첼란(Paul Celan)이 이야기하듯이, "죽음은 독일[서양]에서 온 거장"(Der Tod ist ein Meister aus Deutchland)이기 때문이다. 죽음의 철학을 완성하는 이는 하이데거, 이를 실천했던 나라는 독일이었으며, 이의 외연적 확장은 19~20세기에 창궐했던 유럽의 식민제국주의였다. 첼란이 보기에는 굳이 하이데거를 말하지 않아도 유럽의 문화는 죽음이 풍미해 있었고, 그 문화적 현상 중의 하나이면서 그것에 끊임없이 자양분을 제공한 기독교는, 러셀(Bertland Russell)과 토인비(Arnold Toynbee)의 말에 기대자면 삶보다는 죽음, 이승보다는 저승에 집착하는 경향이 있었다.

특히 현대 서양의 영화에서 남성 흡혈귀 드라큘라가 성 정체성이 바뀌어 여성으로 등장하고, 늑대 인간이나 박쥐 인간을 포함하는 동물 인간들이 늑대 소녀나 박쥐 여자(bat-girl) 등으로 나타나는 현상은 여성을 죽음으로 파악하는 현상에 다름 아니다. 뱀파이어의 여성화는 유럽의 세기말적 현상 중의 하나라고 보아도 무방한데, 세기말 이전의 뱀파이어 문학에서 대개 흡혈귀는 여성이 아니라 남성이어서 피해자는 여성이었다. 스토커(Bram Stoker)의 『드라큘라』(1897)에서도 남성 흡혈귀는 드라큘라 백작 단 한 명뿐이었지만, 우리는 흡혈귀하면 여성을 떠올린다. 흡혈귀=괴물=여성의 동일화 과정은 전쟁과 죽음을 여성으로 보려는 현상, 그리고 앞선 글에서도 밝혔듯이 사탄, 뱀, 여성을 동일화하는 과정과 흡사하다. 1910년대 영국의 베스트셀러 작가 로머(Sax Rohmer)의 유명한 남성 주인공 푸 만추(Fu Manchu)

는 그의 연속 시리즈물의 하나인 『황색의 발톱』(*The Yellow Claw*, 1915)에서 "영양의 우아함과 마녀 마술사의 눈을 갖고"(277) 그녀의 독약에 물들인 긴 손톱으로 남성들을 베고 찍어 죽이는 청나라 여성 푸 만추(Fu Manchu)로 변신하는데, 그녀의 아름다움은 사악함의 다른 이름에 지나지 않는다.

1920~30년대 할리우드 영화의 중국계 단골 배우 안나 웡(Anna May Wong)의 죽음을 방사하는 긴 손톱은 동양 여성 뱀파이어의 탄생을 알리는 서구의 문화적인 장치이다. 죽음을 여성으로 파악하는 서양의 습속이 동양의 여성에게도 문화적으로 전유(轉有, appropriation) 되고 있다. 이러한 논리는 동양을 여성으로 파악하는 논리와 맞물려 동양=여성=죽음의 등식을 가능케 하며, 이는 12장에서 더욱 더 자세하게 분석되겠지만 베트남 전쟁소설을 다룬 미국인들의 작품 중 베키오(John Vecchio)의 『제13 계곡』(*The Thirteenth Valley*, 1982), 하인만(Larry Heinemann)의 『비좁은 병영』(*Close Quarters*, 1974), 이스트레이크(William Eastlake)의 『대나무 침대』(*The Bamboo Bed*, 1969), 휘겟(Willliam T. Huggett)의 『시체 세기』(*Body Count*, 1983)나 맥퀸(Donald McQuinn)의 『표적들』(*Targets*, 2017), 그리고 일본 작가 다케시(Tekeshi Kaiko)의 『검은 태양』(*Into a Black Sun*, 1983), 통일 이후의 베트남 작가인 닌(Bao Ninh)의 『전쟁의 슬픔』(*The Sorrow of War*, 1991) 등과 같은 베트남 전쟁소설에서도 잘 나타나고 있다.

"영원히 여성적인 것이 우리를 이끌어 올린다"(das Ewig Weibliche zieht uns hinan!)고 괴테는 말하였지만, 우리는 여전히 여성을 베일에 싸인 진리 또는 허위, 생명의 담지자이지만 죽음의 전달자로 보는 이중의식 또는 자기기만에 경도되어 있다. 여성을 사랑이 아니라 죽음으로 파악하는 서양인들의 습속은 비단 우리가 앞으로 12장에서 서술할 베트남 전쟁소설에서뿐만 아니라 이미 19세기 중엽 포(Edgar A. Poe)의 「베레니스」(*Berenicë*), 「모렐라」(*Morella*), 「리지아」(*Ligeia*), 「어셔 가문의 물락」(*The Fall of the House of Usher*) 등을 위시한 단편소설에서도 이미 형상화 된 바 있다. 아름다운 여인 베레니스는 심지어 "죽음의 냄새를 풍기는" "끔찍한 이빨"(161), 즉 바기나 덴타타로 제유(提喩, synecdoche) 된다.

여성을 죽음으로 보는 서양의 유연한 전통은 특히 헤밍웨이(Ernest Hemingway)나 포크너(William Faulkner)를 위시한 현대 미국 문학에서도 빈번히 나타난다. 『태양은 또다시 떠오른다』의 여주인공 브렛(Brett Ashley)이 남성을 거세하는 키르케(Circe)가 된다거나, 『노인과 바다』의 상어가 산디아고 노인으로 대표되는 영웅적 남성에게는 바기나 덴타타를 상징한다는 것은 쉽게 파악할 수 있다. 「프란시스 매코머의 짧고 행복한 생애」(*The Short Happy Life of Francis Macomber*)에서 남편을 저격하여 죽게 만드는 미모의 돈 없는 여주인공 마곳(Margot Macomber)은 틀림없이 바기나 덴타타의 후손이며, 「킬리만자로의 눈들」(*The Snows of Kilimanjaro*)의 돈 많은 헬렌(Helen Street) 또한, 비록 작가 헤밍웨이가 모든 탓을 헬렌에게 돌리는 해리(Harry)에게 비판적인 시선을 주고 있긴 하지만, 넓은 의미에 있어서 부정적인 팜므 파탈로 해석하기에 별 무리가 없다.

특별히 헤밍웨이 작품 중 초기작임에도 불구하고 그 예술적 완성도가 가장 높은 『태양은 또다시 떠오른다』를 다시 언급하자면, 이 작품의 1926년 초판 표지는 여주인공 브렛이 로마 시대의 토가를 입은 여성으로 음란한 허벅지를 드러내며 원죄의 사과를 한 손에 거머쥐고 있는 것으로 나타나 여성을 통하여 죽음이 들어왔다는 초기 기독교의 젠더관을 그대로 노정하고 있다고 할 수 있겠다. 장황하게 부연 설명을 하지 않아도 성불구가 된 주인공 제이크(Jake Barnes)의 비극의 원인이 화냥기 있는(nymphomaniac) 여성 탓으로 돌려지고 있다는 사실은, 이브를 죄와 사망의 화신으로 보는 사유 방식의 변형에 지나지 않는다. 헤밍웨이 팜므 파탈 여주인공 3인방이라 할 수 있는 브렛과 마곳, 그리고 헬렌 등 그의 작품에서 남성에게 죽음과 치욕을 가져다주는 여주인공들은 모두 '화냥년'으로 표현되고 있다.

포크너의 제1차세계대전을 무대로 한 단편소설 가운데 하나인 「벌어진 틈」(*Crevasse*)은 여성을 "썩는 냄새가 나는" "쩍 벌어진" "검은 구멍" 또는 "죽음과 분해"의 "쇠락의 창자들"(471)로 묘사하기를 주저하지 않는다. "여성은 악과 유사한 존재이며"(99) 어머니는 어두운 "동굴 그 자체"(『소리와 분노』 156)이다. 여성은 소같이 멍청한 포유동물로 나타나기도 하며(『내 누워 죽을 때』 156; 『성단』 133), "옥수숫대"(corn cob)로 강탈당하는 매음굴 『성단』(*Sanctuary*)의 여주인공 템플(Temple Drake)처럼 주인공 뽀빠이(Popeye)의 사악한 누이처럼 행세하며 매음굴의 레드(Red)를 죽음으로 이끄는 여성 드라큘라이기도 하다. 템플이라는 여성은 발정 난 고양이처럼 "활처럼 휘어져" 성행위를 만끽하며 "마치 죽어가는 생선처럼 입을 벌리고"(252) 그녀의 이름 "템플"이 전해주듯이 "드라큘라 성전", 즉 매음굴에서 죽음을 방사한다. 그의 유명한 단편인 「에밀리에게 장미를」에서 에밀리(Emily)가 사랑하여 비소라는 독극물로 죽이는 양키 호머(Homer Barron)와 『8월의 빛』의 혼혈 흑인 조(Joe Christmas) 또한 여성의 희생자로 보아도 무방하다.

아프리카 오지에서 폴란드 출신의 작가 콘라드(Joseph Conrad)의 서술자 말로우(Charlie Marlow)가 제대로 포착하지 못했던 것은 서양인들의 이러한 자기기만이었고 허위의식이었다. "이상하게도 여성들은 진리와 멀리 떨어져 있다. 그들은 자기의 세계 속에서만 살고 있고 사실 그들의 세계라는 것은 있어 온 적도 없었고, 앞으로도 없을 것이다. 그들의 세계는 너무 아름다워서 (…) 첫 황혼이 지기도 전에 산산조각이 날 것이다"(27). 아름다워서 파괴적이고 그렇기 때문에 파멸해야만 된다는 포(Edgar Poe)의 '아름다운 죽은 여성'을 상기하게 한다. 순간적이기 때문에 아름답고 영원은 영원하면 오히려 영원하지 못하다는 것인데, 이러한 의미에서 순간은 아름다움을 통하여 영원 자체가 된다.[10]

문제가 되고 있는 것은 그러나 남성의 순간적 위대함이 명성과 영원함을 얻는 것에 반해 여성은 그들의 아름다움이 영원이 되고 있는 시점에도 결국은 순간에만 머물러 부패와 사멸로 인식된다는 것이다. 육(肉)의 담지자인 여성은 반드시 죽어야 한다. 여성은 영혼을 이끌어 주고 나면 영원에 이르지 않는 죽음으로 전락한다.

5

바다, 말(馬), 달, 시간, 여성, 죽음

죽음과 여성을 알 수 없는 것, 또는 수수께끼로 파악하는 현대의 서양인들에게 죽음과 여성은 이미 동어반복, 즉 용어(冗語, pleonasm)임을 지적하는 것은 이제 진부한 것이 되었다. 물질을 뜻하는 영어 'matter' 또는 'materiality'와 모성을 뜻하는 'maternity'는 죽음(mortality)을 지시한다(Bronfen 1992; 111, 131). 프랑스어에서 어머니를 뜻하는 'la mère'와 죽음과 생명의 원소인 물을 대표하는 바다가 'la mer'로 비슷하게 표기되는 것은 또한 우연만은 아닌 것 같은데, 이러한 사실은, 이 글의 도입부에서는 사랑과 죽음이라는 문맥에서 논의를 하였지만, 산스크리트어에서 죽음을 뜻하는 어근 "mar"(mr*)와 어머니를 뜻하는 프랑스어 "la mère"와의 유사성을 지적한 융(Carl Jung)과 뒤랑 등에 의해 이미 지적된 바 있다(Jung 『상징과 리비도』, 143-145; Durand 『인류학』, 100-103).

바다 등으로 그 모습을 드러내는 물은 생명과 죽음의 원소이며, 어머니 또한 생명과 죽음을 동시에 표상하고 있다. 생명이 있기에 우리는 죽음을 알게 된다. 포우(Edgar A. Poe)의 「애너벨리」(*Annabel Lee*)는 바다와 죽음이 여성을 통하여 서로 연관되고 있음을 다음과 같이 표현하고 있다.[11]

그리하여 밀물 썰물 가득한 밤바다에 나는 누워 있네
나의 사랑 — 나의 사랑 — 나의 생명 나의 신부 옆
바닷가 거기 그녀의 무덤 속에
철썩이는 바닷가 그녀의 무덤 속에

And so, all the night tide, I lie down by the side
Of my darling — my darling — my life and my bride,
In her sepulchre by the sea —
In her tomb by the sounding sea.

부처의 깨달음을 방해하는 불교의 마라(Mara, 摩羅), 줄여서 마(摩)로도 표기되고 있는 악마(惡魔)는 욕망과 죽음을 상징하고 있는데, 불교의 마라와 아베스타어(→페르시아어) "mar", 라틴어 "mors", 프랑스어의 "mort" 등은 그것이 바다 자체와의 관계에 대해서는 아무 것도 말해 주고 있지는 않지만, 어원학적으로 같은 어근에서 나온 것처럼 착시 현상을 보인다. 물과 어머니, 그리고 이 양자와 밀접한 관련이 있는 어근 'm*'을 매개로 한 라틴어 'mater'와 'materia'의 친연성(affinité)은 뒤랑도 계속해서 관찰한 바 있는데(『신화비평』, 337-338), 물의 총화로서의 바다는 이미 지적된바 수메르어 "mar"에서처럼 생명이 움트는 여성의 자궁과도 동일화되기도 하였다. 아리스토텔레스의 형식논리학을 빌리자면, 죽음과 어머니, 어머니와 바다의 상동 관계는 어머니를 공통항으로 죽음과 바다(물)와의 상동성(homology)을 유추해 내며, 바다를 매개로 하여 여성과 생명, 모성과 죽음은 이어진다. 물은 생명과 죽음의 우로보로스 원소이며, 어머니는 그 자체로 삶과 죽음의 우로보로스 우주이다.

뒤랑은 또한 어머니와 죽음, 그리고 시간의 경과를 말해주는 달(月)과 말(馬), 그리고 어머니와 말과 마녀와의 연관성에 대해 천재적인 분석을 행한 바 있으며 그의 글은 길게 인용할 가치가 있다. 달의 3가지 모습 중 그믐의 영역을 담당하여 마법과 죽음의 달로 여겨지는 헤카테(Hecate)는 서양 신화에서는 말의 모습을 띠고 있다.

> 말의 형태를 한 독일의 악마인 '마르트(mahrt)'에 대해서 좀 더 자세히 살펴보아야 한다. 이것의 어원에 대해서 크라프는 마녀를 뜻하는 옛 슬라브어 '모라(mora)', 유령을 뜻하는 옛 러시아의 '모라(mora)' (…) 등과 비교하고 있다. 또한 동일한 어원에서 '모르스(mors)'를, 라틴어로는 '모르티스(mortis)', 죽음이나 전염병을 뜻하는 옛 아일랜드어의 '마라(marah)'나 페스트를 뜻하는 리투아니아어의 '마라스(maras)'에 근접할 수 있다. (…) 그러나 "악몽"과 밤의 음몽마녀[淫夢魔女, succubus]들의 말 형태의 특징을 주장한 사람은 바로 융이다. 그는 악몽의 어원을 라틴어 '칼카르(calcare)'와 옛 북독일어의 '마라(mahra)'에서 찾는다. (…) 마라는 종마를 의미하고, 죽는다는 뜻인 아리아어 마르(mar)의 어근에서 죽음의 이미지와 혼동된다. 융은 프랑스어의 어머니라는 말인 메르가 지금 문제가 되고 있는 어근과 매우 유사하고, 아이가 처음으로 올라타는 최초의 도구가 어머니라는 점을 제안하면서, 마찬가지로 어머니와 어머니에 대한 집착이 어떤 무서운 양상을 띨 수 있다는 점을 주의하고 있다.
>
> (『인류학』, 100-101)

청동기시대 말의 등장은 특별히 약탈을 주로 하는 유목민족에게는 문명의 발생 자체와 동일시 될 정도로 없어서는 안 될 중요한 요소 중의 하나였지만, 농경을 주로 하는 민족들은 "승리자의 말을 (…) 사악한 악마나 죽음의 사신으로 여겼을 것이다"(『인류학』, 108). 한족 위주의, 그러나 막상 북방과 동방 유목민족의 점령으로 인하여 한, (남)송, 명 왕조를 제외하고는 중원을 차지하고 있지 못했던, 중화 문명권에서 말이 대체로 유목민족 문명권이 몰고 온 파괴와 죽음으로 연상되는 이유와 많이 다르지 않다. 말과 어머니, 그리고 죽음과 생명의 연관 관계에 대한 정신분석학적 성찰은 우리를 미지의 시원적 사유 형태로 몰고 가는데, 그리스 신화에서 지옥의 신 하데스 혹은 죽음과 파멸의 묵시의 기사가 말을 타고 나타나는 것은 이의 일례에 지나지 않는다. 말은 시간과 이의 종착인 죽음을 나르는 동물이었다. 예이츠의 「벤 불벤」("Under Ben Bulben")과 로렌스의 「목마타기」("Rocking Horse Winner"), 그리고 쉐퍼(Peter Shaffer)의 『에쿠우스』(*Equus*)에서 보이는 말의 이미지와 그것에 대한 강박관념, 그리고 그 다양한 의미가 신화정신분석학적인 차원에서 이해가 가능해지는 순간이다. 시간을 달려 죽음을 말에 싣고 예이츠(William Yeats)가 말한 바와 같이 "삶과 죽음에 차디찬 눈길을 보내며 / 말 탄 이여 여기를 지나가시라"(Cast a cold eye / On life, on death. / Horseman, pass by! "Under Ben Bulben").

말은 여성과 모성, 죽음 등을 상징하게 되는데, 이는 동서양을 막론하고 말과 여성을 동일화하는 습속과 이에 관한 신화를 산출하게 하였다. 12편까지 나온 한국의 애마부인 시리즈의 인기는 이를 잘 말해주고 있다. 말을 매개로 한 죽음과 어머니의 상동 관계는 중국어에서 우연의 일치로 나타났다고 할 수 있는데, 현대 중국어에서 "암말"을 뜻하기도 하는 어머니(媽, mā)는 "말"을 의미하는 마(馬, mǎ)와 "나무라다" 또는 "저주하다"는 뜻의 마(罵, 속어 嗎, mà)와 적어도 음향연상의 차원에서는 관련이 있어 보인다. 한자 사전을 보니 중국어의 '마'는 이외에도 여성의 주된 일이었던 삼베(麻, má 혹은 mā)짜기, 여성성을 상징했던 두꺼비(蟆, má), 개구리(蟆), 마귀(魔, mó) 등과 발음이 유사한데, 한국의 애마부인의 표기가 검열을 피하려 "愛馬" 대신 "愛麻"로 표기되었던 배후에는 이러한 무의식이 작동하고 있는 것 같다. 우연은 필연을 예고하고 있다. 유목민족의 상징인 말을 백안시하는 한족의 입장이 알게 모르게 반영된 것이 아닌가 하는 의구심이 들 정도로 어머니와 지하의 저주, 말과 시간의 암흑 그리고 죽음과의 연관은, 우리가 이 책의 후반부 대모신을 다루는 장에서 그 논의가 확대되겠지만, 의미론적으로 유사한 맥락의 범위 안에 있다.

"지축을 울리며 뛰어오르는" 말이 땅의 속성을 가졌고 "물과 연관된, 불의 창조자인 말은 지칠 줄 모르는 맹렬함과 돌진성 그리고 무서운 분노로 인하여 신화 속에 등장하는 포세이돈의 성격을 연상시킨다"는 브로스(Jacques Brosse)의 신화학적인 해석(29)을 가미하여 본다면, 말과 바다의 친연성과 더불어 말과 대지의 모신인 어머니와의 의미론적 연관성은 확연해진다. 브로스의 관찰대로 포세이돈은 원래 "대지를 뒤흔드는"(gaiechos 28) 땅의 지배자였으며, 말의 신(Poseidon Hippos)인 그가 여성적 원소로 흔히 치부되는 땅과 물의 주재자여서 때로는 여성적 성질을 지닌다는 사실은 아테네 도시의 주신으로서의 그의 법통을 "말의 여신이기도 한 아테나"(Athena Hippia)가 취한다는 면에서도 드러난다. 청동기 무기와 더불어 청동기시대 말의 중요성을 고려해 본다면 아비 제우스의 머리로부터 튀어나와 제의권과 권위, 즉 "mē"를 세습하게 되는 아테나가 말의 여신이 되는 것은 당연한 처사이었다.

뱀도 그러하지만 말 또한 여성이 다스리는 "지하와 죽음 세계의 상징"임에 분명하며, 우리가 남성적인 천체로 인식하고 있는 태양도, 사실 우리가 모든 사물의 우로보로스적인 그리고 양성애적인 성질을 염두에 둔다면 어렵게 이해할 필요도 없지만, 후대에 이르러 또한 "말(馬)로서의 본질과 속성을 지니게 됨에 따라서, 지하-죽음의 가치도 나타내게 된다"(Eliade 『종교사』, 143-144). 낮이 밤으로 변하며, 태양이 달에 자리를 양보하여 달로 변신하는 사실과 다르지 않다. 모든 사물은 배면의 속성을 갖고 있다. 프로이트도 끝을 모르는 자기애, 즉 일차 나르시시즘과 "언캐니"(uncanny), 즉 친근낯설음과 삶과 죽음을 동시에 표상하는 여성으로의 회귀에 관한 논의에서 암시한 바(1919; SE 17: 225), 삶이 죽음을 품고 있으며 영원 또한 그 배면의 속성으로 죽음을 지니고 있다는 아니 더 정확하게 말한다면 죽음이 영원이고 영원이 필멸이라는 사실을 알아차리는 것은 그러나 얼마나 두렵고 어려운가. 뒤랑을 다시 인용하자면 "말은 태양의 질주인 동시에 [시간을 상징하는] 강의 흐름이다"(Durand 『인류학』, 107). 만물을 잉태하고 숙성시키는 태양이 역설적으로 파괴와 죽음의 전달자가 된다는 주장이기도 한데, 태양의 이러한 상징은 재생과 부활을 상징하는 달의 상징과는 궤를 달리하는 것처럼 보이지만 메시지의 내용면으로는 대동소이하다. 모든 사물과 천체는 이중적이고 양성적인 성질을 공히 지니고 있으며, 생명과 죽음과 연관되어 있다.

굳이 바슐라르를 염두에 두지 않아도 여성과 달과 동일시되기도 하는 물은 하늘로 올라가는 성질을 갖는 불, 또는 영혼과는 달리, 때로는 죽음처럼 무거워 땅, 또는 지하 세계 속으로 스민다. 서양의 어부 왕 전설에서 물의 세례가 필요한 것은 물이 상징하는 죽음의 세계를 겪지 않고서는 재생과 영원으로의 길이 열리지 않기 때문이다. 한국의 문화에서도 땅과 여성은 자주 '음기'를 공통분모로 하여 동일시되기가 다반사이다. 여성을 땅, 자연, 삶, 지혜, 진리, 거짓 또는 죽음으로 규정하는 것은 여성에 다양한 특질을 부여함으로써 그것을 장악하고 소유하고 싶은 남성의 욕망에서 비롯되고 있다.

6

니체의 '삶의 여성'과 진리의 비진리성

한 여자를 사랑했다. 끔찍할 만큼 늙은 여자를.
'진리', 그것이 그 노파의 이름이었다.
Liebt ich ein Weiblichen, alt zum Schaudern:
"Die Wahrheit" heiß dies alte Weib...

(니체 『포겔프라이 왕자의 노래』(1887), 「남국에서」)

절대적 헌신은 (종교에서) 노예적 헌신 또는 여성적 헌신의 반사작용이다.
영원히 여성적인 것은 이상화된 노예 정신이다.

(『니체 전집』 19:23; KGA VIII-1: 18)

그러면 진리란 무엇인가? 움직이는 한 떼의 은유들, 환유들, 의인화[된 것들], 간단히 말해 인간적인 관계들의 합이다.

(Nietzsche *Kritische Studienausgabe,* Band I: 880-881; 김애령 177 재인용)

'죽음의 여성'을 정초하는 니체의 '삶의 여성'

여성을 죽음으로 보는 사유는 물론이지만, 니체가 그러했듯이 미사여구를 동원하여 여성을 삶으로 그리고 진리와 비진리로 동시에 규정하는 작업은 단지 남성을 포함하는 지배계급의 가치를 여성에게 투사하여 마치 여성을 삶 또는 진리라고 규정한 후, 삶과 진리를 베일[12] 속에 가려진 거짓으로 그리고 죽음으로 환원하는 이데올로기적 전략일 수 있다. 니체의 '삶은 여성'(vita femina)이라는 표제어가 붙은 관련 문구를 인용하면 다음과 같다.[13]

> 훌륭한 것들 중에서도 최고봉에 속하는 것은 대부분의 사람들에게, 또한 최고급의 인간들에게도 감춰지고 숨겨져 있다고 나는 믿고 싶다—더구나 그것은 우리에게 일회적으로만 그 모습을 드러낼 뿐이다!—신적이지 않은 이 현실의 세계에서는 아름다운 것이 우리에게 전혀 주어지지 않거나 한 번만 주어지기 때문이다. 내가 말하고자 하는 것은 이 세계에는 아름다운 것들이 넘쳐나고 있지만 그럼에도 불구하고 이것들이 모습을 드러내는 아름다운 순간은 너무 적다는 것이다. 하지만 이것이야말로 삶의 가장 강력한 마법일지 모른다. 삶은 가능성이라는 황금실로 짜인 베일(die Schleier)로 덮여 있다. 약속하고, 반감을 품고, 수줍어하고, 냉소하고, 동정하고, 유혹하는. 그렇다, 삶은 여성이다![Ja, das Leben ist ein Weib!]
>
> (『즐거운 학문』 339편; 강조 필자)

일견 순간적이어서 아름다운 삶을 찬양하고 있는 듯한 니체의 '삶은 여성'이라는 이 유명한 언급은 순간적이고 아름다운 것을 여성이 표상한다는 전제에서 가능한 테제로 받아들여진다. 그러나 삶을 여성으로 파악하는 그

배면에는 "약속하고, 반감을 품고, 수줍어하고, 냉소하고, 동정하고, 유혹하는" 여성의 부정적 속성을 삶의 속성과 연결하고 있어, 삶과 여성에 대한 니체의 이중적 태도를 반영하듯 여성 찬양과 여성 혐오적 태도가 동시에 감지되고 있어 주의를 요한다. 여성 찬양은 그의 여성 혐오를 방어하기 위한 방패처럼 작동하고 있는 것 같은데, 조금 더 정확히 표현할 수 있다면 그의 여성에 대한 찬양은 찬양을 가장한 무시와 혐오에 지나지 않는다.

"그렇다, 삶은 여성이다!"(Ja, das Leben ist ein Weib!)라는 니체의 표현은 아마도 괴테의 "영원히 여성적인 것"(das Ewig-Weibliche)에 대한 반향일 터인데, 여성을 이상화한 연후 그것에 대한 평가절하와 멸시가 동시에 이루어진다는 사실이 괴테의 '영원히 여성적인 것'이라는 관념에 적용되지는 않는다고 몇몇 평자들은 입을 모아 주장해 왔다. 그러나 생명과 출산의 여성에 대한 니체의 비판은 신랄할 때도 있었으며, 우리는 그의 이러한 태도가 여성 폄하에 해당하는지 아니면 살과 몸을 가진 여성들에 대한 적확한 평가로서 오히려 영원한 여성을 여성 멸시라는 젠더 이데올로기 책략으로 전유해 왔던 습속에 대한 비판이었는지 잘 알지 못한다. 필자의 견해와는 아랑곳없이, 니체를 원-페미니스트로 또는 여성혐오주의자로 볼 것인가 하는 논의와 논란은 여전히 진행 중이다. 1885~1889년 사이 파편으로 존재하는 그의 수고들은 고증판 니체 전집으로 그루이터(Walter de Gruyter) 출판사에 의해 수정 가감이 없이 정리되었으며, 우리는 8권의 1부(한국어판 『니체 전집』은 19권)에서 다음의 표현을 만나게 된다.

> 절대적 헌신은 (종교에서) 노예적 헌신 또는 여성적 헌신의 반사작용이다.
> 영원히 여성적인 것은 이상화된 노예 정신이다.
>
> (『니체 전집』 19:23)

Die absolute Hengebung (in der Religion) als Reflex der sklavischen

Hengebung oder der weiblichen (—das Ewig-Weibliche ist der idealisirte Sklavensinn)[.] (KGW VIII-1: 18)

괴테의 "das Ewig-Weibliche" 자구를 하이픈을 넣은 모양 그대로 모사하고 있는 니체의 이러한 표현이 괴테의 파우스트의 마지막 구절을 염두에 둔 글귀임이 명확해지는 가운데, "영원히 여성적인 것"(여성적 원리, 혹은 우주적 원리)을 우리의 기대와는 달리, 아니 오히려 우리의 니체에 대한 예상대로 "이상화된 노예 정신"으로 파악하고 있음을 확연히 알 수 있다. 우리는 니체의 이러한 표현이 후대에 이르면 '천사와 악마'(angel and demon), '가정의 천사'(angel in the house), 또 동양에서는 이미 요조숙녀(窈窕淑女) 등의 개념으로 표현을 얻은 것으로 알고 있는데, 천사가 표상하는 아름다움과 영원함에 빗대어진 여성이 괴테에게서는 추락과 타락의 과정을 거쳐 순간적이고 몸적인 존재로 강등 당할지라도 다시 삶과 구원으로서의 여성으로 파악되고 있는 반면, 죽음의 여성으로서의 팜므 파탈이 횡행하기 시작하는 19세기 중엽과 세기말을 살다 간 니체에게서는 삶과 구원으로 표현된 여성에 대한 비아냥과 조소가 감지되고 있음을 느끼게 된다. "삶"은, 그리고 이를 표상하고 있는 "여성"은 졸라(Emile Zola)의 표현에 따르면 "황금빛 야수"(『나나』, 1880; 177), 즉 황금의 "베일"(die Schleier)로 덮여 있는 것 같지만 이를 걷고 나면 베일의 안쪽에는 흉물스러운 현실이 도사리고 있다는 것을, 니체는 후에 그의 정신 발작의 원인으로 지목되는 젊은 시절의 성적인 행각을 통해서 또 살로메와의 실연으로 촉발되었던 고뇌와 고통 속에서 느꼈음이 분명하다.

비록 후일 아마도 차라투스트라 이후에는 주어진 삶을 긍정적으로 받아들이는 초인의 삶을 희구하고 구가하게 되지만, 삶과 여성은 적어도 그가 『즐거운 학문』(1882)을 집필하던 시기에서는 죽음으로 이르는 길이었는지 모른다. 삶과 여성에 대한 니체의 부정적 파악은 이 책의 「2판 서문」(1886;

초판 1882, 증보판 1887)에서 더욱더 심화되는데, 이제 '삶과 여성'과의 관계는 '진리와 여성'과의 관계로 치환되어 나타나게 된다. 언뜻 생각해 보면 삶을 여성으로 규정하는 것이 진리를 여성으로 파악하는 것보다 직접적이고 구체적일 것 같은데, 니체는 왜 굳이 삶은 여성이라는 테제를 더 이상 발전시키지 않고, 「2판 서문」(1886)에서 진리를 여성이라고 재규정하고 있을까? 지식과 학문을 논하는 책의 성격에 삶을 논한다는 것이 아마도 격에 맞지 않다고 생각했을는지는 모르지만 니체가 진리를 삶의 척도에서 필요한 비진리인 진리로 보는 마당에야, 이에 대한 의구심을 떨쳐 버릴 수는 없다.

진리와 여성은 비록 전자가 형이상학의 범주에, 후자는 윤리학 내지는 생철학의 범주에 속하지만, 그의 은유적 글쓰기에서는 이와 같은 동일시가 문제가 되지 않았다고 억지스럽게 주장할 수도 있다. 바로 이어지는 본문에서 약간의 설명을 시도해 보겠지만, 지금으로서는 다만 형이상학의 범주가 니체에게 있어서는 중요하지도 않아 이를 생철학 내지는 실용주의적 시각으로 설명하는 것이 니체에게는 더욱더 어울리는 작업이었다는 점만을 적시하고 후일을 기약하며 우리의 논의를 계속해 보자. 삶과 여성은 같은 범주에 속하나 진리와 여성은 같은 범주에 속하지 않아, 진리를 이 보다 범주와 차원이 다른 여성으로 논하는 것이 그의 의도가 아니었을까 궁색하게 추측만 할 뿐이다. 진리는 몰라도 니체는 삶을 논할 만한 위인은 되지 못했다. 그도 이를 알았는지 아무튼 그의 논의에서 삶은 여성이라는 언급은 진리는 여성이라는 언급으로 치환되고 있다.

다음 인용문은 여성이 "베일"로 덮이어 있듯이 진리 또한 "베일"로 덮여 있다고 적시하고 있어, 니체의 베일이 함의하는 거짓으로서의 삶과 진리가 또한 스스로를 신비화하는 모양새를 지니고 있는 것으로 파악되는 그의 여성에게 전이되고 있음을 알 수 있게 한다.

우리는 너무나 많은 경험을 했고, 너무나 진지하고, 너무나 명랑하고, 너무나 지쳤고, 너무나 생각이 깊다. 이제 [진리로부터] 베일(die Schleier)이 걷힌 뒤에도, 진리가 변하지 않고 그대로 있으리라고 믿지 못한다. 그렇게 믿기에는 너무나 많이 살았다. (…) 철학자들을 위한 경고[→암시]이다! 사람들은 진주 빛 불확실함과 수수께끼들 뒤에 몸을 숨긴 자연의 수줍음을 좀 더 존경할 줄 알아야 한다. 어쩌면(Vielleicht) 진리는 자신의 바닥을 드러내 보여주지 않는 이유를 가진 여자(ein Weib)일지도 모른다. 아마도(Vielleicht) 그녀의 이름은 그리스어로 바우보(Baubo)가 아닐까?

아, 그리스인들! 그들은 정말 인생을 어떻게 살아야 하는지 아는 사람들이었다. 그러기 위해서 필요한 것은 겉으로든 속으로든 피상적 수준(Oberfläche)에 머무르는 것, 가상 숭배와 형식, 음조, 단어, 가상의 올림포스에 대한 믿음을 과감하게 품는 것이다. 그리스인들은 피상적이었지만(oberflächlich), 그것은 깊은 생각에서 나온 것이었다.

(「2판 서문」, 『즐거운 학문』 31; 강조 필자)[14]

그러나 피상적이지만 깊다는 니체의 알쏭달쏭한 표현을 어떻게 해석할 수 있을까? 그리스인들이 "가상의 올림포스"를 믿고 숭배했다는 니체의 평가는 그러한 믿음과 숭배가 피상적이고 심원한 여성에 대한 평가와 병치되고 있다. 표피가 진피가 없이 드러나는 바도 없고 겉모습으로서의 얼굴은 내면의 오장육부의 상태를 드러내고 있으니 밖은 안을, 겉은 속을 드러낼 수밖에 없다. 문학적으로 표현하자면 형식은 내용을 품고 있으니, 각종 종교의 제의와 형식들이 또한 그러하다. 가상에 대한 숭배의 의미를 알았던 니체는 종교를 아편이라 취급한 맑스(Karl Marx)와 자못 대조된다. 니체에게서 가상과 형식은 (그리고 겉으로 드러나는 규정과 온갖 예의범절과 진리의 심연에 다다르지 못하는 인류의 온갖 기도와 항해는) "인간적인 관계들의 합"(eine Summe von menschlichen Relationen, *Kritische Studienausgabe,*

Band I: 880)으로 설명된다. 우리는 이러한 그의 언술에서 "가상과 형식"이 삶이라는 겉이고 진리가 삶을 이끄는 속이고 내용인지, 아니면 그 정반대인지 잘 간파해 낼 수 없다. "진리는 인간적 관계들의 합"이라는 표현(1873)은 진리와 오류가 "여러 오류들이 서로에 대해 갖는 위치"(nur eine Stelllung verschiedener Irrtümer zu einander, *Heidegger Nietzsche* I: 27 재인용)로 『힘에의 의지』(1906; 원고 집필 시기는 대략 1885년 가을~1889년 1월)에 나타난다는 것만을 적시한 채 우리의 논의를 계속 진행해 보자.

피상적이지만 깊은 것을 니체는 바우보, 즉 여성 성기로 파악했다. 『즐거운 학문』, 「2판 서문」에서 진리로도 비유되고 있는 바우보는 여성 성기, 즉 여성의 음부 혹은 치부를 비유적으로 일컫는 신화적 인물인데, 그녀가 치마를 들쳐 궁둥이 또는 음부를 보여주는 행위(anasuromai, anasyrma) 자체의 외설적이고 추잡한 이미지도 그렇거니와, 여성 성기를 에둘러 표상하여 독을 품은 두꺼비로 표현되곤 하는 바우보가 늙고 추한 여성 혹은 때로는 헤카테(Hecate)나 라미아 (Lamia)등의 부정적인 모습으로 나타난다는 사실만을 부각시켜 심지어 창녀로까지 운위되고 있었다는 논의(Olender 97-104) 등이 당시의 바우보에 대한 통속적 견해였다면, 고전어학자 니체의 바우보에 대한 문헌학적 견해 또한 그것으로부터 자유롭지 않았을 것이라는 사실은 미루어 짐작할 수 있다. 바우보의 딸은 마녀인 미제(Mise)이고 그녀의 아들은 도마뱀 아스클라보스(Asklabos)로 알려져 있다. 아일랜드를 포함하는 유럽의 각 지역에서 목격할 수 있었던 젖이 늘어진 늙은 할망구 정도의 의미를 갖는 바우보의 또 다른 이름인 "sheela na gig"(말괄량이 쉴라 혹은 품행이 방정하지 못한 여성 정도의 뜻으로 여겨짐)에 대한 인상이 곱지 않다는 것은 추후의 논의를 필요로 하지 않는다. 여성 성기에 대한 다양한 신화적 인물들인 메두사와 바우보 그리고 이의 다른 표현인 "쉴라 나 기그"(sheela na gig)에 대한 부정적인 인상은, 그들이 퇴마적 속성을 지녀 대지의 풍요 여신으로 여겨졌다는 사실에도 불구하고, 지나치게 희화화되어 니체에게 전달되었음이 분명하다.

그러나 또한 우리가 바우보 신화에서 눈여겨보아야 할 사실은 대지의 여신 데메테르(Demeter)가 그녀의 딸 페르세포네(Persephone)를 찾아 아티카 지역에 도착했을 때 후대에 약강운율(iambic meter)의 시 형식을 나타내는 명칭이 되는 이암베(Iambe)를 제치고, 유모인 바우보가 재치 있는 말과 외설스러운 행동으로 최종적으로 데메테르를 웃겨 대지에 다시 풍요를 허락했다는 일화일 것이다. 대지의 풍요는 이암베로 표출되었던 예술의 대명사인 시문학에 의해 이루어지는 것이 아니라, 여성의 성과 출산력에 의해 담보될 뿐이라는 사실을 보여주고 있다.

여성의 음부인 바우보는 메두사의 머리와 같이 퇴마적이면서도 풍요의 상징이다. 메두사의 변형이라고도 할 수 있는 바우보는 전자가 "음문의 모양을 한 얼굴"이고 후자가 "음부로 변한 얼굴"로 파악되고 있다는 면에서 (Claire 47; 임철규 201 재인용), 여성의 생식과 풍요를 상징하고 있음이 확연하다. 그리스어로 "구멍"(cavity) 혹은 여성 성기를 지시하는 외설적 어휘인 "koilia"와 상응하는 바우보는 그녀로부터 파생한 남성 성기를 뜻하는 바우본(Baubon)과 더불어 데메테르 여신을 기리는 엘레우시스 비의(秘儀)에서 풍요와 생식의 주재신인 디오뉘소스를 보좌하는 두 인물로 나타나거나 (Olender 84) 바우본 역할을 하기도 하는 디오뉘소스의 상대역으로 나타난다(Kofman 197; Picart 25). 전설에 의하면 그녀는 또한 아테네의 왕 테세우스(Theseus)의 아들인 데모폰(Demophon)의 어미였으니, 데메테르가 대지의 여신으로 등극하기 전 아테네를 다스리는 여왕이기도 하였다. 속설에 의하면 바우보는 잠과 휴식 말고도 "사람을 재우다" 혹은 "아기를 어르다"는 뜻을 지니기도 한다(Olender 98). 바우보가 데메테르의 전신(前身, predecessor)이라는 주장은 메두사가 아테나 여신의 전신이라는 주장과 유사하다.

여성 성기로 표현되는 바우보는 남성 성기에 비해 피상적이고 복잡한 주름으로 차 있어 그 속을 우리는 알 수 없으니, 표면적이지만 속 깊은 진리 혹은 피상적이고 순간적이지만 때로는 심원하고 영원을 바라보는 삶처럼 여전히 파악이 불가능한 개념으로 남아 있게 된다.

> 바우보는 우리에게 단순한 논리로는 삶이 깊이도 표면도 아니라는 것을 결코 이해할 수 없다는 사실을 말해주고 있다. 베일의 뒤에는 또 다른 베일이 있으며, 채색의 한 꺼풀 뒤에는 또 다른 꺼풀이 있다. 바우보는 또한 겉으로 드러난 모습이 우리에게 비관주의나 회의주의를 선사하는 것이 아니라 죽음에도 불구하고 삶이 항상 무한하게 회귀하고 있으며 "개개인이라는 것이 아무것도 아니면서 종족 전체"이라는 사실을 아는 살아있는 존재의 긍정적인 웃음을 의미하고 있다.
>
> (Kofman 197)

여성도 그러하지만 삶도 진리도 또한 천박하지도 고상하지도 않다. 여성은 죽음을 수반하지만 그저 삶으로서의 여성이고 진리는 비진리로서의 진리라는 관념에 걸맞는 여성일 뿐이다. 니체가 천박하지만 여전히 고상한 진리를 바우보, 즉 "피상적이고 속 깊은" 여성 성기로 파악하고 있는 연유 또한 이것과 무관하지 않다.

니체의 진리의 비진리성과 여성

니체의 진리관은 그의 여성에 대한 생각과 더불어 애매모호하고 양의적이며 의뭉스럽다. 그가 진리를 여성 성기를 상징하는 바우보로 표현하였던 연유는 비단 진리가 "일회적으로만 그 모습을 드러낼 뿐"(『즐거운 학문』 339편)이어서 시간과 상황에 따라 비진리일 수 있다는 사실에서 기인한다. 진리는 그 속성상 진리로 호명되는 순간 더 이상 진리가 아니게 되니, 여성의 속 깊음과 얕음, 즉 고상함과 심원함의 짝을 이루는 천박함은 진리의 성질에게도 해당된다. 피상적이며 깊고, 가려져 있으면서 드러나는 여성 성기를 진리로 파악하는 니체의 기존 진리에 대한 양수겸장과 그에 대한 찬반양론을 모르는 바는 아니지만, 그러나 그러한 이중적 속성을 여성적인 천박함 또는 화장 아래 간히어진 "속 깊음"으로 보는 니체의 시각이 때에 따라서는 오히려 여성 혐오적 시각을 그대로 산출할 수 있는 여지를 주고 있다는 점은 마땅히 지적되어야 한다.

> 학문은 모든 진정한 여성의 수치심을 불러일으킨다. 이때 그녀는 사람들이 이것을 통해 자신의 피부 밑을, 심하게는 옷이나 화장한 아래를 들여다보고자 하는 것처럼 느끼게 된다.
>
> (『선악의 저편』 IV: 127; 120)

니체는 기존의 철학과 종교들을 고상하지만 천박하다고 생각하여 그것을 그가 미덥게 보지 않는 다양한 형태의 진리들의 일종이라고 생각하지만, 하늘 아래 고상하지만 천박하지 아니한 것이 있을 수 있을까? 천재이자 광인(狂人)이 된 니체는 여전히 나이 20에 경험한 창녀촌에서의 끔직한 경험을, 그리고 이로 인한 매독 증세에 의한 파국 상황인지는 모르겠으나 세기의 팜므 파탈로 운위되는 살로메(Lou Andreas-Salomé)에게 실연당한 사건을 잊지 못하고 있는 것일까? 우리가 7장에서 메두사의 성기를 표상하는 입과 관련하여 언급한 마그리트(René Magritte)의 저 유명한 〈강탈〉("Le viol" 1934)은 따라서 니체가 파악하는 바우보, 그리고 프로이트가 후일 말하는 메두사의 키치에 불과하다. 아래 사진은 소아시아 지역 프리엔느(Priene) 지역에서 출토된 바우보 조각품들 중의 하나인데, 바우보는 그녀의 상대역인 남근 프리아포스(Priapos)가 그러하듯이 생뚱맞고 수치스럽게 그려져 있다. 이는 이러한 조각품들이 때로는 자위용 기구인 딜도(dildo)로 쓰였다고 강변하는 올렌더(Maurice Olender)의 주장(84)에서도 미루어 짐작할 수 있다.

여성이 황홀감 속에서 강탈당할 수 있다고 파악되었다는 사실을 필자는 다른 지면(2023)을 빌어서 행한 존 던(John Donne)과 키츠(John Keats)와 예이츠(W. Yeats)의 시편들에 대한 분석에서 제우스의 강탈을 신의 속성을 공유한다는 측면과 빗대어 파악한 바 있지만, 이러한 해석의 부정적인 결과는 강간과 강탈과 황홀함을 동일시하는 사유, 즉 여성은 강탈당하고 싶어 한다는 성도착적인 증상과 이에 대한 합리화로 나타나게 된다. 여성은 가증스러운 진리라는 베일을 벗어 더 이상 그녀로 표상된 진리가 아닌 것을 만천하에 공포하든지, 여전히 베일을 착용하여 그 신비한 환상을 유지하든지 양자 선택의 기로에 서 있었다. 그러나 요한계시록과 플루타르코스가 기록하고 시간을 격하여 니체가

쉴러(Friedrich Schiller)의 시 「베일에 가려진 사이스의 조상」(*Das verschleierte Bild zu Sais*, 1795)에 영감을 입어 파악하고 있듯이(『즐거운 학문』, 「2판 서문」, 57편), 그리고 시대를 더욱더 거슬러 사이스의 네이트 신전에 쓰인 구절 그대로, 여성은 스스로 베일을 벗어본 적도 또 그 누군가에 의해 그녀의 베일이 들추어진 적도 없고 또한 들추어져서도 안 된다. 니체는 이에 대해 다음과 같이 말하고 있는데, 이를 쉴러와 비교해보자.

> 이제 우리의 미래에 대해서 이야기하자면, 밤마다 신전을 위태롭게 만들며 조상을 껴안고, 다 이유가 있어서 숨겨진 것들을 무슨 수를 써서라도 베일을 벗기고, 파헤치고, 환한 불빛에 비추어 보고 싶어 하던 이집트 청년들이 걸었던 그 길을 또다시 걷진 않을 것이다. 아니, 이런 악취미, '어떤 대가를 치르고라도 진리'를 찾겠다는 의지, 진리와 사랑에 빠진 젊은 열광, 이런 것들에 우리는 더 이상 매력을 느끼지 못한다.
>
> (「2판 서문」, 『즐거운 학문』, 152)

> 이 베일의 뒤에는 무엇이 있는가?
> "진리"라는 사제의 답이 돌아왔다. 무어라고?
> 내가 진리를 찾으려 노력하고 있을 때
> 그대는 바로 그러한 진리를 나에게서 감추려 하는가?
>
> Was ists, Das hinter diesem Schleier sich verbirgt?
> "Die Wahrheit", ist die Antwort. —Wie? ruft jener,
> Nach Wahrheit streb ich ja allein, und diese
> Gerade ist es, die man mir verhüllt?
>
> (「베일에 가려진 사이스의 조상」 II: 22-26)

진리를 찾는 청년 쉴러는 베일을 들추어 낭만적인 죽음을 선택하지만, 쉴러를 익히 알고 있는 그보다 100년 뒤의 니체는 미명과 허울뿐인 진리를 더 이상 추구하지 않는다. 자신의 생각이 깊다고 스스로를 평하고 있는 니체는 "베일(die Schleier)이 걷힌 뒤에도, 진리가 변하지 않고 그대로 있으리라고 믿지 못한다"(『즐거운 학문』, 「2판 서문」, 31)고 말할 뿐이다. 우리는 청년 쉴러가 무엇을 보았는지 알지 못하지만, 플루타르코스가 사이스 출토 네이트(즉, 이시스) 신전에서 보았다고 전해지는 글귀 탁본에는 다음과 같이 쓰여 있음을 전해 들어 알고 있다. "나는 존재했던, 존재하는, 존재할 모든 것이다. 누구도 나의 베일(peplos)을 들추지 못하리라." 베일 안에는 해석을 요구하는 "과거와 현재와 미래의 존재"에 관한 문구 이외에 아무것도 없을지 모르지만, 그 '아무것도 없음'은 범주적 요청에 의해 여전히 아무것도 아닌 진리로 존재한다. 진리는 요컨대 예나 지금이나 신(神)이라는 개념과 유사하게 비어 있는 기표, 아무것도 아닌 그 무엇이다. 영화 〈푸른 벨벳〉(*Blue Velvet*, 1986)은 이를 잘 확인해 주고 있으며, 〈킹덤 오브 헤븐〉(*Kingdom of Heaven*, 2005)은 비어 있는 아무것도 아닌 것(nothing)이 전부(everything)임을 우리에게 말해주고 있다. 십자군 전쟁의 와중에 예루살렘을 수복한 이슬람의 영주 살라흐 앗딘은 유럽의 기사 빌리안 디블랭에게 적어도 그렇게 말하고 있다. 여성이라는 마력에 끌리기도 하면서 그녀를 혐오하는, 한국의 유행가의 한 구절을 쓰자면 "원하며 원망하는" 이러한 불일치와 역설은 『즐거운 학문』(1887)보다 1년 앞서 출간된 『선악의 저편』의 다음과 같은 언급을 대할 때 이미 그 저의 혹은 진의가 여실히 드러나 있었다.

> 여자는 진리를 구하려 하지 않는다. 여자에게 진리가 무슨 상관이 있는가? 여자에게 진리처럼 인연이 멀고, 싫고, 꺼릴만한 것은 애당초 없다. 여자에게 최대의 기교는 거짓말이며, 최고의 관심사는 겉모습과 아름다움이다.
>
> (『선악의 저편』, 232편)

우리는 물론 니체의 진리와 여성에 대한 사유가 그리스어로 진리를 지칭하는 "alethia"(ta alēthē)의 조어법에 나타나는 것처럼, 존재를 망각하고 드러내고 다시 감추는 여성 성기의 숨어 있음과 드러냄의 속성에 의거 진리를 여성적인 것으로 파악하는 것이라 말할 수는 있겠다. 그러나 피상적이어서 드러낼 수는 있지만, 깊어서 감추고 나면 이어서 다시 드러낼 수 있을까? 주지하듯이 그리스어에서 진리(ta alēthē)는 여성으로 표현된다. 바우보가 자신의 은폐된 성기를 드러내어 대지와 풍요의 여신 데메테르의 분노를 진정시키고 있을 때, 그녀는 진리의 숨김과 드러남이라는 "alethia"의 어원적 의미를 몸으로 잘 현시하고 있었는지도 모른다.

그런데 니체를 염두에 두고 항용 표현되는 "진리는 비진리이다"라는 표현은 그가 명백하게 이렇게 표현하지 않고 있음에도 불구하고, 그러한 문구가 마치 니체 자신의 표현인 것처럼 항간에 떠돌고 있다. 데리다의 화법에서나 나타날 법한 이러한 해석은 '진리가 없다'거나 '진리가 비진리'라는 말은 아니다. 니체는 다만 다음과 같이 말한 적은 있다.

> 세계는 '흐름 속에' 있다. 생성하는 어떤 것으로서, 결코 진리에 다가가지 못하고 늘 새롭게 밀려나는 허위적인 것으로서. 왜냐하면 '진리'란 존재하지 않기 때문이다(denn—es giebt keine "Wahrheit").
>
> (KSA XII, 114; 이재황 387 재인용)

그러나 이러한 선언은 많은 해석을 가능케 하는 언술일 뿐 특정의 유일한 해석, 즉 진리가 비진리라는 언술과는 그다지 많은 관련은 없다. 그는 다만 "다양한 '진리들'이 존재"하며 이러한 의미에서 "진리는 존재하지 않는다"는 말을 하고 있을 뿐이지, 진리가 비진리라는 언급을 명시적으로 행하고 있지는 않는다. 진리가 거짓(Lüge) 혹은 오류(Irrtum)라는 표현은, 우리가 말하고 있는 진리와 비진리라는 문맥과는 전혀 다르게, 그의 수고본을 그의 누이 엘리자베스(Elisabeth Förster-Nietzsche)와 편집자 가스트(Peter Gast)가 번개하여 현재에는 오염본으로 간주되지만 당시에는 유통본이었던 『힘에의 의지』(1906)에도 다음과 같이 각각 등장하고 있을 뿐이다.

> 살기 위해서 우리는 거짓을 필요로 한다. 형이상학, 도덕, 종교, 학문 — 이 책에서 이것들은 단지 거짓의 다양한 형식들로서만 고려되었다 — 이 모든 것이 단지 인간이 갖는 예술로 향하는 의지(Wille zur Kunst), 거짓을 원하는 의지(Wille zur Lüge), '진리' 앞에서 도망치려는 의지, '진리'를 부정하려는 의지의 소산들이다.
>
> (『니체 전집』 20: 522-523; KGW VIII-2: 435)

> 진리란 그것 없이는 특정한 종류의 생물이 살아갈 수 없는 그런 종류의 오류[Irrtum ← irren]다. 생을 위한 가치가 최종적으로 결정한다 — 진리는 만약에 "거짓을 말하지 말지어다"라는 도덕이 부재한다면, 다른 형태[Forum]에 의하여 스스로 합법적이 되어야 한다. 인류의 보존을 위한 수단[으로서], 힘에의 의지로서[Als Mittel der Erhaltung von Mensch, als Macht-Wille]. (*Wille zur Macht*, 493, 495편; 강수남 번역판 참조)

진리는 비진리 혹은 거짓에 반하는 본질적 근거를 갖는 것이 아니라 삶을 위한 가치 내지는 효용성, 즉 편집자들의 의견을 따르자면 "힘에의 의지"에 의해서 구성되며, 삶을 위한 거짓 혹은 진리는 그때그때마다의 거짓 혹은 진리가 된다. "'진리: 이것은 나의 사유 방식에서는 필연적으로 오류[Irrtum]의 정반대를 가리키지는 않으며, 가장 원칙적인 경우들에서 여러 오류들이 서로에 대해 갖는 위치를 가리킬 뿐이다"(Wille zur Macht 535번; Heidegger Nietzsche, 27, 번역본 『니체』 I, 45 참조). 니체에게 있어 진리는 형이상학적 개념, 그리고 오류 혹은 거짓은 가치 혹은 윤리생철학적 개념으로 작동하고 있으니, 형식논리로도 본다면 니체가 진리를 "오류의 정반대"되는 개념으로 사용하고 있지 않다는 것을 명확히 알 수 있다. 진리와 오류 혹은 거짓은 서로 범주가 다르며 진리와 비진리는 형이상학적으로는 범주가 같기는 한데, 니체의 사유에 있어서 진리가 비진리라는 모순을 상정하고 있지 않을뿐더러 진리가 비진리로 변신할 때 그 비진리는 이미 형이상학을 벗어나 생철학의 범주로 넘어가게 된다.

진리와 오류는 "여러 오류들이 서로에 대해 갖는 위치"(nur eine Stelllung verschiedener Irrtümer zu einander Heidegger Nietzsche, 27 재인용)라는 엘리자베스와 가스트가 편집하고 번개한 니체의 언급은 진리가 오류, 혹은 거짓이라는 진리의 상대성에 대한 설파일 뿐 아니라 포스트모더니즘의 진리관을 이미 선취하고 있다. 이렇게 될 때, 즉 진리가 비진리가 될 때 진리 자체도 또한 더 이상 형이상학의 범주에 머물지 못하고 윤리와 생철학의 범위에 들어오게 된다. 아무튼 진리는 비진리 혹은 오류라는 니체 철학에 대한 항간의 언급은 같은 범주 내의 대립 혹은 모순에 해당하지 않는다는 사실을 적시하고 넘어가기로 하자. 이러한 사유는 거짓과 확신에는 아무런 차이가 없다는 그의 주장(『반그리스도교』 517)에서도 계속해서 꼬리를 물고 나타난다.[15] 우리는 다음과 같은 삼단논법이 가능한 세계 속에 더 이상 살고 있지 않다. '진리의 비진리성'을 주창한 니체가 이러한 삼단논리의 부조리함을 가장 강력하게 지적해 왔던 대표적 인물로서 소위 포스트모던 사유를 선도했던 최고의 선동가이자 해방가가 되는 이유이다.

여성은 진리다. (A = B)
여성은 비진리다. (A = C)
따라서 진리는 비진리다. (B = C)

그러나 A=B, 심지어는 A=A가 아닌 21세기의 세상에 우리가 거주하고 있는 마당에, B=C라는 동일성이 그리고 있는 세상은 차이를 무시한 유사성으로 무장한 폭력적 은유의 세계임을 우리는 이제 알고 있다. 비진리가 진리라는 말은 또한 진리를 구할 수 없다는 것이 논리적으로 진리라는 것이지, 비진리가 바로 진리 그 자체, 즉 존재론적 진리라는 뜻은 아닐 것이다. "진리는 없다"는 표현은 진리가 비진리라는 말은 아니다. 그러나 그럼에도 불구하고 위에서 언급한 "여자는 진리를 구하려 하지 않는다"는 말은 진리의 비진리성을 말하는 비유일 뿐이지만, 진리가 비진리라는 단정적 언급으로, 그리고 여성을 매개로 진리는 거짓이라는 언급으로 변하여 자주 인용되곤 한다. 그는 그러나 진리를 비진리라 단언한 적은 없다. 그는 "삶은 여성이다"(『즐거운 학문』 339편)라고 말하기는 하였으며, 조금 아래 인용문에서 읽게 되겠지만 "진리를 여성이라 가정해 보자, 어떠한가?"(『선악의 저편』 서문)라고 회의적으로 그리고 다소 시니칼하게 물은 적은 있다.

정신(mens)과 '거짓말하다'(mentiri)는 동사와의 연관성에 대한 그의 암시(『즐거운 학문』 157편; 295)를 참조하면서 우리의 논의를 일단 계속해 보자면,[16] "니체에게 있어 여성은 외양으로서의 가치와 그 외양의 마술적 효과를 달성하는 양식을 표상한다. 진리는 여성, 즉 외양의 비진리이며, 불일치이며, 얻을 수 없는 갈보(wench; 아마도 "Baubo"의 번역)"로 파악되고 있다는 한 평론가의 요약성 주장(『선악의 저편』 13; Vasseleu 80)은 니체를 완전히 오독하지는 않는다.[17] 삶을 여성, 또는 진리가 이미 아닌 진리를 여성으로 파악하는 그의 논리는, 비록 니체가 삶을 여성으로 그리고 십분 양보하여 해석한다 해도 진리를 "아마도"(vielleicht) 여성으로 [진리가 진실로 여성이 아니라] 말한 적은 있지만(『즐거운 학문』, 「2판 서문」, 31), 그러한 여성을 비진리, 혹은 진리가 비진리라고 명시적으로 언급한 바는 없다. 바살레우(Cathryn Vassleu)의 말을 십분 참고하여도 "진리는 여성, 즉 외양의 비진리"일 뿐이다. 『선악의 저편』(1896)의 첫 구절도 진리를 여성이라고 단정하고 있지는 않았다.

> "진리를 여성이라 가정해 보자, 어떠한가?"(Vorausgesetzt, daβ die Wahrheit ein Weib ist—wie?) 모든 철학자가 독단주의자인 경우, 그들이 여자를 잘못 이해했다는 의심은 근거 있는 것이 아닐까. 그들은 진리를 얻기 위해서 항상 소름 끼치는 진지함과 서툴고 주제넘은 자신감만을 보여 왔는데, 이것이야말로 여자를 얻기 위한 참으로 졸렬하고 부당한 방법이었던 것이다. 그녀가 마음을 주지 않으리라는 것은 뻔한 노릇이다.
>
> (『선악의 저편』, 「서문」)

위의 언급은 두 가지로 해석할 수 있는데, 하나는 독단주의적인 철학자들이 진리를 여성이라 가정했던 것이 근거가 없다는 것이며, 나머지 하나는 진리가 여성이라 해도 진리인 여성을 기존의 독단주의적인 철학이 이해할 수 없다는 것이다. 독단주의적인 철학자들이 이제까지 진리 혹은 그것으로 비유되는 여성을 잘못 이해하여 진리를 여성으로 오해했다는 주장인데, 이러한 주장의 배후에는 "사실 자체란 존재하지 않으며, 오히려 사실이 존재할 수 있으려면 늘 어떤 의미가 먼저 집어넣어지지 않으면 안 된다"(KSA VIII, 138; 백승영 242-243 재인용)는, 푸코와 데리다의 포스트모던적 언어관을 선취하고 있는 니체의 관점주의적 진리관이 도사리고 있음은 물론이다.

> 다양한 눈들이 있다. 스핑크스도 역시 여러 눈을 가지고 있다. 따라서 다양한 '진리들'이 존재한다. 고로 어떤 진리도 존재하지 않는다.
>
> (KSA XI, 498; 이진우 187, 김정현 91 재인용)

"어떤 진리도 존재하지 않는다"는 말도 진리가 아닐 수 있다는 것을 니체가 말하고 있다고 우리는 생각하는데, 의뭉스럽고 애매모호한 니체가 어떠한 입장을 취했는가에 대해서는 학자들의 견해가 첨예하게 대립하고 있다. 관점과 해석에 따라 변하는 다양한 사실들, 다양한 진리들, 다양한 여성들만이 있을 뿐이며, 그 여성 가운데 간혹 진리가 혹은 비진리가 되는 여성이, 그리고 남성이 있을 뿐이다. 인구에 많이 회자되었지만 출처가 불분명했고 이에 대한 번역도 다양했던 니체의 '은유'적 진리관을 확연하게 드러내는 「비도덕적 의미에서의 진리와 거짓에 관하여」(1873)의 한 구절을 길게 인용해 보자.

> 그러면 진리란 무엇인가? 유동적인 한 무리의 비유, 환유, 의인관들이다. 간단히 말해서 시적, 수사학적으로 고양되고 전용되고 장식되어 이를 오랫동안 사용한 민족에게는 확고하고 교의적이고 구속력이 있는 것으로 여겨지는 인간적인 관계들의 총계이다. 진리는 환상들이다. 진리는 마멸되어 감각적인 힘을 잃어버린 비유라는 사실을 우리가 망각해 버린 그런 환상이며, 그림이 사라질 정도로 표면이 닳아버려 더 이상 동전이기보다는 그저 쇠붙이로만 여겨지는 그런 동전이다. 우리는 진리를 향한 충동이 어디에서 나오는지 여전히 알지 못하고 있다. 왜냐하면 우리는 이제까지 사회가 실존하기 위해 세워놓은 '진실되어야 한다'는, 즉 관습적인 비유들을 사용해야 한다는, 모든 사람에게 타당한 양식으로 무리지어 거짓말해야 한다는 책무에 관해서만 들어왔기 때문이다. 그런데 인간은 물론 사태가 그러하다는 것을 잊는다. 그러므로 그는 언급한 방식대로 무의식적으로 그리고 수백 년 동안의 습관에 따라 거짓말을 한다. (『니체 전집』 3: 450; 강조 필자)[18]

진리는 "환상들"(Illusionen)이며 "은유들"(Metaphern)이고 "삶은 환상을 필요로 한다. 다시 말해서 진리로 여겨진 비진리들을 필요로 한다"(KSA XII, 19; 김애령 175 재인용)라고 니체는 분명히 말하고 있다. 앞서도 인용한바 "다양한 '진리들'이 존재한다. 고로 어떤 진리도 존재하지 않는다"(KSA XI, 498). "진리로 여겨진 비진리들을 필요로 한다"는 니체의 언급에서 우리는 비록 역설적일지는 몰라도 그가 여전히 비진리로 여겨진 진리들, 즉 "비유들"을 필요로 하고 있음을 알 수 있다.

"진리는 진리 자체로서 — 현실적이고 일반적으로 타당한 어떤 관점도 포함하고 있지 않다"는 니체의 주장의 배후에는 비유가 "비유라는 사실을 망각하고, 이들을 사물 자체로 받아들이는"(니체 전집 3: 453) 플라톤과 칸트에 대한 비판이 도사리고 있다. "'물 자체'[Ding an sich]는 — 언어창조자에게는 도저히 이해할 수 없는 것이고, 추구할 만한 가치도 전혀 없는 것이다"(니체 전집 3: 447). 이데아 본질계에 관한 플라톤의 진리(aletheia)관에 관한 니체의 확연한 입장을 추측할 수는 있겠으나, 이의 변종인 실체를 가장하나 허구일 수밖에 없는 용어인 칸트의 '물 자체'(Ding an sich)에 대한 니체의 반감과 공격을 감지할 수 있다. 니체가 공박하고 있는 "진리"는 그러나 그의 주장과는 아랑곳없이 여성을 공통 매개로 하여 진리와 비진리(← 거짓말)의 동일성으로 그리고 여성과 비진리의 동일성으로 확대 해석되었다. 진리가 "죽었다" 혹은 "없다"는 말은 니체 이전에도 진부하게 회자된 말이며, 예를 들자면 고야는 그의 〈전쟁의 참화〉 연작(1810-1820) 중 79, 80편에서 "진리는 죽었다"고 이미 선언한 바 있다. 삶을 진리로 또 이와 동항인 거짓이라고 말하지는 않았지만, '신의 죽음'을 선언하는 니체에게서도 이의 추상적 형태인 진리의 죽음은 이미 선언되고 있었다.

진리가 죽었다는 말은 그러나 반복해서 말하지만 진리가 비진리라는 말이 아니라, 진리가 존재하였지만 지금은 찾아보기 힘들다는 언급으로 보아야 한다. "신은 죽었다"(Gott ist tot)는 말도 마찬가지이다. 전통적인 의미에 있어서의 기존 교단의 신이 죽었다는 그의 언급은, 그러한 신을 죽인 것이 오히려 우리 자신들이라고 니체 또한 명확히 밝히고 있었음에도 불구하고 많은 오해를 불러일으켰다. "우리 자신이 신이 되어야만 하지 않을까"하는 그의 언급에도 불구하고(『즐거운 학문』, 125편), 그의 사유에서 신은 여전히 존재하고 있다. 불사를 전제로 한 것이 신의 개념일진대, '신은 죽었다'라는 개념 자체가 이미 모순어법(oxymoron)임을 탁월한 수사학자이자 고전어문학자인 니체가 몰랐거나 일부러 무시했다고 할 수는 없다. 하이데거를 따르자면 "도덕적인 신"이 죽었거나 혹은 신이 표상하는 "초감성적 세계가 영향력을 잃어버렸다"(『니체』 I, 1940: 315; 『숲길』, 1950: 294)고 말할 수는 있겠으나, 우리는 여전히 니체가 말하고 있는 "가상 숭배와 형식, 음조, 단어, 가상의 올림포스에 대한 믿음"(『즐거운 학문』, 「2판 서문」, 31)이 필요한 세계에 살고 있다. 니체는 피상의 의미를 알고 있었던 속 깊은 철학자이었다.

라캉의 "베일 쓰기"와 하이데거의 "베일 벗기"

라캉의 "베일 쓰기"에 대한 아주 사소한 사족

니체에 관한 이러한 오독은 진리와 여성을 규정할 수 없는 것으로 파악하여 양자를 동일시하고 급기야는 '진리의 비진리성'과 '비진리의 진리성'을 설파하면서, 삶이 아니라 여성을 죽음과 동일시하는 데리다(Jacques Derrida)의 해석으로도 이어진다.

> "진리"는 외양으로만 오직 가능하다. 인용 부호로 의미가 유보되지 않은 채 진리가 얼굴 붉히며 부끄러워하는 것처럼 보이는 것은 그 외양에 겸손한 척 베일을 덮는 것일 뿐이다. 그리고 그 베일을 덮음으로서만 "진리"는 심오하고 바람직한 진리가 될 수 있다. 그러나 그 베일을 올리거나 조금 다르게 덮거나 할 경우 더 이상 어떤 진리도 없으며 단지 인용 부호 안의 "진리"만 존재할 뿐이다. 베일/죽음(Le voile/tombe).
>
> (Derrida *Éperons,* 59; 신경원 2000, 14 번역 따름)

여성이 진리로 그리고 죽음으로 표현되고 있는 위의 인용문은 마치 체계적이지 않은 니체의 스타일을 모방이라 하듯이 박차들(éperons)의 파편으로 구성되어 있다. 베일(voile)은 떨어져(tombe) 죽은 자가 묻히는 땅위의 묘지(tombe)가 되지만, 데리다의 베일과 죽음의 말잇기 놀이는 유희에 그치고 우리의 주제에 관한 더 이상의 심도 있는 논의는 전개되지 않는다.

이는 라캉도 마찬가지이다. 진리, 또는 팔루스인 여성을 소유함으로써 남성은 다시 팔루스, 즉 진리의 담지자가 된다는 것을 라캉은 "팔루스 존재"(être le phallus; to be the phallus)인 "[여성을] 소유하기"(avoir le phallus; to have the phallus)로 풀었지만, 라캉은 사실 이 두 항목에 대해서도 젠더를 나누어 적시하지는 않고 암시한 적만이 있을 뿐이다(289-290). 여성성과 남성성을 넘어선다고 간주되는 '팔루스'인 아버지와의 동일화를 통해서 남성이 그의 콤플렉스를 해결하는 반면, 여성은 그녀의 팔루스의 부재를 "가장하기"(masquerade)를 통하여 팔루스를 소유한다고 착각하게 되어 팔루스가 되어 간다는 심상한 논리이다.

그의 사고 안에서 남성이 팔루스를 소유하게 되는 것은 아버지와의 동일화를 통해서가 아니라 팔루스가 되고자 하는 과정 속에서 이미 팔루스가 되었다고 간주되는 "여성을 소유한다"(avoir le phallus)는 착각 아래 이를 과시함(parade)으로써 이루어진다. 여성을 끊임없이 대상화 또는 객체화시키고 그에 대한 급부로 남성이 팔루스인 여성을 소유함으로써 결국은 팔루스 자체가 된다는 의뭉한 논리이다. "가장하기"(masquerade)와 "과시하기"(parade)의 차이! 후기 구조주의자로 이름난 라캉의 수사를 구사하자면 여성이 무엇인가 결핍되어 있어 오히려 모든 것을 수용할 수 있는 기표(signifiant, signifier)가 된다는 말인데, 그가 주장하듯이 여성은 성적인 욕구의 충족을 결핍하지도 또 이로 인하여 욕망에 내재하는 억압의 정도가 남성에 비해 덜 드러나지도 않는다. 결핍이기에 충만이고 아무 것도 아니기에 팔루스가 된다는 그의 "역설적인" 해석이 결핍과 상실, 그리고 죄와 구원에 기반을 둔 서양 형이상학의 전형적인 실체론적 사유를 그대로 따르고 있음이 목도되고 있다.

삶이 죽음임을 역설하는 우리의 논의에서 그러나 삶이 여성이라는 니체의 언급과 여성이 결국 죽음이고 결핍임을 말하는 데리다와 라캉 사이에는, A=B라는 은유의 포함과 포괄 관계를 넘어선 심대한 차이가 있다. 여성=삶, 여성=죽음, 삶=죽음이라는 3단 논법의 형식을 거쳐 관념적으로 삶이 죽음이 된다손 치더라도, 아무리 구차하다 하지만 실생활에서 삶은 추구되어야 하는 그 무엇이다. 죽음이 비록 우리의 존재가 향하는 목적지임에도 불구하고 그것의 필연적인 유예를 통하여 삶은 지속되고 후세는 이어진다. 진리는 여성을 매개로 비진리가 되며 삶은 여성으로부터 출몰하여 죽음에 이르고 있으니, 여성은 진리이고 삶이다.

니체의 베일과 하이데거의 "베일 벗기"

아우구스티누스에서 두드러지게 되는 부재와 거세의 형이상학은 형이상학의 극복을 주창하는 니체를 거쳐 일정 부분 존재자에서 존재로의 전회를 추구하는 하이데거의 현존의 형이상학에 이르면 귀향을 소망하는 철학으로 탈바꿈한다. 파르메니데스와 엠페도클레스도 일정 부분 그러하지만 하이데거를 위시한 서양 철학에서도 마찬가지로 무(無) 혹은 '비어 있음'은 이 책의 총 결론인 3권 15장에서 논의가 더 전개되겠지만, 부재와 거세가 아니라 꽉 찬 텅 빔, 즉 '모든 것'(everything)은 아닐지 몰라도 '무엇'(something)을 포함하는 무(nothing)이다. 팔루스의 거세와 부재로 해석되는 서양의 '무'(无; ouk on)와 달리 "없이 있는" 니체와 하이데거의 무(無; mē on) 내지는 동양의 공(空), 혹은 무(無) 사상은 생각보다 많이 다르지 않으니, 동서양을 막론하고 존재는 무와 구별되지 않고 연관되어 서로를 보충하며 같이 머물러 있다. 베르그송도 그러하지만 니체와 하이데거에 있어서도 형이상학의 극복(또는 해체)이라는 테제는 여전히 형이상학의 범주에 머물러 있다.

계몽이 계몽이 아닌 광기로 전락하고 휴머니즘이 휴머니즘이 아니고 그 자체로 반휴머니즘인 마당에야, 진리는 진리가 아니라는 말을 이해하는 것에는 아무런 문제가 없는 시대를 우리는 살아가고 있다. 사실 비진리로서의 여성을 진리로 파악하고 있는 니체의 진리관을 선도했던 장본인은 해체(Dersruktion)에 관한 이론도 그러하지만 데리다(Jacques Derrida)가 아니라 하이데거라 할 수 있다. 하이데거는 그런데 "진리=비진리"라는 관념을 "aletheia"라는 그리스어에 견주어 진리를 여신 혹은 십분 양보하여도 여성이라 말하였지, 여성을 죽음 혹은 겹핍이라 말한 적은 없다. 이는 니체도 마찬가지이다. 하이데거의 사유 속에서 진리와 비진리라는 개념은 처음부터 존재하지 않았던 이항구조인데, 그는 진리를 말 그대로 "망각에서 벗어남"(aletheia)이라 말하고 있지 진리가 비진리라고 말하고 있지는 않다.

> 진리의 여신이 그[파르메니데스]를 두 갈래의 길, 즉 발견의 길과 은폐의 길 앞에 세웠다는 것이 의미하는 것은, 현존재는 각기 그때마다 이미 진리와 비진리 안에 있다는 것에 다름 아닌 것이다. 발견의 길은 (…) 그 두 길을 이해하며 구별하여 그중 하나를 결정하는 데에서만 획득된다.
>
> (『존재와 시간』, 1927: 300; 강조 필자)

> 그 여신은 누구인가? (…) 그 여신은 바로 '진리'다.
>
> (『파르메니데스』, 1942: 6; 최상욱 82 재인용)

하이데거의 "알레테이아"의 반대 개념이 "레테"가 아니라 "프슈도스"(pseudos)이며, 이 "프슈도스"마저도 우리가 항용 알고 있는 "거짓"이 아니라 "일종의 은폐의 방식"으로서 "동시에 항상 벗겨냄, 지시함, 나타나게 함"(← 동사 "psuedomai")을 포함하고 있다고 해석하는 최상욱 교수의 주장

(83-88)을 유념하며 논의를 전개한다면, 조어법상으로만 볼때 망각(lethe)으로부터 벗어남, 즉 진리(aletheia)는 소위 '비진리'로 간주되기도 하는 망각을 이미 그 안에 함의하고 있다.

진리와 비진리의 대척 관계는 그리스어의 "aletheia/psuedos"가 진리와 거짓, 혹은 진실과 허위 등의 의미를 띠게 되는 라틴어 "veritas/falsum"으로 그리고 독일어 "Wahrheit/Falschheit"로 번역되는 일련의 과정 속에서 일어났다고 하이데거는 생각한다. 비은폐성(aletheia, Entdecken)과 은폐성(lethe, Verbergen)의 길항작용, 혹은 순환작용 가운데 '현존재의 상황으로' 드러나는 것을 진리라고 하이데거는 파악했다. "현존재는 각기 그때마다 이미 진리와 비진리 안에 있다."

하이데거의 사유에 있어서 진리와 비진리는 서로 우월을 나누는 준거점이 되지 않는데, 이와 유사하게 니체에게 있어서도 진리는 그 속성상 비진리가 되기도 하지만, 오히려 역설적으로 그의 사유 속에서는 비진리라고 평가절하 되었던 것이, 따라서 진리라는 비진리를 제외한다면, 더 많은 진리성을 함의하게 된다고 우리는 말할 수 있게 된다. 니체의 진리가 인간의 삶을 좌지우지하는 힘에의 의지의 발현에 불과하고, 하이데거의 진리관이 상대적 진리관이 아니라 존재자의 진리를 그대로 드러내어(박찬국 2013, 98, 76) 존재 자체를 드러내는 것에 있다고 해석한다 하더라도, 하이데거의 진리, 즉 알레테이아는 일정 부분 니체의 베일의 비유를 전유하고 있다. "현존재는 각기 그때마다 이미 진리와 비진리 안에 있다"는 하이데거의 언급은 여성의 속성을 지니는 진리의 다양성을 주장하는 니체와 다르지 않다. 진리와 삶에 비유되곤 하는 여성 혹은 여성 성기는 베일의 은폐와 비은폐를 통하여 스스로를 현시한다.

"베일을 벗겨낸 후에도 진리가 그대로 진리로 머물러 있으리라는 것을 더 이상 믿지 않는다"(『즐거운 학문』, 「2판 서문」, 31)는 니체의 언급의 배후에는, 신경원 교수도 잘 지적하고 있지만 기존의 진리에의 의지를 미숙함과 치기로 보는 니체의 사유가 자리 잡고 있을 뿐 아니라, 이미 언급된바 진리 자체의 허위성이라는 관념이 도사리고 있다. 그러나 진리 또는 삶을 여성(vita femina)으로 파악하는 니체의 논리에서 우리가 구태여 젠더 역학이라는 관점에서 궁극적으로 물어보아야 할 질문은 과연 베일을 써야만 진리인가, 즉 그것을 여성이라는 은유로 표현해야만 진리인가 하는 것이다. 진리에 대한 생각도 그러하지만, 여성에 대한 관념들 또한 라캉과 데리다는 물론이지만, 니체의 관념마저도 "허구적 존재이며 수사적 은유일 뿐이다"(신경원 2002, 174; 박찬국 2013, 82).

진리가 없다고 하면 될 일이지, 베일을 쓴다는 것의 의미가 물론 하이데거 식의 진리의 숨어 있음과 드러남이라 할지라도, 꼭 여성 비하적 저의(底意, undertone)를 갖는 베일을 쓰지 않으면 구태여 진리가 아니라고 할 필요는 더 이상 없는 것 같다. 이러한 면에서 니체를 "원 페미니스트"(proto-feminist)로 보는 시각들은 그 효용성에도 불구하고 그 한계를 노정한다. 니체 철학에 등장하는 여성 성기인 말하는 바우보를 베일에 가려야 한다면, 남성 성기 또한 잘 가려질 것 같지 않고 또 가려지지도 않았지만 베일에 가리고 거세해야 함이 마땅하다. 사물의 본질, 또는 진리라고 일컬어지고 있는 것은 니체가 묘사하듯이 나타나거나 금방 숨어버리는 "형이상학자들의 끔찍한 음부"(horrendum pudendum)일 수 있지만 동시에 아름다운 음부이기도 하다. 삶이 아름답고 추하듯이 여성은 미추와 진리와 비진리를 동시에 품고 있고, 진리는 진리와 허위를 반복하기도 하면서 그냥 '없는' 그러나 간혹 있다고 믿어지는, "없이 있는" 진리들로 기능할 뿐이다. 영화 〈푸른 벨벳〉이 우리에게 또한 말하고 있는 것은 감추면서 드러내고 있는 여성 성기, 즉 베일을 쓴 여성 앞에 선 남성의 불능일 뿐, 죽음과 진리의 담지자로서의 여성의 추악함과 빈 공허함은 아니다.

니체는 대지의 여신 데메테르의 유모 바우보가 돌보고 양육하는 그녀의 행동으로 대지에 풍요를 가져다 준 사실은 미처 생각하지 못했던 것 같다. 말하자면 바우보는 데메테르가 잃어버린 풍요와 재생을 다시 회복하게 해주는 데메테르의 분신이자 그녀의 또 다른 이름이기도 하다. 아름답고 좋은 것은 아름답고 좋은 것일 뿐, 구태여 거기에 추하고 나쁜 이미지는 물론이지만 더 아름답다거나 영원한 관념을 채색할 필요는 없어 보인다. 여성 성기를 상징하는 바우보는 필자에게 그런 의미, 즉 풍요와 생명을 약속하는 여성의 성기 더 이상도 더 이하도 아니다. 삶은 그리고 성과 여성은 아름다울 뿐이거나, 우리의 토톨로기 수사를 차용하자면 성과 여성일 뿐이다. "천박하지만 고상한", "피상적이지만 심원한" 진리와 거짓을 표상하는 것으로 여성을 규정하고 폄하하여 이와 연상이 되는 성(性)과 삶, 그리고 진리를 홀대하는 이중 잣대 내지는 표리부동한 전통으로부터 벗어날 필요성이 제기되고 있다. 니체는 여성성을 피상적이면서도 심원한 것으로 말하면서도 아마도 결국에는 그녀 바우보를 피상적인 것으로 규정하여 평가절하해 왔던 것 같다. 그의 바우보는 따라서 꾸불꾸불한 요도성 여성 질병을 이르는 프로이트의 히스테리아(hysteria←usteria; 자궁)와 다름이 없다. 프로이트는 계속해서 이를 "친근낯설은"([un]heimlich) 것으로 표현하여, 여성을 여전히 삶과 죽음으로 보면서도 결국에는 이를 죽음으로 보는 견해를 유지하였고, 이는 우리가 논의하고 있는 니체 또한 예외는 아닌 것 같다.

7

세기말의 죽음, 사랑, 여성

이상과 같이 여성을 악마 또는 악의 화신, 그리고 죽음으로 파악하는 서양 문화의 이데올로기를 세기말과 현대의 몇몇 회화와 문학 작품을 통하여 간략히 살펴보았다. 상식적으로 생각해 보아도 여성은 출산을 담당한다는 측면에서 생명의 담지자이고 보호자인 팜므 비탈(femme vitale)이지, 죽음만을 가져다주는 팜므 파탈은 아니다. 삶, 또는 생명이 있기 때문에 여성을 통해 죽음이 세상으로 들어선다는 서양인의 의식 속에서 팜므 비탈에 관한 신화가 팜므 파탈로 치환되는 양상은, 폭력과 전쟁을 일삼는 옴므 파탈(homme fatal)로서의 서양 남성들의 자기기만이며 합리화이다. 삶과 죽음은 한 개체를 통하여 들어온 선물이고, 생명 탄생의 과정에서 몸을 빌려준 에이전시는 여성만이 아니라 공히 부모 역할을 하는 남성과 여성이다.

삶을 좋은 것으로 죽음을 나쁜 것으로 보는 시각은 젠더 습속과 어울려 삶을 여성으로 표상하는 즉시, 바로 그것을 죽음으로 치환시키는 작업을 감행해 왔다. 그리고 삶을 고통과 고뇌로 파악하는 사유가 없었던 것은 아니나 미지의 영역인 죽음은 삶보다 더 좋을 수 있었음에도 불구하고, 죽음은 그 불확실성으로 여성적인 것과 동일화되기 다반사였다. 그러나 여성은 죽음만을 표상하는 것이 아니라 부드러움과 강건함, 생명과 삶, 평화 등 세상의 많은 것들을 상징하기도 한다. 세상에는 다양한 남성들과 여성들이 있으며 그들 중의 어떠한 이도 획일적으로 특별한 젠더에만 고착되지 않는다는 소위 '젠더중립'적 측면에서 본다면, 죽음이 여성으로 표현될 수는 있으나 여성은 죽음만으로 표상될 수는 없다 하겠다.

여성은 남성과 다른 것이지, 모순이분법에 입각한 상반된 것이 아니며 더더군다나 우월을 논하는 준거점이 될 수 없다. 성별은 '있고 없음', 또는 지배의 문제가 아니라 '다름'의 문제이다. 육체와 성을 죄악시하는 습속은 육체의 담지자라 여겨졌던 여성에게 남성들의 폭력과 파멸을 전가하는 양상을 띠게 된다. 성의 구별이야말로 원초적인 그리고 폭력적인 이분법 중의 하나이고, 여성은 대개 남성에게 죽음을 가져다주는 존재로 그려지고 있으나(Faulkner, "Crevasse" 471; Theweleit 70-79), 그 둘의 관계는 상보적이다. 배타적이고 위계적인 이분법으로부터 대대적(對對的)이고 상보적 이분법으로의 인식론적인 전환이 요구되고 있다.[19]

물론 서양 세계의 영육의 이분법이 역설적으로 육과 물질에 대한 탐구를 가능하게 하여 현대의 과학 문명을 이룩하게 한 동인을 제공한 것이 사실이지만, 과도하게 지나친 영육의 이분법은 결국 인간과 문화를 병들게 한다. 서양 세계가 정신을 무시했다는 것이 아니라 이를 상대적으로 소홀하게 취급했고, 육체와 자연을 정복의 대상으로 간주했던 것은 대체적으로 사실이다. 적어도 우리가 알고 있는 한, 지구라는 행성에서는 살(肉, chair)이 있기 때문에 영(靈, esprit)과 넋(魂, âme) 또한 존재한다. 그러나 육체와 성을 죽음과 연관시켜 사고하는 한, 죽음을 여성으로 그리고 여성을 죽음으로 파악하는 행태들은 계속된다. 몸이 마음이 되고 빈 마음이 몸이 되지만, 몸(色)이 멸해서 빈 마음(空)이 되는 것은 아닌(色卽是空 非色滅空 『유마경』, 「입불이법문품」 17편; 이기영 203), 다른 말로 하자면 색불이공(色不異空)의 논리는 예수께서 색신을 띠고 성육화한 이치와도 다르지 않다. 그러므로 육화한 사람들은 여자들뿐만이 아니다.

여성을 죽음이 아니라 사랑으로 다시 파악하는 것은 절대절명의 위기를 맞고 있는 죽음 지향적이고 파괴와 폭력을 일삼는 서양 문화에 대한 한 대안이기도 하다. 사랑이 자기보존충동이라는 프로이트의 성찰 또한 재론을 요한다. 프로이트에게 있어서 사랑은 나르시시즘적인 것이 분명하지만, 21세기의 사랑은 가족 간의 나르시시즘을 넘어선 타자를 향한 사랑을 요구하고 있다. "자기 목숨을 얻는 자는 잃을 것이요 나를 위하여 자기 목숨을 잃는 자는 얻으리라."(마태 10:39; 마가 8:5; 누가 17:33; 요한 15:13). 프로이트가 성에 관한 그의 오이디푸스 이론을 끝까지 견지했던 이유는 비단 본인의 가족사에 대한 회한뿐만이 아니라, 인간의 본성을 이기적이고 파괴적으로 보는 그의 암울한 역사 인식에서 비롯된다. 『문화와 그 불안』(1930)에서 불안에 떨고 있는 사람은 전선에 나간 두 아들을 염려하는, 그리고 딸 소피와 외손자를 잃은 초로의 프로이트 자신이며, 서양의 역사를 타자에 대한 불가능한 사랑으로 파악하여 이를 세상에 '역전이'(counter-transference)를 통하여 투사했던 그의 불안한 사유가 작금의 문화를 불안하게 한다.

"너희의 원수를 사랑하며 너희를 미워하는 자들을 선대하며 너희를 저주하는 자를 위하여 축복"(누가 6: 27-8)하라는 예수의 정언명령은 프로이트 자신도 인정하듯이 "문화적 초자아의 비심리적인 과정들 가운데 훌륭한 예"이지만 "사람에게 사람이 이리"(*homo homini lupus*)인 세상 속에서 "수행하기 불가능한 명령"으로만 해석된다(SE 21: 111, 143). 주체가 타자임을 나의 이웃이 나 자신임을 깨닫는 이사무애(理事無碍), 사사무애(事事無碍)의 화엄의 사유 방식을 거세와 부재로 무장한 프로이트가 거부하고 있다고 말할 수 있다. 사랑을 부정적으로 보았기에 사랑의 행위자인 남성과 여성, 특히 여성은 프로이트의 시야에서는 부정적으로 그려질 수밖에 없었다.

여성을 부정적으로 보는 습속의 포기가 여성을 악으로 보는 습속을 방지할 수 있다면, 여성을 죽음으로 보는 습속은 오히려 죽음을 여성으로 그리고 죽음을 더 이상 부정적으로 파악하지 않는 인식의 전환을 가능할 수 있게 된다. 죽음이 좋은 것이라면 죽음을 비유적으로 표상하는 여성 그리고 이와 연관된 몸 또는 생명 또한 좋은 것이 된다. 문화적으로 죽음을 여성으로 파악하는 사유는 동서양에 고루 나타나고 있지만, 적어도 품사의 젠더 활용 면에 있어서 동양은 죽음을 여성으로 파악하는 것을 선천적으로 불가능하게 한다. 죽음을 긍정적으로 파악할 수 있을 때 죽음과 동일시되었던 여성 코레(Kore)는 디메테(Demeter)의 분노를 넘어 납치되고 폭행당하여 겨울과 죽음을 선사하는 페르세포네의 허물을 벗고 풍요의 처녀 신으로 인류 문화사에 다시 재등장할 수 있게 된다.

여성은 삶도 죽음도 아닌 것이 당연하지만, '별'(stella)스러운 여성에 대한 단테의 사랑, 영원한 여성에 대한 괴테의 깨달음은 21세기의 인류에게는 불행하게도 그 진의가 헤아려지지 못한 채 여성을 이상화하여 탈취하는 이데올로기로만 들리고 있기도 하다.[20] 사랑은 그 이기적 성향과 폭력성에도 불구하고 아직도 영원에 이르는 길이다. 칼립소는 그것이 비록 욕정으로 치부되어 왔지만 사랑으로 인해 오뒷세우스에게 영생을 약속한 적이 있었다. 영원한 것이 반드시 좋은 것은 아니지만, 그리하여 우리는 카스트로프(Hans Castrop)에 주는 만(Thomas Mann)의 다음과 같은 『마의 산』(*Der Zauberberg*, 1924)의 마지막 말을 끊임없이 되뇌고 있다. "죽음이라는 우주적 축제를 넘어 (…) 언제쯤 사랑은 싹틀 것인가?"(Wird auch aus diesem Weltfest des Todes (…) einmal die Liebe steigern? 757) 죽음은 여성적인 것으로 격하되어 부정적인 영역에 여전히 머물러 있지만, 언제쯤 죽음은 영원한 삶이 될 것인가?

그러나 우리는 언제 존재하는가?

(Wann aber sind wir? Rilke 『오르페우스에게 바치는 소네트』 I. iii., 502)

다음 장에서 우리는 어떠한 연유로 이러한 죽음과 여성을 동일하게 파악하는 사유, 즉 팜므 파탈 현상이 특별히 19세기 말과 20세기 초를 석권했는지, 그리고 이러한 사유가 어떻게 삶을 배태하는 여성(femme vitale), 즉 '삶의 여성'(니체적 의미에 있어서 다소 경멸적인 감이 없지 않은 "vita femina"가 아닌 "vita feminina")으로 변화하고 있는지 알아볼 필요성을 느끼게 된다.

9장 주

1. 조철수는 사랑을 뜻하는 라틴어 "amor"나 프랑스어 "amour"가 쟁기를 의미하는 이집트어 동사 어근 "mr*"에서 왔다고 주장한다. 그에 의하면 사랑한다(ki-ag2)는 말은 수메르어에서 남자의 쟁기로 여자를 뜻하는 땅(ki)을 일군다(ag2)는 뜻이기도 하다(2003, 275 주 11; 386: 주 34). "자루나 가래 또는 꼬리를 의미하는 산스크리트어 '란굴라(lângûla)'와 남근을 상징하는 '링가(linga)'의 유사성을 지적하지 않아도, 쟁기는 남근을 상징한다.
   풍요로운 밭고랑과 여성의 성기를 같은 것으로 보는 기독교의 경전과 코란의 원초적 직관, 그리고 마누와 베다의 법칙들에 대해 엘리아데는 관찰한 바 있는데, 그에 의하면 "밭을 갈다"는 라틴어 "arat"와 "사랑하다"는 "amat"는 그 한 예이다(『종교사론』, 245-249). 배철현은 산스크리트어 "amar"는 말하다, 또는 명령하다는 뜻을 지니고 있다고 지적한다(『신의 질문』, 505).
2. "불은 정화의 불꽃일 뿐만 아니라 가부장제 가정에서 생식의 중심"이며 불의 신 아그니 또한 그러하다는 사실에 대해서는 계속해서 Durand 『인류학』, 253-258 참조.
3. 이 장의 후반부에서 논의될 크노프(Fernand Khnopff)의 그림과 유사하게 여성의 배, 즉 음부로부터 꾸불꾸불하게 내려오는 뱀을 허리띠로 메고 있는 이슈타

르와 칼리의 도판은 Neumann 1949, 66-67, 수메르와 히브리의 죽음의 여신 릴리스의 도판은 Neumann 1949, 126, 서왕모의 도판은 정재서 88-89 각각 참조.

4. '토데스리베'(Todesliebe), "목숨 건 사랑", "죽음의 사랑"이란 뜻의 리베스토드(Liebestod)를 뒤집은 필자의 용어. '운명애'(運命愛) 혹은 운명적 사랑(amor fati)은 죽음의 사랑에 기반을 두기 일쑤인데, 서양 문학에서 리베스토드(Liebestod)와 '토데스리베'(Todesliebe)의 변증을 시원에서 선취하고 완성하신 분은 예수이다. 셰익스피어의 다음 소네트는 사랑과 죽음을 넘어서서 에로스의 타나토스적인 성격을 드러냄에 부족함이 없다.

   맛볼 땐 황홀하지만 먹고 나면 진정 고통이요,
   전에는 기쁨을 예감하나 후에는 꿈처럼 허망한 것,
   이 모든 것 세상 사람들 잘 알지만, 아무도 알지 못 합니다
   지옥으로 인도하는 이 황홀한 천국 회피하는 법을. (129번)

5. 자살에 대한 서양인의 젠더적 사유 또한 19세기에 변화를 거친다. 남성의 자살이건 여성의 자살이건 자살을 영웅적으로 파악하였던 그리스-로마 시대의 사유는 18세기의 "감수성 있는 남성의 숭배"(the cult of the man of the sensibility)를 거쳐, 19세기의 아름다운 시체에 대한 숭배 현상(the cult of the beautiful corpse)과 더불어 자살을 여성적인 것으로 보는 사유로 변화한다(Higonnet 70, 74). 죽음을 여성으로 보는 시각과 시기적으로 중첩되어 흥미로운데, 포우의 단편소설에 나타나는 아름다운 여인들이 죽음과 동일시되는 현상과 다르지 않다.

6. 일본도 그러하지만 달을 남성으로 파악하는 문화는 그들의 땅을 (할)아버지의 땅으로 부른다. 독일어 "Vaterland"의 문법적인 성 또한 남성이라는 사실은 흥미롭지도 않다. 그러나 같은 북구에서도 화란어에서는 달의 문법적인 성은 여성("maan")으로 파악되고 스웨덴어에서는 남성(död; Döden)으로 파악되듯이, 여성을 상징하는 달에 대한 서양인들의 관념은 매우 복잡했었다.
   이집트 문명에서 달의 신 토트는 양성 또는 남성인데, 이는 수메르 문명에서도 예외가 아니다. 달의 신 난나와 그의 아내이자 달의 여신 닌갈의 소생인 태양신

우투는 남성으로 되어 있지만, 그의 전대의 신 난나는 양성임이 분명하며, 그로부터 달의 신 씬(Sīn)이 분화되었다. 달의 문법적인 성에 관해서는 이 책의 2장 주석 15와 그와 관련된 본문을 참조.

7. 복숭아(la pêche)와 복숭아나무(le pêcher), 그리고 원죄(le péché originel)에 관한 설명으로는 이 책 1장의 전반부 참조.
8. 필자는 여성을 죽음으로 파악하는 이 판화들을 덕수궁 현대미술관의 2006년 가을 '뭉크와 롭스 특별전'에서 확인할 수 있었다.
9. 살람보는 제2차 포에니 전쟁의 영웅 한니발(Hannibal)의 고모이자 카르타고군의 총사령관인 아밀까아르(Hamilcar)의 누이이다. 살람보는 용병 반란군의 수장 중의 하나인 마또(Mathô)를 유혹하여 '신비의 베일'을 훔쳐 온다. 삼손과 델릴라와 유사한 구조이다. 일설에 의하면 『보바리 부인』 이후 플로베르는 한 페이지를 쓸 때 일주일이 더 걸렸다고도 전해질 만큼 이 작품에 최대의 심혈을 기울였다고 한다. 살람보의 죽음을 슬퍼하며 '사랑을 위한 죽음'(Liebestod)을 택하는 마또의 마지막 장면은, 다른 문학작품에서 유례를 찾아볼 수 없을 만큼 사실주의적이며 비장하고 비극적이다.
10. 순간이 영원의 일부가 아니라 영원 그 자체가 된다는 깨달음은 베르그송의 지속적 시간을 비판하고 단절되지만 스스로 완벽한 순간 자체의 영원을 주창한 바슐라르에 의해서이다. 영원이야말로 지속되면 죽음이 되고 순간은 머물지 않을 때 찰나가 되어 영원의 영역에 거하게 된다. 조야하게 말하자면 순간은 여성이고 영원은 남성에 값한다. 순간의 영원성, 혹은 영원의 찰나성에 대한 추가 논의로는 3권 15장의 후반부 논의 참조. 영원성은 "시간의 전체성과 시간의 부재인 순간성을 동시에 지칭한다"(81)고 나타프(Georges Nataf)는 말한 적이 있다.
11. 여성 혹은 어머니의 자궁과 묘지와의 상관관계, 그리고 "자궁-바다"에 대한 논의를 이 책의 4장 후반부에서 이미 자세하게 논한 바 있다.
12. 여성의 순결, 혹은 처녀성을 상징하거나 여성이 미혼녀임을 밝힐 때 쓰게 되는 베일(velum)의 역사적 기원과 의미에 관해서는 여러 설이 존재하나, 고린도전서에 나타난 바울의 의견을 따르자면 여성의 머리는 남편이므로 여성은 그 머리를 보이지 않고 남성에게 순종하라는 의미를 띤다. 베일은 후대로 이르면 처녀성과

이와 관련된 허위성, 즉 여성의 가식을 종종 의미하기도 했다.

사이스의 네이트, 즉 이시스 여신의 신전에 기록된 "나는 존재했던, 존재하는, 존재할 모든 것이다. 누구도 나의 베일(peplos)을 들추지 못하리라"에서 베일은 두 가지 의미를 지닌다. 진리, 혹은 앞서 7장에서 장황하게 밝힌 생물학적 처녀성과 상관없는 처녀성! 순수함을 상징하는 베일의 통상적 의미와 다르게 그것이 처녀와 창녀의 신분을 상징한다는 의견에 대해서는 Briffault III: 169-170, 이 책의 1장 2절의 초반부와 3장 3절의 초반부 각각 참조.

13. "삶은 여성", 혹은 이라는 표현은 니체가 상용했던 어구인 "vita femina est"와 뜻이 같으며, 그리고 "여성적 삶"이라는 표현은 "vita feminea" 내지는 "vita feminina"로 표기되어야 할 것이나, 니체가 구사하고 있는 "vita femina"에 있어서 여성을 얕잡아보거나 경멸적으로 표현할 때는 형용사적으로 사용되고 있는 "femina"가 격변화하지 않는다는 사실은 연대의 문경환 교수님이 지적해 주었다. 일례로 암퇘지는 "porcus femina"로, 그리고 암늑대는 "lupus femina"로 사용한다. 물론 "vita feminae"는 "여성의 삶"이라는 뜻으로 새겨진다. '여성은 죽음'이라는 표현 또한 이러한 까닭으로 "mors femina"로 표기하기로 한다.

14. 강조된 처음 부분에 대한 책세상 '니체편집위원회'의 번역(2005)은 다음과 같다. "철학자들을 위한 암시! 자연이 수수께끼와 현란한 불확실성 뒤에 숨겨놓은 수치심을 보다 더 존중해야 한다." 이에 상응하는 원문은 다음과 같다. "Man solte die Scham besser in Ehren halten, mit der sich die Natur hinter Rätsel und bunte Ungewissenheit versteckt hat." 필자는 "수치심"(die Scham)을 "치부"(恥部)로 옮기고 싶은데, 이는 뒤에 이어지는 "여자"(ein Weib)와 "치부"(die Scham)와의 상관관계를 염두에 두어서이다. 곽복록(1976)의 구문을 뒤틀은 "진줏빛 불확실함"과 "자연의 수줍음" 등의 번역문은 시적이긴 하나 문맥과는 거리가 있어 보인다.

니체는 그의 마지막 작품이라 할 수 있는 『니체 대 바그너』(1889)에서 밑줄 친 두 번째 부분과 관련된 구절을 그대로 다시 쓰고 있는데, 강조된 부분의 직역을 위주로 한 책세상 번역본은 다음과 같이 기록하고 있다. "그럴 수 있으려면 표면과 주름과 표피에 용감하게 머무는 일 (…) 이런 그리스인들은 표피에 머문다"(547). 책세상의 『즐거운 학문』 번역본(2005)도 이와 아주 유사하다. "표면"(die Oberfläche), "주름"(die Falte)과 "표피"(die Haut)와 같은 여성적 이미지들은 니체 철학에서 화장의 숨김을 필요로 하는 여성의 피상적 이미지에 일조하고 있다. "화장이란 일종의 은폐이다"(『선악을 넘어서』 130편, 693). 여성들이 그리스인들처럼 피상적이지만 깊이가 있는 것으로 드러나는가에 관한 논의는 별개의 것이다. 애매모호함과 상반적인 것으로 무장한 니체의 수사에 유의하자.

15. 우리가 인용하고 있는 하이데거의 『니체』는 통속저본인 『힘에의 의지』를 사용하고 있는데, 수고본과 오염본 『힘에의 의지』 사이의 대조 분석, 진리와 여성과의 상관관계를 넘어선 진리 자체에 대한 분석은 이 책의 범위를 넘어서고 있다. 다만 지금의 논의와 관련된 하이데거의 『힘에의 의지』에 나타난 진리와 오류의 관계에 대해서만 간단히 언급하기로 한다.

『힘에의 의지』에서 니체가 사용하는 오류(der Irrtum)는 "길을 잃다" 정도의 뜻을 지니는 "irren"을 동사로 갖고 있는데, 이는 "부족하다", "과녁에 미치지 못하다"는 뜻을 지니고 있는 "fehlen"을 동사로 갖고 있는 "der Fehler"와 유사하다. 희랍어 "hamartia"의 뜻과도 유사한데, 죄 혹은 원죄로 번역되는 '하마르티아' 혹은 히브리어 '하타'(chata)의 의미에 관해서는 책 1권의 160-162 참조. 선악이 반대로 쓰이고 있지 않듯이 진리 또한 그 반대의 의미로 비진리, 혹은 오류를 상정하고 있지 않음을 알게 된다. 이에 대해 하이데거를 간단히 인용해 보자.

> 사람들이, 니체에서는 오류인 모든 것이 참으로 간주되고 있다고 설명하려고 한다면 이는 극히 피상적으로 사유하는 것이 될 것이다. 진리가 오류이고 오류가 진리라는 니체의 명제는 플라톤 이래의 서양 철학 전체에 대한 그의 근본 입장으로부터만 파악될 수 있을 뿐이다.
>
> Nietzsaches Satz — die Wahrheit ist der Irrtum, und der Irrtum ist die Wahrheit — läβt sich nur begreifen aus seiner Grundstellung gegenüber der gesamten abendländischen Pholosophie seit Platon.
>
> (Heidegger 27; 『니체』 I, 45; 강조 필자)

서양철학의 본질론적 진리관에서 진리와 오류를 말할 수 있을 뿐이지, 진리와 오류가 상황과 관점에 따라 변하는 삶의 환경에서는 진리와 오류라는 말이 성립하지 않는다는 말로 필자는 새긴다.

때문에 플라톤에 대한 니체의 비판적 맥락, 즉 비실체론적, 비형이상학적인 니체의 관점에서 보면 진리는 진리이거나 진리가 아닐 뿐 비진리 혹은 오류라 새길 수 없다. 후반부에서 언급이 진행되겠지만 진리는 비유들이자 은유들이고 환상들이라는 표현, 그리고 진리를 여성으로 가정하는 입장은 명시되어 있지만, 진리는 없다든가 진리는 오류라는 표현은 『힘에의 의지』를 차용하였으나 수고본의 존재를 알고 있었던 하이데거의 입장을 무시할 수도 있는 단견이라는 것은 밝히고 넘어가자. 니체는 또한 적어도 그의 작품에서는 삶을 여성이라 말한 적은 있으나, 진리를 명시적으로 여성이라 표현한 적은 없다.

송호성(2020)의 다음과 같은 언급은 통속적인 견해에 대한 우리의 비판적 맥락과 일치하고 있다. 니체가 사용하고 하이데거가 받아들인 "오류"가 "비 진리"로도 표기되고 있어서, "진리가 비진리이다"는 언급이 통용되고 있음을 알 수 있다.

> 삶의 조건으로 비 진리를 용인하는 것, 이것이야말로 위험한 방식으로 습관화된 가치 감정에 저항한다는 것을 의미한다. 이 일을 감행하는 철학은 그것만으로도 이미 선과 악의 저편에 서게 된다.
>
> (n.p. ; 중앙일보 광고 글 인용)

16. 니체의 『즐거운 지식』(→『즐거운 학문』)을 번역한 곽복록은 정신(mens)과 '거짓말하다'(mentior, mentiri)는 동사의 연관성을 주목한 니체에 대해 언급한 적이 있다(157편; 주석 36, 319). 실제로 "생각해 내다", "생각과 달리 말하다", "거짓을 말하다", "다르게 보이다" 등의 뜻을 갖는 동사 "**méntĭor**"는 "mens"와 같은 어근에서 유래한다. 측량하다는 뜻의 "metior"와 "생각하다", "거짓을 말하다"는 뜻의 "mentior", 그리고 라틴어로 "달" 혹은 "측량하다"는 뜻의 "mensis"와 달을 포함하여 이에서 파생한 "정신" 혹은 "마음"을 뜻하는 "mens"는 모두 달의 어근 "me*"와 관련이 있다.

유식불교학의 제7식인 말나식(manas-vijnana) 또한 염오식(染汚識), 즉 부정적인 의미에 있어서는 자아의식 혹은 자기중심주의와 청정식(淸淨識)은 평등심과 대자비심으로 나타나 우리가 이 책의 부록에서 논하는 전쟁의 원인으로서의 마음가짐, 즉 사유와 이기적 사랑과의 관계를 추찰하게 한다. "의식"을 뜻하는 "manas" 또는 "영혼"을 뜻하는 "manes"와 인류를 통칭하는 "man"과 달, 즉 "mens"와의 연관성에 대해서는 2장 2절 참조. 니체식으로 표현할 수 있다면 사람은 생각하는 존재이지만 존재하는 한 거짓을 품으며, 제 모습을 지니지 못하고 항상 변모하는 달을 지배하며 달의 모습을 받은 여성은 그나마 사유와 거짓에 능하다.

모든 지식, 즉 "이론의 빛깔은 회색"이라고 괴테는 『파우스트』(Grau ist alle Theorie 2038행)에서 말한 적이 있다. 우리가 알고 있는 진리는 진리로 발화하는 순간 더 이상 진리이기를 그친다. 도가도 비상도(道可道 非常道)의 원리! 니체와 너무 흡사하게 장 콕토(Jean Cocteau)는 다음과 같이 말한 바 있다. "나는 항상 진리를 말하는 거짓이다"(Je suis un mensonge qui dit toujours la vérité; 문경환 2107, 153 재인용). "생각하다" "몽상하다" "상상하다"는 뜻의 "songer"는 이미 그 안에 "거짓말" "허구" "망상"이라는 뜻의 "mensonge" 그리고 이의 형용사인 "지어낸" "허구의" 또는 "거짓의"를 뜻하는 "mensonger"를 이미 포함하고 있다. "songer"의 명사형은 "le songe"이며 그 뜻은 공상, 몽상, 꿈 등이다. 사유와 공상, 망상의 연관! "mensonge"의 어원이 달을 뜻하는 "mens"와 "songe"의 합성어라는 해석은 추후의 고찰을 필요로 하고 있지만, "mensonge"는 그대로 파자하면 "달에 대한 사유"가 된다.

사유와 정신은 그 스스로의 속성으로 인하여 비진리와 거짓과 위선을 포함하기 마련이며, 이러한 의미에서 과학(science)은 소위 "알다"는 뜻이 아니라 모른다는 뜻의 "scirer"로 비틀어서 해석해야 마땅하다. 알수록 모르는 것만 늘어나는 꼴이니, 지식은 무식에 대한 자각이다. 달과 여성, 그리고 시간에 대한 인식과 진리와 비진리, 사유와 거짓의 연관성에 대한 문헌학적 고찰, 특별히 인간이라는 뜻이 "생각하다"는 산스크리트어 "man"에서 유래한다는 신지학자 베산트(Annie Besant) 여사의 의견에 대해서는 이 책 1권의 2장 2절, 특히 258쪽의 주석 14 참조.

17. 그러나 바살레우가 명기한 『선악의 저편』에서 이러한 정확한 구절은 나오지 않는다. 우리가 이미 인용한 『즐거운 학문』의 바우보에 관한 언급과 아마 혼동하고 있는 것 같다.

18. 원문을 일부 제시하면 다음과 같다. "Was ist also Wahrheit? Ein bewegliches Heer von Metaphern, Metonymien, Anthropomorphimen kurz eine Summe von menschlichen Ralationen, die poetisch und rhetorisch gesteigert, übertagen, geschmückt wurden, und die nach langem Gebrauche einem Volke fest, canonisch und verbindlich dünken: Die Wahrheiten sind Illusionen, von denen man vergessen hat, dass sie welche sind, Metaphern…"(*Kritische Studienausgabe* Band I: 880-881). 메타포를 비유로 혹은 은유로 번역한다 하여 문제가 되지 않는데, 비유에는 은유, 환유, 의인화 등이 있고 넓은 의미에 있어서 은유는 비유와 동일하게 쓰이기 때문이다. 모든 것은 비유, 즉 "형태 바꿈"이라는 은유일 뿐인데, 괴테는 『파우스트』의 마지막 구절에서 이를 다음과 같이 읊었다. "모든 지나가는 것은 한낱 비유에 지나지 않나니"(Alles Vergàngliche Ist nur ein Gleichnis[;]).

국내의 검색 엔진들은 이와 관련된 구절을 김욱동이 번역한 바를 그대로 따라 이 문장의 초입 부분을 다음과 같이 새기고 있다. "진리란 무엇인가? 그것은 한낱 은유와 환유와 의인화의 이동 부대가 아니던가?" 김욱동은 『은유와 환유』의 도입부에서 이 인용 부분을 전거 없이 그냥 제사(題詞)라고 표기하고 있다. 영어 번역을 통한 중역인 것 같은데 "이동 부대"(ein bewegliches Heer; mobile army)라기보다는 "이동하는" 혹은 정해져 있지 않아 아직 굳어있지 않은 "유동하는" "무리" "떼" 등의 번역이 더 적합한 것 같다.

김애령의 다음과 같은 번역 또한 참고하자. "그러면 진리란 무엇인가? 움직이는 한 떼의 은유들, 환유들, 의인화, 간단히 말해 인간적인 관계들의 합이다. 이 인간적인 관계들은 시적이고 수사적으로 고양되고 전용되고 장식된 것이다. 그리고 이는 오랜 사용 이후에 한 민족에게 고정적으로, 규범적으로 드리우고 구속력을 가지고 사유된 것이다. 진리는 환상이다. 사람들이 그것에 대해 그것이 무엇인지를 망각한 그러한 환상이다. 진리는 낡아 빠진 그리고 감각적인 힘을 상실한 은유들이다. 진리는 그것에 새겨진 그림이 닳아 버려서 더 이상 하나의 동전으로 여겨지지 않고 그저 금속 조각으로 여겨지는 그러한 동전들이다(*Kritische Studienausgabe* Band I: 880-881; 김애령 177 재인용).

19. 헤밍웨이 문학에 등장하는 많은 비남성적인 남성 주인공들, 예컨대 "우는 남성"은 남성과 여성이라는 이분법을 와해시키려 하고 있다. 헤밍웨이의 남성 주인공들은 그 강인한 견인주의적(stoic) 육체에도 불구하고 불면증에 시달리며, 성적으로도 무능하고, 경제적으로도 파산 상태에 있는 경우가 대개이다. 여성적인 특질로 알려진 소위 히스테리아 증상을 보이는 것이다.

20. 단테의 「지옥편」, 「연옥편」, 「천국편」의 이탈리아어 원본의 마지막은 공히 별(le stelle)로 끝난다. 마지막 구절들에 대한 한형곤의 삼성판 한국어 번역은 다음과 같다. "그리로부터 우리는 별들을 다시 보러 나왔었다"(E quindi uscimmo a riverder le stelle 「지옥편」 34: 139). "(나는 다시금 살아나서) 별들에게라도 솟아 올라갈 수 있을 만큼 순수해졌다"(puro e disposto a salire a le stelle 「연옥편」 33: 145). "해와 별들을 움직이는 사랑이 돌리고 있었다"(l'Amor che move il sole e l'altre stelle 「천국편」 33: 145). 해와 달과 별들을 돌리고 있는 것은 그러므로 프로이트식의 증오와 죽음 충동이 아니라 그가 한시적으로 거부했던 타인을 위한 사랑의 가능성이다.

그대 하늘에서 왔건, 지옥에서 왔건 무슨 상관이랴?
오 아름다움이여! 끔찍하되 숫된 거대한 괴물이여!
그대의 눈, 미소, 그리고 그대의 발이
내가 갈망하나 만나보지 못한 무한을 열어줄 수만 있다면.

악마로부터 왔건 하느님에게서 왔건 무슨 상관이랴? 천사이건
시레네스이건 무슨 상관이랴? — 빌로드 같은 눈을 가진 요정이여,
운율이여, 향기여, 빛이여, 오 내 유일한 여왕이여! —
세계를 덜 추악하게 하고, 시간의 무게를 덜어만 준다면!
—보들레르의 『악의 꽃』, 「아름다움에 바치는 찬가」

나의 황홀함에 대답해 주세요
아, 내 가슴에 도취의 술잔을 부어주세요
그대의 애무를 제가 느낄 수 있게
그대의 입술로 내 입술을 덮어주세요
나를 더 황홀하게 해 주세요
—생상스의 오페라 〈삼손과 델릴라〉, "그대 목소리에 내 마음 열리고"

제10장

세기말 창궐하는 팜므 파탈: 죽음의 여성에서 삶의 여성으로

1

팜므 파탈을 위한 아파시오나타(Appassionata): 조르다노의 "그대 목소리에 내 마음 열리고"와 생상스의 오페라 <삼손과 델릴라>

이탈리아의 현대 성악가 조르다노(Filippa Giordano)는 생상스(Saint Säens)의 오페라 〈삼손과 델릴라〉(1877)의 〈그대 목소리에 내 마음 열리고〉(*S'apre per te il mio cuor*)를 원곡의 부드러운 프랑스어보다는 육감적이고 격정적인 그녀의 모국어 이탈리아어로 노래하기 위해 태어난 여성이다. 그녀의 쥐어짜는 절창을 듣고 있자면, 투사 삼손은 반드시 델릴라의 유혹에 넘어가야만 했다. 농염하기 그지없는 유혹의 언어들에 비해 아리아의 선율은 너무나도 진지하게 아름다워 둘 사이에 괴리감마저 느껴지게 하여, 희대의 팜므 파탈(femme fatale)을 그러한 절묘한 괴리를 통해 그려내고 있는 것이 아닌지 의심이 갈 정도로, 노래는 하늘에서 별이 쏟아지는 듯 현란한 유혹의 언어와 선율을 "몸을 열어" 거침없이 토해내고 있다.

비제(Georges Bizet)의 〈진주잡이〉(1863) 중의 아리아 〈아직도 귀에 남은 그대 음성〉(*Je crois entendre encore*)이 사랑에 빠져서는 안 될 레일라(Leila)에 관한 절절한 그리움을 나디르(Nadir) 역의 성악가 질리(Beniamino Gigli)가 차분한 테너로 표현하고 있다면, 생상스의 델릴라는 마릴린 혼(Marilyn Horne), 에베 스티냐니(Ebe Stignani)와 같은 메조소프라노, 혹은 마리아 칼라스(Maria Callas) 등을 위시한 소프라노에게 할당된 음악이어서 그런지 듣는 못 남성들을 그윽하게 또 때로는 강렬하게 유혹하고 있다. 그러나 칼라스와 스티냐니의 델릴라, 그리고 현대에 이르러 많은 영화나 대중음악에 나타나는 부드러운 목소리의 소유자 삼손은 우리가 이 글의 지면을 통하여 새롭게 알게 되는 삼손과 델릴라와는 괴리가 있어 보이는데, 특히나 칼라스의 아리아 〈그대 목소리에 내 마음 열리고〉(*Mon coeur s'ouvre à ta voix*)는 선정적이어야 할 사랑을 초월한 듯한 정숙한 목소리를 자아내고 있어 애시당초 적군의 장수 삼손을 목숨 걸고 유혹해야 하는 델릴라의 심정을 표현하기에는 거리가 있어 보인다.

우리가 알고 있었던 삼손은 서양의 전통에서 그려낸 그대로 순수한 사랑에 빠져 목숨까지도 바치게 되는 순진남이자 금주와 금욕을 행하기로 되어 있어 여타 일반인들과는 성스럽게 구별되는 "나실인"(Nazarite)이며, 델릴라의 유혹에도 불구하고 여호와의 영광을 위하여 끝내 목숨을 바치는 이스라엘의 정치·종교적 지도자, 즉 사사(judge, 士師)로는 마지막 인물이다. 그러나 삼손은 사사기 13-16장에 여실히 나타난바 일견 광포하여 마을 사람들에게 퀴즈를 푼다면 준다고 약속한 옷가지들을 장만하기 위하여 아스글론(Ashkelon)의 블레셋인 30명을 별다른 이유 없이 도살하는 살인광이며, 도망간 블레셋인 아내에 대한 분풀이의 성격도 지녀 나귀의 턱뼈(큰 낫의 일종으로 밝혀짐)로 과장이겠지만 일거에 천명의 블레셋 군인들을 도살하는 역사(力士)이며, 그의 조국인 이스라엘의 여자보다 블레셋 여인을 더 선호하여 아내로 삼고 노리개로 탐하기를 마다하지 않았던 호색한이기도 하였다. 물론 전통적인 해석에 따르자면 삼손의 블레셋 여인과의 결혼과 역시 블레셋 여인 델릴라와의 정사는 블레셋인들을 물리치기 위한 하늘의 계획에 따라 이루어진 사건일 뿐이다.

그러하기 때문에 20년(기원전 1075~1055) 동안 사사(士師)직을 수행했던, 그 시대에 비추어 보면 성적으로 문란한 것인지 그리고 그것이 다반사인지 아닌지는 모르겠으나 어쨌든 유곽을 자주 찾은 것으로 나타나는(특히 사사기 16:1), 중늙은이 삼손을 유혹하는 델릴라의 고혹적이고 뇌쇄적이기까지 해야 할 아리아에는, 우수에 차 차분하고 정결하며 때로는 어두운 풍의 〈카스타 디바〉(*Casta diva*), 즉 성모마리아로 대표되는 정결한 여신 역의 노래가 잘 어울리는 칼라스보다는,[1] 그리고 비교적 최근이지만 라트비아 출신의 무겁고 어두운 음색의 소유자인 메조소프라노 가랑차(Elīna Garanča)보다는, 화사한 풍의 때로는 통속적이고 가볍기까지 하여 팝페라 음색이라면 그렇다고도 말할 수도 있는, 니체의 진리와 여성에 관한 품평을 빌리자면 피상적이어서 오히려 깊이가 있다 할 수 있는 조르다노가 제격이다.

물론 조르다노의 노래 역시도 영웅 삼손의 사랑과 신앙의 회복을 미화하는 밀턴(John Milton)의 『투사 삼손』(*Samson Agonistes,* 1671 추정)과 헨델 등을 위시하는 이 모티프에 관한 서양의 전통적 해석과 많이 다르지 않다고 할 수는 있겠다. 이는 조르다노의 뇌쇄적인 노래가 칼라스의 그것보다 이스라엘의 투사 삼손을 유혹하는 팜므 파탈 역에 더 어울리기 때문이며, 유혹이 현란하면 할수록 그 반대급부는 당연히 마침내 유혹을 극복하는 신앙인 삼손에 주어지기 때문이다. 프랑스어 원곡 가사의 일부인 "황홀함"과 "애무"(ivresse, tendresse)는 어느 정도는 닫힌 "으" 소리와 열린 "아" 소리의 중간으로 끝나고 있어 성녀 풍의 칼라스가 전하고자 하는 사랑과 유혹의 감정을 그윽하게 절제하고 있는 전체적인 분위기와 잘 어울리고 있지만, 스티냐니(Ebe Stignani)가 부르는 이탈리아어와는 사뭇 다르게 조르다노의 델릴라는 그야말로 "광란"(deliri)에 빠진 농염한 소리로 삼손을 유혹하고 있다.

"도취와 황홀함"(l'ebbrezza) 속에 잠긴 사람은 그러나 델릴라가 아니라 화사한 "손짓과 몸짓"(la carezza)에 그녀의 품으로 안겨버린 삼손이었고, 몸을 열어 노래를 부르는 델릴라의 노래에 몸과 마음이 동시에 열리는 쪽은 오히려 삶의 황혼을 맞고 있는 바람둥이 삼손이라 하겠다. 시종일관 반복되는 쾌활하면서도 감탄스럽고 유혹하는 "i"와 "a" 소리의 탄성으로 이루어진 그녀의 목소리에 잠시라도 넘어가지 않는 사람이 있다면, 그는 목하 이 장의 주제인 팜므 파탈(femme fatale)을 이해할 수 없게 된다고 말해도 좋을 것이다.

나의 황홀함에 대답해 주세요
아, 내 가슴에 도취의 술잔을 부어주세요
그대의 애무를 제가 느낄 수 있게
그대의 입술로 내 입술을 덮어주세요
나를 더 황홀하게 해 주세요

Rispondi ai miei deliri,
ah, mi versa in sen l'ebbrezza,
fa tua la mia carezza,
fa tua la mia carezza,
ah, versami in sen l'ebbrezza![2]

아마도 조르다노는 블레셋인(Philistine)과 히브리인들의 정치적인 알력 관계에도 불구하고 욕정으로 촉발된 사랑에 빠진 투사 삼손과 델릴라를 단죄하는 입장에서 벗어나, 델릴라의 유혹에 빠져 넘어가야만 하는 '치명적' 사랑의 위대한 힘을 표현하려고 노력하였는지 모른다. 비단 중요한 시험이나 경기에 임하는 자들뿐만 아니라 신에게 선택받은 자, 또는 하늘의 일을 행하려는 자들에게 금욕은 필수라고 여겨졌지만, 자고로 신과 조국에 대한 충성보다 더 강한 것이 남녀상열지사이고 보면 델릴라에 대한 삼손의 욕구는 지극히 자연스러운 것이기도 하였을까? 필자가 조영남의 목소리로도 소싯적에 듣고 자란 톰 존스(Tom Jones)의 팝송 〈델릴라〉("Delilah")는 정숙하지 못한 여자와 사랑에 빠져 그녀의 노예가 되었지만 상대를 결코 나무라지 않는 통 큰 남성의 부드러운 목소리로 여전히 귓가에 남아 있다. 근자에 출시되어 국내에 케이블로도 방송된 테세우스(Theseus)에 관한 영화 『신들의 전쟁』(2011)의 한 캡처를 인용하자면 "신보다도 강한 것은 사랑일 뿐이다."

머리 터럭이 성기라고 주장하는 정신분석학의 소견을 받아들이면 남녀를 가리지 않고 머리 터럭의 강탈은, 이미 프로이트 이전부터 그리고 포프(Alexander Pope)가 잘 예시하였듯이, 거세와 순종에 해당한다. 여기서 거세는 두 가지로 해석할 수 있는데 하나는 말 그대로 신체적인 거세이고 다른 하나는 상징적 거세이니, 이는 히브리인 투사 삼손이 그들을 지배했던 블레셋 사람들의 사주를 받은 델릴라에게 육체적으로뿐 아니라 정치·종교적으로도 넘어간 경우를 말함이다. 융 심리학에서 태양 빛 머리털을 지닌 삼손은 이방인 블레셋 족속이 숭앙했던 대모신과는 다른 태양신의 후계이며, '남성 속의 여성', 즉 아니마(anima)를 대표하는 델릴라는 말뜻 그대로 "연약한··· 누이-아내-어머니"이다(Jung 『상징과 리비도』, 223).[3] 블레셋인들의 입장에서 본다면 "연약한" 델릴라는 포악하고 욕정의 노예가 된 삼손을 거세하는, 아시리아의 적장 홀로페르네스(Holofernes)의 목을 쳐 조국 이스라엘을 구하는 유디스(Judith)와 다름이 없는 구국의 영웅이었지만, 히브리인들의 입장에서 델릴라는 위대한 정치, 종교의 지도자인 사사 삼손을 거세하는 잔인한 팜므 파탈일 뿐이다. 수많은 회화적인 재현에서 드러난 것처럼 기원전 2세기 유대 처녀 유디스가 적장 홀로페르네스의 목을 직접 따는 잔인함을 보이면서도 팜므 파탈의 지위를 넘어 구국의 여인 무사(woman warrior)의 지위를 획득한 반면, 델릴라는 적어도 표면적으로는 이보다는 덜 잔인하게 그녀의 동향 사람들인 블레셋 사람들을 불러 잠자고 있는 삼손의 "머리털 일곱 가닥"을 제거하게 하였지만(사사기 16:9) 그녀는 거세하면 떠오르는 잔인한 팜므 파탈의 대명사가 될 뿐이었다.

2

팜므 파탈의 어원과 기원, 연구 현황

사실 팜므 파탈이라는 용어의 선택은 이리가리(Luce Irigaray)가 "다발적 쥬이상스"(multiple jouissance)라 표현한바 상대적으로 다양한 즐거움을 느낄 수 있는 여성의 성적인 기능과 처지를 감안한 어휘라기보다는, 이고 지는 달과는 달리 언제나 그 모습 그대로 떠오르는 것으로 간주되는 태양과 스스로를 동일화할 수 없는, 즉 발기와 불능(impotence)을 상시 겪어야 하는 괄약근적 남성성의 비루함에 대한 남성들의 심리적 반작용에 더 많이 기인하고 있는지도 모른다.

태양을 닮고 있지만 결코 태양 자체가 되지 못하는 남성들은 스스로를 부정적으로 규정하는 것에서 탈피하여 달의 행로를 체현하고 있는 여성을 월식이라는 현상에서 드러나듯이 태양을 잡아먹는, 즉 남성을 거세하는 팜므 파탈로 명명하는 부정적 전략을 택하게 된다. 삼손의 머리 터럭의 상실에서 극명히 드러난 것처럼 남성 자신들의 신체적이고 심리적인 처지를 스스로 잘 알고 있으면서도 여성의 유혹에 넘어가 마침내는 사망 유희가 되는 여성과의 합궁을 감행해야 하는 남성들의 괄약근적인 운명의 굴레, 또는 피상적이라 할지라도 여성에게 사로잡힌 남성의 일시적인 복종과 치욕,

또는 기만적인 행위를 여성에게 전가하여 팜므 파탈이란 용어를 인구에 회자케 한 사람은 20세기 이탈리아의 문예 비평가 프라츠(Mario Praz)이다 (Praz 210-213; Finney 51; Andriano 2, 8, 97).

팜므 파탈이라는 용어를 확산시킨 프라츠의 저서가 이탈리아어로 1930년, 영어로는 1933년 번역되어 나왔으나, 그 이전에도 팜므 파탈이라는 용어는 세기말의 징후와 더불어 전 유럽에 확산되어 있었다.[4] 메논(Elizabeth Menon)에 의하면 "팜므 파탈이라는 용어가 프랑스 문학에 처음 나타난 때는 1854년까지 소급되며, '이브의 딸들'(filles d'Éve)[5]이라는 용어로도 불릴 수 있는 팜므 파탈이 회화적 양식에서 시작된 시기는 1860년대 후반"(3)이라고 추정된다고 하지만, 아쉽게도 그녀는 이러한 주장에 확실한 근거와 출처를 제공하고 있지 않다. 학자에 따라서는 영어권에서 팜므 파탈이라는 용어가 처음 쓰인 시기는 극작가 쇼(George B. Shaw)가 『워런 부인의 직업』(*Mrs. Warren's Profession*)을 발표한 1893년, 또는 작품이 상연된 1902년으로 보고 있기도 하다. 워런 부인의 직업은 창녀이자 포주이다. 팜므 파탈에 상응하는 독일어는 "욕망의 살인녀"(Lustmörderin)로 볼 수 있겠으나 이 용어는 주로 성에 관한 학문이나 범죄학에서 주로 사용되고 있으며(Hoffman-Curtius 161), 이와 상응하는 보다 일반적인 독일어로는 "운명적 여성"(die verhängnisvolle Frau)이 적절할 것으로 보인다.

셰익스피어의 클레오파트라뿐만 아니라 특별히 프라츠가 팜므 파탈의 전형으로 삼고 있는 고티에르(Théophile Gautier)의 『클레오파트라의 밤』(*Une Nuit de Cléopâtre*, 1845)의 여주인공 클레오파트라는, "팜므 파탈에는 기존의 완성된 전형이 없다"(201)는 저자 자신의 언급에도 불구하고 "미얀마 아재비"(praying mantis), 즉 교미 후 수컷을 잡아먹는 사마귀의 속성을 닮은 "성적인 카니발리즘"(sexual cannibalism)으로 인하여 남성들을 파멸시키는 전형으로 옹립되고 있다(214-215). 아름답지 않은 팜므 파탈은 없는 법이고 남성들은 즐거움과 고통이라는 상반된 감정과 격렬한 황홀경

(nympholepsy) 속에서 그들의 몸과 목숨을, 죽음을 표상하는 아름답고 색정광적인(nymphomaniac) 여성들에게 맡기게 된다. 프라츠가 인용하는 괴테의 파우스트의 멋들어진 말처럼 고통이 크면 클수록 즐거움도 깊어지는 법이니, "오 이 무슨 즐거움이며 이 무슨 고통이란 말인가!"(Welch eine Wonne! welch ein Leiden! *Faust* I: 4198). 쾌락은 죽음에 이르는 병이라는 것을 알지만, 그것은 또한 살아있다는 것을 표현하는 한 방법임이 분명하다. 프라츠는 아름다움과 사랑, 그리고 죽음의 관계를 다음과 같이 표현하고 있다.

> 낭만주의자들에 의해서 아름다움과 죽음은 자매들처럼 긴밀하게 연관된 것으로 파악되었기에 그 둘은 타락과 우수 그리고 고통스러울수록 그 즐거움이 더욱 배가되는 치명적인 아름다움으로 가득 찬 중의적인 용어로 태어나게 되었다. (31)

어느 시대이고 팜므 파탈이라는 현상은 없어 본 적이 없으니, 이는 팜므 파탈의 원조 격인 인안나와 이슈타르, 이브와 릴리스, 클레오파트라와 유디스(Judith) 그리고 살로메 등을 포함하는 수많은 신화시대와 역사시대의 여성들이 증명하고도 남음이 있다. 아름다움과 죽음에 대한 재현은 문학과 회화의 단골 메뉴일 수밖에 없었는데, 이는 삶 자체를 표상하는 여성의 아름다움과 죽음이 비단 "낭만적 고뇌"라는 프라츠의 파리한 유럽발 낭만주의적 감수성에 국한되는 것이 아니라, 여성과 아름다움, 그리고 삶과 죽음에 대한 "낭만적 고뇌"가 인류 역사의 모든 시기를 잠식하고 있기 때문이다. 팜므 파탈은 "신화와 문학에서 언제나 존재해 왔으니 이는 신화와 문학이 항상 실제의 삶을 반영하고 있고, 삶은 언제나 어느 정도는 콧대가 높고 잔인한 여성들로 충만해 왔기 때문이다"(Praz 199).

프라츠가 세기말 팜므 파탈의 전형으로 논하고 있는 "매혹적이고 끔직한 메두사"(26)의 후예들은 그 대명사격인 클레오파트라뿐만 아니라, 괴테의 "영원히 여성적인 것"(das Ewig Weibliche)의 대명사인 마가렛, 피렌체가의 여식인 지오콘다(Francesco del Gioconda)를 소재로 한 다빈치의 모나리자(Mona Lisa), 그리고 키이츠의 '매정한 여성'(La belle dame san merci) 등 다양하며, 낭만주의 시기 전후에 등장하는 수많은 고혹적인 여성들, 예컨대 루이스(Matthew Lewis)의 『수도승』(*The Monk*, 1796)의 마틸다(Matilda), 페이터의 지오콘다(Gioconda)와 스윈번의 페드라(Fedra), 고티에르의 클레오파트라와 플로베르의 살람보(Salammbô) 등을 포함한다. 전위적 비평가 팔리아(Camille Paglia)의 말처럼 팜므 파탈은 수많은 여성들의 경우처럼 "시원의 밤을 비추는 다이몬의 그 신적인 영혼(daemonic spirit)"으로[6] "선사시대에서부터 존재하기 시작하여 영원히 지속"되었는데(346, 339), 독일의 비평가 힐메스(Carola Hilmes)는 신화시대에서부터 지금에 이르기까지 팜므 파탈의 주요 인물들로 메데아, 펜테실레아, 룰루, 이브, 제즈벨, 델릴라, 유디스와 살로메뿐만 아니라 메살리나와 클레오파트라, 이졸데와 제노베바, 프란체스카, 루크레치아(Lucrezia Borgia) 등을 거론하며, 현대적인 인물로는 무용수 사라 베른하르트(Sarah Bernhardt)와 영화배우 테다 바라(Theda Bara), 마를렌 디트리히(Marlene Dietrich), 그리고 마릴린 먼로(Marilyn Monroe) 등을 거명한다(2).

프라츠의 연구에 힘입은 20세기 후반의 많은 저작들(Allen, Bade, Dijikstra 1986, 1996, Hilmes, Hallisay, Hedgecock)은 그의 이러한 여성과 죽음을 동일시하는 "낭만적 감수성과 고뇌"에 대한 분석의 연속선상에 있다고 해도 무방하다. 19세기 중엽만 간단하게 예를 들어보아도 쎄커리(William Thackeray)의 『허영의 시장』(*Vanity Fair*, 1847)의 베키(Becky Sharp)와 브래든(Mary Braddon)의 『오들리 부인의 비밀』(*Lady Audley's Secret*, 1862)의 오들리 부인 등이 보여주는 낭만적 감수성과 기괴함은, 19세기 말의 해거드(Henry R. Haggard)의 아프리카풍의 『그녀』(She 1887)나 『아예샤』(*Ayesha*,

1905) 그리고 스토커(Bram Stoker)의 『드라큘라』(*Dracula*, 1897)에 나오는 고딕소설의 소여주인공들(anti-heroines)에 비해 그 사악함이나 선정성이 결코 뒤지지 않는다고 헷지콕(Jennifer Hedgecock)은 빅토리아조 소설에 대한 근자의 연구서에서 주장하고 있다(2-3). 다만 달라진 점이 있다면 낭만주의 이후 유럽 문학에서 팜므 파탈은 라파엘 전기파의 작품들을 제외한다면 주로 시가 아니라 소설에서 재현되고 있다는 점일 터인데, 이는 19세기 중반 이후 소설이 시대를 대표하는 장르가 되었다는 사실과 무관하지 않다.

팜므 파탈을 굳이 세기말적인 현상으로만 파악할 수 없다는 주장은 영화를 포함하는 대중적인 상상력에 대한 수필적 연구서들(Dillinghurst, Mainon & Ursini, Prioleau)에서도 찾아볼 수 있다. 그러나 19세기 말과 20세기 초, 즉 우리가 세기말(fin-de-siècle)이라고 규정하여 칭하는 이 시기만큼 아직도 인구에 회자되는 수많은 팜므 파탈의 대명사들을 산출한 시기는 없었고, 이러한 세기말의 유행에 힘입어 팜므 파탈이라는 현상이 비단 세기말뿐만 아니라 서양의 역사에 전일적으로 나타났다고 주장하는 감이 없지 않으니 이 또한 현재의 상황을 과거에 투사한 해석임이 분명하기도 하다. 앞에서 밝혔듯이 팜므 파탈이라는 용어가 처음 쓰인 시기는 프랑스 문화권에서도 1854년으로까지만 소급될 뿐이어서 이브 등으로 대표되는 파탈의 원형적인 인물들이 이들의 원조라고 주장할 수는 있겠지만, 팜므 파탈이라는 말 자체의 유행은 세기말적 현상이라 단정적으로 말해도 과언은 아닌 것처럼 보인다.

앞서 논의한 팜므 파탈들로 거론되는 수많은 여성들을 차치하고서라도 우리는 비단 바빌로니아의 이슈타르뿐만 아니라 이브의 원조인 유대교의 릴리스(Lilith), 세례요한을 죽음에 이르게 하는 살로메(Salome), 아시리아의 적장 홀로페르네스의 목을 따는 유디스(Judith), 연쇄살인범 잭을 오히려 살해하는 엽기적인 룰루(Lulu) 등 이름만 들어도 팜므 파탈을 연상케 하는 많은 인물들이 특히 19세기 말의 유럽을 풍미했음을 쉽게 알아차릴 수 있고, 이러한 돋보이는 인물들에 대한 심리학과 대중문화, 그리고 페미니즘의 견지에서 바라본 다양한 연구서들(Hurwitz, Stocker)의 지속적인 출판은 20세기를 지나 현재에 이르기까지 아직도 팜므 파탈이라는 현상이 진행 중임을 말해주고 있다. 필자가 19세기 말 팜므 파탈의 5인방(앞장들에서 논의한 메두사를 포함하면 6인방)이라 칭하는 인물들 가운데 룰루를 제외한 4명의 인물들, 즉 이슈타르(Ishtar), 릴리스(Lilith)나 살로메(Salome), 유디스는 유럽의 상상력을 수천 년 독점한 인물들인데, 이들은 특별히 19세기 말에 화려하게 부활하여 세기말의 회화와 문학에 강력한 자양분을 제공해 주었다. 룰루는 과거에 적을 두지 않는 19세기 말이 주조해 놓은 독특한 세기말적 인물 중 하나라고 말하는 것에 이견이 있을 수 없으니, 이는 이 책의 후반부에 다시 언급이 되겠지만 그녀의 이름이 여성의 아름다움과 사악함, 신여성의 자유분방함, 여성과 관련된 질병과 성병, 그리고 생명의 기원과 죽음에 대한 공포 등 세기말의 거의 모든 주제를 함축적으로 표상하고 있기 때문이다.[7]

팜므 파탈에 관한 프라츠와 이를 전범으로 한 20세기 후반까지 이어지는 다양한 지금까지의 논의들은 여전히 대개 여성이라는 악의 전형으로서 팜므 파탈이라는 인물들에 대한 '내용 분석'(content analysis)으로 그친 감이 없지 않다. 이러한 점을 염두에 두고 팜므 파탈의 사회문화사적 연구의 필요성에 관한 논의를 계속 진행해 보기로 한다. 세기말의 반페미니즘과 여성 혐오에 관한 시대적 아우라를 시기적으로는 꼭 세기말은 아니지만 넓은 의미에 있어서 세기말을 선도하는 19세기 전반의 회화뿐만 아니라 풍자만화(caricature)와 판화, 포스터나 잡지 그리고 책의 표지나 삽입된 그림 등과 같은 대중문화에 대한 분석을 통해 밝혀내기를 시도하고 있는 메논(Elizabeth Menon)의 "팜므 파탈의 창조와 시장 유통"이라는 부제가 붙은 연구서 『고안된 사악함』(*Evil By Design,* 2006)은 사회문화사적 연구의 귀감으로 눈여겨볼 만하다.

특별히 그녀가 제시하고 있는 알리베르(Jean-Louis Alibert)의 『피부질환에 관한 설명서』(1814)에 수록되어 있는 작자 미상의 〈매독이 걸린 여성 성기〉에 관한 그림은 쿠르베의 〈세상의 기원〉("L'origine du monde" 1866)을 반 세기나 앞서면서 당시에 창궐하였다고 말해지는 성병에 대한 남성들의 두려움을 구현해 내어 시각적으로 충격을 주고 있을 뿐 아니라, 팜므 파탈의 기원이 여성 성기와 여성성에 대한 두려움이라는 논의를 대중적 회화 양식에 대한 분석을 통해 잘 보완해 주고 있다.

영락한 사람들: 펠리시앙 롭스(Felicien Rops, 1833~1898), 1868년, 종이에 에칭. 나무르, 펠리시앙 롭스 박물관

알리베르의 그림에서 그녀의 성기를 둘러싸고 있는 꽃잎들은 매독의 포낭이며 덥수룩한 음모는 포식과 포색, 그리고 풍요의 상징이면서도 마치 쿠르베가 이 그림을 혹 모사하지 않았나 하는 확신이 갈 정도로 그 묘사의 적나라함에 있어서 쿠르베를 넘어서고 있다(도판은 Menon 147쪽). 여성의 성기를 빗대어 표현하는 "꽃"은 아름다우면서도 "악의 근원이 되기도 하는 이중성"(Menon 161)을 갖고 있다. 보들레르는 꽃을 꽃으로 보지 못했던, 그러나 심원한 의미에서는 그것을 정확히 꽃으로 보았던 영락한 천재였다. 메논이 148쪽에 연이어 상재하고 있는 롭스(Félecien Ropps)의 〈영락한 사람들〉("Les épaves" 1868)은 보들레르를 염두에 두고 그려진 작품이라 알려져 있는데, 여성의 원죄를 상징하는 사과나무에 매달린 해골 시신의 주인공은 화가가 분명하게 "BEAUDELAIRE"라는 이름을 삽입한 것에서 확인할 수 있듯이 매독에 걸려 쇠락해가는 보들레르임이 분명하다.

또한 비평가 메논이 그녀 연구서의 표지 그림으로 상재하고 있는 모사(Gustav Mossa, 1883~1971)의 〈그녀〉("Elle" 1905)는 여성이라는 질병이 인류에게 끼친 해악을 널브러져 있는 시체 더미 위에 올라타 있는 호색적인 여성으로 형상화하였는데, 그녀의 귓가에는 박쥐 같은 동물이 서식하며, 자궁에는 고양이가 진을 치고 있고, 손가락과 손톱은 시체에서 튀어나온 선혈로 물들어 있다. 거대하게 튀어나온 유방은 요염함과 풍만함을 넘어 압살(壓殺)의 기운을 띠고 있어, 그녀가 호색과 풍요의 여신인 동시에 풍요의 다른 속성인 타락과 파멸의 여신이기도 하다는 진부한 토포스를 말해주고 있다. 그녀의 가채 머리 좌우에는 불길함과 죽음의 상징인 까마귀가 호위로 달려 있으며, 중앙에는 죽음과 운명의 상징인 3개의 해골이 달려 있는데 그 바로 위에는 풍자시인 유베날리우스(Juvenalius)의 "내가 이렇게 원하고 명령하노니, 나의 의지는 이성을 대신하리라"(Menon 197 재인용)는 시 구절이 쓰여 있다. 이러한 파탈의 성적 의지의 발현 결과가 결국은 남성에 대한 대학살이었음은 〈그녀〉와 비슷한 시기에 출품된 동명의 작가의 〈사이렌

그녀: 구스타브 아돌프 모사
(Gustave-Adolphe Mossa, 1883~1971),
1905년, 캔버스에 오일.
뮌헨, 노이에 피나코텍 미술관

의 식사〉, 〈돼지로 뒤덮인 키르케〉, 〈좋아하는 델릴라〉, 〈죽음의 춤〉, 〈헬렌의 입맞춤〉 등이 예증하고 있다. 게걸스럽고 뇌쇄적인 〈그녀〉와 유사한 그림들을 화폭에 담은 많은 화가들이 남성이고, 굳이 프로이트의 투사나 융의 아니마를 언급하지 않아도 그들의 그림들에 나오는 여성 인물들이 남성 화가들의 환상을 담아낸 작품들이라는 사실은 또 다른 첨언을 필요로 하지 않는다.

팜므 파탈은 세기말 "서양의 인종적, 성적, 그리고 제국주의적인 불안이 교차하는 담론의 가장자리들에서 찾아지는 (…) 하나의 기호(a sign)"이기 때문에 때로는 "창녀로, 여성참정권자로, 신여성으로, 표독스러운 여성(virago)으로, 야성의 여자로, 해방된 여성으로" 나타나기도 한다(Stott 30). 그런데 그러한 분류가 결국에는 여성들을 통제하려는 의도이며, 팜므 파탈에 관한 규정과 담론이 세기말에 유행했던 "타락(degeneration) 이론과 제국주의의 침략과 몰락에 대한 불안감, 그리고 비정상적이고 병적인 것을 규정하는 것들의 증가와 궤를 같이한다"는 스토트(Rebecca Stott)의 이어지는 주장(30)은 방금 언급한 메논의 연구와 더불어 사회문화사적인 연구의 필요성을 재확인하는 작업이 되고 있다.

그녀는 특히 대영제국에 대한 분석에 국한하여 팽창 일로에 있는 제국의 불안감에 대한 역사가들의 분석을 각각 케네디(Paul Kennedy)의 "'포위 멘탈리티"(siege mentality), 그린(Martin Green)의 "점령에 대한 불안감", 그리고 브랜트링거(Patrick Brantlinger)의 향수와 불안감이 뒤섞인 "제국주의 고딕"이라는 문학의 장르 개념으로 소개하면서, 대영제국의 인구 증가에 맞물린 창녀 수의 증가와 그들에 관한 혐오와 불안감이 세기말의 팜므 파탈이라는 개념과 현상을 정초한다고 말하고 있다(Stott 49). 그러나 그녀의 연구 또한 앞서 언급한 메논의 연구와 더불어 팜므 파탈의 다양한 기원 중의 하나의 동인으로서 세기말적 징후를 상징하고 있다고 말할 수 있는 세기말 창녀의 창궐 현상에 관한 연구를 구체적으로 행하고 있지는 않고 있다.

다시 말하자면 우리가 방금 논의한 메논(Elizabeth Menon)과 스토트(Rebecca Stott)의 사회문화적인 분석은 파탈이라는 현상에 대한 일반적인 분석이었지, 왜 19세기 중반부터 이러한 현상이 두드러지게 나타났는가에 대한 '세기말적 기원'(fin-de-siècle origin)에 관한 논의는 아니었다. 성녀와 악녀의 복합체로 등장했던 팜므 파탈은 19세기 말에 이르면 창녀로 전락하는데 이러한 전환을 맞이하게 되는 이유를 밝히기는 쉬워 보이지 않는다. 세상의 파국과 종말을 의미하는 세기말이라는 시대적 아우라가 그 수가 기하급수적으로 늘어나는 창녀들의 매독 감염의 여파가 전 유럽으로 퍼져나갔던 상황에서 기인하고 있었다고 간단히 말할 수도 있겠지만 말이다. 세기말은 각 시대마다 존재했지만 특별히 19세기 말은 발전과 진보의 이면에 도사리고 있는 타락과 퇴화, 그리고 종말론적 사고가 창궐하던 시대이기도 하였다. 맑스와 프로이트는 인간의 정신과 영혼이 물질과 몸에 얽매이어 있다는 사실을 설파하였으며, 니체는 왜곡된 개념으로 작동하는 '신'의 죽음을 공언하였다. 완전한 어두움과 파괴 속에서 새로운 것이 창출된다고 말할 수 있겠으나, 20세기는 19세기 말에서 지속되어 온 암울함과 절망의 연장선에 지나지 않으며 21세기는 아직 우리를 이끌어 줄 항로의 별을 찾기에 분주하다.

이어지는 다음 부분들을 간략히 설명하면 다음과 같다. 바로 다음 부분에서 필자는 왜 특별히 19세기 말에 팜므 파탈이라는 현상이 당대의 문학과 회화적 재현을 석권하였는지 그 이유를 추적하게 될 것이고, 그러한 연후 다음 장에서는 이러한 19세기 말의 대표적인 인물로 세기말 유럽의 산업도시형 팜므 파탈이 그 이중적 속성인 팜므 비탈(femme vitale)적 성격을 잃어버리고 세기말 여성의 브랜드로 운위되는 창녀로 전락하게 된다는 사실을, 파탈의 나라 프랑스뿐만 아니라 제국으로 완전히 발돋움한 영국을 위시한 유럽의 세기말적 현상에 대한 사회문화적 분석을 통하여 논구하게 된다.

그리고 이 장의 후반부에서는 파탈의 창녀화에 관한 실증적인 예를 프랑스의 코르뱅(Alain Corbin)의 매춘 연구를 통하여 밝힌 연후, 영국과 프랑스의 경우는 앞서 행해진 유럽 전체의 사회문화적인 분석으로 갈음한다. 후발 자본주의에 뒤늦게 편입되는 독일과 새로운 형태의 투기적 자본주의를 여는 미국의 경우에 있어서는 파탈과 창녀와의 동일화 현상을 사회문화적으로 분석한 자료들의 축적 부족 탓으로 돌려 미흡하게나마 몇몇 문학작품에 대한 분석으로 만족하고자 하니, 독일과 미국에 관한 작업은 미래를 기약한다. 이 장의 말미에서 필자는, 팜므 파탈의 원형적 인물로 거론되고 있으나 죽음이 아니라 원래의 의미가 어원적으로 생명을 뜻하는 '이브'의 경우를 통해서도 알 수 있지만, 팜므 파탈의 원래의 의미인 '생명의 여성'(femme vitale)을 복원하는 필요성에 대해서 논하게 된다. 생명이 죽음으로 변하는 우로보로스 현상이 이브에게도 적용되고 있었음은 물론이나 인류에게 죽음만큼이나 생명 또한 필요한 까닭이니 이브는 '생명' 우로보로스를 체화한 우주적 존재로 거듭나고 있다.

3

세기말 여성은 왜 팜므 파탈이 되었는가?

팜므 파탈의 출현과 세기말의 시대상

세기말 팜므 파탈과 데카당스, 벨 에포크

필자의 논의와 어느정도 겹치는 부분도 있지만, 팜므 파탈의 기원에 관한 논의를 브론펜(Elisabeth Bronfen)을 따라 일목요연하게 재정리하자면 다음과 같다. 19세기에 본격적인 사회운동의 성격을 띠고 발아하는 페미니즘에 대응하는 가부장제의 불안감이라는 자기방어적 징후(Doane), 시대의 징후를 설명하는 것과는 약간은 연관성이 없어 보이기도 하고 다소 격세지감이 되기도 하지만 1930년대 느와르 영웅(noir hero)이 죽음 충동(death drive)으로 표상되는 여성에 대해 느끼는 치명적인 향유와 그것을 누리는 두려움으로 인한 자신 스스로 거리두기 징후(Zizek), 근대 여성의 주체성의 발현(Bronfen, Cavell, Finney) 등으로 그 논의들이 모아진다(107, 115).[8] 특별히 팜므 파탈을 여성적 주체성의 발현으로 보는 마지막 시각은 여성성이 사회와 역사의 전면에 나서기도 전에 그 해체를 주장하는 해체론자들에 대한 적절한 대응책이 된다는 점에서 그 의의가 있으며, 파탈의 긍정적 의미를 주장하는 이 글의 후반부의 주장과도 상통할 수 있게 된다.

팜므 파탈이라는 현상이 "집어삼키는 여성성에 대한 남성들의 두려움"(Huyssen 52-53), 즉 세기를 풍미했던 많은 영웅적 여성에 대한 반응이 아니라 페미니즘에 대한 남성들의 두려움이 만들어 낸 환상이고 그것에 대한 남성들의 투사(Doane 2-3)인 것은 더 이상 논의의 여지가 없어 보인다. 하지만 그러한 남성들의 두려움이 왜 특별히 세기말에 최대로 표출되었는가에 대한 파탈의 기원에 관한 논의는, 앞서 살펴본 메논과 스토트의 훌륭한 연구에도 불구하고, 더 세밀하고 정치하고 방대한 사회문화사적인 연구를 요구하고 있다. 팜므 파탈과 이의 변종인 창녀에 대한 사회문화사적인 논의를 간략하게 진행하기에 앞서, 먼저 파탈 현상과 관련이 있는 세기말, 데카당스, 그리고 '벨 에포크'라는 용어 자체에 대해서 간단히 정리해 보기로 하자.

이 책에서 "세기말"은 말 그대로 19세기 말로만 한정되지 않고 세기말적인 현상이 두드러지게 계속되었던 20세기 초, 그리고 경우에 따라서는 세기말적 현상을 선도적으로 드러내기 시작하는 19세기 초를 포함하는 용어로 사용되고 있다. 세기말이라는 용어가 처음으로 등장한 때는 극작가 쥬브노(F. de Jouvenot)와 미카르(H. Micard)가 그들의 공동작인 4막극 〈세기말〉(*Fin de Siècle*)을 파리에서 상연한 1888년 4월 17일로 되어 있다(Teich & Porter 1). 19세기 말에 상응하는 독일어 "die Jahrhundertwende"와 영어 "the end of the century"는 거의 쓰이지 않는다. 세기말이 주로 1890년대를 지칭하면서 당대의 과학과 기술, 문학과 문화를 아우르는 총칭이라면, 데카당스(*la décadence*)는 특별히 프랑스 "상징주의의 아류나 단순히 세기말 시운동의 한 모습으로, 또 '19세기 말 이십 년간 나타난 모든 문학적 경향들의 공통분모'"(류진현 491)를 지칭하는 "세기말의 성적인 미학"(Marshall 6)에 국한되어 사용되기도 하였다. 베를렌느와 랭보, 그리고 말라르메 등의 시를 상재한 잡지 『데카당』(Le Décadent)은 바주(Anatole Baju)에 의해 1886~1889년 사이 간행되었다.

데카당스는 낭만주의적 감수성의 변종으로서 19세기의 영웅주의적이고 이상주의적인 낭만주의에 반하여 그것의 결핍을 말하는 비관적 자연주의로도 정의될 수도 있는데, 데카당들은 "절정에 달했던 물질문명의 몰락을 입증하기 위해서 스스로 그렇게 칭한 것이 아니라 산업혁명, 진보주의, 대담한 실증주의의 더 의기양양한 낙관론의 도착적 결과와 결연히 결별"하기 위하여 자신들을 퇴폐적인 뉘앙스를 풍기는 데카당스로 칭하였다(Durand 『신화비평』 36). 데카당스적 화려함과 특히 세련됨은 세기말의 "댄디즘과 맑스가 노래한 기술적 '변화'를 함께 결합시킨다"는 뒤랑의 언급(『신화비평』 166, 184)에서, 우리는 낭만주의와 그것의 변종인 자연주의적 데카당스의 문명 비판적 성향을 가늠할 수 있게 된다. 퇴폐는 포기와 나락만을 예비했던 것이 아니라 개선과 진보에 대한 항거를 포함하고 있었다.

세기말을 19세기 말에 국한하지 않고 20세기 초까지 확장한다면, 이 시대는 1890년 또는 1900년에서 1914년 제1차세계대전 전의 시기와 문화적 현상으로서 흔히 정신적 깊이가 없는 우아함(l'élégance)만을 추구했던 "아름다운 시대"를 의미하는 벨 에포크(la belle époque)와 역설적으로 겹칠 수 있다. "지나칠 정도의 화려한 치장, 사치, 속물근성, 유행이나 우아함에 대한 과잉 숭배"(Haas 16)로 특징 지워지는 이 시대는, 영국의 에드워드 7세의 즉위(1901)로 공식적으로 시작되었고 사교 클럽 '물랭 루즈'(Moulin rouge)의 무대 장치를 담당했던 프랑스의 유겐트슈틸(der Jugendstil)[9]의 선구자인 툴루즈-로트렉(Henri de Toulouse-Lautrec)에 의해 화려하게 대변되었다고 보는 것이 정설이다. 베를렌느와 말라르메, 그리고 위스망스가 활약했던 세기말의 데카당스는 쇤베르크와 뭉크, 크노프, 클림트, 독일의 표현주의의 선구자인 베데킨트와 스트린드베리가 대표하기도 했던 신예술, 즉 아르누보(Art nouveau)와 이의 독일적 표현인 유겐트슈틸을 포함하는 개념인 20세기 초의 벨 에포크로 이어진다고 해도 무리는 없다(Haas 15-18, 279-280, 302-303). 그러하기 때문에 세기말 또는 데카당스는 단절이 아니라 19세기와 20세기를 연속적으로 이어주는 가교 역할을 한 것으로 보아도 무방하다.

세기말의 시대상

새로운 제국의 건설에 광분하던 유럽과 소련, 그리고 미국은 전 국토에 걸쳐 철도를 완성해 가고 있었으나, 철도망의 완성은 역설적으로 민주적 사상의 유포와 노동운동 그리고 탈식민주의적 확산을 수월하게 했다는 점에서 제국의 불안함을 부추기는 역기능을 가져왔다. 진보에 대한 피로감은 도처에서 감지되고 있었다. 1873년 비엔나 금융시장은 파산하였고 이는 오스트리아-헝가리 제국의 경영자들에게 불안감을 배가시키는 결정적 요인으로 작용하였다. 아프리카와 아시아에 대한 침공과 강대국 간의 분할은 역으로 침공에 대한 불안감과 그들 또한 아프리카와 아시아의 약소국처럼 언젠가는 침공당할 수 있다는 두려움을 환기하였으며, 이는 '어두운 대륙'(dark continent) 아프리카라는 관념과 아시아에 대한 두려움, 즉 황화론(黃禍論, yellow peril)으로 표현되기도 하였다. 화려한 제국의 시대는 역설적으로 그들 또한 식민지처럼 포위당하고 점령당할 수 있다는 것을 확인해 주는 두려움의 시대이기도 하였다.

> 영국에 관한 한 19세기 말의 제국주의는 점진적으로 보아 두려움과 세계의 정치적인 불안감, 그리고 (비록 키플링식의 단정적인 주장 아래 피상적으로 숨어 있기는 하지만) 증가일로에 있는 "포위 멘탈리티"로 기울어져 가고 있어 하향곡선을 그리고 있는 제국주의였다. 이러한 점은 세기말의 제국주의

를 형식적인 면에 있어서 제국의 무역과 영토가 힘의 정치적인 공백기를 형성하면서 팽창했던 1870년대의 제국주의 시대와는 전적으로 다르게 하는 분기점이 된다.

(Kennedy 34)

제국주의 상승의 최극점을 구가했던 19세기 말은 이제 곧 하강 국면을 맞아 추락과 타락의 길을 예비하고 있었다. 아이러니하게도 '아름다운 시대', 즉 벨 에포크는 질병과 퇴폐로 가득 찬 시기이기도 하였고, 노르다우(Max Nordau)의 프랑스의 세기말에 대한 비관적인 평가서인 『퇴화』(*Entartung,* 1893)의 프랑스어판(*Dégénérescence,* 1894)과 영어판(*Degeneration,* 1895)의 재빠른 번역은 앞으로 곧 출판될 슈펭글러(Oswald Spengler)의 『서구의 몰락』(*Der Untergang des Abendlandes,* 1917)의 인기를 예견해 주고 있어 세기말의 분위기를 한층 더 암울하게 만들었다. 과장되고 단순화된 감이 없지는 않지만 슈펭글러에 의하면 독일적 '문화'에서 프랑스적 '문명'으로의 타락이라는 서양의 몰락의 조짐은 이미 그리스 '문화'(die Kultur)를 이은 기원전 4세기의 로마 '문명'(la civilisation)에서 시작하여 19세기의 마드리드, 파리, 런던, 그리고 베를린과 뉴욕을 위시한 유럽의 도시 '문명'에 의해 이루어지고 있었다(Spengler 67-68).

전기에너지의 대량 보급과 자동차와 항공 산업의 발달, 대중 정치와 매스미디어, 그리고 대중 스포츠로 대변되는 대량생산과 대량소비의 시대는 기묘하게도 런던의 우울한 유황빛 안개와 죄로 가득한 파리에 대한 "환상"을 창출해 냈다(Teich & Porter 6). 상대성원리와 양자역학을 배양한 시대는 신경정신학과 면역학을 필요로 하는 우울한 시대이기도 하였다. 과학은 발전하고 있었지만 역사 자체는 진보하지 않을지도 모른다는 인식은, 더 이상 과학이 발전하지 않을지도 모른다는 자괴감과 위기의식을 가져다주기에 충분했다. 19세기 말 서양 문명의 우월성은 전염병과 특히 성병의 확산에 여지없이 무너져 가고 있었고, 더 이상 오를 정상이 없다고 자아도취에 빠진 서양인들에게 정신의 공황 상태를 선사했다. 그 최극점에는 물론 팜므 파탈과 세기말이라는 용어 사용의 종주국인 '시크한'(chic) 프랑스가 위치하고 있었다.

> 프랑스가 후퇴하고 있다는 믿음, 즉 도덕적이고 정치적이고 문화적으로도 그리고 육체적으로 타락하고 있다는 믿음은 세기말에 거의 보편적인 현상이었다. 당시에 유행했던 신문은 프랑스인들의 육체적, 정신적 타락을 성토하는 글들로 가득 찼는데, 이에는 추락하는 출생률, 징집 거부자와 알코올과 약물 중독자의 증가하는 수치, 범죄율의 증가와 매독의 확산이 포함된다. 과학적인 연구는 이러한 주장들을 확인해 주었고 퇴화와 타락은 거의 모든 것, 예컨대 프랑스의 군사적 패배들과 정신질환과 (19세기 내내 가장 높은 자살률을 보인 1880년대의) 자살률의 증가뿐만 아니라 동성애와 히스테리아, 그리고 매춘의 증가 등에도 책임이 있어 보였다.
>
> (Hustvedt 11)

위기론이 항상 최고의 극점에서 발아하여 현 상태를 방어하고 유지하기 위한 지배계급의 이데올로기로 작동한다는 사실은, 남성의 여성에 대한 지배가 최고도에 달한 빅토리아조 시대에 본격적으로 발아하는 '신여성'(New Woman)과 페미니즘에 대한 방어기제로 팜므 파탈이라는 문화적 아이콘이 창궐한 점에서나, 20세기 말에 이르러 독일, 일본, 미국, 한국, 그리고 프랑스에서는 미미하게 태동했던 새로운 남성학(New Men's Studies)의 '남성의 위기'(crisis of masculinity) 담론이 여전히 남성이 지배하는 20세기 말의 가부장적 사회상을 반영하고 있는 이치와 다름이 없다.

그런데 심각하게 문제가 되고 있는 것은 세기말 문명의 우월성을 반증하는 전염병, 그중에서도 특히 수많은 남성에게 수 세기 동안 공포의 대상이 되었던 매독으로 대표되는 성병의 원인이 여성에게 전가되었다는 사실이었다. 중세의 흑사병 이후 근대의 역병으로 전 유럽을 공포로 물들게 했던 미증유의 역병인 매독은 1928년 페니실린의 발견에 이르러서야 치료의 길이 열리게 되는데, 이러한 매독의 원인은 창녀의 증가로 인한 질병의 확산이라기보다는 이에 대한 기록들이 체계적으로 행해지기 시작하던 세기말에 이르러서 헤게모니의 담지자였던 남성들이 재빨리 그 원인을 여성에게 전가하였다는 사실에 기인한다. 팜므 파탈은 이데올로기적으로 주어진 낭만적 이상화와 그것에 수반되는 여성에 대한 멸시와 증오라는 두 가지 속성 중 전자를 잃어버리고 창녀라는 개념으로 전락하게 된다. '매력적이고 위험한' 혹은 '위험해서 매력적인' 파탈은 욕정의 대상으로, 영원한 여성과 성녀, 그리고 성녀와 창녀의 개념을 아우르는 '신전 창녀'(hierodule)라는 개념은 도시의 창녀로 전락하게 되는데, 도시화와 산업화가 가속된 19세기말이 그 자양분을 제공하고 있음은 물론이다.

팜므 비탈(femme vitale)과 팜므 프라질(femme fragile)을 포함하고 있는 개념이었던 팜므 파탈이 그 속성인 생명(命)을 잃어버리고 삶을 예비하지 못하는 죽음의 화신으로 전락하는 순간이었다. 요컨대 세기말의 팜므들에서 유리디체나 메데아, 유디스나 델릴라, 살로메와 같은 품격 있는 인물을 찾기는 쉽지 않다. 애국의 처녀 유디스와 델릴라의 추락은 말할 것도 없지만 세기말 파탈의 5인방 가운데 하나인 살로메가 성경에 표현된 소극적인 모습과는 달리 와일드의 극에서 병적인 욕망의 화신으로만 나타나게 되는 이유는, 세기말이 지나치게 성에 대한 강박관념을 지니고 있어서이기도 하지만 세기말의 새로운 사조와 신여성에 대한 반감이 그 희생양으로 여성 일반을 괴물 혹은 괴녀(怪女)와 창녀라는 개념으로 파악한 소이연이기도 하다. 간단히 말할 수 있다면, 세기말의 아이콘은 창녀이어야만 했다. 팜므 파탈이 횡행했던 이유는 그러하므로 비평가 브론펜이나 역사학자 스토트가 제시하는 다른 무엇보다도, 남성들의 불안감을 투사하고 그 불안감을 여성에 대한 책망과 비난으로 치환하여 파탈을 창녀로 동일화하여 파악했던 세기말의 남성들의 지나친, 그리고 때에 따라서는 근거 없는 두려움 때문이었다고 우리는 말할 수 있게 된다. 그렇다면 이러한 동일화가 어떻게 이루어졌는가를 밝히는 것이 다음 순서가 될 것이다.

유럽의 세기말과 데카당스:
팜므 파탈의 창녀화

진보는 퇴폐와 맞물려 있는 것처럼 보였으나 19세기 말 서양은 정치경제적인 측면만 놓고 보자면 팽창 일로에 있었던 것 또한 사실이었다. 그러하기 때문에 제국과 식민의 시대가 사실상 경제공황을 예견하는 시대였고 그 여파의 산물로 세기말이라든가 데카당스가 풍미했던 시대라는 사실은 잘 밝혀지지 않았다. "진보가 경제적 성장의 직접적 결과가 아닐뿐더러 예술에서의 퇴폐 또한 경제적 '공황'의 [직접적] 결과물이 아닌"(Pick 14) 까닭이어서 그렇기도 하다. 생산수단의 변경과 발전이 반드시 사회 이데올로기의 변화를 초래하지 않는다는 사실은, 청동기 사회가 새로운 무기와 말을 주된 생산양식으로 사용해서가 아니라 도시의 확장으로 인하여 목축업에서 농업으로의 전이를 또한 요구했다는 사실에서도 알 수 있다. 과학의 발전과 사회체제의 변화는 상호 역동적 관계 속에서 쌍방향으로 이루어진다. 20세기가 저물지도 모른다는 두려움은 사실상 나치즘과 파시즘 그리고 제2차세계대전 이후 전 세계가 핵우산 아래에 처하고 난 이후에 드러난 병적 현상의 역투사일 수 있었으며, 이와 마찬가지로 19세기 말의 두려움과 공포는 세기말 과학의 발전을 향유하는 계급들의 로맨틱하고 감상주의적인 "환상"일 수도 있었다.

그러나 외적인 면에서 제국의 팽창은 국내의 산업화를 가속시켰으며, 이로 인한 일각의 부산물이 도시의 빈민화와 어느 정도로는 도시 여성의 창녀화로 나타났다는 사실은 부인하기 어렵다. '제로섬'(zero sum)의 측면에서 보자면 풍요는 어떤 이에게는 빈곤일 수밖에 없었다. 19세기가 구가했던 물질적인 풍요는 소수의 자본가와 투자자, 그리고 투기자에게로 그 대부분이 귀속되어 그 결과 도시는 빈민으로 들끓게 되었고 기존 도시의 여성들에게 할당되었던 '하녀'와 '가정부' 혹은 '비숙련 저임금 노동자'라는 직종은 이제 '창녀'로 바뀌게 되었다.

19세기 말 이전에 매춘이 없었던 것은 아니다. 인류의 가장 오래된 직업 중의 하나였던 매춘은 수메르-바빌로니아의 신전 창녀(hierodule)와 그리스의 고급 창부(hetaira),[10] 그리고 중세시대 이상적인 궁정 연애의 주인공들이지만 사실상 창녀에 가까운 역할을 한 궁정녀(courtesan)[11]와 후궁(harem)과 기생(geisha) 등의 이름으로 그 존재감을 알려왔다. 동로마제국 유스티니아누스 황제의 아내 테오도라(Theodora)는, 창녀라는 직종에 대한 당대의 호불호에 대한 다양한 평가와 더불어 논란의 여지는 있었지만, 창녀 출신이었다는 소문이 전혀 문제가 되지 않았던 걸출한 정치인이었다. 9세기 중반 남장 여성으로서 교황이 되고 나서도 창녀 짓을 했던 요안나(Ioanna Papissa, 일명 Iohannes Anglicus)에 관한 일화는 터무니없는 소문으로 제외하더라도, 시간을 거슬러 가면 막달라 마리아가 회개한 창녀였다는 소문은 비록 로마 가톨릭이 그녀를 사도로 바로 잡은 이후에도 이어져 나갔다. 창녀에 대한 평가가 바뀌고 있었으며, 이는 매춘이 거의 모든 계급에서 광범위하게 횡행하고 있었다는 사실에 대한 반향이기도 하다.

> 매춘이 왜 그렇게까지 만연했는가 (…) 스스로 자신의 삶의 방식을 결정하는 일이 허용되지 않았고 더구나 남성 사회 속에서 살아남아야 하는 여성들에게 몸을 파는 일은 유일한 출셋길이었다. 18세기에는 왜 매춘부가 되려

고 하는 여성이 있었느냐 하는 문제보다 어떻게 하면 매춘부가 되지 않고 도 살아남을 수 있었느냐 하는 것이 문제였다.

(Bullough 275)

19세기에 이슈가 되었던 것은 여러 가지 형태로 소수 집단에 한정되던 매춘업이 일반 가정으로 그 영역을 넓힌 연유에 있었다. 빅토리아 왕조 시기의 여성의 역할로 자주 언급되었던 어머니, 아내, 하녀의 3분법이 전원의 대가족제도를 벗어남에 따라 도시의 집안 여자와 거리의 여자로 재구성되는 순간을 세기말은 목도하게 되었으며, 더욱더 심각한 것은 양가의 규수와 거리의 여자를 구분 짓던 소위 '빅토리아풍의 점잖음'(Victorian respectability)이라는 형식적 모랄마저도 붕괴되어 가고 있다는 현상에 대한 자각과 체념이었다. 과장일 수는 있겠지만 수많은 "점잖은" 양가의 처자들은 거리의 여자들처럼 행동했으며, 시대는 이를 창녀보다는 듣기에 좋은 팜므 파탈로 부르기 시작했다.

양가의 규수와 타락한 여인의 구별이 모호해지자 양가의 규수들이 자기들의 몸을 결혼이라는 제도를 거치지 않고 공공연하게 상품으로 내어놓는다는 점에 기실 문제는 도사리고 있었다. 결혼 특히 그것이 일부다처제를 용인하는 결혼 제도라면, 공인된 공창제도라고까지 오명이 붙기도 하는 남성 위주의 성과 결혼 생활의 구조를 위배하면서도 실상은 오히려 그것을 공고히 하는 창녀, 그것도 창녀로 전락한 양가 규수들에 대한 남성들의 점유는, 그것이 중세의 '궁정풍의 사랑'(courtly love)처럼 적어도 표면적으로는 은밀하게 이루어지는 경우에만 묵과될 수 있는 것이었지, 공공연하게 자행되는 경우 남성들의 위선적인 모랄과 비리를 폭로하는 행위가 되었을 뿐 아니라 종국에는 사회의 기초가 되는 가정의 붕괴를 가져왔다. "교활하고, 강인하고, 독립적이며 관습을 거부하는" 팜므 파탈은 "부르주아사회의 이데올로기에 [더 큰] 위협이 되었는데, 이는 그녀가 가정의 구조를 파괴하고 양가의 규수에 걸맞은 정의를 모호하게 만들기 때문이었다"(Hedgecock 5, 3). 네로의 모친인 황후 메살리나(Messalina Valerius)의 엽기적인 행각이 네로의 황음(荒淫, carnal excess)과는 비교도 되지 못하는 소소한 것이었지만 행위의 주체가 여성이라는 점에서 남성들의 비위를 거슬리게 하여 여론의 물매를 맞았던 이유이다.

남성들의 통제를 벗어난 팜므 파탈, 그것도 양가집 규수들의 파탈화는 심각한 사회문제를 야기했다. 역사는 앞서도 언급하였지만 수메르-바빌로니아의 신전 창녀와 그리스의 고급 창부, 그리고 중세시대의 고급 창녀와 후궁과 기생, 또 근현대에 이르면 무희나 가수, 여배우 등 소수 집단의 일탈적인 성을 인정했을 뿐이었지,[12] 중산층과 많은 빈민가의 여성들이 대량 참여하는 성에 대해서는 관대할 수 없었고 법적인 제재를 가하기 시작하였다. 소수 집단의 성행위 행태이기도 했던 기사도라는 것이 "남의 아내 따먹기 놀음"(Bullough 205-215)이라고 하면 너무 지나친 단순화일까? 오늘날에도 여전히 자행되고 있는 일이지만 창녀 짓은 부유층과 소수 특정 집단의 전유물인 경우에서만 문제가 되지 않았지만, 파탈들의 "점잖은" 남성들에 대한 통제권은 남성 상위의 가부장제 아래에서는 사회적으로 용인되기 힘들었다.

그러나 한편, 팜므 파탈이라는 음흉한 수식어로 치장되기도 했던 창녀의 창궐은 간혹 예술가들을 매료시켰는데, 보들레르를 위시한 몇몇 예술가들은 아예 매음굴에서 창녀와 동거하기도 했다. 일반적으로 말할 수 있다면 유럽의 사실주의 소설에서 등장하는 인물들이 주로 사무실 서기와 사환 그리고 필경사(scrivener)였다면, 세기말 자연주의에 자주 등장하는 인물들은 인력거꾼과 광부 그리고 특히 요부와 창녀들이 많았으며 이는 전 세계적인 현상이었다. 보들레르의 『악의 꽃』을 염두에 두고 집필된 인상을 강하게 풍기는 화류 소설 『지옥 꽃』(地獄の 花, 1902)으로 일본의 세기말 자연주의를 대표했던 귀공자 나가이 가후(永井荷風, 1879~1959)는, 에도(江戶, 도쿠

가와 이에야스의 봉토 위에 건립된 도쿄의 옛 이름) 시대부터 이름난 비천하지만 화사한 환락가 아사쿠사(浅草)에서 그의 뼈를 묻기를 원했다.

"창부는 격정의 와중에서도 냉정하고, 언제나 자기가 도발한 쾌락의 초연한 관객이며, 남들이 황홀에 도취해 빠질 때에도 고독과 냉담을 느낀다. (…) 한 시대의 여성 이미지가 바로 그 시대를 극복하기 위해 창부의 상"으로 나타나야 했던 역설적인 현상의 이유에 대해서, 이주헌은 "창부는 예술가의 쌍둥이 짝"이라는 하우저(Arnold Hauser)의 언급을 인용하며 다음과 같이 계속 말하고 있다.

> 역사 이래 가장 치열한 '성(性)간의 전투'가 시작되면서 그들은 냉정해져야 했고 그로 인한 고독을 회피하지 말아야 했다. 이는 현대의 예술가들에게도 동일하게 적용된 황금률이었다. 부르주아와 같이 혁명을 일으켰으나 혁명 뒤 그들로부터 버림받은 근대의 예술가들은 (…) 스스로를 창부와 동일시함으로써, 또는 창부를 동경함으로써 스스로 창부가 되고 그럼으로써 세상을 향해 특히 부르주아사회를 향해 "네가 오히려 진짜 창부다." 하고 절규할 수 있었다. (45-46)

세기말의 예술가들이야말로 부르주아 자본주의의 '창부'(娼夫)들이었다는 주장을 액면 그대로 받아들이는 것은 아니지만 여하튼 19세기 말이 팜므 파탈로 부른 대개의 여성들은 사실상 창녀로 간주되었으니, 이는 비단 보들레르와 졸라, 그리고 위스망스의 문학에서뿐만 아니라 이 시대를 휩쓸었던 드가(Edgar Degas)와 마네(Édouard Manet), 로트렉(Toulouse Lautrec)의 회화가 증명하고도 남음이 있다. 마네의 〈올랭피아〉(1865)와 〈나나〉(1877)는 졸라의 『나나』(1880)에 등장하는 창부 나나가 모델이었으며, 피카소의 〈아비뇽의 처녀들〉(1907)은 사실 창녀들로 보아도 무방하다. 세기말 오스트리아 비엔나 화단의 3인방 클림트(Gustav Klimt, 1862~1918)와 코코슈카

(Oskar Kokoschka, 1886~1980), 그리고 쉴레(Egon Schiele, 1890~1918)의 누드화 연작들 또한 팜므 파탈을 묘사해 내었으며, 이들은 대개 요부와 창부의 기묘한 몸짓을 지니고 있다. 쉴레의 누드화 연작도 그러하지만, 여성의 입술과 유두와 성기를 분홍으로 확대해서 채색한 〈꿈속에서 보다〉(1911)는 팜므 파탈에 대한 모든 논의를 잠재울 만큼의 강렬한 색채와 몽환적이고 퇴폐적인 포스로 우리에게 다가온다.[13] 니드(Linda Nead)의 다음과 같은 언급은 여성들이 왜 19세기 말의 부르주아사회에서 창녀로, 그리고 팜므 파탈로 우회적으로 표현되는가를 잘 설명해 주고 있다.

> 창녀는 빅토리아 왕조의 부르주아 계급에게는 두려움과 매혹의 대상이었다. (…) 성매매와 일탈적인 성에 관한 행위에 대한 두려움은 정치적이고 경제적인 위기에 관한 더 광범위한 불안들과 연관되어 있다. 성매매는 비도덕적인 문제와 관련되며 선동적이다. 그것은 부르주아사회의 근간을 뒤흔들 전복적인 시스템으로 보였다. (110)

방종한 성생활과 자유로운 성생활을 즐기는 양갓집의 규수들은 기묘하게도 팜므 파탈로 그리고 연쇄적으로 창녀로 간주되었다. 창녀들이 "존경할 만한 계급 집단과 존경받지 못할 계급들을 뒤섞어 그 결과로 순수와 타락이라는 용의주도하게 구성된 경계선들을 와해시킨다"(Nead 115)는 이유로 기존 사회에 두렵고 위협적인 존재가 되었다면, 이와 아주 유사한 이유로 팜므 파탈 또한 양가 규수와 타락한 여성 사이의 구별을 모호하게 하여 부르주아사회의 가정 이데올로기에 위협이 되었다.

남편인 뷜로(Hans Guido Freiherr von Bülow)의 후견인이자 스승이었던 바그너와 결혼한 코지마 리스트(Kosima Wagner, 1837~1930), 니체와 릴케와 프로이트 등과 수많은 염문을 뿌렸던 루 살로메(Lou von Salome, 1861~1937), 그리고 수많은 작가와 화가들과의 연속적인 연애로 유명했던 알마 쉰들러(Alma Schindler, 1879~1964)는 자유연애를 주장했던 조르주 상드(George Sand, 1804~1876)와 더불어 그들의 남성들과의 복잡다단한 관계에도 불구하고 오로지 불온한 여성의 표본, 즉 팜므 파탈이라는 이름으로 인구에 회자되곤 했다. 소설가 로렌스(D. H. Lawrence)가 1912년 그를 가르쳤던 교수의 부인인 프리다(Frieda von Richthofen)와 도주 행각을 해버렸지만 옴므 파탈(homme fatal)과 같은 별명을 얻지 않은 것과는 대조되는 현상이었다. 예수의 모후가 되는 이브를 공격하는 것에 다소 주저함이 있었던 가톨릭을 주축으로 한 기독교 문화는, 그 공격의 대안으로 유대교 최초의 여성인 릴리스와 세례요한의 목을 원하는 헤로디아스의 대역인 살로메, 그리고 서기 2세기경 아시리아의 장수인 홀로페르네스를 잔인하게 죽이는 유디스를 팜므 파탈의 대명사로 내세웠는데, 이는 그들이 모두 유대 여성들이었기에 가능한 일이었고 이러한 현상의 배후에는 고질적인 반유대주의와 세기말에 더욱더 심각하게 횡행한 여성혐오증이 자리 잡고 있었다.

팜므 파탈의 일탈적인 성은 성매매와 동급으로 취급되었고 정상적인 성행위의 범주를 벗어나는 행위들, 예컨대 여성운동가로 대표되는 신여성의 프리섹스와 피임에 대한 옹호는 그 본질에 대한 성찰을 벗어나 "창녀 짓하기"와 또한 동일하게 간주되기 시작했다. 퇴폐적인 것과 신여성은 새롭다는 공통적인 의미에서 "새로움의 쌍둥이 화신"(Dowling 453)이 되었다. 특별히 여권운동에 대한 서구 지식인들의 반감은 도를 넘어 여권운동을 주도하는 소위 '신여성'(New Woman)[14]뿐만 아니라 일반적인 여성에 대한 비하로 이어지곤 했는데, 19세기 말~20세기 초 영국의 여성 참정권 운동을 주도한 팽크허스트(Pankhurst) 가문의 3모녀 에멀린(Emmeline), 크리스타벨(Christabel), 실비아(Sylvia)는 그 대표적인 예이다. 피임에 관한 지식은 포르노로 간주되었고 여성의 몸의 자유와 경제적인 자립 쟁탈의 일환으로 제시되었던 피임을 옹호하는 여성들은 퇴폐적인 여성의 표상으로 여론의 뭇매를 받았다.

여권운동가의 행동과 창녀 짓하기와의 동일화는 여권운동가와 창녀를 동일화하는 전략으로 굳어져 갔으며, 이러한 동일화의 뒤에는 지적인 여성을 이상화하기보다는 불임이라는 낙인을 찍어 백안시하며 성모마리아로 대변되는 이상적 어머니상에 부합되지 않는 대부분 여성을 창녀로 보아왔던 서양의 습속이 강력한 영향을 미치고 있던 것 또한 사실이었다. 프로이트의 불임의 "싸늘한 여성"은 이를 예시하고 있다(「처녀성에 관한 금기」, 1918; SE 11: 206). 나치 이데올로기의 강건한 모성 신화는 이러한 틀을 벗어나지 못하고 있었고 어머니를 제외한 여성을 창녀와 동일시하는 습속은, 비단 앞의 장들에서 간간이 언급되었던 영국뿐만 아니라 프랑스와 독일, 그리고 유럽의 적자인 미국에서도 동일한 증상을 보이고 있었다. 그중에서 프랑스는 이러한 변화를 추적하기에 가장 좋은 사례를 제시해 주고 있는데, 이는 프랑스의 창녀에 관한 실증적 연구가 다른 나라보다는 어느 정도 축적되어 있다는 사실 이외에도, 문학과 회화 작품에서도 그러한 주제를 가장 빈번하게 통속적으로 그리고 심도 있게 재현해 내었던 나라가 프랑스이기 때문일 것이다. 용어의 어원에서도 짐작할 수 있듯이 프랑스는 파탈의 나라이다.

프랑스, 독일, 미국의 팜므 파탈

프랑스의 세기말과 코르벵의 매춘 연구

프랑스에 국한하여 말하자면 '전 여성의 창녀화'라는 증상은 더욱 심각하였다. 프랑스와 프로이센 간의 전쟁인 보불전쟁(1870. 7. 19.~1871. 5. 10.)에서 패배한 결과로 루이 나폴레옹, 즉 나폴레옹 3세의 제2제정(1852~1870)이 몰락하고 프랑스에서는 단명한 파리코뮌(1871. 3. 18~5. 28) 이후 제3공화정(1871~1914, 그리고 한시적으로 다시 1940)이 들어서게 된다. 넓게 보아 세기말적 현상이 19세기 말에 국한되는 현상만은 아니었고 문화사적으로 20~21세기가 아직도 세기말의 영향 아래에 있다고 말할 수 있지만, 특별히 제3공화정이라고 부르는 19세기 말과 20세기 초의 이 시기는 협의의 의미에 있어서 우리가 세기말이라고 하는 시기와 어느 정도 일치한다. 제3공화정의 보수주의적이고 자유주의적인 부르주아계급은 "[제2]제정의 환락과 파리코뮌의 학살에 대한 속죄양을 필요로 하면서 동요 현상을 보이고 있었으며, 부르주아계급을 짓누르고 있던 염세적 상황 속에서 규제주의의 구상은 이 제도의 실패가 명약관화한 것임에도 불구하고 더 가혹하게 추진되었다"(Corbin 1978, 50). 주지육림의 파티와 질펀하고 음란한 무대 공연으로 악명이 높았던 제2제정은 그 혼란한 성 풍속으로 인하여 제3공화국의 세기말로 가는 길목을 열고 있었다.

> 1860년경 섹슈얼리티의 현대사가 시작되었다. 둔탁한 신음소리와 함께 전통 사회는 무너지기 시작했다. 관능적 상상 세계도 변화하였다. 사적 영역 내부에 갇혀 있던 부르주아들은 자신들의 윤리 의식을 고통스럽게 생각하기 시작했다. 동물적이고 자유로운 민중의 섹슈얼리티라는 신기루는 사회적 도피의 유혹을 불러일으켰으며, 어두운 매춘의 길목은 새로운 매력으로 치장됐다. 졸라는 이와 같은 고통을 파악하고 해석해 낸 인물이었다. (…) 보불전쟁 패배와 파리코뮌을 겪은 후 명사 계층은 여성의 섹슈얼리티를 겨냥하여 세워놓았던 방책이 무너지고 있다는 생각에 사로잡힌 나머지 도덕 질서를 세우려는 시도를 했다. 하지만 이것은 결국 효과가 없었다. 민중과 민중의 동물성이 부르주아지 내부에 스며들어 그들을 감염시킬 것이라는 두려움은 성적인 근심을 자극했다. 매춘이라는 주제가 문학작품을 휩쓸었다. (…) 첫 세대 성의학자들은 성의 영역을 세분화했으며, 성적 변태의 양

상을 기호화하는가 하면, 그때까지 단지 도덕적인 관점에서만 비난 대상이 되어왔던 행동 방식에 대해 병리학의 금기를 뒤집어 씌웠다. 섹스가 군림하는 세상의 도래는 이런 식으로 준비되고 있었다. 가정의 영역도 역시 에로티시즘의 공격을 받았다. 이곳이야말로 다가오는 대지진의 진앙지였고, 동시에 이 문제의 초점이 된 영역이었다. (Corbin 1999, 748-51)

코르벵(Alain Corbin)이 말하는 성의 현대사는, 추측하기에는 제2제정이 확실한 몰락의 조짐을 보이는 시대인 1860년대 무렵부터 시작되었다고 주장되고 있지만, 제3공화정(1871~1914)을 새 시기의 기점으로 삼는다면 1870년대에 확실하게 나타났다고 말할 수 있다.[15] 코르벵이 제시하는 인구당 창녀와 창녀촌의 수에 관한 다양한 표들을 보면, 1870년대의 파리 지역의 공창의 숫자와 인구당 창녀의 비율이 오히려 1880년대의 숫자와 비율을 앞서간다는 것을 알 수 있는데(1978, 70-77), 이에 보불전쟁의 참화가 영향을 끼치고 있음은 어렵지 않게 짐작할 수 있다. 코르벵에 의하면 1878년 파리에 거주하는 15~49세 사이의 여성 인구 비율 중 인구 1만 명당 매춘부의 비율은 16.01%로 그 총수는 15,047명에 달한다(1918, 70, 77).

1880년대는 특히 공인 창가의 수가 기록적으로 감소하는데, 이는 아마 제3공화정의 위선적인 규제와 통제의 영향이 공인 창가의 수를 끌어내리고 음성적인 매춘의 형태들이 오히려 도시 곳곳을 파고 들어가고 있었거나(Corbin 1978, 160), 대개의 부르주아 여성들이 다양한 형태의 창부들, 즉 고급 매춘부(cocotte)나 첩(femme entretenue) 등으로 이미 활동하고 있어 "매춘부와 다름이 없었다"(Fuchs 261)는 주장으로 비추어 보아 공창을 찾아갈 필요가 삭감되었다는 사실에서 그 이유를 찾아볼 수 있다. 세기말은 음성적인 매춘의 시대였고 러브호텔과 포르노그래피가 전성기를 맞기도 했지만, 무대 위의 여배우를 거의 누드로 내보이는 시대이기도 하였다. 유디스나 살로메는 가슴을 훤히 드러내고 무대에 등장했으며 속옷을 착용하지 않고 무대의 불빛을 맨몸으로 받아내었다. 예술과 외설의 민감한 문턱선 영역에 속해 있기는 하지만, 이러한 습속은 현대로 이어져 몇몇 스포츠 관련 대회의 누드에 가까운 실행 연기, 각종 발표회와 대회 시상식 등의 스포트라이트 등에서 그 일부를 찾아볼 수 있다.

코르벵이 연구의 대부분을 그에게 빚지고 있다고 실토하고 있는 매춘학의 권위자인 빠랑-뒤샤틀레(Alexandre Parent-Duchâtelet)가 매춘부의 숫자가 인구 증가보다 더 빨리 증가하고 있지 않다는 사실을 밝혀내었지만, 19세기 인구 증가가 기하급수적으로 이루어졌다는 점을 감안한다면 매독과 매춘부의 숫자도 기록적으로 증가하고 있다는 사실에 이의를 제기할 학자는 없을 것이다. 1871년경 파리와 런던의 매춘부 수는 각 12만 명 정도로 추정되는데, 1901년 파리와 런던의 인구가 각각 360만 명과 450만 명이고 창녀들의 숫자가 알려진 바는 없지만 1871년과 비교하여 최소 12만 명 이상이라고 추산한다면(Muchembled 285, 283), 이는 전체 시 인구의 3.33%와 2.67%를 각각 초과하여 인구 증가의 폭을 따라가고 있지는 못하지만, 세기말로 갈수록 창녀들의 숫자가 현저하게 증가하고 있다는 코르벵의 주장을 여전히 뒷받침하고 있다.

벵상(Gérard Vincent)은 모호하게 어느 한 시점에서 파리에서만 매독 환자가 12만 5천 명에 달한다는 코르벵의 의견과, 1902년 매독 감염자가 프랑스 전체에서 100만 명에 이르고 임질 환자는 200만 명에 이른다고 단정한 뒤클로(P. Duclos)의 견해를 다소 과장해서 소개한다(535). 당시 파리의 인구와 전체 프랑스의 인구는 잘 집계되고 있지 않은데, 1900년 초 파리와 프랑스의 인구는 각각 360만 명과 4천만 명 정도로 알려져 있고, 2016년 현재 파리시의 인구는 대략 220만 남짓이며 파리시 외곽을 포함하면 1,200만, 프랑스 전체의 인구는 6,655만 명을 상회한다. 이대로 계산해 본다면 1900년대 초 파리의 매독 환자 비율은 3.47%, 1902년 프랑스의 매독 감염과 임질 환자 비율은 각각 2.5%와 5%로 집계된다. 매독에 걸린 파리 시민의 수와 창녀의 수가 거의 비슷함을 알 수 있는데, 100명에 3~4명꼴이면 상당히 높은 수치이다. 성병 방지법에 의거한 매춘부들의 정기검진은 성병을 오히려 빠르게 전파하기도 하였는데, 이는 밝혀진바 소독하지 않은 세척기와 검경(檢鏡)의 사용으로 인한 것이었다.[16]

매독이 기존의 임질과 구별되기 시작하여 예로부터 천재들이 걸리는 선천성 정신 질환이 사실은 매독이었다고 제시되었던 것은 19세기 말 푸르니에르(Jean Fournier)에 의해서인데(Bullough 234, 290), 1905년 매독균 스피로헤타가 발견됨으로써 그때까지 그 발병 이유를 확실히 몰랐던 매독은 매춘과 관련이 있는 것으로 완전히 증명되었다. 영국 국회는 성병방지법(Contagious Disease Prevention Acts)을 1864, 1866, 1869년 연속 발효하여 창녀들에 대한 검진을 의무화하면서 확실한 원인을 알지 못했던 이 질병을 통제하려고 노력하였으나, 이 법은 매춘부를 상대로 하는 남성들의 검진도 의무화하자는 여권운동가 조세핀 버틀러(Josephine Butler)의 주장에 대한 반감으로 발효 20년 후인 1884년 폐지되기에 이른다.

아름다우나 더럽다고 여겨지는, 정확히 말하자면 아름답기에 더러워야 할 여성들에 대한 남성들의 불안감과 그 불안감 속에서 오히려 발아하는 욕망은 여성을 죽음과 동일시하는 방어기제를 재빠르게 다시 기억해 내었고 프랑스의 제3공화정 또한 예외는 아니었다. 19세기 말 창녀의 대명사가 되는 졸라(Emile Zola)의 나나(Nana)는 단적으로 말해 "코뮌 시대 이후의 규제주의를 위협하던 악몽에서 생겨난 창부였다"(Corbin 1999, 62).

> 제도의 불안정성과 자유주의 사상의 지나친 확산에서 기인하는 사회 전체의 이러한 무기력증은 천벌의 당위성을 인식시켜 준다. 사회 전체의 무력화는 삶을 급히 즐기려는 쾌락의 욕망을 야기하고, 이러한 욕망을 이용하는 매춘부는 사회 전체를 짓누르는 죽음이라는 위협의 화신이자 상징이 된다.
>
> (Corbin 1999, 54-55)

매춘부와 동일화된 팜므 파탈은 특별히 왕정에서 공화국으로의 변신, 혁명과 민주주의의 도래를 어떤 이에게는 공격하고 또 다른 어떤 이에게는 방어하기 위한 손쉬운 대체물이었다. 혁명 당시 참정권을 주장하는 여성들은 파탈들로 그리고 매춘부들로 여겨져 더러는 단두대의 이슬로 사라졌고, 여권신장을 옹호하는 여성들의 클럽들 또한 빌레트(Adolph Willett)의 민주주의와 여성에 관한 연구에 의하면, 프랑스혁명 발발 4년 후인 1793년 로베스피에르의 공포정치의 와중에 파리의 거리에서 추방되었다(Hoffmann-Curtius 177). 혁명과 같은 불안한 변환기에 포르노그래피와 성매매의 증가가 이루어진다는 관찰을 수행한 헌트(Lynn Hunt)에 의하면 포르노그래피는 그 일탈성과 위험성이라는 공통분모로 기이하게도 혁명과 페미니즘, 그리고 "비록 역설적인 관계이지만 (…) 남성들만을 위한 평준화였다"(Hunt 53)는 점에서는 여성의 인권이라는 문제를 도외시하는 남성 중심적 민주주의의 관념과 어울리기도 하였다. 프랑스혁명의 충격에 대한 반발과 반격은 표면적으로는 전 유럽에서 창녀와 성병 그리고 포르노그래피의 단속으로 이어졌지만, 이러한 현상들은 단속과 검열을 피해 오히려 음지에서 더 활개를 치게 되었다. 프랑스와 영국의 파탈들에 대한 논의는 어느 정도 진행되었으니, 다음 장에서는 독일과 미국의 경우에 대해 알아보기로 한다.

독일의 세기말과 오토 딕스(Otto Dix)의 창녀 살인

"무정부적인 폭력의 가능성"(Dowling 439)을 지닌 입센(Henrik Ibsen)의 『인형의 집』(1879)과 와일드(Oscar Wilde)의 『살로메』(1891), 그리고 베데킨트(Frank Wedekind)의 『룰루』 등 자연주의 문학에서 두드러졌던 세기말의 신여성에 대한 항간의 표어는 퇴폐적인 창녀 또는 갈보와 다르지 않았다.[17] 독일 문명권의 세기말은 유럽의 다른 나라에 비해, 오스트리아 출신 극작가 베데킨트(Frank Wedekind)의 『지령』(1895)과 『판도라의 상자』(1904), 즉 『룰루』 2부작의 악명 높은 여주인공 룰루(Lulu)를 제외하고는 그다지 인구에 회자되는 팜므 파탈을 산출해 내지 못했는데, 그 이유를 독일의 후발 자본주의화로 거론한다는 것은 이제 상투적인 해석이 되어버렸다. 독일이 유럽의 다른 국가들에 비해 자본주의의 척도가 되는 산업화와 도시화가 늦었다는 주장인데, 흥미롭게도 독일의 세기말적 현상은 이와 시기적으로 거의 일치하는 빌헬름 2세(1888~1918)의 치세 기간이 아니라 제1차세계대전이 끝나고 나라가 전쟁 비용과 1,320억 마르크의 보상금으로 신음하던 바이마르공화국에서 발아하고 있었던 것 같다. 따라서 독일의 세기말은 빌헬름 시대가 아니라 세기말을 지난 바이마르공화국(1918~1933)의 시기와 상응한다.

물론 빌헬름 시대에 창녀 문제에 대한 논의와 여성운동에 대한 갑론을박이 존재하지 않았다는 주장은 아니다. 한 통계에 의하면 19세기 말 독일에는 적어도 10만에서 20만, 그리고 1차 대전 직전에는 33만 명에 달하는 매춘부가 존재하였고, 이 가운데 베를린에만 5만 명이 있었는데 그 등록된 매춘부의 숫자는 4천2백 명에 육박했다(김기녀 7 재인용). 페미니즘이 프랑스를 통해서 유입된 낯설은 개념이었다는 나치 시대의 철학자 로젠버그(Alfred Rosenberg)의 주장(Stibbe 17)과는 다소 상이하게 세기말 독일에서 여권운동이 발아하지 않은 것은 아니었는데, 1895년 국가에 의해 규제되는 매춘에 대한 폐지와 처벌과 규탄을 강력히 주장했던 독일여성단체연합(BDF)의 노선은 1905년경에 태동하는 '신윤리'(Neue Ethik)를 주창하는 일군의 그룹에 의해 그 명맥을 유지하게 된다. 성에 대한 이들의 자유주의적인 입장은 낙태처벌법 폐지와 피임에 대한 권리의 확산으로, 그리고 1919년 바이마르공화국 헌법 109조 1항에서 적시한 여성참정권의 인정으로 그 결실을 보게 된다. 빌헬름 시대에 등장하기 시작하는 신여성에 대한 야유 섞인 표현인 팜므 파탈은 특히 여성에 대한 비하와 멸시, 그리고 살인으로 점철되었던 미국의 1930년대에 상응하는 독일의 바이마르공화국과 히틀러의 제3제국(1933~1945) 시절에 그 절정을 맞이하였다. 특별히 세기말의 영국을 강타했던 연쇄살인 사건의 범인으로 추정되어 명명되는 살인자 잭(Jack the Ripper)은 독일의 화가 딕스(Otto Dix, 1891~1969)의 〈발푸르기스의 밤〉(1914), 〈욕정 살해〉연작(1922), 〈외과의의 초상〉(1943), 〈수술〉(1943) 등 몇몇 회화 작품들에서 그 절정의 표현을 누리게 된다.

특별히 〈욕정 살해〉("Lustmord") 연작은 남성 살해 모티프를 통한 서양 문화의 토포스 중의 하나인 여성과 죽음이라는 주제를 다시 한번 확인해 주고 있다. 남성을 거세하는, 특별히 남성의 목을 따고 있는 유디스에 관한 수많은 회화적 재현에서 켈러(Albert von Keller)의 〈사랑〉(1907)에 이르기까지 표현되고 있는 독일의 팜므 파탈에 대한 강력한 응징을 보이고 있는 딕스의 〈욕정 살해〉 연작 중 그 첫 번째인 〈죽음과 소생〉("Tod und Auferstehung")은, 전면에 개 두 마리가 교접하고 있는 장면을 배치하여 누워 있는 여성이 성교 후에 잔인하게 살해된 모습을 그려내고 있다. 파헤쳐

죽음과 소생: 오토 딕스(Otto Dix, 1891~1969), 1922년, 아이보리색 종이에 검은색 드라이포인트

져 있는 내장은 사실상 여성의 성기이며, 프랑스어로는 팜므 파탈로 표기되는 "Lustmörder", 즉 욕정으로 인한 강간 살인자는 말하지 않아도 남성임에 틀림없다. 죽음 이후 어떠한 소생을 작가는 소망하고 있는 것일까?

살인자 잭을 주 모델로 여성의 음부를 기괴할 정도로 투명하게 드러내기를 주저하지 않았던 그로스(George Grosz, 1893~1959)의 〈살인마 요한〉("John, der Frauenmörder" 1918)을 뛰어넘는 화풍의 딕스를 산출했던 세기말의 독일의 문학과 회화는 전반적으로 코코슈카는 예외가 될 수도 있겠지만 오스트리아와 프랑스에서 퇴폐로 낙인찍힌 작품들보다 선정성과 기괴함에서 그 강도를 훨씬 상회하고 있었는데, 이에 대한 이유를 말하기 위해서는 바이마르공화국(1918~1933)과 히틀러의 제3제국(1933~1945) 시대상에 대한 세밀한 분석이 요구되고 있다.[18]

미국의 세기말 문학에 나타난 신여성

미국의 경우도 파탈은 예외적인 현상이 아니었다. 자유로운 성과 파탈에 대한 갑론을박은 1868년 매사추세츠의 의사 놀턴(Charles Knowlton)의 피임에 관한 저작 『철학의 열매』(1832)의 서적상 판매를 금지하는 힉클리 판결(Hickley Decision), 피임과 산아제한운동을 주도한 베잔트(Annie Besant) 여사와 간호원 상거(Margaret Sanger) 등 많은 여권 운동가들에 대한 거듭되는 재판을 요구하였다(Bullough 380-388). 그러나 미국의 여권 운동가들과 도시의 창녀들은 유럽에 비추어 보아 상대적으로 여론의 뭇매를 덜 받았는데, 이에는 세기말 도시화와 산업화를 완성하는 후발 선진국 미국의 풍요로운 현실에 대한 인식에서 우러나온 가당찮은 자각이 파탈 현상에 대해 너그러운 반응을 하였다는 사실과 미국 사회에서는 유럽만큼 세상을 떠들썩하게 했던 파탈들이 존재하지 않았다는 사실 또한 작용한 것 같다. 단순하게 말하자면 파탈의 나라 프랑스와 바이마르의 시대적 불안감이 창녀에 대한 살인으로 표상된 독일과는 달리, 미국의 경우는 그것이 긍정적이던 부정적이던 파탈들을 생산해 내지도 못했던 밋밋한 문명을 산출해 낼 수 있을 뿐이었다.

그러나 현실과는 달리 몇몇 문학작품에서 그 예를 들 수 없을 정도는 아니었다. 제임스(Henry James)의 『보스턴 사람들』(*Bostonians*, 1886)의 남자 주인공 베질(Basil Ransom)이 "여성 자코뱅"(female Jacobin)으로 간주한 여권운동가 올리브(Olive Chancellor)와 그리고 인류 역사상 살인과 살육은 "언제나 더 많은 전쟁과… 피"를 원하는 남성들이 "발명할 수 있었던 가장 화려한"(57) 것이었음을 밝히는 또 다른 여권운동가인 베레나(Verena Tarant) 등에 대한 언급은 여성혐오증의 표현과 그 기치에 있어서 두말할 나위 없는 극점을 달리고 있다. "오, 살인"(5)이라는 페미니즘에 대한 단정이 이를 잘 드러내주고 있다. 여권운동을 살인으로, 여권옹호자를 살인자로 극명하게 표현하는 이 언급은 군더더기를 필요로 하지 않는다.

세기말 미국의 여성운동가들 또한 창녀와의 동일화를 넘어 살인자와 동일시되기도 하였다. 헤밍웨이(Ernest Hemingway)의 『태양은 또 다시 떠오른다』(1926)의 여주인공 브렛 에슐리(Brett Ashley)는 단발머리와 긴 궐련을 입에 문 모습으로 지나치게 희화화되어 화냥년(nymphomaniac)으로 규정된 바 있으니, 그녀는 헤밍웨이가 제시하는 3명의 "암캐들"(bitches), 즉 「킬리만자로의 눈」(*The Snows of Kilimanjaro*, 1936)의 여주인공 헬렌(Helent)과 「프란시스 매코머의 짧고 행복했던 생애」(*The Short Happy Life of Francis Macomber*, 1938)의 마곳(Margaret Macomber)과 더불어 파탈이 죽음만을 방사하는 "암캐"(bitch)로 변한 대표적인 여주인공들 중의 하나이다.

산아제한 운동과 피임기구의 광범위한 보급은 일정 부분 선후를 달리하여 여성의 자유로운 성에 관한 권리의 함양과 여권운동에 기여하였고, 여성들은 이제 공식적으로는 매춘을 공격하는 방향으로 전략을 바꾸게 되었는데, 이는 자유로운 성의 구가와 매춘을 구별하여 자유로운 성을 보장받으며 여성해방운동을 지속해야 하는 여성들의 자각과 필연성에서 기인한다. 여전히 흥미 있는 사실은 그런데 유럽에서 일어난 현상과 유사하게 미국에서도 중산층 계급과 귀족 계급의 남성들을 상대했던 고급 매춘부들보다, 도시의 노동자들과 빈민들을 상대하게 되는 하층 계급의 매춘부들에 대한 비난과 통제가 본격화되기 시작되었다는 점일 것이다. 고급 매춘부들이 팜므 파탈의 칭호를 간혹 부여받은 것에 비해 하급 매춘부들은 그저 창녀일 뿐이었고, 성의 매입자인 남성도 매출자인 여성도 이러한 취급에 대체적으로 불만을 표시하지 않았다. 공격받아야 할 집단이 매춘업에 종사하는 여성들이 아니라 업소를 찾은 남성들이었음에도 불구하고, 수천 년의 가부장적 전통은 재빨리 이를 여성에게 전가하는 행태를 그치지 않았다.

여성이 오히려 성의 매수자일 수도 있다는 기이한 역발상은 그들을 성의 포식자인 바기나 덴타타(vagina dentata)로 취급하여 사회적으로 제거해 나가는 정당성을 만들어나갔다. 가난으로 인하여 몸을 팔아야 했던 『창녀 매기』(*Maggie,* 1893)의 동명의 여주인공에 대해 비교적 동정적이었던 크레인(Stephen Crane)과는 달리, 미국의 자연주의를 대표하는 드라이저(Theodore Dreiser)는 『캐리 누이』(*Sister Carrie,* 1900)에서 자기의 몸을 담보로 스타로 오른 여주인공 캐리(Caroline Meeber)를 비정한 인물로 그려내어, 그녀가 마치 그녀의 성공을 도와준 남주인공 허스트우드(George Hurstwood)의 몰락을 유도한 것처럼 보이게 하고 있다. 독일의 파탈적인 현상이 경제난이 가중되었던 바이마르공화국 시절에 회화 작품들을 통하여 분출되었다면, 미국의 파탈은 경제공황을 목전에 두고 있는 1930년대 시대상을 반영하는 하드보일드 소설과 느와르 필름에서 분출한다. 1930년대 미국의 많은 하드보일드 소설과 1940년대의 느와르 영화(film noir), 예컨대 케인(James Cain)의 『이중 배상』(*Double Indemnity,* 1936)과 이를 저본으로 한 동명의 영화(1944)와 리메이크작 〈보디 히트〉(*Body Heat,* 1981) 등은 팜므 파탈의 미국 문화권으로의 완전한 진입을 예시하고 있다. 1890년대의 미국의 남성들이 창궐하고 있는 '신여성이라는 질병'에 늦게 대처했다면 1930년대 미국의 남성들은 비유적인 의미에서든 실질적인 의미에서든 여성들을 파탈이라는 이름으로 재빠르게 도살하기 시작했다.

이렇듯 파탈에 대한 문학적 재현은 앞서거니 뒷서거니 그 현상에 대한 시대의 임무를 수행하는 한 방편이었다. 팜므 파탈의 기념비적 저작이 되고 있는 영국의 해가드(Henry R. Haggard)의 『그녀』(*She*, 1887)의 여주인공 아예샤(Ayesha)에 대한 공포심과 창궐하는 아프리카의 어두운 힘들이 소설 속의 "강인한 여행자들"(doughty travellers)인 남성들에 의해 정복되고 있다는 점은 새삼스럽게 주목을 요하지도 않는다. 플로베르의 『보바리 부인』(1856)은 신여성이라는 관념이 없었던 시절을 살아야만 했고 끝내는 자살해야만 했던 여성의 초상화일 뿐이었다. 빅토리아 시대 영국에서 남성 가명을 써 작품 활동을 해야 했던 엘리엇(George Eliot)의 『홍수 난 물방앗간』(*Mill on the Floss*, 1860)의 여주인공뿐만 아니라 미국의 쇼팽(Kate Chopin)의 『이브가 눈뜰 때』(*Awakening*, 1899)의 여주인공도 예외는 아니었다. 이러한 경향은 20세기에도 줄잡아 약간만 예를 들어 보아도 콘래드(Joseph Conrad)의 『암흑의 속』(*Heart of Darkness*, 1899)을 이어 헤밍웨이의 『태양은 또다시 떠오른다』(*The Sun Also Rises*, 1926)와 포크너의 『성단』(*Sanctuary*, 1931)을 위시한 미국의 대부분의 문학에서도 면면히 이어지고 있으며, 비교적 최근에 이르러서는 메일러(Norman Mailer)와 딕키(James Dickey)의 남성 문학으로 이어지고 있다. 필자는 영국과 프랑스의 파탈 현상에 대한 부분적인 분석을 행하였지만, 영국의 연쇄살인마 잭에 대한 분석과 프랑스의 창녀 현상에 대한 심층적 연구와 더불어, 바이마르공화국과 히틀러의 제3제국, 구소련의 스탈린 치하 시대, 그리고 미국의 1930년대에 대한 시대적 분석과 여성 혐오로 인한 각 나라의 연쇄살인에 대한 연구는 향후 다른 연구자의 분석을 기다린다.

4

팜므 파탈의 어원학적 복원과 그의 귀환

오펜하이머(Max Oppenheimer)의 〈살로메〉("Salomé" 1912) 또한 필자가 이 책의 서문에서 인용하고 있는 쿠빈의 작품만큼, 우리의 논의가 진행하고 있는 죽음에 이르게 하는 또는 죽음 자체라는 여성, 즉 팜므 파탈이라는 주제를 잘 형상화하고 있는 작품은 드물다. 비어즐리(Aubrey Beardsley)가 해석한 와일드(Oscar Wilde)의 살로메와 그 강렬한 시각 효과에 있어서 쌍벽을 이루고 있다고 해도 과언이 아닌 이 작품은, 팜므 파탈이라는 말 그 자체가 무색하지 않게 남성 성기의 상징(phallic symbol)이 되는 세례요한의 머리를 그녀의 성기로 감싸고 있는 살로메가 등장하고 있어 시각적으로 충격을 주고 있다.

그러나 여성성과 죽음의 동일성이라는 주제로도 해석이 가능한 오펜하이머의 이 작품에서 남성의 잘려버린 머리, 즉 성기는 너무 모멸감과 고통에 휩싸여 있어 팜므 파탈에게서 느꼈던 성적인 매력을 느끼기는 불가능해 보이는 것 같으며, 착시 현상인지 모르지만 여인의 아름다운 얼굴은 해골의 모습을 띠고 있기도 하다. 와일드와 비어즐리의 살로메와는 달리 오펜하이머의 살로메는 성적인 매력을 느낄 정도로 고혹적으로 그려지고 있지 않고 세례 요한 또한 어떠한 성적인 반응을 보이고 있지 않다. 그럼에도 불구하고 오펜하이머의 살로메는 남성이 여성을 차지하기 위해서는 목숨을 걸어야 한다는 평범한 주제를 강력하게 말하고 있다. 깨어지고 부서지고 그림에도 잘 나타나 있듯이 가시밭길을 걸으며 파멸 당할지라도 획득해야 하는 것이 여성들이고 남성들이 종극에 도달해야 하는 곳이 여성이고 몇몇 경우에 있어서는 도착적일지는 몰라도 생명 창출의 기관인 여성의 성기이고 보면, 죽음을 무릅쓰는 사랑, 목숨을 걸기 때문에 위대한 사랑이라는 진부한 주제는 여전히 유효하다.

살로메: 막스 오펜하이머(Max Oppenheimer, 1885~1954), 1912년, 일본 종이에 드라이포인트

그러하기 때문에 남성들이 죽음과 사랑이 함께 엮어진 팜므 파탈에 왜 열광하는가를 물으면, 우리는 남성들이 여성들에게 열광할 수밖에 없는 생체적 운명을 띠고 태어난 연유라고 말할 수밖에 없다. 두려워하면서도 유혹당하고 싶은 "원하며 원망하는" 이 상반된 양가감정의 근원을 추적하다 보면 우리는 남성이 여성에게 투사한 이중적이고 모호한, 그리고 경우에 따라서는 위선적인 관념을 어렵지 않게 만나게 된다. 살로메와 룰루에 대한 남성들의 투사는 한두 가지 예에 불과하다. 여성들의 아름다움과 사악함은 그들에 대한 남성들의 매혹과 두려움의 외화된 표현에 지나지 않았다는 사실을 지적하는 것은 이제 구태의연하게 되었지만, 살로메를 시효가 만료된 인물이라고 제외하여도 남성들의 투사된 이미지인 팜므 파탈을 19세기 베데킨트의 룰루는 뛰어넘고 있으니, 이는 룰루라는 여성이 팜므 파탈이라는 도식적인 작위, 또는 소위 말하는 '사회문화적 구성물'에 잘 맞추어지지 않는 독특한 인물이기 때문이다.

세기말 남성들의 위선과 폭력에 맞서는 신여성으로서, 그리고 소아성애와 근친상간으로 얼룩진 남성들을 살해하는 해방자 룰루(Lulu)의 충격과 영향은 심대하였다. 이는 그녀가 도시화, 산업화, 그리고 비인간화가 어느 정도 이루어지는 세기말의 징후를 드러내는 적합한 인물로 창녀와 살인녀의 역할을 동시에 하고 있음에도 불구하고, 우리가 초두에서 언급했던 델릴라의 뇌쇄적인 아름다움과 신화적인 아우라를 넘어서 연쇄살인마로 표상되는 남성의 속박을 벗어나기를 시도하는 여성해방 전사의 역할을 그녀가 수행하고 있기 때문일 것이다.

남성은 남성이기만 하면 되었지만 여성은 팜므 파탈과 팜므 프라질(femme fragile, 연약한 여성), 그리고 팜므 비탈(femme vitale)로 구별되어지면서도, 종국에는 팜므 파탈이 되어서도 오롯이 그것만이 되어서도 안 되어서 남성의 정의(定議)와 규정을 여전히 기다려야 하는 여성으로 존재해 왔다. 이는 서양 문화가 그 젠더 이데올로기로 여성을 성녀와 창녀로 구분하여, 성녀를 오로지 성모마리아 한 분으로만 내세우고 어머니가 아닌 대부분의 여성을 창녀를 포함하는 여러 가지 이름으로 호명하는 습속과 다름이 없었다. "튼튼한 모성"으로 무장한 성과 젠더에 관한 나치 이데올로기는 이를 증명하고도 남음이 있다. 여성은 그들에 대한 수많은 수식어를 평생 지니고 다닐 운명이었고 파탈은 그 중의 하나에 불과하였다. 관능적인 팜므 파탈은 여성을 타자화하고 지배하기 위하여 꼭 필요한 관념이었고, 그 경멸적 표현의 귀결인 창녀가 죽여도 좋을 대상으로 전락하였다는 사실은 '살인마 잭'(Jack the Ripper)으로 표출되어 자행된 여성에 대한 수많은 엽기적인 살해가 증명하고 있다. 여성은 성과 진리를 향유하는 집단이 되어서는 안 되었는데, 이는 여성이 성 또는 진리를 표상할 때라도 그들의 역할이 성적으로 남성에게 제공되고 진리를 표상하는 여성들이 남성에게 정복당하는 입장을 취할 때만 기성 사회에서 용인되었기 때문이다.

팜므 파탈은 폭력과 전쟁을 만나면 여성깡패라든가 '여성저격수'(rifle woman), 또는 '여성전사'(woman warrior)라는 이름으로 탈바꿈되는데, 이들이 맞아야만 하는 운명은 팜므 파탈의 그것과 다르지 않다. 애시 당초 여성의 역할에는 깡패나 갱단, 그리고 전사나 군인 등이 할당되지는 않았는데, 그러한 연유는 이들이 종국에는 그녀들보다 더 우월한 동일한 역할의 남성들에 의해 길들여지고 보호받아야 하는 인물들로 그려지거나 제거되어야 할 인물들로 비추어져 역사의 무대에서 사라져갔기 때문이었다. 메데아(Medea)나 클뤼타임네스트라(Clytaimnestra), 안티고네(Antigone) 등에 대한 축출 과정과 중세의 마녀사냥을 거쳐 잔 다르크의 음부를 노출한 화형에 이르기까지, 그리고 오늘날 한국에서도 일어나고 있는 노래방 도우미를 포함하는 여성에 대한 강간과 살해는 일정 부분 이러한 '여성 죽이기'의 전통이 여전히 이어지고 있다는 사실을 확인해 주고 있다.

시대는 세기말을 지나 21세기가 되어 세기말 여성들의 해방의 전략으로 실행되었던 프리섹스가 더 이상 유효하지 않은 시대로 들어섰지만, 여전히 우리는 팜므 파탈이라는 매력과 마력에서 벗어나고 있지 못하고 있는 것 같다. 인터넷과 광고에서, 방송과 영화에서 팜므 파탈은 여전히 뭇 남성들을 매료하고 있으니, 유혹이 사라진 시대에 그나마 파탈들이 남아 있다는 환상을 지닌다는 사실을 위안이라고 치부할 수 있을까? 세기말 인구에 회자되었던 성에 관한 강박관념들은 이제 더 이상 시대를 설명할 수 있는 메타 개념어의 역할을 하지 못하고 있다. 성이 중요하지 않다는 말은 당연 아니다. 21세기는 비단 성뿐만 아니라 순수 연애와 사랑에 관한 새로운 관념을 요구하고 있다. 그러하기에 21세기의 대세는 에로가 아니라 연애이다. 데리다의 말처럼 "섹스는 사랑을 가능케 하는 조건인 동시에 불가능하게 하는 조건이다"(Zizek 69 재인용)는 말을 곱씹어볼 만하다.

사랑을 섹스로 환원한 것은 세기말의 이론가들이 아니었던가? 우리 시대는 더 이상 욕망의 대상도 존재하지 않아 '리얼 돌'(real doll)로 운위되는 불특정 다수에 대한 우발적 섹스가 창궐하는 세대로의 전락을 목도하고 있는 세대이다. 사랑이 없기에 이별도 없고 복수도 없고 죽음도 없는 밋밋한 세대가 바로 우리의 세대이지만 보르헤르트(Wolfgang Borchert)는 그것을 "이별 없는 세대"(Generation ohne Abschied)라 칭한 바 있다. 그러나 21세기는 프로이트의 몸에 관한 담론과 성 결정론이라는 19세기 말의 산물을 넘어 다시 연애와 영혼의 귀환으로 점쳐지는 세대를 기다리고 있기도 하다. 세기말은 다음 세대를 당연히 예고하고 있다.

5

팜므 파탈의 양가성과 탁선무녀

팜므 파탈과 여성 전사에 관한 이 책 시리즈의 마지막 편인 3권에서 그 구체적 분석이 일정 부분 이루어지겠지만, 남성들의 영역을 침범하는 파탈들의 후예라 할 수 있는 여성 전사에 대한 남성들의 시선은 시초부터 그들의 파멸과 파국을 기대하는 불온한 것이었다. 20세기 말 특별히 할리우드 영화에서 창궐했던 기현상 중의 하나로 자리매김될 수 있는 여성 전사들의 맹활약은 세기말의 팜므 파탈의 변형이며 기형일 뿐이었는데, 파탈이 원래의 의미인 하늘(天)의 '명'(命, fate)을 되찾아 파탈이 하늘의 명을 전하는 성(聖)스러운 "예언적 여성", 또는 신의 신탁을 받는 탁선여사제(託宣女司祭; sibyl) 또는 탁선무녀(託宣巫女)라는 의미로 복원될 수는 없을까?

'성'(聖)스러운 "운명의 여인" 또는 "생명의 여인"은 세기말 특별히 프랑스에서는 팜므 파탈, 즉 "치명적 여인"으로 주로 사용되어 왔던 것 같다. 한자의 명(命)은 『설문해자』를 참고하면 "말하다", 또는 "명령하다"로 풀이될 수 있는데, 이에 대한 갑골문의 모양을 그대로 따라가자면 이는 관청 같은 집의 전각 아래에서 신분이 높은 왕과 같은 사람이 엎드려 있는 사람에게 명령하는 형상이다.[19] 이와 유사하게 라틴어 명사 "fātum"은 "말하다"라는 동사 "fāri"에서 연유하고 있는데, 이의 과거분사형에 해당하는 영어의 "fate"는 "예언적으로 말해지고 정해진 것"으로 그 뜻을 지닌다고 말할 수 있다. 정령, 또는 요정을 뜻하는 영어의 "fairy"와 프랑스어의 요정 "fée"도 "fatum"의 복수형인 "fata"에서 나왔다.

언뜻 생각해 보아도 왕(말)→신(빛), 전각→하늘, 말→빛 등이 연상되는데, 융은 말(혀)과 불의 관계에 대해 귀중한 통찰을 제공해 주고 있다. 말, 즉 로고스는 불의 혀 또는 성령의 불로 표현된 바 있는데, 인도게르만어에서 빛을 뜻하는 어근 "bhā*"는 "말하다"는 뜻을 지니며, 그의 설명을 참고해 보면 이는 라틴어 어근 "fā*"로 변하였다(Jung 『상징과 리비도』, 241). 보다 면밀한 성찰을 위해 융이 언급하고 있는 빛과 관련된 어근에 관한 설명을 보자.

> "bhā"는 "그리스어 φάω, φαινω, φάος [출현하다erscheinen, 밝히다aus Licht bringen, 빛Licht]에서 고대 아일랜드어 bán=안다weiß, 북부고지독일어 bohnen=빛나게하다glänzend machen에서 찾아볼 수 있다. 같은 소리의 어근인 "bhā"는 또한 '말하다'의 뜻이기도 하다. 그것은 산스크리트어의 bhan=말하다, 아르메니아어 ban=말, 북부 고지 독일어 마력Bann, 마력으로 쫓아내다bannen, 그리스어 φά-μί, 에판, 파티스, 라틴어 fā-ri, fātum에서도 찾아볼 수 있다." (Jung 『상징과 리비도』, 241; 그리스어를 포함한 외국어 표기, 특히 모음의 장단과 고저는 한글판이 아니라 영어판을 따름)

"빛이신 신"이라는 동어반복 표현을 고려하여 신의 속성인 빛과 불, 그리고 말과의 상관관계를 추론해 본다면, 팜므 파탈은 "불같은 여자" 또는 "성령의 불을 전하는 신녀(神女)" 등으로 해석이 가능하게 된다. 빛과 언어의 상관관계는 덤으로 밝히고 넘어가자.

어원학 사전들에 기대고 있는 카시러(Ernst Cassirer)의 논의에서 또한 잘 드러나듯이, 그리스어에서 "말하다"는 동사 "φημί" 또는 "φασκω"가 원래는 "비추다"와 "빛나다", 그리고 "나타나게 하다" 등을 가리키는 산스크리트 어근 "bhâ"[sic](→φα)에서 도출되었음이 분명하다(Cassirer 250). 헤라클레이토스의 단편 92, 즉 "무녀는 광기 어린 입으로 음울하고 꾸미지 않은 거친 말들을 말하면서도 신 덕분에 그 목소리로 천 년 동안이나 전해온다"는 말을 인용하면서 무녀 시빌을 언어의 속성이자 한계인 "드러냄과 숨김"을 행하고 있는 에이전트로 파악하고 있는 카시러에게 있어서 "언어란 무녀와 같다"(123).

시빌은 혹자의 의견에 의하면 아담의 6대손인 에녹의 누이로도 알려져 있는데, 그녀가 지혜의 후견인으로서 노아(Noah)의 부인인 노리아(Νωρία) 또는 바르테노스(βαρθενώς)이기도 하다는 주장은 향후 면밀한 고증을 받을 필요가 있다. 이러한 주장과 더불어 아람어로 "신의 딸"을 의미하는 "Barthenos"(βαρθενώς)가 처녀로 통상 번역되는 그리스어 "παρθένος"의 변형된 형태임을 설파하는 올브라이트(W. Albright)의 의견(288-289)은 참고할 만하다.[20] 노리아(Νωρία)는 그에 의하면 시리아어 "νουρα"에서 파생하였는데 그 뜻이 아람어로 "nehŏră"와 더불어 "불"을 뜻한다는 그의 의견에 동조한다면, 시빌을 천상의 불의 말을 전하는 무녀로 보아도 무리는 없게 된다.

"神"은 갑골문을 따르자면 제단을 형상한 "示"와 음을 나타내는 "申"의 합성어로 보는 것이 정설이긴 하나, 학자에 따라서는 이를 "보일" "示"와 "펴다", "말하다", "알리다", "진술하다"의 뜻이 담긴 "申"과의 합성어 혹은 초원지대의 하늘에서 내려오는 번갯불의 형상이 보이는 것으로 설명한다. 이렇게 본다면 "神"은 인간에게 보여주는 "신의 말씀"이다. 필자가 팜므 파탈의 원형으로 보는 탁선여사제(託宣女司祭), 또는 탁선무녀(託宣巫女)에서 사용되는 '선'(宣)의 뜻 또한 "베풀다, 공표하다, 임금이 말하다" 등의 뜻을 갖고 있다. '성'(聖)은 문자 그대로 듣고(耳) 말하는(口) 임무를 맡은(壬) 자, 즉 하늘의 예언자이다. 따라서 팜므 파탈을 탁선여사제로 해석할 때는 그리스어 "Σίβυλλα", 혹은 영어의 "sibyl"이나 "soothsayer" 그리고 독일어의 "Sibylle" 등이 팜므 파탈보다는 더 잘 어울리는 것 같다.

특별히 델피의 시빌은 여사제일 수밖에 없는데 이는 지명 델피가 아폴로가 타고 왔던 또는 아폴로가 변신한 돌고래를 뜻하는 라틴어 "delphínus" 말고도, 대지의 여신 가이아(Gaia)의 "델푸스"(δελφύς), 즉 "여성의 자궁"에서 연원한다고 억지스럽게도 설명되는 것에서도 기인한다. 아마 대지의 중심인 옴팔로스(omphalos)를 염두에 둔 해석인 것 같은데, 후대의 해석이 단어의 어원을 새롭게 해석한 예로 추정된다. 아폴론 신전의 여사제 피티아(Pythia) 또한 시빌과 같은 무리인데 피티아는 델피이의 옛 이름이거나 아폴로가 자웅을 겨루는 가이아를 수호하는 뱀인 퓌톤(Python)에서 유래한다고도 한다. 물론 남자 사제가 없는 것은 아니었으나 이들의 역할은 대개 "신전 밖 의식 관리와 신전 안의 피티아의 신탁발언 시에 배석하여 그 내용을 전해주는 신탁 해석자"(문혜경 95-96)의 역할을 한 것으로 추정된다.

구약학의 권위자 중의 하나인 올브라이트의 논의(289-290)를 계속 따르자면 신지학에서 에녹의 누이로도 등장하는 시빌은 "시두리" 또는 "사비투"로도 알려진 처녀로서, 간혹 빛을 뜻하는 "노리아"(Νωρία) 또는 "바르테노스"(βαρθενώς)로 불리어지기도 하였다. 우리가 통상 처녀로 알고 있는 빛이라는 뜻의 히브리어의 "나아라"(naarā)와 아람어의 "네호라"(nehôrâ), 그리고 불을 뜻하는 시리아어의 "누라"(νουρά) 또한 이와 다르지 않은데, 이렇게 본다면 빛과 지혜의 후견인인 시빌이 우리가 논하고 있는 생명과 지혜의 전달자인 파탈의 원형적 의미를 지니고 있다고 말할 수 있게 된다. 현대 독일어의 "운명적 여성"을 뜻하는 "die verhängnisvolle Frau"에서 사용된 "verhängen"의 뜻 또한 한자 '宣'과 유사하게 "덮어서 감추다", "포고하다" 정도의 중립적인 뜻을 지니고 있으나, 명사형 "Verhängnis"와 이에서 파생한 형용사 "verhängnisvoll"은 '비운'이나 '불운' 등의 의미로 주로 사용된다. 동서양을 통해 신, 천자 또는 황제가 우리에게 말하는 것이 '명'으로 굳어진 것 같은데, 이때 '명'은 삶과 죽음 또는 생명이나 운명이라는 의미에서 치명(致命)이나 비운 등의 의미로 확산된다.

팜므 파탈의 원래적 의미는 그렇다면 삶과 죽음의 우주적 도리를 공히 전달하는 예언적 여성이라고 보아도 무방한데, 그렇다면 신이 우리에게 궁극적으로 말하고 명령하고자 하는 것은 무엇일까? 삶이고 궁극적으로는 죽음에 관한 말이 아닐까? "여성 [그저] 삶"(vita femina)이라고 말했던 결과적으로는 여성 혐오의 빌미가 된 니체의 상투어는 여성을 죽음으로 보는 역설적인 논리를 그대로 함축하고 있었다. 그러나 파탈들의 후예인 요정들이 생명의 신이지 죽음의 신이 아니라는 브로스(Jacques Brosse)의 주장은 또 다른 주목을 요구하고 있다. 요정은 분명히 우리가 논의하고 있는 파탈과 어원학적으로 연결되고 있는 것이 분명하다. 요정(fatum)은 프로방스어로는 '파다fada', 가스코뉴어로는 '파드fade' 등 각국의 언어로 표현되었는데(Brosse 276), 로마시대의 유명한 세 요정들(tria fata), 즉 출생과 결혼과 죽음의 '파타이'(Fatae) 또는 '파르카이'(Parcae)는 그리스의 운명의 여신들 즉 '모이라이'(Moirai)의 물레에서 생명의 실을 자아내는 클로토(Clotho)와 마법의 반지를 소유하면서 실을 잣는 라케시스(Lachesis), 그리고 가위로 생명의 실을 끊는 아트로포스(Atropos)의 변형임이 분명하다.

후대로 갈수록 아트로포스가 등장하지 않는다는 사실에 의거 브로스는 삶과 죽음을 담당했던 요정들이 삶을 담당하는 요정으로 변화되고 있다고 주장하는데 아쉽게도 그는 충분한 전거를 제시하고 있지는 않다(276-77). 요정은 후대에 요정과 마녀로 세분화되어 가고 있었지만, 요정들의 역할은 삶의 영역에만 국한되고 있지는 않는 것 같다. 장난꾸러기, 말썽장이, 실수투성이 요정들은 분명히 아트로포스의 후예들이며 셰익스피어의 극에서처럼 '세 명의 마녀들'(three witches)로 탈바꿈하여 문학에 등장한다. 특별히 셰익스피어의 마녀들이 전하는 신탁은 주지하듯이 "아름다운 것이 더러운 것이고, 더러운 것이 아름답다"(*Macbeth* I.i)이었다. 요정과 마녀들은 선악의 피안에 있었으나, 삶과 죽음을 동시에 표상하기를 그치지 않았다.

6

세기말의 이중성과 조선의 팜므 파탈

거듭되는 말이지만 팜므 파탈이 부정적인 의미에 있어서 "남성의 목숨을 앗아가는" 치명적인 여성으로 규정되었던 것은 19세기 말이었을 뿐이다. '命'은 그 어원에 대한 논의에서 필자가 밝혔듯이 '목숨'이라는 의미를 원래부터 지니고 있었던 것이 아니라 하늘의 '命'(令)이었을 뿐이었다. 이렇게 본다면 파탈의 원조인 이브는 삶과 죽음이라는 하늘의 명을 전하는 역할을 한 서양의 최초의 여성이라는 주장이 가능한데, 그녀를 통하여 하늘은 죽음을 인간세계에 선물로 전해준 것이 아닐까? 그들이 전하는 소박하지만 벅찬 하늘의 명은 그러하기에 우리가 삶뿐만 아니라 죽음 또한 받아들여야 한다는 것이 아니었을까? 이브의 원래 의미가 어원인 하와에서도 잘 드러나듯이 생명이라면 그러한 생명을 지구상에 존속시키는 우로보로스적 전제 조건이 또한 죽음이 된다는 사실의 깨달음을 팜므 파탈이라는 말은 증거하고 있다.

칸트의 '숭고'의 개념을 빌어 말할 수 있다면 파탈의 미는 오성적 범주에 머물고 있는 치명적인 아름다움이 아니라 미추를 넘어서는 고양된 아름다움, 또는 압도적인 아름다움이 아닐까? 삶과 죽음이 오성의 범주를 넘어선, 칸트적 의미에 있어서는 "이성적"이지만 실제적으로는 '초'이성적 범주로서 숭엄함에 버금간다는 사실은 그러나 잘 이해되고 있지 않는 것 같다. 죽음이 그 심원한 의미를 잃어버려 피상적인 의미로 변질되자 죽음이 담보하는 삶 또한 비루해지기 시작했다.

이러한 변화 속에서 여성들은 그들의 고유한 삶과 죽음을 동시에 말하는 기능을 박탈당한 채 타락한 죽음과 동일시되기만 시작했고 생명을 의미하는 '하와' 또한 팜므 파탈의 원조로서 죽음의 전달자로 기독교적 상상력에서 취급받곤 했지만, 오히려 하와가 서양 세계에 전하는 하늘의 말이 "삶과 죽음의 등가성"(équivalence de la vie et la mort Bachelard 『대지, 휴식의 몽상』, 199)을 체현하였던 여성들의 생명의 소리였다는 사실은, 선악과의 증득이 인류의 번성을 약속했다는 역설적인 사실 하나만을 미루어 봐도 충분하다. 일원론적 관점에서 본다면, 뱀으로 하여금 하와를 부추기도록 허락한 분은 '전지전능한' 하느님 자신이었다.

세기말이 온갖 부정적인 것의 총화로 해석되어 왔지만, 그러나 이 시기만큼 역동적인 문명을 창출해 낸 시기가 또 있을까? 세기말이 곧장 "아름다운 세대"라는 뜻의 '벨 에포크'로 이어졌다는 사실은 이를 말하고도 남음이 있다. 시대는 식민과 제국의 포화로 물들어 있어 마치 춘추전국시대의 백가쟁명을 소환하기라도 하듯 각종 주의 주장들과 "이름"(ism)들로 혼잡했다. 이러한 시대상을 반영하면서도 이것에 대항하는 문화적 양식들 중의 하나인 팜므 파탈은 그 화려함과 다양함, 그리고 생동감과 활기에서 타의 추종을 불허할 정도였다. 파탈의 세기말은 대개 부정적인 의미로만 파악되어 왔지만, 베를린과 뮌헨, 비엔나와 파리, 런던과 뉴욕의 도시 문화가 꽃피었고 바그너와 니체, 그리고 프로이트와 융이 활약하던 시절이 바로 이 시대이기도 하였다.

넓은 차원에 있어서 벨 에포크를 포함하기도 하는 세기말은 우리가 지금 알고 있는 것처럼 음울하고 절망적인 시대만은 아니었는데, 퇴폐는 화려함의 또 다른 이름이기도 하였다. 전기가 보급되고 자동차와 항공기가 출현한 시대, 그리고 양자역학과 상대성원리의 맹아를 보았던 시대를 꼭 부정적으로만 해석할 필요가 있을까? 세기말은 발전과 진보를 동시에 함축하고 있었지만 20세기는 세기말의 양면성을 잇지 못하고 1, 2차세계대전으로 퇴화하여 새로운 시대를 여는 전환기의 소명을 유실하였다.

세기말과 유사하게, 파탈이 꼭 부정적인 뉘앙스를 풍기는 치명적인 여성으로만 파악될 이유와 필요가 있을까? 여성들은 남성들이 부정적으로 평가하는 습속에 걸린 스핑크스와 릴리스와 살로메 그리고 메데아와 클뤼타임네스트라뿐만이 아니고, 수많은 시인과 화가, 그리고 음악가 등 많은 사람들에게 시적 영감과 정치적 통찰을 선사하기도 했던 조르주 상드(Lucile-Aurore Dupin, 1804-1876)이고, 알마 쉰들러(1879~1964)이고[21] 이사도라 던컨(1878~1927)이고 루 살로메이고 영국의 팽크허스트(Pankhurst) 가문의 세 모녀 에멀린(Emmeline), 크리스타벨(Christabel), 실비아(Sylvia)와 미국의 여권 운동의 기수 베잔트(Annie Besant) 여사나 간호원 상거(Margaret Sanger) 등의 다양한 여성들이었다.

파탈들은 세간에 알려진 것과는 달리 실제로는 남성들보다 더 치명적이지도 무자비하지도 않았다. 이런 의미에서 팜므 파탈을 치명적 여인이 아니라 "운명의 여인"이라 칭하는 이부영의 번역(104, 198)은 적절할 수 있다. 파탈들은 이부영도 십분 밝히고 있듯이 남성들의 상상력이 창조해 낸 그들의 아니마였고 위험하고 파괴적인 면이 강조되는 경향이 강한 상상적 관념이었을 뿐 실제의 여성과는 여전히 괴리가 있는 개념이었으며, 이러한 의미에서 21세기는 아니마와 아니무스를 넘어서 여성들이 보는 여성, 그리고 남성들이 보는 남성에 대한 사유를 요구하고 있다.

여성성이 여성의 본질적(essential) 특성이 아니라 남성적으로 투사되어 사회문화적으로 구성된 아니마라고 한다면, 영원히 여성적인 것도 우리를 이끌어주는 삶으로서의 여성도 오직 환상 속에서만 존재할 뿐, 그 환상이 실재라고 간주되지 않는 한, 실제로는 존재하지 않는다. 여성은 죽음으로 동일시되었지만 구태여 말한다 해도 생명 쪽에 가까운 여성일 뿐, 그 이상도 이하도 아니다. 여성은 여성일 뿐이며, 우리 주위에는 수많은 여성들이 있을 뿐이다. 여성을 삶이라고 쉽게 말할 수 없는 이유가 여기에 있는데, 이는 삶이 곧바로 죽음으로 치환되기 때문이다.[22]

구체적으로 다만 다시 말할 수 있다면 오히려 세기말의 파탈들은 시대가 변화함에 따라 남성과 동등한 사람으로서 자존감과 자유를 찾으려 했었지만, 아직은 시대를 앞섰다는 이유 하나로 파국으로 삶을 마감해야 했던 시대의 희생자들이 아니었을까? 오히려 그들이야말로 새로운 시대의 도래를 예언하고 구가한 탁선사제들이고 시대를 위로하고 치료하려 했던 무녀들이 아니었을까? 새로운 여성, 자유로운 여성, 그리고 지적인 여성들은 때로는 마녀와 악녀, 요녀와 요부, 색정광녀(nymphomaiac)와 창녀로 취급받기 다반사였고 바로 이러한 이유 때문에 21세기 개화된 시절에서도 이브는 말할 것도 없지만 메데아와 카산드라(Cassandra)를 위시한 수많은 서양의 무녀들과 살로메와 룰루를 위시한 파탈들, 그리고 트로이의 헬렌 등은 아직도 그 부정적 함의에서 자유롭지 못하고 여전히 질타받는 운명에 처해 있다.

한국의 파탈들도 예외는 아니다. 굳이 황진이(1506~1520?)와 이매창(1573~1611?)을 언급하지 않아도, 세기말 가부장제가 여전히 극심했던 20세기 초 시대를 앞질러 조선에서 태어나 자살과 강요된 죽음으로 그들의 자유로운 사상과 예술을 마감해야 했던 한국의 비장한 퇴폐의 가인(歌人) 윤심덕(1897~1926)과 수원이 낳은 천재적 화가 나혜석(1896~1948), 그리고 시인이자 끼 많은 소설가 김명순(1896~?)과 도쿄에서 비참한 삶을 마친 영화배우이자 가인(佳人)인 이월화(1903?~1933)는 어디에서 그 말년의 비참함을 보상받을 수 있을까. 팜므 파탈에서 전락하여 창녀 취급을 당하였지만 다시 신여성으로 방향이 수정되어 여성에 대한 권리를 인정받기 시작했던 서양의 여성들과는 달리, 조선의 신여성과 가인들은 주로 패륜녀 또는 갈보로 그리고 기껏해야 기생 또는 예기(藝妓)로 취급받아 왔으니, 이는 조선의 파탈을 그나마 편파적으로 희미하게나마 긍정적으로 다루었던 문학작품이 1920년대 임월화의 「악마의 사랑」 등과 같은 몇몇 단편들과, 1947년 방인근의 『마도의 향불』을 거쳐 정비석의 『자유부인』이 1954년에 출판되었다는 사실을 보면 미루어 짐작할 수 있게 된다.

개인과 시대의 아픔을 후대의 평가를 포함한 학문적인 담론이 치유할 수는 없겠지만, 개화기의 소위 '신여성'이 지금에 이르러 어떠한 의미를 새롭게 띠고 있을 수 있는지는 마땅히 궁구되어야 한다. 앞서 언급한 알마 쉰들러를 지적이고 매력적인 여성으로 또 여성해방을 주창했던 파탈로 볼 수 있다면, 1914년 조선의 현모양처론을 비판한 「이상적 부인」과 여성해방을 주장한 소설 『경희』(1918)를 필두로 「이혼고백서」(1934)에 이르기까지 가부장적 남성 사회를 비판한 한국의 선각자 나혜석 또한 보다 더 적극적으로 그렇게 평가받아야 마땅하다. 이광수와 염문이 있었다고 추정되는 일엽스님이 거주하던 정혜사를 방문했던 나혜석은 만공의 반대가 있었기도 했지만, 불가에 귀의하여 마음의 안식을 얻지 못하고 수덕여관에서 1934~1943년까지 머물다가 반신불수와 정신이상 증상으로 전전 1948년 서울의 자혜병원에서 행려병자로 그 수려했던 삶을 마감한다. 일엽과는 달리 나혜석에게는 4명의 자식들이 있어서였을까?

일엽 스님은 필자가 이미 1권 3장의 제사(題詞)에서 인용한 바 있지만 다음과 같은 말로 그녀의 신여성관과 처녀의 개념을 표출하였고, 이는 어쩌면 나혜석에게 일엽이 주는 위로의 말이었는지도 모른다.

> 정조는… 말한 바와 같이 어디까지든지 사랑과 합치되는 동시에 인간의 정열이 무한하다 할진대 정조 관념도 무한히 새로울 것입니다. (…) 우리는 정조에 대한 무한한 자존심을 가지고 언제든지 처녀의 기질을 잃지 않아야

하겠습니다. 처녀의 기질이라면 남자를 대하면 낯을 숙이고 말 한 마디 못하는 어리석은 태도가 아니고 정조 관념에 무한 권위, 다시 말하면 자기는 언제든지 새로운 영과 육을 사진 깨끗한 사람이라고 자처하는 감정입니다. (…) 사랑이 있는 동안에만 정조가 있습니다. 만일 애인에게 대한 사랑이 소멸된다고 가정하면 정조에 대한 의무도 소멸될 것입니다. 따라서 정조라는 것도 연애 감정과 만찬가지로[원문 그대로임] 유동하는 것이라 볼 수 있는 동시에 항상 새로울 것입니다. (…) 그러므로 과거에 몇 사람의 이성과 연애의 관계가 있었다 하더라도 새 생활을 창조할 만한 건전한 정신을 가진 남녀로서 과거를 일체 자기 기억에서 씻어 버리고 단순하고 깨끗한 새 사람을 새 상대자에게 바칠 수가 있다면 그 남녀야말로 이지러지지 않은 정조를 가진 남녀라 할 수 있습니다.

(일엽 「우리의 이상」 82-83; 「나의 정조관」 117)[23]

1990년대에 이르러 조선 말의 여성들이 '신여성'으로 학문적으로 새롭게 평가받기 시작한 사실을 모르는 것은 아니나, 대중적인 상상력 속에 그들은 여전히 센세이션을 일으켰던 부정적인 여성의 이미지로 남아 있다. 파탈이 매력적인 문화 아이콘으로 부상하는 현상을 우리는 지금 TV 광고와 연속극에서, 영화에서, 그리고 S라인이 숭배되는 도처에서 목도하고 있으나, 파탈의 주인공들은 여전히 그 부정적 함의로 인하여 쉽게 인기를 잃어버리고 파멸당하기도 한다. 여성의 이상화와 동시에 진행되었던 멸시 과정, 그리고 이를 이은 '파탈의 상품화'가 적절한 용어인지는 모르겠으나 한국의 경우는 그러한 정도가 19세기 말과 20세기 초를 훌쩍 지난 21세기에도 여전히 자주 목도된다. 파탈은 처녀에 관한 우리의 관념, 즉 생물학적 개념에서의 처녀에 관한 사유를 바꾸고 처녀라는 용어를 아예 폐기할 때 더러움과 죽음의 여성에서 탈피하게 될는지도 모른다.

팜므 파탈에 관한 필자의 글은 비단 삶과 진리(=비진리)로서의 여성이라는 니체의 사유뿐만 아니라, 아름다움과 추악함, 선함과 사악함, 자비로움과 잔인함, 파괴와 창조, 그리고 삶과 죽음을 총괄하는 우로보로스 대모신(Great Mother)의 개념과 그 맥을 이은 여성 전사에 관한 또 다른 글을 요구하고 있고 필자는 다음 장에서 이를 다룰 예정이지만, 절망으로 삶을 마감해야 했던 파탈들의 원혼과 그 몸부림에서 필자는 지금 이 글을 다시 쓰고 있는 순간에도 쉽게 헤어나지 못하고 있다.

10장 주

1. 그리스의 선박왕 오나시스와의 불행한 사랑으로 상심하여 수면제를 과다 복용하고 급기야는 심장마비로 세상을 떠난 그리스계 미국인 칼라스는 정결한 여신에 어울리는 음색의 소유자로 정평이 나 있다. 그러나 그녀가 분장한 노르마는 프랑스에 거주한 드루이드족의 여제사장으로 순결을 지켜야 하는 관례를 깨고 로마의 점령군 총독 폴리오네와의 사이에 두 명의 아이를 둔 신전 여사제이다. 3장에서 논했던 성처녀와 어머니와의 관계, 그리고 추후 논하게 되는 팜므 파탈과의 상호 함수 관계, 즉 순결함과 문란함의 차이가 별반 없음을 이어주는 소재이다.
2. 이탈리아어 원어에 대한 해설과 설명은 문경환 교수님의 도움을 받았다. 본문에 인용되는 이탈리아어 번안에 앞서는 프랑스어 원곡의 가사는 다음과 같다.

Ah! réponds, réponds à ma tendresse!
Verse-moi, verse-moi l'ivresse!
Réponds à ma tendresse,
Réponds à ma tendresse,
Ah! verse-moi, verse-moi l'ivresse!

3. 김상일에 의하면 "머리털을 깎이고 눈을 뽑힌다는 것은 여호와 하나님이 주시는 남성성을 상실하는" 것을 의미하는데, 여호와의 상징은 삼손의 머리와 눈으로 나타난다. 삼손과 델릴라의 사랑과 배신의 이야기는 가나안 농경사회의 여신 아스테르[sic→아씨라트(Athirat)]의 대변인인 델릴라와 인류가 모계사회로부터 탈피하여 이성으로 대변되는 태양 시대로 진입한 시대의 신인 여호와 간의 대리전 양상으로도 파악되기도 한다(김상일 159). 이러한 맥락에서 본다면 블레셋 여인 델릴라는 대모신 릴리스의 후예로 볼 수 있으며, 밤을 의미하는 히브리어 "라일라"(laylah)와 연관이 있어 보인다고 민희식은 또한 주장한다(286). 삼손이 델릴라에게 힘을 빼앗기고 바알의 아비인 다곤의 신전에서 농경시대의 상징인 연자 맷돌을 돌리는 일을 했어야 하는 이유가 되기도 한다. 당시 팔레스타인 지역에는 원주민인 블레셋 사람들을 비롯하여 모압족, 가나안족, 예부수족, 팔레스타인족 등과 같은 다양한 부류의 부족들과 역사의 고장이었다. 히브리족은 유랑의 생활 끝에 이 지역에 비교적 나중에 합류한다(최갑수 136-37).

   삼손은 어원상 바빌로니아의 태양신 샤마쉬(Shamash)와 관련되어 있는데 가나안어 삼손은 히브리어로는 심숀(Shimshon), 즉 '작은 태양'이라는 뜻을 지니는데, 그가 태어난 소라(Zorah)는 태양신의 신전(Beth-shamash) 부근이며 '소라'는 에즈라(Ezra), 또는 조로아스터(Zoroaster) 등의 어근으로 쓰이는 태양(zoro)을 의미한다(민희식 272). 그리스의 신화연구자들과 정신분석자들 사이 해석의 분분함을 지적하며 머리털이 분리된 남근적 속성을 지니지 않는다는 들뢰즈와 과타리의 의견 또한 존재한다. 그들에 의하면 머리털을 남근으로 재현하는 습성 때문에 그러한 속성을 지니게 되는 것이지 머리털 자체에는 아무런 남근적 속성이 없다(『앙티 오이디푸스』 315, 310). 민희식도 지적한 바 있지만, 델릴라(də·lî·lāh)는 남성을 약하게 만드는 여성, 또는 부정한 여인으로 추측되는데, 이는 델릴라가 히브리어로 밤을 의미하는 라일라(laylâ)와 같은 인물로(Hess 298) 밤의 속성을 지니고 있기 때문이다. 근동 지방의 여신들의 다양한 호칭에 대해서는 이 책의 1장 3절 참조.

4. 팜므 파탈이라는 용어의 시초에 대해서 1950년대 후반 프랑스의 영화평론지 『시네마 수첩』(*Cahiers du Cinema*)의 평론가들이 40년대 초에서 60년대 초까

지 미국에서 만들어지던 일련의 B급 범죄·스릴러 영화들을 '필름누아르'(film noir)라는 용어로 인위적으로 분류하면서, 그 영화들이 가지고 있던 일관된 경향과 특징을 분석하면서 누아르 여성 주인공에 걸맞게 생겨난 말이라는 의견도 또한 존재하지만, 이는 팜므 파탈이라는 용어의 대중적 확산 이후에 걸맞은 의견이지 그 어원의 시초에 관한 논의는 아니다. 20세기 초 제1차세계대전 전후 풍미했던 신여성(new woman)이나, 제2차세계대전을 전후한 누아르 풍의 "악한 여성"(vicious woman Jancovich 100-103)은 19세기 말 팜므 파탈의 변주라 볼 수 있다.

5. 국내에서 출간된 이명옥의 『팜므 파탈』과 독일 작가 나겔(Joahim Nagel)의 번역서 『팜 피탈』은 이브를 포함시키고 있지 않다. 여성의 원조를 이브로 본다면, 그리고 그녀가 아담을 유혹한 것이 맞다면 파탈의 시조는 당연히 이브에게 돌아가야 한다.

6. 현대 영어의 "demon"과는 뜻이 다르게, "'daimon'과 'daimonion'은 플라톤의 데미우르고스에게서 지시를 받는 "직급이 낮은 신"을 의미하였고 후대에 이르러는 "(수호)정령"을 의미하는 말로 사용된다. 다이몬에 대해 융은 "신의 섭리나 운명처럼 외부에서 인간에게 가해지는 결정적인 힘"(*Aion* 27)이라고 언급한 바 있다. 다이몬의 뜻 변화는 마치 로망스어의 영향을 받은 현대 영어 "diva"가 "악마"(devil)가 아니라 원래는 "신" 또는 하늘을 의미하는 아베스타어 "daeva", 산스크리트어 "deva"가 이교도의 신을 폄하하는 취지에서 "여신"(diva)으로 한정되어 사용되는 것과 유사하다. 우리가 논의하고 있는 파탈의 뜻도 이와 유사한 과정을 거치게 됨을 우리는 앞으로의 논의에서 알게 된다.

7. 룰루는 베데킨트(Frank Wedekind, 1864~1918)의 작품 『지령』(1898)과 『판도라의 상자』(1904)로 구성되는 2부작 비극 『룰루』(1913)의 동명의 여주인공으로 근친상간과 근친 살해에 주저함이 없는 사악한 여성으로 등장하지만, 작품의 말미에 연쇄살인마 잭(Jack the Ripper)을 제거하는 인물로 등장하기도 하여 남성들의 판타지가 주조해 낸 팜므 파탈로, 창녀로 살인녀로 그러나 때로는 자유연애를 주창하며 여성이라는 굴레를 벗어나기를 원하는 신여성으로 해석되기도 한다(이상복 140-141; 김형기 144-145; 이재진 420-422). 이렇게 본다면 그녀의

근친상간과 근친 살해는 가부장제의 여러 모습을 연출하는 뭇 남성들에 의해 사주되고 교사된 것으로 간주될 수 있다.

특별히 룰루를 세기말의 팜므 파탈을 대표하는 5인들 중의 하나로 거명하는 이유는, 팜므 파탈의 핵심적인 개념인 여성과 죽음의 동일화를 룰루가 단순히 표상하고 있어서가 아니라, 그녀가 팜므 파탈이라는 개념에 부분적으로 녹아 있는 영원한 여성성에 대한 신비감을 완전히 제거하여 세기말의 경멸적 팜므 파탈의 대명사인 창녀라는 개념을 정착하는 과정에 일조하고 있기 때문이기도 하다.

8. 서양의 회화 작품에 나타난 팜므 파탈의 재현을 추적한 이명옥(2003, 2008)은 가부장적 사회가 붕괴되기 시작하는 19세기에 나타난 신여성에 대한 거부감과 위기감의 투영, 성매매의 만연으로 인한 성병에 대한 두려움, 그리고 세기말에 두드러지게 되는 삶의 허망함을 잊기 위한 보상 심리로서의 성적 판타지 등으로 팜므 파탈의 기원을 거론하고 있다는 점에서(7), 다수의 서양 학자들의 의견과 상통한다 하겠다.

   이주헌(1991) 또한 팜므 파탈, 즉 요부가 "남성 중심의 사회질서가 점점 붕괴"되어가는 과정에서 "현대적 여성상을 요부 이미지로 덧씌우기로 교란하려 한 흔적"(44)으로 파탈을 보고 있는데, 그에게 있어서 파탈을 포함하는 여성의 성 상품화는 여성을 "사물화함으로써 여성해방과 여성의 권리 신장으로 인해 파생될 기존 사회·문화체제의 붕괴를 막고 중화하기 위한 [남성들의] 기도"(55)로 해석된다.

   팜므 파탈에 대한 국내의 관심에도 불구하고 막상 이에 대한 논문과 연구서는 드물다. 나인호는 그의 책 『개념사란 무엇인가』(2011)에서 지면을 일부 할애하여 파탈의 유형을 남성을 유혹하는 관능적이고 퇴폐적인 여성, 남근적 여성형, 모성애와 매춘부적 관능성이 혼재된 여성, 모성애를 잃어버린 여성 혹은 고결한 어머니, 자본가와 사회주의 선동가 등으로 정리하였는데(275-280), 특히 남근적 여성형을 설명하면서 이를 "땅과 바다, 남자와 여자, 삶과 죽음의 경계를 해체하는 존재"로 정의하는 쇼르스케(Carl Schorske)를 인용하고 있다(277).

9. 프랑스의 신예술(Art nouveau)에 상응하는 독일의 문예사조. 직역하면 "청춘(의 생동감 있는) 양식" 정도가 될 수 있겠다. 아르 누보가 꽃이나 식물의 덩굴에서

따온 곡선 장식의 디자인으로 대별 된다면 1896년 뮌헨에서 시작된 유겐트슈틸 또한 식물에서 따온 생동감 있는 곡선을 추상화하여 중후한 건축 양식으로 거듭나게 된다.

10. 강승일에 의하면, 신전창녀는 카디시투(히브리어에 상응하는 단어는 케데샤), 엔투, 쿨마쉬투, 케제르투, 샤하투, 하림투 등이 있었는데 통상적으로 우리가 알고 있는 매춘부는 샤하투, 하림투 정도가 된다. 헤타이라는 "매혹적인"이라는 의미의 어원에서 온 말이며, 일반 창부를 일컫는 포르네(porne)와 구별된다(김승중 296).

11. 프리샤우어(Paul Frischauer)에 의하면 프랑스에서 유녀(遊女), 혹은 화류계의 여자를 의미하는 "쿠르티잔"(courtisane)은 본래 궁정 여자들을 의미했으며, 이탈리아 도시들에서도 가장 아름다운 여성이라고 일컬어진 고급 창부, 즉 "코르티지아나"(cortigiana) 또한 그러했다. 코르티지아나는 로마교황청의 궁정, 곧 코르테(corte)에서 연원한다(Frischauer 1991b, 53).

12. "매춘부를 의미하는 할롯(harlot)이라는 어휘는 본래는 남녀를 불문한, 지방 순회 연예인을 가리키는 말이었다. 그러나 16세기 무렵에 이 말은 매춘부를 가리키는 말로 사용되는 경우가 많아졌다. (…) 여배우의 방정한 품행이 널리 선전되었지만, 평민들은 역시 왕가의 침실에 드나들면서 공작부인의 칭호를 손에 넣는 가장 손쉬운 방법은 여배우가 되는 길이라고 생각했다"(Bullough 266-67).

13. 프로이트를 포함하여 쉬니츨러(Arthur Schnitzler), 호프만스탈(Hugo von Hofmannsthal), 그리고 클림트와 코코슈카를 위시한 비엔나 화단에 대한 연구로는 쇼르스케(Carl Schorske)의 『세기말의 비엔나』(1979)를 참고할 수 있다.

14. 신여성이란 용어는 필명 "사라 그랜드"(Sarah Grand)로 알려진 영국의 소설가 맥팔(Frances McFall, 1854~1943)이 1894년 〈북아메리카 리뷰〉(*North American Review*) 158집에 발표한 동명의 글에 그 신조어의 연원을 둔다(Stott 12).

15. 코프만(Jean-Claude Kaufmann)은 성의 현대사가 1860년경부터 시작되었다는 코르벵의 주장을 그대로 받아들이며 이 시기에 "낭만주의자들의 숭고한 두근거림이 시들해지자 공식적으로는 청교도 시대였던 19세기 중반 무대 뒤에서는 키

스와 포옹과 같은 남녀 간의 접촉이 공공연히 이루어졌고, 그 가운데 성 문화의 윤곽이 잡혀나가기 시작했다"(44)고 주장하고 있으나, 코르벵처럼 통계자료를 제시하고 있지는 않는다.

16. 프랑스의 세기말은 아니지만 에도 시대(1603~1868) 일본 여성 중 16명의 하나, 즉 6.25%는 매춘과 관련되어 있음을 주장하는 히쿠치 기요유키는 일본의 의사 다치바나 난케이(1754~1806)의 "교토 인구의 반은 당창(唐瘡)이다"는 주장을 인용하며 에도, 즉 도쿄뿐 아니라 교토 인구의 반이 매독의 감염자임을, 그리고 매독에 걸린 유녀(遊女)들의 이차감염에 대한 몰지각과 부주의로 인하여 17세기에 매독이 갑자기 퍼지기 시작했다고 밝힌다. 그는 또한 유녀와 성을 백안시하지 않는 일본인의 심성이 오히려 현재의 일본인들에게 어느 정도 매독 면역력을 갖추게 하였다고 주장한다(히쿠치 143-144).

17. 혹자에 따라서는 한국어 "갈보"가 20세기 초 구한말 조선에서 개봉된 가르보(Gretta Garbo) 주연 영화의 여주인공 이름을 따온 것이라 주장하기도 한다. 그러나 가르보의 영화는 대개 1930년대에 유행을 타게 되어 아마도 후대의 이미지가 이보다 앞선 시대를 규정하는 술어가 되지 않았는가 하는 의구심이 가기도 한다. 하얀 팔을 드러내 놓고 키스를 하는 〈요부〉(*Temptress*, 1926), 〈육체와 악마〉(*Flesh and the Devil*, 1927), 〈마타 하리〉(*Mata Hari*, 1931), 〈춘희〉(*Camille*, 1936) 등의 영화의 여주인공에 대한 구한말 개화기 조선인들의 반감은 빅토리아풍의 남성들의 짐짓 "점잖은"(respectable) 반응과 많이 다르지 않다.

18. 이에 관한 연구서로는 앞서 언급한 스팁(Matthew Stibbe)의 『제3제국의 여성』(2003)과 스티븐슨(Jill Stephenson)의 『나치 치하의 여성』(2001) 등을 참고할 수 있으나, 독일에서는 프랑스의 빠랑-뒤샤틀레나 코르벵과 같은 실증적 연구가 아직 잘 이루어지지 않아 세기말 독일의 팜므 파탈과 창녀에 대한 일반적인 연구를 진행하기에는 역부족이다. 그러나 여성혐오주의자의 3인방으로 치부되는 쇼펜하우어나 니체 그리고 프로이트가 세기말 독일 문화의 테두리 안에서 활동했다는 사실은 향후 분석을 요구하고 있다.

19. 『고문자고림』(古文字古林) 제2책, 34-37쪽에 의거 한자의 어원학적 연구를 수행한 장현근은 命의 의미를 다음과 같이 밝히고 있다. "명(命)자와 영(令)자는 같

은 어원을 지니며, 고대에 두 글자는 통용되었다고 한다. (…) 令은 일을 시킨다는 뜻이고 命은 호령을 발표한다는 뜻이라는 것이다. 유악의 『철운장구』(鐵雲藏龜) 12·4의 '令'자와 초기 금문인 면반(免盤)의 '令'자는 모두 명령의 영(令)자로 초기엔 명과 令이 한 글자로 쓰였다가 후기 금문인 이궤(伊簋)에 와서 (…) 오늘날 命자와 같아진다. 동사적 용법을 지닌 회의문자이다. 위는 아래를 향하고 있는 입 모양(口)이고, 아래는 꿇어앉아 지시를 기다리는 부하의 모습이다. 위에서 아래 부하를 향해 입을 열어 말을 내뱉는 권위적인 모습을 그린 것으로 보인다. (…) 설문해자엔 '命은 무엇을 시키는 것이다. 口를 따르고 令을 따른다'고 한다. 口와 令자가 합해진 회의문자란 얘기다"(장현근 506-507).

천명이라는 말은 『詩經』, 「周頌」에서 "維天之命, 於穆不已"(아! 천명이여 심오함이 끝이 없구나)라는 표현에서 '천명불이'라는 사상으로 유가에서 운위되는데, 모종삼은 이를 더 구체화하여 창생불이, 생생불식(創生不已, 生生不息)으로 밝혀내고 있다. 천명은 끝이 없고(不已) 심오하여 만물에 침투하지 않는 바가 없으니 오목(於穆)하다(1997, 26-27).

20. 파르테노스가 성경의 인물인 노아(Noah)의 부인 노리아(Νωρία) 또는 바르테노스(βαρθενώς)이기도 하면서 아람어로 "신의 딸"을 의미하는 "Barthenos"(βαρθενώς)가 그리스어 "παρθένος"의 변형된 형태임을 설파하는 올브라이트(W. Albright)의 의견(288-289)을 우리가 받아들인다면, "παρθένος"는 "신의 딸", 즉 무녀인 '신딸'이라는 뜻으로 추찰할 수 있다. 파르테노스에 대한 어원학적 논의에 대해서는 1권 3장의 2절 참조.

21. 악명이 높았던 조르주 상드와 루 살로메의 경우도 그렇기는 하지만 알마 쉰들러(Alma Schindler)에 대한 평가 또한 상이할 수 있겠다. 그녀는 구스타프 말러의 부인으로서 오스카 코코슈카와 발터 그로피우스, 그리고 프란츠 베르펠과 결혼 관계에 있었으며, 루 살로메와 더불어 릴케에 영향을 준 뮤즈이면서도 구스타프 클림트를 포함하는 수많은 남성들과 염문을 뿌렸던 여인이기도 하였다. 코코슈카의 걸작 〈바람의 신부〉(1913-1914)가 그녀를 모델로 그려졌다는 사실은 더 이상 재론할 필요도 없다.

알마라는 이름이 히브리어에서 처녀를 의미하는 "almah"로부터 연원하는지, 또는 "alma mater"의 용례에서 알 수 있듯이 "길러주는", "영양분을 제공하는"이라는 뜻의 "almus"의 여성 형용사형 1격에서 따온 것인지 확실하지는 않다. 그러나 3장에서 논한바 페르시아의 달의 여신 혹은 성모마리아를 "almah"로도 불렀다는 의견(40쪽 이하 참조)을 접하고 나면, 알마가 이미 태생부터 여성적인 속성과 우리의 주제인 '팜므 파탈'과 밀접한 관련이 있다는 사실을 알게 된다. 1장에서 논의가 되었지만 알마는 카자흐스탄어로 사과라는 뜻도 있다.

22. 최승자는 삶과 죽음과 동일시되는 여성이라는 주제를 「여성에 관하여」(1984)라는 시에서 다음과 같이 표현하고 있다.

> 여자들은 저마다의 몸속에 하나씩의 무덤을 갖고 있다.
> 죽음과 탄생이 땀 흘리는 곳,
> 어디로인지 떠나기 위하여 모든 인간들이 몸부림치는
> 영원히 눈먼 항구.
> 알타미라 동굴처럼 거대한 사원의 폐허처럼
> 굳어진 죽은 바다처럼 여자들은 누워 있다.
> 새들의 고향은 거기.
> 모래바람 부는 여자들의 내부엔
> 새들이 최초의 알을 까고 나온 탄생의 껍질과
> 죽음의 잔해가 탄피처럼 가득 쌓여 있다.
> 모든 것들이 태어나고 또 죽기 위해선
> 그 폐허의 사원과 굳어진 죽은 바다를 거쳐야만 한다.

그러나 그녀에게 있어서 탄생과 죽음을 동시에 지니고 있는 여성(성)은 또 다른 생명을 약속하는 곳으로 떠나지 못하고 "모든 것들이 태어나고 또 죽기 위해" 향하는 "눈먼 항구"로 표현되고 있는데, 이는 그녀의 복귀 시편들이 여전히 절망과 우수에 머물고 있기 때문일 것이다. 그녀는 언제 죽음만은 아닌 삶을 다시 노래하여 한국의 현대 시단에 파탈을 복원할 수 있을까?

23. 2017년 3월 나혜석을 기억하기 위해 다시 찾은 수덕사 초입, 화가 이응노의 사연 많은 현모양처 박귀희가 운영하던 수덕여관은 빛바랜 색깔을 띠고 있었고,

일엽 스님이 상주하던 견성암(지금은 옆 건물의 환희대로 휘황해졌지만)과 그녀가 거닐던 정혜사 관음전과 능인선원으로 이르는 길은 고아함과 정적 속에서 자유연애를 뒤로 한 세월을 맞이하고 있었다. 2023년 2월 나혜석이 뛰어 놀았던 방화수류정(訪花隨柳亭) 또한 석양빛에 쓸쓸히 그녀의 이름을 추억하고 있었다. 일엽 스님에게 아들이 하나 있었다는 소문과 일엽과 나혜석의 관계에 대해서는 박진영 34-65 참조.

팜므 파탈과
우로보로스의 타락과 부활

이제까지 필자는 지혜를 상징했던 메두사와 생명을 표상했던 팜므 파탈의 어원과 기원, 그리고 그들의 문화적 함의에 관한 수용의 역사를 추적하는 가운데 파탈의 대표적 신화 인물로 등극한 메두사에 대한 연구를 이 책의 전반부에서 먼저 진행하였다. 페르세우스에게 목이 짤려 아테나 여신의 방패 장식으로 사용되었다고 전해지는 메두사는 정신분석학자 프로이트에게는 여성의 성기, 그 중에서도 어머니의 성기로 해석되었지만, "메두사의 기원에 대한 [신화적] 연구"를 소망했던 프로이트의 바람대로 이루어진 신화에 관한 분석심리학의 견지에서는 그녀가 애급에서는 "존재"를 의미하는 네이트(Neith) 여신으로, 그리고 그리스에서는 아테나 여신의 전신(前身, predecessor)인 지혜의 여신 메티스(Metis)로 불리어졌다는 사실을 알게 되었다.

뱀으로도 자주 표상되는 여성의 성기와 그것의 체현인 월경(月經, 달의 행로) 자체에 분석을 필두로 그리고 이것을 비유한 메두사에 관한 연구가 먼저 필요했던 이유는 비단 메두사가 팜므 파탈의 대명사이어서뿐만 아니라, 메두사의 전신이 함의했던 존재와 지혜의 여신을 역사에 다시 소환하여 생명의 여성으로서의 팜므 파탈을 정초하고자 함이었다. 팜므 파탈에 대한 연구는 세기말에 대한 분석과 연구를 먼저 필요로 했고, 여성을 삶이 아니라 특별히 죽음으로 보았던 서양의 세기말에 대한 연구는 쇼펜하우어와 프로이트와 더불어 세기말의 대표적 여성혐오주의자 3인방의 하나인 니체의 '삶의 여성'(vita femina)에 대한 분석과 더 나아가서는 죽음 자체의 젠더를 밝히는 작업으로 대신하게 되었다. 이에서 파생한 삶과 죽음을 동시에 품고 있는 음(陰)의 바다와 그것의 동물적 표상인 말(馬), 그리고 우로보로스 천체를 대표하는 달에 대한 분석은 연구의 부산물로 우리 앞에 나오게 되었다. 바다-말-달은 시간과 죽음을 지시하고 있었으니, 일시적일 수는 있겠으나 현대의 과정철학이 말하는 변화의 가능성을 품고 있는 속성과 성향들은 여성이라는 큰 범주로 모이고 있었다. 비록 이상화되어 영원한 여성성으로 투사되고 운위되고는 있으나 여성 자체는 가변성과 불완전함의 지표와 상징이었지, 동서양의 사유의 귀결점인 영혼과 영원을 말하고 있지 않다.

여성의 성기와 이와 관련된 메두사에 대한 분석이 끝난 후 필자는 보다 본격적으로 팜므 파탈에 관한 분석을 행하였다. 세기말에 이루어진 파탈과 창녀와의 동일화를 프랑스를 위시하는 유럽의 세기말의 문학과 회화 작품을 통하여 논구하는 가운데, 팜므 파탈의 시대상으로서 유럽의 데카당스적 현상의 각론으로 프랑스와 독일, 미국에서의 팜므 파탈의 창녀화 현상을 일별하였으니, 여성을 죽음으로 보는 사유는 파탈을 창녀로 간주했던 세기말의 습속이 막강한 영향력을 미쳤으며, 이러한 전통은 기실 동정녀 마리아를 제외하고는 모든 여성을 창녀로 보는 시각과 맞물려 2천 년을 내려온 결과이다. 19세기 말~20세기 초의 파탈들이 고래로부터 전해 내려오는 위대한 모신(Great Mother)의 긍정적인 측면과 부정적인 측면 중에서 오로지 그 부정적인 측면을 답습했다고 간주되었다면, 우리가 제시하는 20세기 말~21세기 초의 새로운 파탈들은 그녀의 예언적인 성격을 복원할 수 있는 시대적 상황에 편승할 사명과 권리를 부여받아 생명의 여성 역할을 수행하게 된다. "fate" 또는 "fatale"의 어원을 이루고 있는 인도게르만어 어근 "bhā-", 희랍어 "φα-", 라틴어 "fā-ri", "fātum", 그리고 이에 상응하는 한문의 '명'(命) 등에 대한 간략한 분석은 새로운 파탈로서의 탁선여사제(託宣女司祭; sibyl), 또는 탁선무녀(託宣巫女)의 가능성을 예고하고 있다. 어원학적 상상력을 발휘하여 보면 파탈은 빛(bhā-, φα-)이신 신을 말하고 전하는(fā) 신탁의 여사제이니, 우리가 말하는 명실상부한 생명의 여성으로서 손상이 없다.

니체의 '초인'은 주어지는 운명을 그에 합당하게 받아들이고 사랑할 때, 즉 '운명애'(amor fati)로 파악할 가능한 개념으로 필자에게는 받아들여지는데, 그렇다면 출산으로 인한 온갖 질곡의 화신인 여성 자신으로 태어나는 불안한 운명을 받아들이는 여성들이야말로 니체의 초인에 해당하는 것은 아닐까? 요한계시록과 불가의 몇몇 경전에서도 또 노장과 니체와 심지어는 정치학자 아렌트(Hannah Arendt)에서도 아이의 탄생은 새로운 역사를 담당할 신인류의 기원이 되고 있는데, 필자는 이에 운명을 받아들이고 이를 몸으로 겪어 사랑하는 여성인 "파탈"을 추가한다. 포르투갈의 골목에서 울려 퍼지는 여성들의 '파두'(fado, 스페인어 hado ← 중성복수명사 fato ← 당연히 fatum)는 필자에게 그런 의미로 받아들여진다.

이러한 새로운 파탈의 가능성은 주지하듯이 서양의 여신과 여성에 대한 양가적인 성질에 대한 인식과 판단에서 이미 도출되었으나, 유독 19세기 말은 그 부정적인 함의만을 강조하는 시대로 보여진다. 이러한 세기말적 현상에는 비단 세기말 역사의 전면에 부상하는 '신여성'(new woman)에 대한 두려움뿐만 아니라, 서양 문명의 소위 '발전'이 최고점에 이르러 더 이상 이룰 것이 없다는 자부심의 이면에 도사리고 있는 절망과 위기감에 대한 방어 심리가 또한 작동하고 있었다. 땅과 하늘을 창조하여 삶을 부여했던 가이아, 삶 자체가 되었던 하와의 이미지는 잊히어져 갔고, 남편 우라노스의 성기를 낫으로 자른 대지의 모신 가이아와, 그 짝인 아담의 타락을 부추긴 하와(이브)의 모습만 부각되었던 세기말이 지나 100년이 흐른 지금, 우리는 새로운 여성에 대한 사유를 다시 하기를 시작하고 있는데, 그것은 허울 좋은 '남성성의 위기'(crisis of masculinity), '역사의 종언'(end of history)이 통용되었던 시대에 맞서 '새로운 여성'에 대한 사유가 새로운 남성, 나아가서 새로운 '사람'과 '역사'에 대한 사유를 또한 요구하고 있기 때문이다.

세기말이 파탈을 창녀로 규정하였다면 21세기는 파탈에 대한 새로운 해석을 요구하고 있다. 이 책과 자매편인 1권의 3장에서도 논의가 진행되었지만 처녀와 창녀를 우로보로스적으로 품을 수 있었던 성모마리아 신앙은 삶과 죽음을 동시에 표상했던 파탈의 오의(奧義)를 유실한 채, 부정적 팜므 파탈이라는 기현상으로 21세기의 인류의 저의식으로 잠입한 지 오래이다. 그러나 우리가 논구한바 팜므 파탈이 부정적인 의미에 있어서 치명적인 여성으로 규정되기 시작했던 것은 19세기 말이었고, 이에는 세기말 유럽을 횡행했던 매독과 이의 전파자로 지목되었던 창녀들의 증가가 막심한 역할을 하였다는 것을 우리는 알게 되었다. 팜므 파탈이 삶과 죽음을 동시에 의미했던 '성'(聖)스러운 예언적 여성(soothsayer, prophetess)이며 종교적 의미에 있어서는 탁선여사제 또는 탁선무녀라는 주장은 파탈을 타락과 파국의 여성으로만 파악하는 기존의 가부장적 시각, 그리고 죽음의 여성이 삶의 여성이 되기도 하는 이치를 깨닫게 해주어 여성을 죽음으로 보는 시각에서도 탈피할 수 있는 통찰을 제공해 준다는 측면에서, 삶과 죽음의 여여함 내지는 우로보로스적 동일성과 죽음과 여성의 탈동일화를 시도하는 이 책의 지속된 작업의 일환이 되고 있다.

여성의 성기를 치부(恥部, die Scham; Nietzsche 「2판 서문」, 『즐거운 학문』, 31)로 보는 습속에서 벗어날 수 있을 때, 우리는 데메테르와 페르세포네가 그리고 서양의 하와와 동양의 여와가 그러했듯이, 그녀가 전하는 죽음의 소리뿐만 아니라 '생명의 소리'를 또한 '운명의 소리'(命, fatum)로 다시 듣게 될 수 있을는지도 모른다. 이 책에서 이어지는 시리즈 제3권의 첫 장에서 필자는 이러한 파탈들이 부정적으로 각인되어 전쟁과 죽음과 동일시되는 현상을 인안나와 이슈타르, 그리고 아테나 여신 등에 대한 분석을 통하여 추적해 본 후, 이러한 동일화가 특별히 베트남전쟁 시기의 미국 문화에 두드러지는 현상을 고찰하기로 한다. 팜므 파탈로 표상되었던 여성은 삶과 죽음의 우로보로스이다.

이 책의 내용을 구성하는 데 필자의 다음 논문이 일정 부분 초석이 되었다.

- 「세기말에 여성은 왜 팜므 파탈이 되었는가?」. 1부 『인문언어』. 18 (2016. 12): 55-85; 2부 『인문언어』. 19 (2017. 6): 73-100.
- 「메두사와 신화」. 『비교문학』. 59 (2013. 2): 249-276; 「메두사의 아름다움: 시문학과 회화, 그리고 식수의 메두사」. 『인문언어』. 14:2 (2012. 12): 105-129; 「메두사와 프로이트」. 『인문언어』. 14:1 (2012. 6): 11-29.
- 「여성의 음부와 죽음의 연관성에 관한 단편적 성찰: 달의 경로(月經)와 여성성, 그리고 죽음과 재생. 『비교문학』. 50 (2010. 2월): 239-266.
- 「죽음과 젠더에 관한 한 시론: 19세기 말~20세기 초의 회화와 문학 작품을 중심으로」. 『인문언어』. 10 (2008 겨울): 211-232.

참고문헌

시문학의 인용은 필요한 경우를 제외하고는 간단한 출처만 본문에 밝힌다.

갈조광(거자오광). 『선종과 중국문화』. 1986. 정상홍·임병권 옮김. 서울: 동문선, 1991.

______. 『중국사상사』. 1권, 2권. 2000. 이동연 외 옮김. 서울: 일빛, 1권 2013, 2권 2015.

강선남. 「아담의 죄와 죽음에 관한 해석학적 고찰: 바오르 서간(로마 5:12-21; 1코린 15:20-22)을 중심으로」. 『신학전망』 186 (2014): 2-38.

강승일. 「고대 메소포타미아의 성창제도」. 『서양고대사연구』 25 (2009): 7-36.

강여울. 「도덕성에서 호오와 앎의 문제: 초기불교와 유가적 윤리관의 비교를 통해」. 『철학연구』 140 (2016): 129-152.

강영경. 「단군신화에 나타난 웅녀의 역할」. 『여성과 역사』 16 (2012): 37-68.

강영안. 『주체는 죽었는가: 현대 철학의 포스트 모던 경향』. 서울: 문예, 1996.

______. 『우리에게 철학은 무엇인가: 근대, 이성, 주체를 중심으로 살펴본 현대 한국철학사』. 서울: 궁리, 2002.

공원국. https://www.khan.co.kr/print.html?art_id=201904092147005&media=khan(2021. 3. 1. 검색).

권서용. 「원효와 법칭의 만남과 대화」. 『불교철학』 1 (2017): 31-72.

권석우. 「성, 여성, 죽음: 유대기독교문화에 나타난 뱀과 이브에 대한 논의를 중심으로」.

『인문언어』 11:1 (2009 여름): 149-173.
길희성 역주. 『바가바드기타』. 서울: 서울대, 2013.
김경수. 「제롬의 금욕주의와 결혼에 관한 연구」. 『한국기독교신학논총』 79:1 (2012. 1): 83-107.
______. 「히에로니무스의 금욕주의: 펠라기우스 논쟁을 중심으로」. 『서양중세사연구』 38 (2016. 9): 121-153.
김경숙. 「圭峯宗密의 知思想 硏究」. 『한국불교학』 51 (2008): 257-282.
김경재. 『중심에 서 있는 생명나무』. 서울: 다산글방, 1994.
______. 『이름 없는 하느님: 유일신 신앙에 대한 김경재 교수의 본격 비판』. 서울: 삼인, 2002.
김광식. 「하나님과 하나님」. 『신학논단』. 27 (1999. 6): 115-130.
______. 『고대기독교 교리사』. 서울: 한들, 1999.
김균진. 『죽음과 부활의 신학』. 서울: 새물결, 2015.
김기녀. 「독일 빌헬름 시대 부르주아 여성운동과 섹슈얼리티」. 『독일연구』 7 (2004): 1-22.
김내균. 『소크라테스 이전의 그리스 철학』. 서울: 교보, 1996.
김동규. 『멜랑콜리아: 서양문화의 근원적 파토스』. 2014. 파주: 문학동네, 2015.
김동주. 「초기 교부들의 70인역 이해에 대한 역사신학적 연구」. 『한국교회사학회지』 26 (2010): 137-169.
김동훈. 「지나치며 넘어가는 철학함: 하이데거 사유 내에서 전치사 über가 지니는 방법론적 의의」. 『현상학과 현대철학』 32 (2007): 135-165.
김명석. 「논어(論語)의 정(情) 개념을 어떻게 이해할 것인가」. 『동양철학』 29 (2008: 147-171.
______. 「선악, 호오, 가치판단: 『논어』를 중심으로」. 『제자백가의 다양한 철학흐름』. 송영배 외. 서울: 사회평론, 2009. 232-263.
______. 「중국 고대유가의 음악을 통한 도덕감정 계발모형 연구-서곡: 『순자』와 『예기』 「악기」의 감정관 분석을 중심으로」. 『동양철학』 38 (2012): 1-27.
김명희. 「현대평화연구에서 종교의 위치」. 『종교문화비평』 18 (2010): 15-47.
김미기. 「니이체의 진리개념비판에서 본 예술과 여성의 본질」. 『니체연구』. 3 (1997): 41-72.
김방룡. 「『금강경』과 원불교 사상: 원불교와 불교의 새로운 관계모색을 제안하며」. 『원불교사상과 종교문화』 59 (2014. 3): 1-54.

김산해. 『신화는 수메르에서 시작되었다』. 서울: 가람, 2003.
______. 『최초의 신화 길가메쉬 서사시』. 서울: 휴머니스트, 2005.
______. 『수메르, 최초의 사랑을 외치다』. 서울: 휴머니스트, 2007.
김상래. 「순자(荀子)의 맹자비판(孟子批判), 그 윤리적 의의」. 『동양철학연구』 84 (2015): 133-159.
김상봉. 『나르시스의 꿈: 서양정신의 극복을 위한 연습』. 서울: 한길사, 2002.
______. 『호모 에티쿠스: 윤리적 인간의 탄생』. 파주: 한길사, 2006.
김상일. 『화이트헤드와 동양철학』. 서울: 서광사, 1993.
______. 『카오스와 문명 -- 문명의 위기와 카오스 여신의 부활』. 서울: 동아사, 1994.
______. 『한밝문명론 -- 한민족 통일의식의 기원과 역사』. 서울: 지식산업사, 1988.
______. 『동학과 신서학』. 서울: 지식산업사, 2000.
______. 「켄 윌버의 초인격심리학과 한국 무속」. 『한국무속학』 6 (2003): 233-250.
______. 『역과 탈현대의 윤리: 라이프니츠에서 괴델까지 역의 강물은 흐른다』. 서울: 지식산업사, 2006.
______. 『일즉다다즉일』. 한국정신과학회 편. 서울: 히어나우, 2013.
김상환. 「헤겔의 '불행한 의식'과 인문적 주체의 역설」. 『철학사상』 36 (2010): 33-84.
김선자. 「여와 신화와 중국 여성의 이중적 정체성: 여와의 기원과 변천에 관한 탐색」. 『종교연구』 45 (2006): 75-103.
______. 「신화, 사실, 상징: 建木신화를 중심으로」. 『중국어문학논집』 15 (2000): 87-111.
김성민·김성우. 「포스트모던 스피노자 윤리학에 대한 헤겔주의적 비판」. 『철학연구』 105 (2014): 30-51.
김숙임. 「일상에서 평화 만들기: 여성이 만드는 평화와 인권」. 여성평화 아카데미 2001 봄 강좌. 1-14.
김승중. 『한국인이 캐낸 그리스문명』. 서울: 통나무, 2017.
김승혜. 『유교의 뿌리를 찾아서』. 1990. 개정판. 서울: 지식의 풍경, 2001.
김시천. 「노자와 여성성: 『노자』에서 '돌봄'의 개념은 가능한가」. 『한국여성철학』 8 (2007): 1-26.
김신명숙. 『여신을 찾아서』. 서울: 판미동, 2018.
김애령. 「니체의 은유이론과 문체의 문제」. 『철학연구』 65 (2004): 126-144.
______. 『여성, 타자의 은유: 주체와 타자 사이』. 서울: 그린비, 2012.
______. 『은유의 도서관 — 철학에서의 은유』. 서울: 그린비, 2013.

김영진. 『불교와 무의 근대 : 장타이옌의 불교와 중국근대혁명』. 서울: 그린비, 2014.
______. 「중국 근대 량치차오(梁啓超)의 불교 문명모델과 중국불교 고유성 문제」. 『불교 연구』 40 (2014): 123-154.
______. 「불교 지성에 대한 성찰과 현대적 모색 : 근대 중국의 불교지성과 무(無)의 정치학」. 『동아시아불교문화』 23 (2015): 37-65.
김영균·김태은. 『탯줄코드: 새끼줄, 뱀, 탯줄의 문화사』. 서울: 민속원, 2008.
김용옥. 『앙코르 와트·월남가다』. 서울: 통나무, 2005.
______. 『요한복음강해』. 서울: 통나무, 2007a.
______. 『기독교성서의 이해』. 서울: 통나무, 2007b.
______. 『도올의 도마복음 이야기: 이집트·이스라엘 초기기독교 성지순례기』. 서울: 통나무, 2008,
______. 『도올의 도마복음 한글역주 II』. 서울: 통나무, 2010a.
______. 『도올의 도마복음 한글역주 III』. 서울: 통나무, 2010b.
______. 『도올의 로마서강해』. 서울: 통나무, 2017.
______. 『도올, 시진핑을 말한다』. 증보신판. 서울: 통나무, 2018.
______. 『나는 예수입니다: 도올의 예수전』. 서울: 통나무, 2020.
______. 『노자가 옳았다』. I & II. 서울: 통나무, 2020.
______. 『동경대전』. I & II. 김용옥 역주. 서울: 통나무, 2021.
______. 『용담유사』. 김용옥 역주. 서울: 통나무, 2022a.
______. 『도올주역강해』. 서울: 통나무, 2022b.
김용운. 『카오스와 불교』. 서울: 사이언스북스, 2001.
김원익 역. 『신통기: 그리스 신들의 계보』. 서울: 민음사, 2003a.
______. 「신화와 여성의 문제: 크리스타 볼프의 『메데아』를 중심으로」. 『독일언어문학』 21 (2003b. 9): 223-51.
김응종. 『서양의 역사에는 초야권이 없다』. 서울: 푸른 역사, 2010.
______·김용철. 「원에 표상된 합일적 상징 연구」. 『기초조형학』 13:1 (2012): 109-117.
김이곤. 「구약성서에서 본 생명의 영성에 관한 한 신학적 성찰」. 『장공 김재준의 신학세계』. 장공 김재준 목사 기념사업회 편. 수원: 한신대출판부, 2006. 115-143.
김현숙. 「篆刻의 方圓에 관한 周易美學的 硏究」. 『동양철학연구』 60 (2009): 339-366.
김재철. 「하이데거의 존재론적 해석학」. 『철학연구』 111 (2009): 149-182.
______. 「미쉬와 하이데거의 논쟁에 관한 연구」. 『존재론연구』 29 (2012): 1-49.
김재홍. 「호메로스의 시가를 통해 본 자아와 행위의 문제」. 『철학』 38 (1992): 457-500.

김정란. 「성배와 여성」. 『프랑스 문화연구』 10 (2005): 27-56.
김정현. 「니체와 페미니즘: 데리다와 코프만의 진리 담론을 중심으로」. 『철학』. 67 (2001): 79-102.
김제란. 「동양적 가부장제의 이론적 근거로서의 음양 사상: 선진에서 한 대까지의 전개 과정을 중심으로」. 『중국철학』 7 (2000): 83-115.
김종갑. 「예술과 외설: 여성의 누드」. 『영어영문학』 52:1 (2006 봄): 129-152.
김종미. 「곡신과 코라를 통해 본 탈 중심의 여성원리」. 『중국문학』 34 (2000): 167-186.
김종삼. 『누군가 나에게 물었다』. 서울: 민음사, 1982.
김주한. 「오리게네스의 작품과 아우구스티누스: 히에로니무스 논쟁을 통해 본 『70인역』」. 『한국개혁신학』 40 (2016): 63-104.
김진경. 『고대 그리스의 영광과 몰락』. 서울: 안티쿠스, 2014.
김진무. 「선종에 있어서 돈오의 수용과 그 전개」. 『한국선학』 15 (2006): 277-317.
______. 『중국불교사상사: 유불도 통섭을 통한 인도불교의 중국적 변용』. 서울: 운주사, 2015.
김학목. 「『도덕경(道德經)』의 시각으로 본 『성서(聖書)』의 창세기 신화: 아담에서 노아까지」. 『동서철학연구』 35 (2005): 237-257.
______. 『노자 도덕경과 왕필의 주』. 2000. 개정판. 서울: 홍익, 2014.
______. 『「장자」 곽상 주 해제』. 고양: 학고방, 2020.
김화경. 『한국의 여신들 — 페미니즘의 신화적 근원』. 서울: 성균관대, 2021.
김화영. 『바람을 담는 집』. 서울: 문학동네, 1996.
김헌. 『그리스문화의 신화적 상상력』. 서울: 서울대출판문화원, 2016.
김현숙. 「전각(篆刻)의 방원(方圓)에 관한 주역미학적연구(周易美學的研究)」. 『동양철학연구』. 60 (2009): 339-367.
김형기. 「'세기전환기'의 독일문학에 나타난 성과 사랑의 담론: 프랑크 베데킨트의 희곡문학을 중심으로」. 『인문과학논총』 2 (1996): 125-148.
김형수. 「쿠자누스의 '아는 무지'(docta ignorantia): 대립의 합치와 통일성에 대한 인식추구」. 『신학전망』. 174 (2011): 113-141.
______. 「쿠자누스의 '하나'에 대한 이해: 대립의 합치와 통일성에 대한 인식추구」. 『가톨릭철학』. 29 (2022): 41-63.
김형효. 『메를로-뽕띠와 애매성의 철학』. 서울: 철학과 현실사, 1996.
______. 『하이데거와 화엄의 사유』. 화성: 청계, 2002.
______. 『사유하는 도덕경』. 서울: 소나무, 2004.

______. 『원효의 대승철학』. 서울: 소나무, 2006.
나인호. 『개념사란 무엇인가: 역사와 언어의 새로운 만남』. 서울: 역사비평사, 2011.
남진우. 『미적 근대성과 순간의 시학』. 서울: 소명, 2001.
남회근. 『불교수행법강의』. 1989. 서울: 부키, 2010.
노승현. 「노자가 말한 '검은 암컷의 문'은 무엇을 상징하며, 결국 무엇을 말하고자 했는가」. 섭서헌 2000, 509-524.
노자. 『도덕경』; 『노자의 목소리로 듣는 도덕경』. 최진석 역주. 일산: 소나무, 2014.
류경희. 「인도종교문화의 비폭력 (아힘사) 평화정신과 종교폭력」. 『종교문화비평』. 18 (2010): 48-77.
류진현. 「문화현상으로서의 데카당스: 19세기말 프랑스 문학의 한 흐름」. 『불어불문학연구』. 58 (2004): 469-494.
맹성렬. 『오시리스의 죽음과 부활』. 서울: 르네상스, 2009.
모종삼. 『동양철학과 아리스토텔레스』. 1997. 부산: 소강, 2001.
______. 『모종삼교수의 중국철학 강의』. 1974. 서울: 예문, 2011.
문경환. 「"일본 고유의 병리": 그들에 대해 우리가 알아야 할 것들」. 『인문언어』. 17:1 (2015 여름): 11-63.
______. 「번역의 음영: 창조적 오역인가 단순한 오역인가」. 『인문언어』. 19:1 (2017 여름): 129-169.
문혜경. 「델포이 신탁과 피티아의 기능」. 『서양고대사연구』. 32 (2012.9): 71-107.
민경식. 『신약성서, 우리에게 오기까지』. 서울: 대한기독교서회, 2008.
민희식. 『성서의 뿌리: 오리엔트 문명과 구약성서』. 서울: 블루리본, 2015.
박규태. 「혼돈의 힘: 소외신화·우로보로스·치유」. 『대순사상논총』 16 (2003): 45-67.
박동환. 『동양의 논리는 어디에 있는가』. 1993. 일산: 사월의 책, 2017.
______. 『안티호모에렉투스』. 2001. 일산: 사월의 책, 2017.
박세당. 『장자, 남화경주해산보』. 전현미 역주. 서울: 예문, 1993.
박영한. 『머나먼 쏭바강』. 서울: 민음사, 1977.
박정수. 「『안티-오이디푸스』, 정신분석비판을 위하여」. 『진보평론』 31 (2007 봄): 135-164.
박정순. 「마이클 왈쩌의 정의전쟁론: 그 이론적 구성 체계와 한계에 대한 비판」. 『정의로운 전쟁은 가능한가』. 철학연구회 엮음. 서울: 철학과 현실사, 2006.
박정오. 「비너스의 계보: 가부장제의 확립과 여신숭배의 변화」. 『현대영미소설』 14:1 (2007): 27-47.

박종현. 『헬라스 사상의 심층』. 서울: 서광사, 2001.
박진영. *Women and Buddhist Philosophy*. Honolulu: U of Hawaii P, 2017.
박찬국. 「니체와 하이데거의 진리 개념의 비교연구」. 『존재론 연구』. 31 (2013): 69-102.
______. 「니체와 하이데거」. 서울: 그린비, 2016.
박태봉. 「동서양 사상에 나타난 圓의 의미 고찰」. 『원불교사상과 종교문화』 78 (2018): 263-298.
박홍규. 『그리스 귀신 죽이기』. 서울: 생각의 나무, 2009.
박혜경. 「唐詩 속의 西王母 이미지의 기원과 활용」. 『동양학』 61 (2015): 19-22.
박혜영. 「엘렌 씩수의 『출구』에 나타난 프로이드 뒤집어 읽기 II」. 『한국프랑스학논집』 26 (1999): 195-208.
______. 「메두사의 신화와 여성: 누가 메두사를 두려워하는가?」. 『한국프랑스학논집』 61 (2008): 283-298.
방동미. 『중국인이 보는 삶의 세계』. 정인재 옮김. 서울: EjB, 2004.
배철현. 「'유럽'의 모체를 찾아: 오리엔탈리즘 다시 읽기」. 『사상』 50 (2001 가을): 201-222.
______. 역주. 『타르굼 옹켈로스 창세기』. 서울: 가톨릭출판사, 2001.
______. 「성서신화이야기: 에덴과 파라다이스」. 『기독교 사상』 46:7 (2002): 199-206.
______. 「이난나는 지하세계에 왜 내려갔나?」. 『종교와 문화』 10 (2004): 1-20.
______. 『신의 위대한 질문: 신이 원하는 것은 무엇인가』. 파주: 21세기북스, 2015.
______. 『인간의 위대한 질문: 우리는 무엇을 믿어야 하는가』. 파주: 21세기북스, 2015.
백승영. 「니체의 여성-라비린스, 그리고 모성이라는 아리아드네의 실」. 『철학사상』 55 (2015. 2): 239-262.
백종현. 「'이성' 개념의 역사」. 『칸트연구』 23 (2009): 53-86.
______. 「유가의 '도'와 스토아학파의 '로고스'」. 『철학사상』 50 (2013): 3-33.
______. 『이성의 역사』. 파주: 아카넷, 2018.
사사키 아타루. 『야전과 영원』. 2011. 안천 옮김. 서울: 자음과 모음, 2016.
서동은. 「존재와 무, 그리고 절대무」. 『존재론 연구』 33 (2013): 187-220.
서영대. 『용, 그 신화와 문화: 세계편』. 서울: 민속원, 2002.
서영식. 「철인왕과 정치의 리더십」. 『동서철학연구』 81 (2016): 231-262.
석법성. 『사망학: 죽음과 삶의 지혜』. 서울: 운주사, 2004.
섭서헌. 『노자와 성』. 서울: 문학동네, 2000.
______. 『노자와 신화』. 서울: 문학동네, 2003.

송정화. 「중국 여신의 특징에 대한 소고」. 『동아시아 여성신화』. 동아시아고대학회 편. 서울: 집문당, 2003. 147-180.
______. 「비교신화적 각도에서 본 동서양창조신화에 나타난 여성적 생명원리: 중국 신화와 그리스 신화에 나타난 혼돈, 구멍, 뱀의 이미지를 중심으로」. 『중국어문학지』 17 (2005): 21-47.
성철. 『신심명·증도가 강설』. 경남 합천: 장경각, 1987.
성해영. 『수운 최제우의 종교 체험과 신비주의』. 서울: 서울대출판부, 2020.
송호성. 『독서의 위안』. 서울: 화인북스, 2020.
순자. 『荀子』. 김학주 옮김. 서울: 을유, 2019.
스기우라 고헤이. 『형태의 탄생: 그림으로 본 우주론』. 1996. 송태욱 옮김. 서울: 안그라픽스, 2001
신경원. 「니체와 데리다, 이리가리의 여성」. 『비평과 이론』 5:1 (2000): 5-35.
______. 「니체의 진리, 삶, 심연과 여성 은유」. 『영미문학 페미니즘』 10:1 (2002): 157-185.
______. 『니체, 데리다, 이리가레의 여성』. 서울: 소나무, 2004.
신광철. 「성서의 용 관념」. 『용, 그 신화와 문화: 세계편』. 서영대 엮음. 서울: 민속원, 2002. 105-121.
신명아. 「프로이트와 라깡의 쉬레버 박사의 정신병 사례 비교: 아버지와 '아버지의 이름'」. 『라깡과 현대정신분석』 1:1 (1999): 18-38.
______. 「가부장 사회의 여성비하현상과 '남성 히스테리' 증후로서의 포르노그라피」. 『비평과 이론』 4:1 (1999): 31-53.
신승환. 「탈형이상학적 사유의 의미」. 『존재론연구』 20 (2009): 21-42.
신월균. 「한국설화에 나타난 용의 이미지」. 『용, 그 신화와 문화: 한국편』. 서영대·송화섭 엮음. 서울: 민속원, 2002. 245-271.
신재식. 『신앙과 이성 사이에서: 아우구스티누스 & 아퀴나스』. 서울: 김영사, 2008.
심재상. 『노장적 시각에서 본 보들레르의 시 세계』. 서울: 살림, 1995.
안성림·조철수. 『사람이 없었다 神도 없었다』. 서울: 서운관, 1995.
야마모토 요시타카. 『일본 핵 발전의 진실』. 2011. 임경택 옮김. 서울: 동아시아, 2011.
오강남. 『장자』. 1999. 서울: 현암사, 2003.
오성종. 「신약의 전문용어 '하나님'의 말씀: 개념의 기원과 이해」. 『신약연구』 11:1 (2012.3): 161-211.
와카쿠와 미도리. 『사람은 왜 전쟁을 하는가: 전쟁과 젠더』. 파주: 문학동네, 2007.

왕필. 『노자주』. 파주: 한길, 2005.
왕화영. 「여성 월경의 유학적 맥락」. 『한국여성철학』 34 (2020): 1-34.
원효. 『금강삼매경론』. 박태원 역. 서울: 세창, 2020.
위안커. 『중국신화사(上)』. 2007. 김선자 외 옮김. 서울: 웅진, 2012.
위형윤. 「핵무기와 평화신학의 실천과제에 관한 연구」. 『신학과 실천』. 35 (2013): 7-42.
유강하. 「西王母의 神格에 대하여: 漢代 文獻과 文物을 통한 西王母의 神格 탐색」. 『중국어문학지』 25 (2007): 233-253.
유달림. 『중국의 성문화』. 상권. 강영매 외 역. 서울: 범우사, 2000.
유동림. 「곡선의 문화」. 『철학과 현실』 (1997): 268-273.
유아사 야스오. 『몸과 우주: 동양과 서양』. 이정배·이한영 옮김. 서울: 지식산업사, 2004.
______. 『융과 그리스도교』. 1978. 이한영 옮김. 서울: 모시는 사람들, 2011.
유희성. 「순자의 인식론: 모종삼의 견해를 중심으로」. 『동양철학연구』. 58 (2009): 112-139.
윤열수. 『龍 불멸의 신화』. 서울: 대원사, 1999.
윤용복. 「인도의 龍신앙」. 『용, 그 신화와 문화: 세계편』. 서영대 엮음. 서울: 민속원, 2002. 15-36.
윤일권·김원익. 『그리스·로마신화와 서양문화』. 서울: 문예출판사, 2004.
이강서. 『죽음을 생각한다는 것: 고대 희랍의 죽음 이해』. 서울: 모시는 사람들, 2015.
이기동. 『기독교와 동양사상』. 서울: 동인, 1999.
이기영. 『유마경강의』. 하권. 한국불교연구원, 2000.
이동수. 「포스트모던 페미니즘에서 여성의 정체성과 차이」. 『아시아여성연구』. 43:2 (2004): 47-73.
이명옥. 『팜므 파탈: 치명적 유혹, 매혹당한 영혼들』. 다빈치, 2003.
______. 『팜므 파탈: 치명적 여인들의 거부할 수 없는 유혹』. 서울: 시공아트, 2008.
이미경a. 「전쟁과 페미니즘」. 『여성학연구』. 18 (2003): 25-47.
이미경b. 「창조와 타락 이야기 (창 2-3장)에 나타난 신의 교육학」. 『한국기독교신학논총』 70 (2010): 277-310.
이봉지. 「여성 성기의 문학적 표상: 나나와 알베르틴」. 『프랑스어문교육』 10 (2000): 349-369.
이부영. 『아니마와 아니무스: 남성 속의 여성, 여성 속의 남성』. 서울: 한길사, 2001.
이상복. 「여성신화와 반(反)신화: 프랑크 베데킨트의 이중비극 『룰루』의 유혹 모티프를 중심으로」. 『브레히트와 현대연극』 10 (2002): 127-144.
이용주. 『죽음의 정치학: 유교의 죽음 이해』. 서울: 모시는 사람들, 2015.
이재진. 「붸데킨트의 드라마에 나타난 여성상과 신화적 특성: 룰루-괴기비극의 상징성을 중심으로」. 『독어교육』 25 (2002): 401-428.
이재황. 「카오스로서의 세계: 니체의 카오스론」. 『브레히트와 현대연극』 17 (2007); 381-404.
이정배. 『바탕 한데 맞혀 놀이: 다석으로 세상을 읽다』. 서울: 동연, 2011.
이정우. 『세계철학사』. 서울: 길, 2011.
______. 『소은 박홍규와 서구 존재론사: 동일성과 차이생성』. 서울: 길, 2016.
______. 「일본적 시간론의 한 연구: 도겐과 니시다에서의 '영원의 지금'」. 『동양철학연구』 93 (2018): 179-210.
이정희. 「자유주의 페미니즘에서 제 3세계 페미니즘까지」. 『비평문학』. 19 (2004): 193-220.
이종근. 『메소포타미아 법의 도덕성과 종교』. 서울: 삼육대출판부, 2011.
이종성. 「장자의 '小大之辯'에 관한 지식론적 고찰」. 『동양철학연구』 19 (1998): 389-414.
이주향. 「기독교의 '죄' 개념에 대한 니체의 비판과 '죄' 사유의 긍정적 실천」. 『니체연구』 14 (2008): 51-71.
이주헌. 『미술로 보는 20세기』. 서울: 학고재, 1991.
이진경. 「노자, 모성의 정치를 꿈꾸다」. 『동서철학연구』 66 (2002): 59-89.
이진우. 「진리의 허구성과 허구의 진실성」. 『철학연구』35 (1994): 187-208.
이찬수. 「절대무의 체험: 장소적 논리와 참회도 철학」. 『우원사상논총』 10 (2001): 98-122.
이케가미 슌이치. 『마녀와 성녀』. 김성기 옮김. 서울: 창해, 2005.
이하림 역. 『서양미술의 섹슈얼리티』. 서울: 시공사, 1998.
이형록. 「탄트라 요가 명상의 수행 방법」. 『한국동서정신과학회지』 4:1 (2001): 113-127.
이혜경. 『영미 및 유럽극에 나타난 모성』. 서울: 동인, 2004.
이혜정. 「전쟁과 평화에 대한 여성주의적 독해」. 『한국여성철학』 4 (2004): 59-78.
______. 「전쟁에 대해 여성주의는 무엇을 말할 수 있는가?」. 『법철학연구』 14:1 (2011): 105-122.
______. 「전쟁의 도덕성에 대한 철학적 고찰: 현실주의, 정당한 전쟁, 그리고 여성주의

를 중심으로」. 『신학논단』 79:1 (2015): 281-299.
이희성. 「생명나무의 신학적 의미와 적용: 창세기와 잠언을 중심으로」. *KRJ* 20 (2011): 129-162.
이희수. 「이슬람과 전쟁」. 『본질과 현상』 8 (2007 여름): 51-62.
일연. 『삼국유사』. 김원중 옮김. 서울: 민음사, 2008.
일엽. 『청춘을 불사르고: 金一葉 스님 회고록』. 서울: 김영사, 2002.
임헌규. 「사암-율곡 태극논변과 율곡의 태극론」. 『한국사상과 문화』 29 (2005): 169-196.
______. 「朱·陸 太極論辯과 形而上學」. 『한국철학논집』 17 (2006): 369-396.
임철규. 『눈의 역사 눈의 미학』. 서울: 한길사, 2004.
______. 『그리스 비극: 인간과 역사에 바치는 애도의 노래』. 파주: 한길사, 2007.
______. 『죽음』. 파주: 한길사, 2012.
임채우. 「원시도가의 여성주의 사상: 노자의 무와 여성성 그리고 여성의 힘」. 『도교문화연구』 18 (2003): 181-210.
임태수. 「생명나무와 선악을 알게 하는 나무의 현대적 의미」. 『신학사상』 138 (2007 가을): 89-114.
잔스추앙. 『도교와 여성』. 1990. 안동준·김영수 역. 서울: 창해, 2005.
장원태. 「선진시대 '知' 개념에 대한 연구: 본성론 관련 문헌과 『묵경』을 중심으로」. 『동아문화』 42 (2004): 2-63.
______. 「주희의 지각 개념의 연원: 지 개념과 관련된 논의를 중심으로」. 『철학사상』 35 (2010): 29-61.
장영란. 「원시 신화 속에 나타난 영성의 상징 미학과 영성주의 인식론의 새로운 모델」. 『여성의 몸에 관한 철학적 성찰』. 한국여성철학회 엮음. 서울: 철학과 현실사, 2000. 58-91.
______. 「고대 위대한 어머니 여신의 변형의 논리와 철학적 상상력 비판」. 『서양고전학연구』 18 (2002): 31-59.
______. 『위대한 어머니 여신: 사라진 여신들의 역사』. 파주: 살림, 2003.
______. 『아테네: 영원한 신들의 도시』. 서울: 살림, 2004.
______. 『장영란의 그리스 신화』. 파주: 살림, 2005.
______. 「그리스 신화와 전쟁의 기원」. 『본질과 현상』 8 (2007): 63-73.
______. 「고대그리스 신화의 철학의 '하늘'의 상징과 이미지의 변용」. 『기호학연구』 39 (2014): 509-537.

______. 「원형적 여성성과 위대한 어머니의 양가성의 상징과 이미지: 노이만의 분석심리학을 중심으로」. 『기호학연구』 44 (2015): 227-254.
장윤수. 「한국 성리학에서 '무극태극' 논쟁」. 『철학연구』 61 (1997): 169-188.
장일선. 『구약전승의 맥락』. 서울: 대한기독교출판사, 1983.
장자. 『장자』. 오강남 풀이. 서울: 현암사, 2003.
______. 『장자』. 안동림 역주. 개정2판. 서울: 현암사, 2010.
장현근. 「중국 고대정치사상에서 천명(天命) 관념의 등장과 군권의 정당화」. 『중국학연구』. 73 (2015): 503-527.
짱 롱시. 『도와 로고스』. 1991. 백승도 외 옮김. 서울: 강, 1997.
정성본. 『중국 선종의 성립사 연구』. 서울: 민족사, 1991.
______. 「육조단경, 어떻게 볼 것인가」. 『불교평론』. 3 (2000 여름): 1-36. http://www.budreview.com/news/articleView.html?idxno=312
정성호 편역. 『프로이트의 성애론』. 서울: 문학세계사, 1997.
정세근. 『윤회와 반윤회: 그대는 힌두교도인가, 불교도인가』. 청주: 충북대, 2009.
정연학. 「용과 중국문화」. 『용, 그 신화와 문화: 세계편』. 서영대 엮음. 서울: 민속원, 2002. 37-72.
정은해 외. 「하이데거의 길과 노자의 도」. 『철학사상』 14 (2002): 139-172.
정재서. 『이야기 동양 신화: 동양의 마음과 상상력 읽기: 중국편』. 서울: 황금부엉이, 2004.
______. 『앙띠 오이디푸스의 신화학: 중국신화의 새로운 정립을 위하여』. 파주: 창비, 2010.
정진영. 「국제정치 이론논쟁의 현황과 전망」. 『국제정치논총』 40:3 (2000): 5-38.
조광제. 『불투명성의 현상학』. 서울: 그린비, 2023.
조긍호. 『유학심리학』. 맹자·순자 편. 서울: 나남, 2002.
조대호. 「카오스와 헤시오도스의 우주론: 『신들의 탄생』을 중심으로」. 『철학』. 71 (2002): 51-74.
조철수. 「고대 메소포타미아 문화의 이해」. 『종교·신학연구』. 9 (1996): 175-199.
______. 『메소포타미아와 히브리 신화』. 서울: 길, 2000.
______. 『유대교와 예수』. 서울: 길, 2002.
______. 『수메르 신화』. 서울: 서해문집, 2003.
______. 『예수 평전』. 서울: 김영사, 2010.
주광호. 「周敦頤 「太極圖說」의 존재론적 가치론적 함의」. 『한국철학논집』. 20 (2007):

7-34.
______. 「주희(朱熹)와 육구연(陸九淵)의 "무극태극(無極太極)" 논쟁 = 朱陸"無極太極"論辯」. 『철학연구』. 36 (2008): 475-508.
주원준. 『구약성경과 신들: 고대근동신화와 고대 이스라엘의 영성』. 2012. 의정부: 한남성서연구소, 2016.
진은영. 『니체, 영원회귀와 차이의 철학』. 서울: 그린비, 2012.
차용구. 「아우구스티누스의 여성관」. 『서양중세사연구』. 16 (2005): 31-57
청담. 『마음속에 부처가 있다』. 혜성 엮음. 서울: 화남, 2003.
최갑수. 「홀로코스트, 기억의 정치, 유럽중심주의」. 『사회와 역사』. 70 (2006): 103-146.
최동민. 「헤겔의 전쟁론과 영구평화의 문제」. 『동서사상』 9 (2010): 231-256.
최몽룡. 『동북아 청동기시대 문화 연구』. 서울: 주류성, 2004.
______. 『한국 청동기·철기시대와 고대사회의 복원』. 서울: 주류성, 2008.
최문규. 『죽음의 얼굴: 문학 속에서 인간은 어떻게 죽어가는가』. 파주: 21세기북스, 2014.
최상욱. 『하이데거와 여성적 진리』. 서울: 철학과 현실사, 2006.
______. 『니체, 횔덜린, 하디데거, 그리고 게르만 신화』. 파주: 서광사, 2010.
최승자. 『즐거운 일기』. 서울: 문학과 지성, 1984.
최신한. 「헤겔, 야코비, 양심의 변증법」. 『헤겔연구』 23 (2008): 35-56.
최영전 엮음. 『성서의 식물』. 서울: 아카데미 서적, 1996.
최일성. 「금기, 위반 그리고 해체: '선악과 서사'에 대한 해체주의적 독해」. 『인문학 연구』. 44 (2108): 31-57.
최진석. 『노자의 목소리로 듣는 도덕경』. 2001. 일산: 소나무, 2014.
최화. 「베르크손은 일원론자인가」. 『철학』 24 (2009): 193-216.
______. 『박홍규의 철학: 형이상학이란 무엇인가』. 2011. 서울: 이화여대출판부, 2021.
______. 「지속과 차이의 존재론: 베르크손과 들뢰즈」. 『철학사상』 61 (2016): 339-366.
최혜영. 「남성적 젠더의 여성: 아마존과 아테나 여신」. 『서양사 연구』 39 (2008): 5-26.
______. 『그리스 비극 깊이 읽기』. 서울: 푸른 역사, 2018.
타니 타다시. 『무상의 철학—다르마끼르띠와 찰나멸』. 1996. 권서영 옮김. 부산: 산지니, 2008.
틱낫한. 『죽음도 없이 두려움도 없이』. 허문명 옮김. 서울: 나무심는사람, 2003.
하신. 『신의 기원』. 홍희 역. 서울: 동문선, 1999.
하유진. 「도생의 돈오설」. 『불교학 연구』 29 (2011): 195-224.

하정현. 「근대 단군 담론에서 '신화' 개념의 형성과 파생문제」. 『고조선학』 24 (2011): 197-224. 2011a.

______. 「1920년대-30년대 한국사회의 '신화' 개념의 형성과 전개」. 『종교문화비평』 20 (2011): 24-56. 2011b.

______. 「단일민족, 그 신화형성에 관한 일 고찰: 종교 가르치기의 한 사례 연구」. 『종교문화비평』 29 (2016):101-133.

한장경. 『역학원론: 생존법칙과 정치이론』. 서울: 향지사, 2012.

함석헌. 『뜻으로 본 한국역사』. 1976. 파주: 한길사, 2010.

홍준기. 『오이디푸스 콤플렉스, 남자의 성, 여자의 성』. 서울: 아난케, 2005.

홍준기·박찬부. 「라깡의 임상철학과 정신분석의 정치성」. 『라깡과 현대정신분석』 9:1 (Summer 2007): 41-69.

활성. 『지식과 지혜』. 서울: 고요한 소리, 2020.

황영주. 「평화, 안보 그리고 여성: "지구는 내가 지킨다"의 페미니즘적 재정의」. 『국제정치논총』 43:1 (2003): 45-68.

______. 「만나기, 뛰어넘기, 새로 만들기: 페미니즘 국제정치학에서 안보와 그 과제」. 『국제정치 논총』. 47:1 (2007): 75-93.

히구치, 기요유키. 『일본인의 성』. 서울: 예문, 1995.

Aberbeck, Richard. 「창세기 1-2장을 해석하는 다섯 가지 관점: 문학적으로 본 "날," 상호텍스트성과 배경」. *Reading* Genesis 1-2: *An Evangelical Conversation*. 2013. Ed. Daryl Charles. 『창조 기사 논쟁: 복음주의자들의 대화』. 최정호 옮김. 서울: 새물결플러스, 2016.

Abraham. Ralph. *Chaos, Gaia, Eros*. 1994. 『카오스, 가이아, 에로스』. 김중순 옮김. 서울: 두산동아, 1997.

Adams, Max. *The Wisdom of Trees*. 2014. 『나무의 모험』. 김희정 옮김. 파주: 웅진, 2019.

Adorno, Theodore. "Subject and Object." *The Essential Frunk School Reader*: *The Postwar Years*. Eds. Andrew Arato and Eike Gebhardt. NY: Continuum, 1982. 497-511.

______. *Einführung in die Dialektik*. 1958. 『변증법 입문』. 홍승용 옮김. 서울: 세창, 2016.

______. *Negative Dialektik*. 1966. 『부정변증법』. 홍승용 옮김. 서울: 한길사, 1999.

Albright, W. F. "The Goddess of Life and Wisdom." *The American Journal of Semitic Languages and Literatures*. 36:4 (July 1920): 258-294.

Allen, Virginia. *The Femme Fatale: Erotic Icon*. Troy, NY: Whiston, 1983.

Alvarez-Pereyre F. & F. Heymann. 「탁월성에 대한 욕망」. *Histoire de la famile. Eds.* André Burgiere et als. 1994. 『가족의 역사: 오래된 세계, 이질적인 선택』. 정철웅 옮김. 서울: 이학사, 1996. 385-430.

D'Amico, Francine. "Feminist Perspectives on Women Warriors." *The Women and War Reader*. Eds. Lois Lorentzen and Jennifer Turpin. NY: NYU P, 1998.

Anderegg, Michael, ed. *Inventing Vietnam: The War in Film and Television*. Phila.: Temple UP, 1991.

Andriano, Joseph. *Our Ladies of Darkness: Feminine Daemonology in Male Gothic Fiction*. University Park, PA: The Penn State UP, 1993.

Arendt, Hannah. *The Human Condition*. 1958. NY: Anchor, 1959.

Ariès, Phillipe. *Images of Man and Death*. Trans. Janet Llyod. Cambridge: Harvard UP, 1985.

______. *The Hour of Our Death*. Trans. Helen Weaver. NY: Oxford UP, 1991.

Aristoteles. 『니코마코스 윤리학』. 강상진 외 옮김. 서울: 길, 2011.

Armstrong, Karen. *A History of God: The 4,000-Year of Judaism, Christianity and Islam*. NY: Ballantine, 1993.

______. *The Case for God*. 2009. 『신을 위한 변론』. 정준형 옮김. 서울: 웅진, 2010.

Assante, Julia. *The Last Frontier: Exploring the Afterlife and Transforming our Fear of Death*. Novato, CA: New World Library, 2012.

Attali, Jacques. *Chemins de sagesse-traité du labyrinthe*. 1996. 『미로: 지혜에 이르는 길』. 이인철 옮김. 서울: 영림, 1997.

Augustinus, Aurelius. *Confessiones*. 397. *Confessions*. Trans. R. S. Pine-Coffin. NY: Penguin, 1986.

______. *De Civitate Dei*. vols. 1-22. 『신국론』. 성염 역주. 서울: 분도, 2004.

Bachelard, Gaston. *L'intuition de l'instant*. 1931. 『순간의 미학』. 이가림 옮김. 서울: 영언, 2002.

______. *L'eau et les rêves: essai sur l'imagination de la matière*. 1943. 『물과 꿈』. 이가림 옮김. 서울: 문예, 1980.

______. 『대지, 그리고 의지의 몽상』. 민희식 옮김. 서울: 삼성출판사, 1986.
______. *La Terre et les rêveries du repos*. 『대지, 그리고 휴식의 몽상』. 1948. 정영란 옮김. 서울: 문학동네, 2005.
______. *La poétique de la l'espace*. 1957. 『공간의 시학』. 곽광수 옮김. 서울: 동문선, 2003.
______. *La poétique de la rêverie*. 1961. 『몽상의 시학』. 김현 옮김. 서울: 홍성사, 1986.
Bachofen, Jacob. J. *Myth, Religion, & Mother Right: Selected writings of J. J. Bachofen*. Princeton: Princeton UP, 1967.
Bade, Patrick. *Femme Fatale: Images of Evil and Fascinating Women*. Mayflower: London, 1979.
Bahrani, Zainab. *Women of Babylon: Gender and Representation in Mesopotamia*. NY: Routledge, 2011.
Bal, Mieke. "Sexuality, Sin, and Sorrow: The Emergence of Female Character (A Reading of *Genesis* 1-3)." *The Female Body in Western Culture: Contemporary Perspectives*. Ed. Susan R. Suleiman. Cambridge: Harvard UP, 1985.
Baring, Anne, and Jules Cashford. *The Myth of the Goddess: Evolution of an Image*. NY: Arkana, 1993.
Barringer, Tim. *The Pre-Raphaelites: Reading the Image*. 1998. 『라파엘전파』. 권행가 옮김. 서울: 예경, 2002.
Bassein, Beth Ann. *Women and Death: Linkages in Western Thought and Literature*. NY: Greenwood, 1984.
Bataille, Georges. "Concerning the Accounts Given by the Residents of Hiroshima." *Trauma: Explorations in Memory*. Ed. Cathy Caruth. Baltimore: The Johns Hopkins UP, 1995. 221-235.
Batto, Bernard F. *Slaying the Dragon: Mythmaking in the Biblical Tradition*. Louisville, KT: John Knox P, 1992.
Baudelaire, Charles. *The Flowers of Evil*. 1857, 1861. Bilingual Edition. Trans. Jackson Matthews. NY: New Directions, 1989.
______. 『악의 꽃』. 1868. 정기수 옮김. 서울: 정음사, 1979.
______. 『악의 꽃』. 1857. 1861. 윤영애 옮김. 서울: 문지사, 2010.

Baudelliard, Jean. 『섹스의 황도』. 정연복 옮김. 김진석 편. 솔, 1993.

Beauvoir, Simone. *The Second Sex*. 1949. Trans. H. M. Parshley. NY: Vintage, 1974. 『제 2의 성』. 이정순 옮김. 서울: 을유, 2021.

Beneke, Timothy. *Men on Rape*. NY: St. Martin's, 1982.

Benjamin, Jessiaca. "Master and Slave: The Fantasy of Erotic Domination." *Powers of Desire: The Politics of Sexuality*. Eds. Ann Snitow et als. NY: Monthly Review P, 1983. 280-299.

Benjamin, Walter. 『역사의 개념에 대하여 외』. 최성만 옮김. 서울: 길, 2008.

_____. 『보들레르 작품에 나타난 제2제정기의 파리』. 김영옥·황현산 옮김. 서울: 길, 2010.

Bergman, Arlene. *Women of Viet Nam*. San Francisco: Peoples Press, 1975.

Bernal, Martin. *Black Athena: The Afroasiatic Roots of Classical Civilization*. 1987. Vol I. 『블랙 아테나: 날조된 고대 그리스 1785~1985』. 오흥식 옮김. 서울: 소나무, 2006.

_____. *Black Athena: The Afroasiatic Roots of Classical Civilization* Vol. III: The Linguistic Evidence. New Brunswick: Rutgers UP, 2006.

Bernheimer, Charles. *Figures of Ill Repute: Representing Prostitution in Nineteenth Century France*. Durham: Duke UP, 1989.

Bernsten, Dorothe & John Kennedy. "Unresolved Contradictions: Specifying Attitudes in Metaphor, Irony, Understatement and Tautology." *Poetics* 24 (1996): 13-29.

Besant, Annie. *Ancient Wisdom*. 1897. 『우리는 어디에서 와서 누구이고 어디로 가는가』. 조선우 옮김. 고양시, 경기도: 책 읽는 귀족, 2016.

Biaggi, Cristina, ed. *The Rule of Mars: Readings on the Origins, History and Impact of Patriarchy*. NY: Knowledge, Ideas & Trends, 2005.

Billinghurst, Jane. *Temptress: From the Original Bad Girls to Women on Top*. Vancouver: Greystone, 2003.

Bittlinger, Arnold. 『칼 융과 차크라』. 최여원 옮김. 서울: 아쉬람, 2010.

Boulay, R. A. *Flying Serpents and Dragons: The Story of Mankind's Reptilian Past*. Escondido, CA: The Book Tree, 1999.

Boulding, Elise. *Cultures of Peace: The Hidden Side of History*. Syracuse: Syracuse UP, 2000.

Bowker, Lee, ed. *Masculinities and Violence*. London: Sage, 1998.

Brandt, Bettina. "Germania in Armor: The Female Representation of an Endangered German Nation." Colvin & Watanabe-O'Kelly 86-126.

Brantlinger, Patrick. *Rule of Darkness*. Ithaca: Cornell UP, 1988.

Braun, V. and S. Wilkinson. "Socio-cultural Representations of the Vagina." *Journal of Reproductive and Infant Psychology* 19:1 (2001): 17-32.

Briffault, Robert. *The Mothers: A Study of the Origins of Sentiments and Institutions*. vol. 3. London: Allen & Unwinn, 1927.

Bronfen, Elisabeth. *Over Her Dead Body: Death, Femininity and the Aesthetic*. NY: Routledge, 1992.

. "Women in the Forbidden Zone." *Death and Representation*. Eds, Sarah W. Goodwin and Elisabeth Bronfen. Baltimore: The Johns Hopkins UP, 1993. 192-209.

______. *Liebestod und Femme Fatale*. Frankfurt: Suhrkamp, 2004.

______. "Femme Fatale: Negotiations of Tragic Desire." *NLH* 35:1 (Winter 2004): 103-116.

Brosse, Jacques. *Mythologie des arbres*. 1989. 『나무의 신화』. 주향은 옮김. 서우리, 경기도: 이학사, 1998.

Broughton, John M. "Babes in Arms: Object Relations and Fantasies of Annihilation." *The Psychology of War and Peace*. NY: Plenum, 1991.

Bruno, Giordano. 『무한자와 우주와 세계』. 『원인과 원리와 일자』. 강영계 옮김. 서울: 한길사, 2000.

Bullough, Vern, and Bonnie Bullough. *Women and Prostitution: A Social History*. 『매춘의 역사』. 엄성욱 옮김. 서울: 까치, 1992.

Burgard, Peter, ed. *Nietzsche and the Feminine*. Charlottesville: UP of Virginia, 1994.

Burguieres, Mary. "Feminist Approaches to Peace: Another Step for Peace Studies." *Millenium: Journal of International Studies* 19: 1 (1990): 1-18.

Broyles, Williams Jr. "Why Men Love War." *Esquire* 102 (1984): 55-65.

Buxton, Richard ed. *From Myth to Reason? -- Studies in the Development of Greek Thought*. NY: Oxford, 1999.

Byles, Joanna Montgomery. "Psychoanalysis and War: The Superego and

Projective Identification." *JPCS* 8:2 (Fall 2003): 208-213.

Cairns, Earle E. *Christianity through the Centuries*. 『세계 교회사』. 엄성욱 옮김. 서울: 은성, 1995.

Calame, Claude. "The Rhetoric of Muthos and Logos: Forms of Figurative Discourse." Buxton 119-143.

Campbell, Joseph. *The Masks of God: Occidental Mythology*. vol. 1. 1964a. 『신의 가면: 원시신화』. 이진구 옮김. 서울: 까치, 1999.

______. *The Masks of God: Occidental Mythology*. vol. 3. 1964b. 『신의 가면: 서양신화』. 정영목 옮김. 서울: 까치, 1999.

______. *The Masks of God: Creative Mythology*. 1968. 『신의 가면 IV』. 정영목 옮김. 서울: 까치, 2002.

______. *Mythic Image*. 1974. 『신화의 이미지』. 홍윤희 옮김. 파주: 살림, 2006.

______. *The Power of Myth*. 1992. 『신화의 힘』. 이윤기 옮김. 서울: 이끌리오, 2002.

______. *Goddesses: Mysteries of the Feminine Divine*. Ed. Safron Rossi. Novato, CA: New World Library, 2013.

Camphausen, Rufus. *The Yoni: Sacred Symbol of Female Creative Power*. Rochester, VT: Inner Traditions, 1996.

Camus, Albert. *Noces suive de L'Été*. 1939. 『결혼·여름』. 김화영 옮김. 서울: 책세상, 1989.

Carter, April. "Should Women be Soldiers or Pacifists?" Lorentzen & Turpin 33-37.

Carus, Paul. *The History of the Devil and the Idea of Evil*. 1900. 『악마의 탄생: 신에 대한 끝없는 투쟁』. 이지현 옮김. 파주: 청년정신, 2015.

Cassirer, Ernst. *Die Philosophie der Symbolischen Formen*. Bd. I. *Die Sprache*. 1923. 『상징형식의 철학: 언어』. 박찬국 옮김. 서울: 아카넷, 2011.

______. *Die Philosophie der symbolischen Formen*. Bd. II. *Das mystische Denken*. 1925. 『상징형식의 철학: 신화』. 심철민 옮김. 서울: 도서출판b, 2012.

Cave, Stephen. *Immortality*. 2012. 『불멸에 관하여』. 박세연 옮김. 서울: 엘도라도, 2015.

Chadwick, Henry. *Augustinus*. 1986. 『아우구스티누스』. 김승철 옮김. 서울: 시공사, 2001.

Charlesworth, James H. *The Good and Evil Serpent: How a Universal Symbol*

Became Christianized. New Haven: Yale UP, 2010.
Childe, Gordon. *Man Makes Himself*. 1936. 1951. 『신석기혁명과 도시혁명』. 김성태·이경미 역. 서울: 주류성, 2013.
______. *What Happened in History*. 1941. 1954. 『인류사의 사건들』. 고일홍 역. 파주: 한길사, 2011
______. *Foundations of Social Archaeology: Selected Writings of V. Gordon Childe*. 2004. 『고든 차일드의 사회고고학』. 김권구 역. 서울: 주류성, 2009.
Chopin, Kate. *The Awakening and Other Stories*. NY: Modern Library, 2000.
Cixous, Hélène. "The Laugh of Medusa." 1975. *The Critical Tradition: Classic Texts and Contemporary Trends*. Trans. Keith Cohen and Paula Cohen. Ed. David H. Richter. NY: St. Martin, 1989. 1975a.
______. *Le lire de la méduse / Sorties*. 1975b. 『메두사의 웃음/출구』. 박혜영 옮김. 서울: 동문선, 2004.
______. "Fiction and its Phantoms: A Reading of Freud's Das Unheimliche." Trans. Robert Dennomé. *New Literary History* 7:3 (Spring 1976): 525-548.
Clastres, Pierre. *Recherches d'anthropologie politique*. 1980. 『폭력의 고고학: 정치인류학 연구』. 변지현·이종영 옮김. 서울: 울력, 2009.
Collins, Andrew. *From the Ashes of Angels: The Forbidden Legacy of a Fallen Race*. Rochester, VT: Bear & Co., 2002.
Colvin, Sarah, and Helen Watanabe-O'Kelly. *Women and Death 2: Warlike Women in the German Literary and Cultural Imagination since 1500*. NY: Camden, 2009.
Conford, F. 『종교에서 철학으로』. 1912. 남경희 옮김. 서울: 이화여대출판부, 1997.
______. 『쓰여지지 않은 철학』. 1950. 이명훈 옮김. 서울: 라티오, 2008.
Conrad, Joseph. *Heart of Darkness*. 1899. Ed. Ross C. Murfin. 2nd ed. NY: Bedford, 1996.
Cooke, Miriam, and Angela Woollacott, eds. *Gendering War Talk*. Princeton: Princeton UP, 1993.
Corbin, Alain. *Les filles de noce: Misèere sexuelle et prostitution*. 1978. 『창부』. 이종민 옮김. 서울: 동문선, 1996.
______. 「내밀한 관계 또는 주고받는 즐거움」. 무대 뒤켠. *Histoire de la vie privée*.

1999. Ed. Perrot, Michelle. 『사생활의 역사 IV』. 전수연 옮김. 서울: 새물결, 2002. 693-772. 575-838.

Creed, Barbara. *The Monstrous-Feminine: Film, Feminism, Psychoanalysis*. NY: Routledge, 1993.

Davies, Mererid Puw. "Women and Resistance in Vietnam, 1966-73." Watanabe-O'Kelley 229-249.

Davis-Kimball. "Nomads and Patriarchy." 2005. Biaggi 127-142.

Dawkins, Richard. God Delusion. 2006. 『만들어진 신』. 김명주 옮김. 서울: 김영사, 2007.

______. *Outgrowing God*. 2019. 『신, 만들어진 위험』. 김명주 옮김. 파주: 김영사, 2021

Deacy, Susan. *Athena*. London: Routledge, 2008.

de Lauretis, Teresa. "The Violence of Rhetoric: Considerations on Representation and Gender." 239-258 *The Violence of Representation: Literature and the History of Violence*. Eds. nancy Armstrong and Leonard Tennenhouse. NY: Routledge, 1989. 239-258.

Deleuze, Gilles. Le Bergsonisme. 1966. 『베르그손주의』. 김재인 옮김. 서울: 그린비, 2021.

______. *Différence et Répétition*. 1968. 『차이와 반복』. 김상환 옮김. 서울: 민음사, 2004.

______. *L'anti-Oedipe: Capitalisme et schizophrénie*. 1972. 『안티 오이디푸스』. 김재인 옮김. 서울: 민음사, 2015.

Del Vecchio, John M. *The Thirteenth Valley*. 1982. NY: Bantam, 1983.

Derrida, Jacques. *Spurs: Nietzsche's Styles*. Trans. Barbara Harlow. Chicago: The Chicago UP, 1979.

De Rougemont, Denis. *Love in the Western World*. Trans. Montgomery Belgion. Princeton: Princeton UP, 1940.

Descombes, Vincent. *Le Même et L'autre, qurante-cing ans de philosophie française(1933-1978)*. 1979. 『동일자와 타자』. 박성창 역. 서울: 인간사랑, 1990.

Detienne, Marcel, and Jean P. Vernant. *Cunning Intelligence in Greek Culture and Society*. Trans. Janet Llyod. Atlantic Highlands, NJ: Humanities,

1978.

Diels, H, and W. Kranz. *Die Fragmente der Vorsokratiker*. 1974. 『소크라테스 이전 철학자들의 단편 선집』. 김인곤 외 옮김. 서울: 아카넷, 2005.

Dijkstra, Bram. *Idols of Perversity: Fantasies of Feminine Evil in Fin-de-Siècle Culture*. NY: Oxford UP, 1986.

______. *Evil Sisters: The Threat of Female Sexuality in Twentieth-Century Culture*. NY: Henry Holt, 1996.

Dittmar, Linda, and Gene Michaud. *From Hanoi to Hollywood: The Vietnam War in American Fiction*. New Brunswick: Rutgers UP, 1990.

Doane, Mary Ann. *Femmes Fatales: Feminism, Film Theory, Psychoanalysis*. NY: Routledge, 1997.

Douglas, Mary. *Purity and Danger*. NY: Praeger, 1966.

Dover, K. J. *Greek Homo-sexuality*. 1978. NY: Vintage, 1980.

Dowling, Linda. "The Decadent and the New Woman in the 1890's." *Nineteenth Century Fiction* 33:4 (March 1979): 434-453.

Drenth, Jelto. *The Origin of the World*. 2004. 『버자이너 문화사』. 김명남 옮김. 서울: 동아시아, 2006.

Drummond, Imogene. "Options for the Future: Transforming Patriarchy through a Process of Cultural Metamorphosis." 2005. Biaggi 423-436.

Duan, Naibin et als. "Genome Re-sequencing reveals the history of apple and supports a two-stage model for fruit enlargement." *Nature Communications* 8: 249 (15 Aug. 2017): 1-11. https://www.nature.com/articles/s41467-017-00336-7.pdf

Duerr, Hans P. 『은밀한 몸』. 1990. 박계수 옮김. 서울: 한길사, 2003.

______. *Obszönität und Gewalt*. 1992. 『음란과 폭력: 성을 통해 본 인간 본능과 충동의 역사』. 최상안 옮김. 서울: 한길사, 2003.

______. *Der Erotische Leib*. 1997. 『에로틱한 가슴』. 박계수 옮김. 서울: 한길사, 2006.

Durand, Gilbert. *L'imagination symbolique*. 1964. 『상징적 상상력』. 진형준 옮김. 서울: 문지, 1983.

______. *Les structures anthropologique de l'imaginaire*. 1992. 『상상계의 인류학적 구조들』. 진형준 옮김. 파주: 문학동네, 2007.

______. *Introduction à la mythodologie*. 1996. 『신화비평과 신화분석: 심층사회학을

위하여』. 유평근 옮김. 서울: 살림, 1998.
During, Lisabeth. "The Failure of Love: A Lesser Theory of the Great War." Hüppauf 194-212.
Early, Frances, and Kathleen Kennedy, eds. *Athena's Daughters: Television's New Women Warriors*. Syracuse: Syracuse UP, 2003.
Eastlake, William. *The Bamboo Bed*. NY: Simon and Schuster, 1969.
Ehrenreich, Barbara. *Blood Rites: Origins and History of the Passions of War*. NY: Henry Holt & Co., 1997.
Ehrman, Bart D. *Misquoting Jesus: The Story Behind Who Changed the Bible and Why*. 『성경 왜곡의 역사: 누가, 왜 성경을 왜곡했는가』. 민경식 옮김. 서울: 청림, 2006.
Eisen-Bergman, Arlene. *Women of Vietnam*. San Fran.: Peoples P, 1975.
Eisler, Riane. *The Chalice and the Blade: Our History, Our Future*. NY: HarperCollins, 1987.
______. "Partnership: Beyond Patriarchy and Matriarchy." 2005. Biaggi 405-422.
Eliade. Mircea. *Traité d'histoire des relligions*. 1940. 『종교사 개론』. 이재실 옮김. 서울: 까치, 1993.
______. *Le mythe de l'éternel retour: Archétypes et répétition*. 1949. 『영원회귀의 신화: 원형과 반복』. 심재중 옮김. 서울: 이학사, 2015.
______. *Images et Symboles*. 1952. 『이미지와 상징』. 이재실 옮김. 서울: 까치, 2013.
______. *The Sacred and the Profane: The Nature of Religion*. 1959. 『성과 속』. 이동하 옮김. 서울: 학민사, 1983.
______. *Patterns in Comparative Religion*. 1958. 프랑스어판 『종교사 개론』의 저자 자신의 영어판 번역. 『종교형태론』. 이은봉 옮김. 파주: 한길, 2007.
______. 『세계종교사상사』 I. 1976. 이용주 옮김. 서울: 이학사, 2005.
______. *Forgerons et Alchimistes*. 1956. 1977. 『대장장이와 연금술사』. 이재실 옮김. 파주: 문학동네, 1999.
______. *Méphistophélès et l'androgyne*. 1962. 『메피스토펠레스와 양성인』. 최건원·임왕준 옮김. 파주: 문학동네, 2006.
Eliot, T. S. *The Complete Poems and Plays of T. S. Eliot*. London: Faber, 1977.
Ellias-Button, Karen. "Athena and Medusa: A Woman's Myth." *Anima* 2 (Spring 1979): 118-124.

Elshtain, Jean B. "Against Androgyny." 1981. Elshtain 2000: 229-248.

______. "Reflections on War and Political Discourse: Realism, Just War, and Feminism in a Nuclear Age." *Political Theory* 13:1 (Feb. 1985): 39-57.

______. *Women and War*. 1987. Chicago: U of Chicago P, 1995.

______. "The Problem with Peace." 1990a. Elshtain & Tobias 255-266.

______. & Shelia Tobias, eds. *Women, Militarism, and War.* Savage, Maryland: Rowman & Littlefield, 1990b.

______. "Feminism and War." *Progressive* 55: 9 (Sep 1991a): 14-16.

______. "Ethics in the Women's Movement." *AAPSS* 515 (1991b): 126-139.

______. "Sovereignty, Identity, and Sacrifice." 1991c. Elshtain 2000: 126-142.

"Feminist Themes and International Relations." *International Theory: Critical Investigations*. Ed. James der Derian. NY: NYU P, 1995.

______. "Is There a Feminist Tradition on War and Peace?" 1996. Nardin 214-227.

______. "Women and War: Ten Years On." *Review of International Studies* 24:4 (1998): 447-460.

______. *Real Politics: At the Center of Everyday Life*. Baltimore: Johns Hopkins UP, 2000.

______. "Intellectual Dissent and the War on Terror." *Public Interest* 151 (Spring 2003): 86-95.

______. *Just War against Terror: The Burden of American Power in a Violent World*. NY: Basic Books, 2004.

Engels, Friedrich. 『가족, 사유재산, 국가의 기원』. 1884. 김대웅 옮김. 서울: 아침, 1985.

Ensler, Eve. *The Vagina Monologue*. 『버자이너 모놀로그』. 류숙렬 옮김. 서울: 북하우스, 2001.

Euripides. *Ion*. Garber & Vickers 16-19.

Faulkner, William. *The Sound and the Fury*. 1929. NY: Penguin, 1981.

______. *As I Lay Dying*. 1930. NY: Vintage, 1964.

______. *Sanctuary*. 1931. NY: Signet, 1987.

______. "Crevasse." *Collected Stories*. NY: Random House, 1950.

Federov-Davydov, German A. *The Silk Road and the Cities of the Golden*

Horde. Berkeley: Zinat P, 1991.

Feldman, Thalia. "Gorgo and the Origins of Fear." *Arion* 4 (1965): 484-494.

Felski, Rita. *The Gender of Modernity*. 1995. 『근대성과 페미니즘』. 김영찬·심진경 옮김. 서울: 거름, 1998.

Ferenczi, Sandor. "On the Symbolism of the Head of Medusa." 1923. Garber & Vickers 87.

Feyerabend, Paul. *Farewell to Reason*. London: Verso, 1987.

Fischer, Claudia. "Twilight of the Sun-God." *Iraq* 94 (2002): 125-134.

Finney, Gail. *Women in Modern Drama: Freud, Feminism, and European Theater at the Turn of the Century*. Ithaca: Cornell UP, 1989.

Flaubert, Gustav. *Salammbô*. 1862. Paris: Gallimard, 1970.

______. *Salammbo*. Trans. A. J. Krailsheimer. NY: Penguin, 1977.

______. 『살람보』. 양원달 옮김. 서울: 을유, 1976.

Fornari, Franco. *Psychoanalysis of War*. Trans. Alenka Pfeifer. NY: Anchor Books, 1974.

Foucault, Michel. 『성의 역사 III: 자기 배려』. 이혜숙·이영북 옮김. 1984. 파주: 나남, 2011.

______. *The Courage of Truth. The Government of Self and Others II (1983-1984)*. 2008. Trans. Graham Burchell. NY: Picador, 2011.

Fowler, Robert. "Mythos and Logos." *Journal of Hellenic Studies* 131 (2011): 45-66.

Frances, Fitzgerald. *Fire in the Lake: The Vietnamese and the Americans in Vietnam*. Athens: U of Georgia P, 1986.

Frazer, James. *The Golden Bough*. 1957. 『황금가지』. 장병길 옮김. 서울: 삼성, 1978.

______. *Folklore in the Old Testament*. 『문명과 야만』 I. 이양구 옮김. 서울: 강천, 1996.

Freemyer, Daniel & Song Inseo. "The Elusive Woman and Enigmatic Sign of Isaiah 7:14: A History of Their Interpretations." 『장신논단』 48:3 (2016.9): 81-108.

Freud, Sigmund. 『성욕에 관한 세 편의 에세이』. 1905. 1920. 김정일 옮김. 프로이트 전집 1996, 9: 225-374.

______. 「쥐 인간」. 1909. 김명희 옮김. 서울: 열린 책들, 2015. 프로이트 전집 2015. 9:

9-102.
______. 「불륜을 꿈꾸는 심리」. 1912. 프로이트 전집 1996. 9: 159-78.
______. *Totem and Taboo*. 1913. NY: Vintage, 1946.
______. "Reflections Upon War and Death." 1915. *Character and Culture*. Ed. Philip Rieff. NY: Collier, 1978.
______. "Instincts and their Vicissitudes." 1915. SE 14: 117-140.
______. "The Taboo of Virginity." 1918. SE 11: 191-208.
______. "The Uncanny." 1919. GW 12: 229-268; SE 17: 217-256.
______. "The Psychogenesis of a Case of Homosexuality in a Woman." 1920. SE 18: 145-172.
______. "Medusa's Head." 1922. GW 17: 47-48; SE 18: 273-274.
______. "The Infantile Genital Organization: An Interpolation into the Theory of Sexuality." 1923. SE 19: 141-148.
______. 「자아와 이드」. 1923. 『쾌락원칙을 넘어서』. 프로이트 전집 1996. 14: 91-164.
______. *The Ego and Id*. 1923. Trans. Joan Rivière. NY: Norton, 1960.
______. 「오이디푸스 콤플렉스의 해소」. 1924. 프로이트 전집 1996. 9: 45-53.
______. 「성의 해부학적 차이에 따른 심리적 결과」. 1925. 프로이트 전집 1996. 9: 9-24.
______. 「절편음란증」. 1927. 프로이트 전집 9: 25-35. GW 14: 311-317; SE 21: 149-157.
______. *Civilization and its Discontents*. 1930. *The Standard Edition of the Complete Psychological Works of Sigmund Freud*. 24 vols. Ed. James Strachey. NY: Norton, 1961.
______. 「여성의 성욕」. 1931. 프로이트 전집 1996. 9: 195-224.
______. "Why War?" 1932. Rieff 107-133.
______. "Moses and Monotheism." 1939. SE 23: 3-137.
______. *Gesammelt Werke*. München: S. Fisher Verlag, 1951. GW로 표기.
______. *The Standard Edition of the Complete Psychological Works of Sigmund Freud*. 24 vols. Ed. James Strachey. NY: Norton, 1961. SE로 표기.
______. 『프로이트 전집』. 서울: 열린 책들, 1996, 2015. 프로이트 전집 1996, 2015로 각각 표기.
Friedman, David. *A Mind of its Own*. 2001. 『막대에서 풍선까지: 남성 성기의 역사』.

김태우 옮김. 서울: 까치, 2003.

Frischauer, Paul. *Knaurs Sitengeschichte der Welt*. 1974. 『세계풍속사: 패러다이스에서 중세까지』. 상권. 이윤기 옮김. 서울: 까치, 1991. 1991a.

______. 『세계풍속사: 르네상스에서 섹스 혁명까지』. 하권. 이윤기 옮김. 서울: 까치, 1991. 1991b.

Fronius, Helen, and Anna Linton, eds. *Women and Death: Representations of Female Victims and Perpetrations in German Culture 1500-2000*. Rochester: Camden, 2008.

Fuchs, Cynthia. "'Vietnam and Sexual Violence': The Movie." *America Rediscovered: Critical Essays on Literature and Film of the Vietnam War*. Eds. Owen W. Gilman Jr. and Lorrie Smith. NY: Garland, 1990.

Fuchs, Eduard. 『풍속의 역사 IV: 부르주아의 시대』. 1912. 서울: 까치, 1997.

Fuss, Diana, and Joel Sanders. "Bergasse 19: Inside Freud's Office." 1996. Garver & Vickers 267-271.

Gadon, Elinor W. *The Once and Future Goddess: A Sweeping Visual Chronicle of the Sacred Female and Her Reemergence in the Cultural Mythology of Our Time*. NY: HarperCollins, 1989.

Galtung, Johan. "Violence, Peace, and Peace Research." *Journal of Peace Research* 6 (1969): 167-191.

______. "Twenty-Five Years of Peace Research: Ten Challenges and Some Responses." *Journal of Peace Research* 22:2 (1985): 141-158.

______. 『평화를 위한 선택』. 마이니치 신문 이케다 다이시쿠와 요한 갈퉁 대담집. 1995. 서울: 신영사, 1997.

______. *Peace by Peaceful Means*. 1996. 『평화적 수단에 의한 평화』. 이재봉 외 옮김. 서울: 들녘, 2000.

Gardiner, Philip, and Gary Osborn. *The Serpent Grail: The Truth behind the Holy Grail, the Philosopher's Stone and the Elixir of Life*. London: Watkins, 1988.

______. *Secrets of the Serpent: In Search of the Sacred Past*. Foresthill, CA: Reality, 2006.

Garver, Marjorie & Nancy Vickers, eds. *The Medusa Reader*. NY: Routledge, 2003.

George, Demetra. *Mysteries of the Dark Moon: The Healing Power of the Dark Goddess*. NY: HarperCollin, 1992.

Gibson, James W. *Warrior Dreams: Paramilitary Culture in Post-Vietnam America*. NY: Hill & Wang, 1994.

Gide, André. *La Symphonie pastorale*. Seoul: Shina-sa, 1981.

Gilman, Sander. *Difference and Pathology: Stereotypes of Sexuality, Race, and Madness*. Ithaca: Cornell UP, 1985.

______. "The Syphilitic Woman." 1991. Garber & Vickers 261.

______. "'Who Kills Whores?' 'I Do,' Says Jack: Race and Gender in Victorian London." 1991. *Death and Representation*. Eds. Sarah Goodwin & Elisabeth Bronfen. Baltimore: The Johns Hopkins UP, 1993. 263-284.

______. *Freud, Race, and Gender*. Princeton: Princeton UP, 1993.

Gimbutas, Marija. "The Beginning of the Bronze Age in Europe and the Indo-Europeans: 3500-2500 B. C." *Journal of Indo-European Studies* 14:3 (1973): 163-214.

______. "The First Wave of Eurasian Steppe Pastoralists into Copper Age." *Journal of Indo-European Studies* 18:4 (Winter 1977): 277-329.

______. *The Civilization of the Goddess: The World of Old Europe*. San Francisco: HarperSanFrancisco, 1991.

______. *The Language of the Goddess*. 1989. NY: HarperCollins, 1991.

______. "The Kurgan Culture and the Indo-Europeanization of Europe: Selected Articles from 1952-1993." *Journal of Indo-European Studies Monograph 18*. Washington: Institute for the Study of Man, 1997.

______. *The Living Goddesses*. Ed. Miriam Dexter. Berkeley: U of California P, 1999.

Goldstein, Joshua. *War and Gender*. Cambridge: Cambridge UP, 2001.

Gordon, Cyrus. *The Bible and the Ancient Near East*. 1953. NY: Norton, 1997.

Göthe, Wolfgang. *Faust*. 1808. Trans. Philip Wayne. NY: Penguin, 1949.

______. 『파우스트』. 정서웅 옮김. 서울: 민음사, 1999.

Gottener-Abendroth, Heide. "Notes on the Rise and Development of Patriarchy." 2005. Biaggi 27-42.

______. "Modern Matriarchal Studies: Definition, Scope, and Topicality." *Societies*

of Peace: Matriarchies Past, Present, and Future. By Herself. N.p.: Iranna P, 2009. 2nd World Congress on Matriarchal Studies.
Graham, A. C. *Yin and Yang and the Nature of Correlative Thinking*. 1986. 『음양과 상관적 사유』. 이창일 옮김. 화성: 청계, 2001.
Graves, Robert. *The Greek Myths*. Vol 2. 1955. NY: Penguin, 1985.
Grayzel, Susan R. *Women's Identities at War: Gender, Motherhood, and Politics in Britain and France during the First World War*. Chapel Hill: The U of North Carolina P, 1999.
Greer, Germaine. *The Female Eunuch*. NY: McGraw-Hill, 1971.
Gubar, Susan. "'This is My Rifle, This is My Gun': World War II and the Blitz on Women." *Behind the Lines: Gender and the Two World Wars*. Ed. Margaret Higonnet and Jane Janson. New Haven: Yale UP, 1987. 227-259.
Gusdorf, Georges. *Mythe et Méthaphysique*. 1984. 『신화와 형이상학』. 김점석 옮김. 파주: 문학동네, 2003.
Guthke, Karl S. *The Gender of Death: A Cultural History in Art and Literature*. Cambridge: Cambridge UP, 1999.
Guthrie, W. K. C. *The Greeks and their Gods*. Boston: Beacon, 1950.
Haas, Willy. *Die Belle Epoque in Textenm Bildern und Zeugnissen*. 1967. 『세기말과 세기초: 벨 에포크』. 김두규 옮김. 서울: 까치, 1994.
Hack, Roy. *God in Greek Philosophy to the Time of Socrates*. 1931. 『그리스 철학과 신』. 서울: 도서출판b, 2011.
Hall, Nor. *The Moon and the Virgin*. NY: Harper & Row, 1980.
Hallisay, Margaret. *Venomous Woman: Fear of the Female in Literature*. NY: Greenwood, 1987.
Harari, Yuval. *The Ultimate Experience*. 2008. 『극한의 경험』. 이희주 옮김. 서울: 옥당, 2017.
______. *Homo Deus*. 2015. 『호모 데우스』. 김명주 옮김. 파주: 김영사, 2017.
Harding, Esther. *Les Mystères de la femme*. 『사랑의 이해: 달 신화와 여성의 신비』. 김정란 옮김. 서울: 문학동네, 1996.
Hasford, Gustav. *The Short-Timers*. 1967. NY: Bantam, 1983.
Hathaway, Nancy. *The Friendly Guide to Mythology*. 2001. 『세계신화사전』. 신현승

옮김. 서울: 세종서적, 2004.
Hawkes, Jacquettta. *Dawn of the Gods: Minoan and Mycenaean Origins of Greece*. NY: Randon, 1968.
Hawthorne, Nathaniel. *The Scarlet Letter*. 1850. Boston: St. Martin, 1991.
Hays, H. R. *The Dangerous Sex: The Myth of Feminine Evil*. NY: Putnam, 1964.
Hedgecock, Jennifer. *The Femme Fatale in Victorian Literature: The Danger and the Sexual Threat*. Amherst, NY: Cambria P, 2008.
Hegel, Georg. 『정신현상학』 2. 임석진 옮김. 서울: 한길사, 2005.
______. 『대논리학』 1. 임석진 옮김. 서울: 벽호, 1997.
______. 『헤겔 법철학 강요(綱要) 해설: 서문과 서론』. 파주: 서광사, 2016.
Heidegger, Martin. *Sein und Zeit*. 1927. 『존재와 시간』. 이기상 옮김. 서울: 까치, 1988.
______. *Holzwege*. 1950. 『숲길』. 신상희 옮김. 파주: 나남, 2007.
______. *Der Satz vom Grund*. 1957. 『근거율』. 김재철 옮김. 서울: 파라아카데미, 2020.
______. *Nietzsche*. 1961. 『니체』. 박찬국 옮김. 서울: 길, 2019.
______. *Hölderlins Hymne "Der Ister."* 1984. 『이스터』. 최상욱 옮김. 서울: 동문선, 2005.
Heinemann. Larry. *Close Quarters*. 1974. NY: Warner Books, 1983.
Hemingway, Ernest. *For Whom the Bell Tolls*. 1940. NY: Scribner's. 1968.
______. *Death in the Afternoon*. 1942. NY: Scribner's, 1960.
______. *The Old Man and the Sea*. 1952. NY: Scribner's, 1980.
Herodotus. *Historiai*. 『역사』. 박광순 옮김. 서울: 범우사, 2008.
______. *Historiai*. 『역사』. 천병희 옮김. 일산: 숲, 2009.
Hesiodos. *Theogonia*. 『신통기: 그리스 신들의 계보』. 김원익 역. 서울: 민음사, 2003.
Hess, Richard S. *Israelite Religions: An Archaelogical and Biblical Survey*. 2007. 『이스라엘의 종교』. 김구원 옮김. 서울: 기독교문서선교회, 2009.
Hess, Thomas, and Linda Nochlin, eds. *Woman as Sex Object: Studies in Erotic Art, 1730-1970*. Art News Annual 38. NY: Newsweek, 1972.
Higonnet, Margaret. "Suicide: Representations of the Feminine in the Nineteenth Century." *Poetics Today* 6:1-2 (1985): 103-118.
______. and Patrice Higonnet "The Double Helix." *Behind the Lines: Gender*

and the Two World Wars. Eds. Margaret Higonnet et al. New Haven: Yale UP, 1987. 31-47.

______. "'Things Worth Dying For': Gender and Ideology of Collectivity in Vietnam Representation." *Cultural Critique* 16 (Winter 1987-1988): 79-103.

______. "Women in the Forbidden Zone: War, Women, and Death." *Death and Representation*. Eds. Sarah Goodwon & Elisabeth Bronfen. Baltimore: The Johns Hopkins UP, 1993. 192-209.

Hilmes, Carola. *Die Femme Fatale: ein Weiblichkeitstypus in der nachromantischen Literatur*. Stuttgart: J. B Metzlersche Verlagsbuchhandlung, 1990.

Hoffmann-Curtius, Kathrin. "Constructing the Femme Fatale: A Dialogue between Sexology and the Visual Arts in Germany around 1900." Fronius & Linton 157-186.

Homer. "Medusa as Shield and Sign." From *Illiad*. Garber & Vickers 9.

Hornblower, Simon & Antony Spawforth, eds. *The Oxford Classical Dictionary*. Oxford: Oxford UP, 1996.

Huebner, Andrew J. *The Warrior Image: Soldiers in American Culture from the Second World War to the Vietnam Era*. Chapel Hill: The U of North Carolina P, 2008.

Huffman, John W. *Tiger Woman*. NY: CreateSpace, 2009.

______. http://youtu.be/UqgpUaVMdQc 2011.3.16. "The Balancing Act Show." Danielle Knox와의 인터뷰

Huggett, William Turner. *Body Count*. 1973. NY: Dell, 1983.

Hunt, Lynn. *The Invention of Pornography*. 1993. 『포르노그라피의 발명: 외설성과 현대성의 기원 1500-1800』. 조한욱 옮김. 서울: 책세상, 1996.

Hurwitz, Siegmund. Lilith: *The First Eve: Historical and Psychological Aspects of the Dark Feminine*. Trans. Gela Jacobson. Einsiedeln, Switzerland: Daimon Verlag, 1992.

Hüppauf, Bernd. *War, Violence, and the Modern Condition*. NY and Berlin: Walter de Gruyter, 1997.

Hustvedt, Asti. "The Art of Death: French Fiction at the Fin de Siècle." *The*

Decadent Reader: Fiction, Fantasy, and Perversion from Fin-de-Siècle France. Ed. Asti Hustvedt. NY: Zone, 1998. 11-29.
Huysmans, Joris-Karl. *A Rebours*. 1884. 『거꾸로』. 서울: 대산, 2007.
Huyssen, Andreas. *After the Great Divide: Modernism, Mass Culture, Postmodernism*. Bloomington: Indiana UP, 1986.
Inness, Sherrie. *Tough Girls: Women Warriors and Wonder Women in Popular Culture*. Phila.: U of Penn P, 1999.
Irigaray, Luce. *The Way of Love*. Trans. Heidi Bostic and Stephen Pluhacek. London and NY: Continuum, 2002.
Jacobsen, Thorkild. *The Treasures of Darkness: A History of Mesopotamian Religion*. New Haven: Yale UP, 1976.
Jacobus, Mary. *Reading Woman: Essays in Feminist Criticism*. NY: Columbia UP, 1986.
Jaffe, Aniela. 「시각예술에 나타난 상징성」. Jung 1964, 231-272.
Jaffe, Michele. *The Story of O*. 1999. 『0: 기호의 매춘부』. 박수현 옮김. 일산: 이소, 2002.
James, Henry. *The Bostonians*. 1886. NY: Vintage, 1991.
James, William. "The Moral Equivalent of War." 1910. *War: Studies from Psychology, Sociology, Anthropology*. rev. ed. Ed. Leon Bramson and George Goethals. NY: Basic, 1968.
Jancovich, Mark. "'Vicious Womanhood': Genre, the Femme Fatale and Postwar America." *Canadian Journal of Film Studies* 20:1 (Spring 2011): 100-114.
Jassanoff, Jay H. & Alan Nussbaum. "Word Games: The Linguistic Evidence in *Black Athena*." Black Athena *Revisited*. Eds. Mary R. Lefkowitz & Guy M. Rofers. Chapel Hill: The U of North Carolina P, 1996. 177-205.
Jeffords, Susan. *The Remasculinization of America: Gender and Vietnam War*. Bloomington: Indiana UP, 1989.
_____. "'Things Worth Dying For': Gender and Ideology of Collectivity in Vietnam Representation." *Cultural Critique* 16 (Winter 1987-1988): 79-103.
Jobes, Karen & Moisés Silva. *Invitation to the Septuagint*. 『70인역 성경으로의 초

대』. 김구원 옮김. 서울: CLC, 2007.

Johnson, Buffie. *Lady of the Beasts: Ancient Images of the Goddess and Her Sacred Animals*. 1988. NY: HarperCollins, 1990.

Jones, David. *Women Warriors: A History*. Dulles, VA: Brassey's, 1997.

Joyce, James. *Ulysses*. NY: Vintage, 1986.

Jung, Carl. *The Archetypes and the Collective Unconscious*. 1950. Trans. R. Hull. Princeton: Princeton UP, 1959.

______. 『원형과 무의식』. 한오수·이유경 옮김. 서울: 솔, 2019.

______. *Aion: Researches into the Phenomenology of the Self*. 1950. Trans. R. Hull. Princeton: Princeton UP, 1959.

______. et als. 『인간과 상징』. 1964. 이윤기 옮김. 서울: 열린 책들, 1996.

______. Symbol und Libido. 1985. 『상징과 리비도』. 서울: 솔, 2005. 『변환의 상징』 1부. 1912, 1952. 1부. 1985a.

______. *Heros und Mutterarchetyp*. 1985. 『영웅과 어머니 원형』. 서울: 솔, 2006. 『변환의 상징』 2부. 1985b.

______. 『연금술에서 본 구원의 관념』. 서울: 솔, 2004.

______. 『인간의 상과 신의 상』. 서울: 솔, 2007.

______. *Psychology and Religion: East and West*. London: Routledge, 1978.

______. *Mysterium Coniunctionis*. London: Routledge, 1978.

______. *Culture in Transition*. Princeton: Princeton UP, 1959. CW 19.

______. 『C. G. Jung의 회상, 꿈, 그리고 사상』. 1962. Aniella Jaffe 술(述). 이부영 옮김. 서울: 집문당, 1989.

Kamesar, Adam. "The Virgin of Isaiah 7:14: The Philological Argument from the Second to the Fifth Century." *Journal of Theological Studies* 41.1 (April 1990): 51-75.

Kant, Immanuel. *Kritik der Urteilskraft*. 『판단력비판』. 백종현 옮김. 서울: 아카넷, 2009.

Karakolis, Kristos. "The Relationship between Septuagint and the Hebrew Bible in Origen's Exegesis: The Example of IS 7:14." *Canon & Culture* 8:2 (2014. 10): 191-206.

Kaufmann, Jean-Claude. *Corps de femme regards d'hommes*. 1995. 『여자의 육체 남자의 시선: 토플리스 사회학』. 서울: 한국경제신문사, 1996.

Keller, Nora Okja. *Comfort Woman*. NY: Penguin, 1997.

Kelley, Oliver. *Womanizing Nietzsche: Philosophy's Relation to the "Feminine."* NY: Routledge, 1994.

Kelly, J. N. D. *Introduction to the Early History of Christian Doctrine*. 1960. 『고대기독교교리사』. 서울: 한글, 1980.

Kennedy, Paul. "Continuity and Discontinuity in British Imperialism 1815-1914." *British Imperialism in the Nineteenth Century*. Ed. C. C. Eldridge. London, Palgrave, 1984.

Keohane, Robert O. "The Promise of Institutionalist Theory." *International Security* 20: 1 (1995): 39-52.

______. "Beyond Dichotomy: Conversations Between International Relations and Feminist Theory." *International Studies Quarterly* 42 (1998): 193-198.

Kerényi, Karl. *The Gods of the Greeks*. NY: Thames & Hudson, 1951.

______. *Athene: Virgin and Mother in Greek Religion*. NY: Spring, 1978.

Kessey, Pam. *Vamps: An Illustrated History of the Femme Fatale*. San Francisco: Cleis P, 1997.

Kitto, H. D. F. *The Greeks*. 1951. 『고대 그리스, 그리스인들』. 박재욱 역. 서울: 갈라파고스, 2008.

Klein, Melanie and Joan Riviere. *Love, Hate and Reparation*. 1937. NY: Norton, 1964.

Klein, Michael. "Historical Memory and Film." Dittmar & Michaud 19-40.

Knight, Christopher, and Alan Butler. *Who Built the Moon?* 2005. 『누가 달을 만들었는가』. 채은진 옮김. 서울: 말글빛냄, 2006.

Kojève, Alexandre. *Hegel, eine Vergegenwärtigung seines Denkens*. 1947. Trans. Iring Fetscher. 『역사와 현실의 변증법』. 설헌영 다시 옮김. 서울: 한벗, 1988.

Krafft-Ebing, Richard von. *Psychopatia Sexualis*. 189. Trans. Franklin S. Klaf. NY: Bell, 1965.

Kristeva, Julia. "Stabat Mater." *The Female Body in Western Culture: Contemporary Perspectives*. Ed. Susan R. Suleiman. Cambridge: Harvard UP, 1985. 99-118.

______. *Pouvoirs de l'horreur*. 1980. 『공포의 권력』. 서민원 옮김. 서울: 동문선, 2001.

______. 『여성과 성스러움』. 1998. 서울: 문학동네, 2002.
Kuhn, Thomas. *The Structure of Scientific Revolutions*. 1962. 『과학혁명의 구조』. 김명자·홍성욱 옮김. 서울: 까치, 1999.
Lacan, Jacques. *Écrits: A Selection*. 1966. NY: Norton, 1977.
LaCapra, Dominick. *History and Memory after Auschwitz*. Ithaca: Cornell UP, 1998.
LaCoque, Andre & Paul Ricoeur. 1998. 『성서의 새로운 이해』. 김창주 역. 서울: 살림, 2006.
Laplanche, J, and J.-B. Pontalis. *The Language of Psycho-analysis*. Trans. Donald Nicholson-Smith. NY: Norton, 1973.
Laquer, Thomas. *Making Sex: Body and Gender from the Greeks to Freud*. Cambridge: Harvard UP, 1990.
Lederer, Wolfgang. *The Fear of Women*. NY: Harvest, 1968.
Lembcke, Jerry. *Hanoi Jane: War, Sex & Fantasies of Betrayal*. Amherst: U of Massachusetts P, 2010.
Lenz, Günter H. "Toward a Diologics of International American Culture Studies: Transnationality, Border Discourses, and Public Culture(s)." *The Futures of American Studies*. Eds. Donald Pease and Robyn Wiegman. Durham: Duke UP, 2002. 461-485.
Lerner, Gerda. *The Creation of Patriarchy*. NY: Oxford, 1986.
Levenson, Jon. *Creation and the Persistence of Evil*. 1987. 1994. 『하나님의 창조와 악의 잔존』. 홍국평·오윤탁 옮김. 서울: 새물결플러스, 2019.
Levinas, Emmanuel. *Totality and Infinity*. Trans. Alphonso Lingis. Pittsburgh: Duquesne UP, 1969.
______. *Le temps et L'autre*. 1947. 『시간과 타자』. 강영안 역. 서울: 문예출판사, 1996.
Lincoln, Bruce. "Gendered Discourses: The Early History of 'Mythos' and 'Logos.'" *History of Religions* 36: 1 (Aug., 1996): 1-12.
______. *Theorizing Myth: Narrative. Ideology, and Scholarship*. 1999. 『신화 이론화하기』. 김윤성 외 옮김. 서울: 이학사, 2010.
Loewe, Michael. *Chinese Ideas of Life and Death: Faith, Myth and Reson in the Han Period*. 1982. 『고대중국인의 생사관』. 이성규 역. 서울: 지식산업사, 2003.

Loraux, Nicole. "What is a Goddess?" Pantel 11-45.

Lorentzen., Lois, and Jennifer Turpin, eds. *The Women and War Reader*. NY: NYU P, 1998.

Lubell, Winifred. *The Metamorphosis of Baubo: Myths of Woman's Sexual Energy*. Vanderbilt: Vanderbilt UP, 1994.

Lucie-Smith, Edward. *Sexuality in Western Art*. 1977. 『서양미술의 섹슈얼리티』. 이하림 옮김. 서울: 시공사, 1999.

Lucretius, Titus. 『사물의 본성에 관하여』. 강대진 옮김. 서울: 아카넷, 2012.

Lukacs, Georg. *The Theory of the Novel*. Trans. Anna Bostok. London: Merlin, 1978.

Luyster, Robert. "Symbolic Elements in the Cult of Athena." *History of Religions* 5:1 (Summer 1965): 133-163.

Mainon, Dominique, and James Ursini. *The Modern Amazons: Warrior Women On-Screen*. Milwaukee: Limelight, 2006.

______. *Femme Fatale: Cinema's Most Unforgettable Ladies*. Milwaukee: Limelight, 2009.

Mann, Thomas. *Der Zauberberg*. 1924. Frankfurt: Fischer Taschenbuch Verlag, 1981. *The Magic Mountain*. Trans. H. T. Lowe-Porter. NY: Vintage, 1969.

Marcuse, Herbert. *Eros and Civilization*. 1955. NY: Vintage, 1966.

______. "The Ideology of Death." *The Meaning of Death*. ed. Herman Feifel. NY: McGraw-Hill, 1959.

Marshall, Gail. ed. *The Cambridge Companion to Fin De Siècle*. NY: Cambridge UP, 2007.

Martin, Emily. 「여성의 몸에 관한 의학적 비유: 월경과 폐경」. *Writing on the Body: Female Embodiment and Feminist Theory*. Eds. Katie Conboy et als. 『여성의 몸 어떻게 읽을 것인가?』. 김희선 옮김. 서울: 한울, 1997.

McDermont, Rachel F. and Jeffrey J. Kripal, eds. *Encountering Kali: In the Margins, at the Center, in the West*. Delhi: California UP, 2003.

McGann, Jerome. "The Beauty of Medusa: A Study in Romantic Literary Iconology." *Studies in Romanticism* 11 (1972): 3-25.

McGrath, Alister. *The Dawkins Delusion?: Atheist Fundamentalism and the Denial of the Divine*. 2007. 『도킨스의 망상』. 전성민 역. 파주: 살림, 2008.

Menon, Elizabeth. *Evil by Design: The Creation and Marketing of the Femme Fatale*. Urbana: U of Illinois P, 2006.

Mettinger, Tryggve. *In Search of God: The Meaning and Message of the Everlasting Names*. 1988. Trans. Grederick Cryer. 『하나님의 이름들』. 안종철 옮김. 서울: 쿰란, 2006.

Meyers, Carol. *Discovering Eve: Ancient Israelite Women in Context*. NY, Oxford: 1988.

Milton, John. *Areopagitica*. 1644. *Milton's Selected Poetry and Prose*. Ed. Jason P. Rosenblatt. NY: Norton 2011.

______. *Paradise Lost*. 1667. Ed. Gordon Teskey. NY: Norton, 2005.

______. 『실낙원』. 조신권 옮김. 서울: 아가페, 2013.

Mishima, Yukio. 「우국」. 『이문열 세계 명작 산책: 죽음의 미학』. 이문열 편. 파주: 살림, 1996.

______. *Death in Midsummer and other Stories*. NY: New Directions, 1966.

Morrison, Toni. *Beloved*. NY: Plume, 1987.

Moi, Toril. *Sexual/Textual Politics: Feminist Literary Theory*. NY: Routledge, 1981.

Moore, Michael. "This is Like Déjà Vu All Over Again: Eight Types of Tautology." *ETC* (2001 Summer): 151-165.

Most, Glenn W. "From Logos to Mythos." Buxton 25-47.

Muchembled, Robert. *L'orgasme et l'Occident*. 2005. 『쾌락의 역사』. 노영란 옮김. 서울: 지식을 만드는 지식, 2008.

Myers, Tony. *Slavoj Zizek*. 2003. 『누가 슬라보예 지젝을 미워하는가』. 박정수 옮김. 서울: 앨피, 2005.

Nagel, Joachim. *Femme Fatale: Faszinierende Frauen*. 2009. 『팜 파탈: 유혹하는 여성들』. 송소민 옮김. 서울: 예경, 2012.

Nahm, Milton, ed. *Selections from Early Greek Philosophy*. NY: Appleton, 1964.

Naiman, Eric. *Sex in Public: The Incarnation of Early Soviet Ideology*. Princeton: Princeton UP, 1997.

Nardin, Terry, ed. *The Ethics of War and Peace: Religious and Secular Perspective*. Princeton: Princeton UP, 1996.

Nataf, Georges. *Symboles, signes et marques*. 1981. 『상징, 기호, 표지』. 김정란 옮김.

서울: 열화당, 1987.

Nead, Lynda. *Myths of Sexuality: Representations of Women in Victorian Britain*. London: Blackwell, 1990.

Needham, Joseph. *Science and Civilization in China*. 『중국의 과학과 문명』. II. 이석호 외 옮김. 서울: 을유, 1986.

Neumann, Erich. *The Origins and History of Consciousness*. 1949. Princeton: Princeton UP, 1973. 『의식의 기원사』. 이유경 옮김. 서울: 분석심리학연구소, 2015.

______. *The Great Mother: An Analysis of the Archetype*. 1963. Trans. Ralph Manheim. Princeton: Princeton UP, 1991.

______. *The Fear of the Feminine and other Essays on Feminine Psychology*. Princeton: Princeton UP, 1994.

Newfield, Christopher. "The Politics of Male Suffering: Masochism and Hegemony in the American Renaissance." *Differences* 1:1 (Winter 1989): 55-87.

Newman, John. *Bibliography of Imaginative Works about American Fighting in Vietnam*. 2nd ed. NY: Scarecrow P, 1988; 3rd ed. NY: Rowman & Littlefield, 1996.

Nietzsche, Friedrich. *Nietzsche's Werke: Kritische Gesamtausgabe*. Eds. Mazzino Montinari & Giorgio Colli. Berlin: Walter de Gruyter, 1974. [KWA]

______. *Das Hauptwerk*. München: Verlagsbuchhandlung GmbH, 1990.

______. *Der Wille zur Macht*. 1906. Stuttgart: Alfred Kröner, 1996. 『권력에의 의지』. 강수남 옮김. 서울: 청하, 1988.

______. 『즐거운 지식』. 곽복록 옮김. 서울: 동서문화사, (1976) 2009.

______. 「비도덕적 의미에서의 진리와 거짓에 관하여」. 이진우 옮김. 니체전집 3: 441-461.

______. "Über Wahrheit und Lüge im aussermoralischen Sinne." *Sämtliche Werke; Kritische Studienaudgabe*. 2nd edition. Eds. Mazzino Montinari & Giorgio Colli. München: Walter de Gruyter, 1999. I: 873-890.

______. 『즐거운 학문』. 니체 전집 12. 안성찬·홍사현 옮김. 서울: 책세상, 2009.

______. 『차라투스트라는 이렇게 말하였다』. 니체 전집 13. 정동호 옮김. 서울: 책세상, 2014.

______. 『선악을 넘어서』. 『인간적인 너무나 인간적인』. 강두식 옮김. 서울: 동서문화사, 2011.

______. 『선악의 저편』. 니체 전집 14. 김정현 옮김. 서울: 책세상, 2009.

______. 『우상의 황혼』. 니체 전집 15. 백승영 옮김. 서울: 책세상, 2009.

______. 『안티 크라이스트』. 니체 전집 15. 백승영 옮김. 서울: 책세상, 2009.

______. 『이 사람을 보라』. 니체 전집 15. 백승영 옮김. 서울: 책세상, 2009.

______. 『니체 대 바그너』. 니체 전집 15. 백승영 옮김. 서울: 책세상, 2009.

______. 『방랑자』. 윤동하 편역. 서울: 태학당, 1992.

______. 『네 가슴속의 양을 찢어라』. 김재혁 옮김. 서울: 민음사, 2019.

Noddings, Nel. *Women and Evil*. Berkeley: U of California P, 1989.

Olender, Maurice. "Aspects of Baubo: Ancient Texts and Contexts." *Before Sexuality: The Construction of Erotic Experience in the Ancient Greek World*. Eds. David M. Halperin et als. Princeton: Princeton UP, 1990. 83-114.

O'Brein, Tim. *If I Die in a Combat Zone*. NY: Broadway, 1999.

Padmasambhava. 『티벳 해탈의 서』. 1954. 유기천 옮김. 서울: 정신세계사, 2000.

Pagels, Elaine. *Adam. Eve, and the Serpent*. NY: Random. 1988.

______. *The Origin of Satan*. 1995. 『사탄의 탄생』. 권영주 옮김. 서울: 루비박스, 2006.

Paglia, Camille. *Sexual Personae: Art and Decadence from Nefertiti to Emily Dickens*. New Haven: Yale UP, 1990.

Panikkar, Raimon. *Cultural Disarmament: The Way to Peace*. Louisville, KT: Westminster John Knox P, 1995.

Pantel, Pauline, ed. *A History of Women in the West: From Ancient Goddess to Christian Saints*. vol. 1 Trans. Arthur Goldhammer. Cambridge: Harvard UP, 1992.

Peach, Lucinda J. "An Alternative to Pacifism? Feminism and Just War Theory." *Hypatia* 9:2 (Spring 1994): 152-172.

Phillips, John. A. *Eve: The History of an Idea*. NY: Harper & Row, 1984.

Picart, Caroline. *Resentment and the "Feminine" in Nietzsche's Politico-Aesthetics*. University Park, PA: The Penn State UP, 1999.

Pick, Daniel. *Faces of Degeneration: A European Disorder, 1848-1918*.

Cambridge: Cambridge UP, 1989.
Platon. 『향연』. 천병희 옮김. 파주: 숲, 2016.
______. 『티마이오스』. 박종현·김영균 역주. 파주: 서광사, 2000.
Poe, Edgar A. *The Unabridged Edgar Allan Poe*. Phila.: Running Press, 1983.
Pomeroy, Sarah B. *Goddesses, Whores, Wives, and Slaves: Women in Classical Antiquity*. NY: Schocken, 1975.
Ponce, Charles. *Kabbalah*. 1978. 『카발라』. 조하선 옮김. 서울: 물병자리, 1997.
Poulet, Georges. *The Metamorphoses of the Circle*. 1961. Trans. Dawson, Carley & Elliot Coleman. Baltimore: The Johns Hopkins P, 1966.
Pratt, Annis. *Dancing with Goddess: Archetypes, Poetry, and Empowerment*. Bloomington: Indiana UP, 1994.
Praz, Mario. *The Romantic Agony*. 1933. Trans. Angus Davidson. NY: Oxford UP, 1970.
Prioleau, Betsy. *Seductress: Women Who Ravished the World and Their Lost Art of Love*. NY: Penguin, 2003.
Pushkin, Alexander. 『뿌슈낀의 서사시』. 최선 외 엮음. 서울: 천지, 1995. 23-56.
Raitt, Jill. "The Vagina Dentata and the Immaculatus Uterus Divini Fontis." *The Journal of the American Academy of Religion* 48:3 (1980): 415-431.
Reardon, Betty. *Sexism and the War System*. NY: Teachers College Press, 1985.
______. *Women and Peace: Feminist Visions of Global Security*. Albany: SUNY P, 1993.
______. "Women or Weapons?" 1998. Lorentzen & Turpin, 289-295.
Renan, Ernest. *Vie de Jésus*. 1863. 『예수의 생애』. 최명관 옮김. 서울: 훈복, 2003.
Reuther, Rosemary. *Goddess and the Divine Feminine*. Berkeley: U of California, 2006.
Richards, Janet. "Why the Pursuit of Peace is no Part of Feminism." Elshtain & Tobias 211-225.
Ricoeur, Paul. *The Symbolism of Evil*. 1967. Trans. Emerson Buchanan. Boston: Beacon P, 1969.
Rieff, Philip, ed. *Character and Culture*. NY: Collier, 1978.
Rilke, Rainer Maria. 『두이노의 비가 외』. 김재혁 옮김. 서울: 책세상, 2000.
Rilke, Rainer Maria. 『두이노의 비가 외』. 김재혁 옮김. 서울: 책세상, 2000.

Rose, Jacqueline. *Why War?: Psychoanalysis, Politics, and the Return to Melanie Klein*. NY: Balckwell, 1993.

Russell. Bertrand. *Why I am not a Christian?* 『나는 왜 기독교인이 아닌가』. 송은경 옮김. 서울: 사회평론, 1999.

Rigoglioso, Marguerite. *The Cult of Divine Birth in Ancient Greece*. NY: Palgrave, 2009.

______. *Virgin Mother: Goddess of Antiquity*. NY: Palgrave, 2010.

Robbins, Kittye. "Tiamat and her Children: An Inquiry into the Persistence of Mythic Archetypes of Woman as Monster/Villainess/Victim." *Face to Face: Fathers, Mothers, Masters, Monsters: Essays for a Nonsexist Future*. Ed. Meg Murray. Westport, Conn: Greenwood P, 1983. 75-96.

Rohmer, Sax. *The Yellow Claw*. 1915. *Four Complete Classics*. NY: Castle, 1983.

Rose, Jacqueline. *Why War?: Psychoanalysis, Politics, and the Return to Melanie Klein*. NY: Balckwell, 1993.

Ruddick, Sara. "The Rationality of Care." Elshtain & Tobias 229-254.

______. "'Woman of Peace': A Feminist Construction." Lorentzen & Turpin 213-326.

______. *Maternal Thinking: Toward a Politics of Peace*. 1995. 『모성적 사유: 전쟁과 평화의 정치학』. 이혜정 옮김. 서울: 철학과 현실사, 2002.

Ruelland, Jacques. 1993. 『성전, 문명충돌의 역사: 종교 갈등의 오랜 기원을 찾아서』. 1993. 김연실 옮김. 서울: 한길사, 2003.

Russell, Bertrand. *Why I am not a Christian?* 『나는 왜 기독교인이 아닌가』. 송은경 옮김. 서울: 사회평론, 1999.

Russell, Jeffrey B. *A History of Witchcraft*. 1980. 『마녀의 문화사』. 김은주 옮김. 서울: 르네상스, 2001.

______. *Lucifer: The Devil in the Middle Ages*. 1986. 『루시퍼: 중세의 악마』. 악의 역사 III. 김영범 옮김. 서울: 르네상스, 2001a.

______. *The Devil: Perceptions of Evil from Antiquity to Primitive Christianity*. 1987. 『데블: 고대로부터 원시 기독교까지 악의 인격화』. 악의 역사 I. 김영범 옮김. 서울: 르네상스, 2001b.

______. *Satan: The Early Christian Tradition*. 1987. 『사탄: 초기 기독교의 전통』. 악의 역사 II. 김영범 옮김. 서울: 르네상스, 2001c.

Sagan, Carl. *The Dragons of Eden: Speculations on the Evolution of Human Intelligence*. 1977. 임지원 옮김. 서울: 사이언스북스, 2006.

______. *Cosmos*. NY: Ballantine, 1980.

Santine, Daria. "Amazon Myths from Hederich to Bachofen." Sarah Colvin & Watanabe-O'Kelley. 15-27.

Sartre, Jean Paul. Selections from *Being and Nothingness. Woman in Western Thought*. Ed. Martha Osborne. NY: Random, 1979.

Sasa. Ghada. *The Femme Fatale in American Literature*. NY: Cambria P, 2008.

Scheper-Hughes, Nancy. "Maternal Thinking and Politics of War." Lorentzen & Turpin 227-233.

Schneider, Michael. 1994. 『자연, 예술, 과학의 수학적 원형』. 이충호 옮김. 서울: 경문사, 2002.

Schorske, Carl. *Fin de Siècle Vienna: Politics and Culture*. NY: Knopf, 1980.

Schubart, Rikke. *Super Bitches and Action Babes: The Female Hero in Popular Cinema, 1970-2006*. Jefferson, NC: McFarland, 2007.

Schury, Gudrun. *Lebensflut*. 2001. 『피의 문화사』. 장혜경 옮김. 서울: 이마고, 2001.

Sedgwick, Eve K. *Between Men: English Literature and Male Homosocial Desire*. NY: Columbia UP, 1985.

Shearer, Ann. *Athene: Image and Energy*. London: Viking Arkana, 1996.

Shelley, Mary. *Frankenstein*. 1831. NY: Bedford, 2000.

Showalter, Elaine. *A Literature of Their Own: British Women Novelists from Brontë to Lessing*. Princeton: Princeton UP, 1977.

______. *Sexual Anarchy: Gender and Culture at the Fin de Siècle*. London: Bloomsbury, 1991.

Shuttle, Penelope, and Peter Redgrove. *The Wise Wound: Myths, Realities, and Meanings of Menstruation*. 1978. NY: Bantam, 1990.

Siebers, Tobin. *The Ethics of Criticism*. Ithaca: Cornell UP, 1988.

Silesius, Angelus. *Der Cherubinische Wandersmann*. 1986. 『방랑하는 천사』. 조원규 옮김. 서울: 지만지, 2005.

Singer, Irving. *The Nature of Love*. Chicago: Chicago UP, 1984.

Sissa, Guilia. "Maidenhood without Maidenhood: The Female Body in Ancient Greece." *Before Sexuality: The Construction of Erotic Experience in the*

Ancient Greek World. Eds. David M. Halperin et als. Princeton: Princeton UP, 1990. 339-364.

Sitchin, Zecharia. *The 12th Planet*. 1976. 『수메르, 혹은 신들의 고향』. 이근영 옮김. 서울: 이른아침, 2004.

Sjöö Monica, and Barbara Mor. *The Great Cosmic Mother: Rediscovering the Religion of the Earth*. 1975. rev. ed. NY: Harper & Row, 1987.

Skjelsboek, Inger. "Is Femininity Inherently Peaceful?: The Construction of Femininity in War." *Gender, Peace and Conflict*. Eds. Inger Skjelsboek and Dan Smith. NY: Sage, 2001. 47-67.

______ & Dan Smith, eds. *Gender, Peace and Conflict*. NY: Sage, 2001.

Slater, Philip. *The Glory of Hera: Greek Mythology and the Greek Family*. Boson: Beacon, 1968.

Slotkin, Richard and James K. Folsom, ed. *So Dreadful a Judgement: Puritan Responses to King Philip's War, 1676-1677*. Middletown, Conn.: Wesleyan UP, 1978.

Smith, Mark. *The Early History of God: Yahweh and the other Deities in Ancient Isarael*. Grand Rapids, MI: Eerdmans, 2002.

Snell, Bruno. 『정신의 발견: 서구적 사유의 그리스적 기원』. 1955. 김재홍 옮김. 서울: 까치, 1994.

Spanos, William V. *America's Shadow: An Anatomy of Empire*. Minneapolis: U of Minnesota P, 2000.

Spengler, Oswald. 『서구의 몰락』. 1917. 박광순 옮김. 서울: 범우사, 1995.

Spong, John, S. *The Sins of Scripture*. 2005. 『성경과 폭력』. 김준년 옮김. 서울: 한국기독교연구소, 2007.

Stein, Gertrude. *Wars I Have Seen*. London: Bastford, 1945.

Stephenson, Jill. *Women in Nazi Germany*. Essex: Pearson Education Ltd., 2001.

Stibbe, Matthew. *Women in the Third Reich*. London: Hodder Education P, 2003.

Stocker, Margarita. *Sexual Warrior: Women and Power in Western Culture*. New Haven: Yale UP, 1998.

Stone, Merlin. *When God was a Woman*. NY: Barnes & Noble, 1976.

Stott, Rebecca. *The Fabrication of the Late Victorian Femme Fatale: The Kiss of*

Death. Hong Kong: MacMillan, 1992.

Stur, Heather. *Beyond Combat: Women and Gender in the Vietnam War Era*. Cambridge: Cambridge UP, 2011. Dragon Ladies의 신판

Suzuki, D. T. 『가르침과 배움의 현상학』. 서명석 편찬 옮김. 경서원, 1980.

Sylvester, Christine. *Feminist International Relations: An Unfinished Journey*. Cambridge: Cambridge UP, 2002.

______. "War Experiences/War Practices/War Theory." *Millenium* 40:3 (2012): 483-203.

Tal, Kalí. "The Mind at War: Images of Women in Vietnam Novels by Combat Veterans." *Contemporary Literature* 31:1 (Spring 1990): 76-96.

Tartar, Maria. *Lustmord: Sexual Murder in Weimar Germany*. Princeton: Princeton UP, 1995.

Taylor, Sandra C. *Vietnamese Women at War: Fighting for Ho Chi Minh and the Revolution*. Kansas City: UP of Kansas, 1999.

Teich, Mikulas & Roy Porter, eds. *Fin de Siècle and its Legacy*. Cambridge: Cambridge UP, 1990.

Theweleit, Klaus. *Male Fantasies: Women, Floods, Bodies, History*. 1977. Trans. Stephen Conway. Minneapolis: U of Minnesota P, 1996.

______. "The Bomb's Womb and the Genders of War." Cooke & Woollacott 283-315.

Thompson, Lana. *The Wandering Womb*. 1999. 『자궁의 역사』. 백영미 옮김. 서울: 아침이슬, 2004.

Thurer, Shari. *The Myths of Motherhood: How Culture Reinvents the Good Mother*. Boston: Houghton, 1994.

Tickner, J. Ann. "You Just Don't Understand: Troubled Engagements Between Feminists and IR Theorists." *International Studies Quarterly* 41 (1997): 611-632.

Tobias, Sarah. "Toward a Feminist Ethic of War and Peace." Nardin 228-241.

Toynbee, Arnold. *War and Civilization*. NY: Oxford UP, 1950.

Turner, Caren G. "'Vietnam' as a Women's War." *A Companion to the Vietnam War*. Eds. Marilyn Young and Robert Buzzanco. Oxford: Blackwell, 2002. 93-112.

Upanishad. The Principal Upanisads. Ed. Trans. S. Radhakrishnan. NY; Humanity Books, 1992.

Utrio, Kaari. *A History of Eve*. 1984. 『이브의 역사』. 안미현 옮김. 서울: 자작, 2000.

Válery, Paul. 『해변의 묘지』. 1922. 김현 역. 서울: 민음사, 1976.

Vasseleu, Cathryn. "Nor Drowning, Sailing: Women and the Artist's Craft in Nietzsche." *Nietzsche, Feminism, and Political Theory*. Ed. Paul Patton. London: Routledge, 1993.

Vernant, Jean-Pierre. "Frontality and Monstrosity." Garber & Vickers 210-231.

______. 『그리스인들의 신화와 사유』. 1965. 박희영 옮김. 서울: 아카넷, 2005.

Veyne, Paul. *Les Grecs ont-ils cru à leur mythes?* 1983. 『그리스인들은 신화를 믿었는가?: 구성적 상상력에 대한 논고』. 김운비 옮김. 서울: 이학사, 2002.

Vincent, Gérard. 「몸 그리고 섹스의 수수께끼」. *Histoire de la vie privée*. Eds. Antoine Prost and Gérard Vincent. 1999. 『사생활의 역사 V』. 김기림 옮김. 서울: 새물결, 2006. 300-360.

Walker, Barbara G. *The Woman's Encyclopedia of Myths and Secrets*. NY: HarperCollins, 1983.

Walton, John H. *Genesis 1 as Ancient Cosmology*. 2011. 『창세기 1장과 고대 근동 우주론』. 강성열 옮김. 서울: 새물결플러스, 2017.

______. 「역사적 아담은 있다: 원형적 창조론」. *Four Views on the Historical Adam*. 2013. Eds. Matthew Barrett & Ardel Caneday. 『아담의 역사성 논쟁』. 김광남 옮김. 서울: 새물결플러스, 2015.

Weatherford, Doris. *American Women and World War II*. NY: Castle, 2009.

Weaver, Gina M. *Ideologies of Forgetting: Rape in Vietnam War*. Albany: SUNY P, 2010.

Webb, James. *Fields of Fire*. Englewood Cliffs, NJ: Prentice Hall, 1978.

Weber, Samuel. *The Legend of Freud*. Minneapolis: U of Minnesota P, 1982.

Wedekind, Frank. *The Lulu Plays & Other Sex Tragedies*. 1952. Trans. Eric Bentley. NY: Riverrun P, 2000.

______. 『지령, 판도라의 상자』. 이재진 옮김. 서울: 성균관대, 1999.

Wegner, Paul D. "How Many Virgin Births are in the Bible? (Isaiah 7:14): A Prophetic Pattern Approach." *JETS* 54.3 (September 2011): 467-484.

Weston, Jessie. *From Ritual to Romance*. 1920. 『제식으로부터 로망스로』. 정덕애

옮김. 서울: 문지, 1988.

Wheelright, Philip. *Metaphor and Reality*. 『은유와 실재』. 김태옥 옮김. 서울: 2000, 한국문화사.

Wiesner-Hanks, Merry. *Gender in History*. 2001. 『젠더의 역사』. 노영순 옮김. 서울: 역사비평사, 2006.

Wilber, Ken. *Up from Eden: A Transpersonal View of Human Evolution*. Boulder: Shambhala, 1981.

Wilde, Oscar. *Salome*. Illustr. Aubrey Beardsley. 1894. NY: Dover, 1967.

Wilk, Stephen. *Medusa: Solving the Mystery of the Gorgon*. NY: Oxford UP, 2000.

Wills, Garry. *What Paul Meant*. 2006. 『바울은 그렇게 가르치지 않았다』. 김창락 옮김. 서울: 돋을새김, 2007.

Wilson, Edmund. *Consilience: The Unity of Knowledge*. 1998. 『통섭: 지식의 대통합』. 최재천·장대익 옮김. 서울: 사이언스 북스, (2005) 2012.

Wilson, Leslie S. *Serpent Symbol in the Ancient Near East*. Lanham: UP of America, 2001.

Wittgensteon, Ludwig. *Tractatus Logico-philosophicus*. 1921. 『논리-철학 논고』. 이영철 옮김. 서울: 책세상, 2006.

Wolkstein, Diane, and Samuel Kramer. *Innana, Queen of Heaven and Earth: Her Stories and Hymns from Sumer*. NY: Harper & Row, 1983.

Woolf, Virginia. *Mrs. Dalloway*. 1925. NY: HBJ, 1953.

______. *To the Lighthouse*. 1927. NY: HBJ, 1981.

Wu, John C. H. *The Golden Age of Zen*. 1996. 『선의 황금시대』. 김연수 역. 서울: 한문화, 2006.

Wunderlich, Uli. *Der Tanz in den Tod*. 2001. 『메멘토 모리의 세계: 죽음의 춤을 통해 본 인간의 삶과 죽음』. 김종수 옮김. 서울: 길, 2008.

Yalom, Marilyn. *A History of the Breast*. 『유방의 역사』. 윤길순 옮김. 서울: 자작나무, 1999.

Yarnall, Judith. *Transformations of Circe: The History of an Enchantress*. Urbana: U of Illinois P, 1994.

Zaidman, Louise. "Pandora's Daughters and Rituals in Ancient Grecian Cities." Pantel 338-376.

Zizek, Slavoj. 『폭력이란 무엇인가: 폭력에 대한 6가지 삐딱한 성찰』. 2008. 정일권 외 옮김. 서울: 난장이, 2012.
Zola, Emile. *Nana*. 1880. Paris: Gallimard, 2002.
_____. 『나나』. 송면 옮김. 서울: 삼성, 1975.

권석우

서울시립대학교 인문대학 영어영문학과 교수. 연세대학교 영문과 학사, 대학원 석사, 뉴욕시립대 대학원(CUNY Graduate Center) 석사(MPhil), 박사(PhD-학위논문 『폭력을 통한 타락: 헤밍웨이』). 서울시립대학교 인문대학장(겸 교육대학원장), 국제언어인문학회 회장을 역임하였다. 한국연구재단 전문위원(2021. 1.~현재). 서울시립대학교에서 미국 문학, 학살과 전쟁과 평화, 죽음학 등을 강의하며, "노근리 학살에 나타난 인종주의", "미국학의 역사적 전개", "한국의 헤밍웨이 읽기", "우로보로스의 현상학" 등 42편의 논문과 미미한 4편의 공저 저술이 있다. 우암논문상(2006)을 수상했으며, 강의우수상, 연구업적우수상 등 다수 수상. "영문학자가 읽은 장자의 사생관"이 2023년 하반기 출간 예정이며, "번역이 바꾼 세계사"를 집필 중이다. seokwook@uos.ac.kr

꼬리 먹는 뱀
우로보로스 사유와
서양 분명 비판

Ⅱ

메두사와 팜므 파탈:
지혜와 생명의 여성

1판 1쇄 발행 2023년 7월 7일

지은이 권석우
펴낸이 장종표

편집주간 배정환
책임편집 양성숙
디자인 *Yedang Graphic*

펴낸곳 도서출판 청송재
출판신고 2020년 2월 11일 제2020-000023호

주소 서울시 송파구 송파대로 201 테라타워2-B동 1620호
전화 02-881-5761 **팩스** 02-881-5764
이메일 csjpub@naver.com **홈페이지** www.csjpub.co.kr
페이스북 www. facebook.com/csjpub
블로그 blog.naver.com/campzang

값은 뒤표지에 있습니다.
ISBN 979-11-91883-18-3 93300